언리얼 엔진 5
셰이더와 이펙트 2/e

머티리얼을 활용한 고급 셰이딩 기술 50가지 레시피

언리얼 엔진 5
셰이더와 이펙트 2/e

브라이스 브렌라 라모스 지음   김기돈 옮김

i!i
에이콘

 에이콘출판의 기틀을 마련하신 故 정완재 선생님 (1935-2004)

지난 몇 년 동안 사랑과 지원을 베풀어주신
어머니 마리 카르멘 라모스^{Mari Carmen Ramos}와 아버지 마누엘 브렌라^{Manuel Brenlla},
내 일상을 늘 밝게 해주는 파트너 셀리아^{Celia},
비디오 게임에 대한 사랑을 심어준 내 사촌 프랜^{Fran}에게
감사의 마음을 담아 이 책을 바친다.

— 브라이스 브렌라

│ 추천의 글 │

언리얼 엔진은 지난 25년 동안 발전해 AAA 스튜디오들을 위한 최고의 게임 엔진이 됐고 가장 흥미진진한 프로젝트에 힘을 실어줬다. 나는 에픽게임즈Epic Games의 건축 산업 관리자로서 엔진이 어떻게 게임을 넘어 확장되고 바야흐로 건축, 엔지니어링, 건설 산업뿐만 아니라 다른 영역의 차세대 콘텐츠 제작자에게까지 힘을 실어주는지 확인할 수 있었다.

이 책의 저자인 브라이스 브렌라Brais Brenlla는 이러한 새로운 제작자(크리에이터)의 한 가지 좋은 예가 되는 인물이다. 건설 환경 캡처 전문 회사인 애큐시티스AccuCities에 근무하는 저자는 언리얼 엔진의 힘을 활용해서 도시 계획 문제에 실시간 기술을 적용하는 최고의 사례 중 하나를 구축하는 데 성공했다. 60제곱킬로미터 이상의 면적을 지닌 런던 건물들을 언리얼 엔진에 로드해 작은 노트북에서도 모두 원활하게 작동할 수 있도록 만들었는데, 이렇게 큰 규모의 도시 프로젝트를 최적화하면서도 작은 규모의 오브젝트들에 대한 유연성을 유지하려면 효율적이고 정확한 작동을 위해서는 언리얼 엔진을 더 깊이 이해할 필요가 있다.

저자의 경험을 토대로, 이 책은 실제 환경에서 요구되는 다양한 머티리얼과 이펙트를 다루는 데 도움이 되는 풍부한 지식을 담고 있다. 기초부터 시작해 실시간 제작에서 매일 사용되는 몇 가지 기법을 곧바로 적용해보게 될 것이며, 이어서 엔진이 제공하는 더욱더 흥미로운 렌더링 기능 중 일부를 다루는 고급 개념들을 살펴본다. 이 모든 것은 접근 가능한 학습 곡선을 따라 진행하게 된다.

브라이스와 함께라면 안심해도 좋다.

— **케네스 피멘텔**Kenneth Pimentel,
에픽게임즈 건축 산업 관리자

| 지은이 소개 |

브라이스 브렌라 라모스^{Brais Brenlla Ramos}

3D의 모든 것을 열정적으로 따르는 건축가, 3D 아티스트, 언리얼 엔진 개발자다. 비디오 게임 광고를 처음 접하면서 3D 분야에 관심을 갖기 시작했고, '첫눈에 반한' 그 순간 덕분에 건축 디자인 및 시각화, 3D 모델링, 게임 개발 등을 탐구하게 됐다.

현재 언리얼 엔진에서 디지털 시티 트윈^{digital city twin}을 개발하는 데 집중하고 있으며 UI 디자인, 시각 효과, 툴 개발 기술을 꾸준히 연마하고 있다. 또한 최근 저자로 활동하는 모습에서 알 수 있듯이, 자신의 모든 지식을 다른 사람들과 공유하는 것을 즐긴다.

이 책을 쓰는 동안 나를 지원해준 모든 사람에게 고마움을 표하고 싶다. 함께 보내지 못한 많은 시간을 이해하고 인내해준 내 소중한 파트너 셀리아와 열심히 일하는 가치를 일깨워주신 부모님께 감사한다. 이번 작업을 가능하게 해준 팩트출판사 팀과 내 글을 읽으면서 여러 번의 실수를 바로잡아준 편집자 헤이든(Hayden)에게도 감사한다. 지원해준 여러분 모두에게 다시 한번 감사의 마음을 전한다.

| 기술 감수자 소개 |

디팩 자다브 Deepak Jadhav

게임 프로그래밍 및 프로젝트 관리 석사 학위를 보유한 XR 개발자로, 독일에 기반을 두고 있다. 의료, 제약, 제조 등과 같은 다양한 산업을 위한 증강 현실, 가상 현실, 혼합 현실 엔터프라이즈 앱 개발에 참여했으며, 제조 및 의료 산업을 위한 디지털 트윈 앱을 개발했다.

그 전에는 모바일, PC, 콘솔 등 여러 플랫폼 기반의 게임을 개발하기도 했으며 C#, C++, 자바스크립트에 대한 풍부한 배경지식 외에 XR 및 게임 개발을 위해 유니티와 언리얼 엔진 같은 게임 엔진을 사용한 다년간의 경험도 갖췄다.

지금까지 유니티와 언리얼 엔진을 다룬 많은 기술 서적을 감수해왔다.

| 옮긴이 소개 |

김기돈(qc3067@gmail.com)

어릴 적부터 게임 개발에 재미를 느껴 미국 디지펜 공과대학교^{DigiPen Institute of Technology}에서 컴퓨터공학 및 게임 개발을 전공했다. 이후 언리얼 엔진을 사용해 2019년부터 영상 업계에 종사했으며 영화 〈한산: 용의 출현〉, 인천공항 미디어 콘텐츠 등 여러 프로젝트에서 언리얼 프로그래머로 참여했다. 현재는 메타버스 엔터테인먼트에서 언리얼 프로그래머로 일하고 있다.

| 옮긴이의 말 |

예전에는 게임 엔진이라고 하면 단지 게임을 만들기 위한 어려운 도구로만 여겼다. 하지만 언리얼 엔진이라는 오픈소스 프로그램이 등장하면서 이러한 생각은 완전히 바뀌었다. 에픽게임즈가 개발한 세계 최고의 3D 엔진인 언리얼 엔진은 다양한 기능으로 게임 엔진 산업을 주도하고 있으며, 이제 게임 분야를 넘어 가상 현실, 영화, 애니메이션, 건축 설계 등 여러 영역에서 사용할 수 있게 됐다.

최근 새롭게 출시된 언리얼 엔진 5는 이전과 다른 그래픽 성능과 여러 추가 기능을 선보이면서 지금까지 상상조차 하지 못했던 것들을 실현 가능하게 해줬다. 이 책에서 다루는 내용도 언리얼 엔진의 그러한 가능성 중 일부를 보여준다.

이 책은 자신만의 셰이더와 이펙트를 어떻게 만들어야 하는지에 대해 막막함을 느끼거나 관련 내용을 자세히 공부해보고 싶은 독자들에게 훌륭한 참고서가 될 수 있다. 이 책을 읽고 나면 원하는 이펙트와 셰이더를 만들 수 있게 될 것이다.

| 차례 |

5장   고급 머티리얼 기법으로 작업하기

| 들어가며 |

언리얼 엔진의 머티리얼 세계를 마스터하기 위한 여정에서 여러분의 동반자가 되는 것을 목표로 하는 책이다. 따라서 이 책을 통해 최근의 상호작용형 경험에서 표현되는 강력한 그래픽을 가능하게 하는 많은 기법을 발견할 수 있다. 오늘날 제작되는 몇몇 유명한 AAA 비디오 게임의 최신 그래픽부터 영화 및 시각화 산업으로 진입하는 몇몇 혁신적인 효과까지 다양한 내용을 이 책에서 다룬다.

최근 몇 년 동안 여러 산업 분야에서 언리얼 엔진이 얻은 중요성은 아무리 강조해도 지나치지 않으며, 그 중요성은 언리얼 엔진이 제공하는 강력한 비주얼과 다양한 분야에 걸친 사용 편의성의 직접적인 결과라고 할 수 있다. 따라서 이러한 상황을 활용해 독자 여러분이 언리얼 엔진 내에서 직면하는 머티리얼 관련 문제를 처리할 수 있도록 가장 많이 사용되는 몇 가지 기술을 살펴보자.

이 책을 끝까지 읽고 나면, 다양한 머티리얼을 만들 수 있는 폭넓은 기술을 익히게 돼 모든 유형의 실시간 렌더링 프로젝트를 작업할 때 유리하게 작용할 것이다.

⁝▶ 이 책의 대상 독자

언리얼 엔진, 렌더링, 실시간 그래픽 또는 단순히 멋진 비주얼을 만드는 데 열정이 있는 사람이라면 누구나 이 책의 내용을 따라갈 수 있다. 이는 렌더링 파이프라인의 기초부터 고급 기술에 이르기까지 부드러운 학습 곡선을 유지한 덕분에 가능하다. 이 여정은 배경지식과 관계없이 해당 주제에 능숙해질 수 있도록 풍부한 정보를 제공한다.

⫶ 이 책에서 다루는 내용

1장. 물리 기반 렌더링의 이해 언리얼 엔진에서 머티리얼(그리고 조명) 작업을 수행하는 데 필요한 기초 개념을 소개한다.

2장. 불투명한 머티리얼 커스터마이징과 텍스처 사용 언리얼에서 사용 가능한 가장 일반적인 머티리얼을 생성하는 방법을 알아본다.

3장. 반투명 오브젝트 만들기 유리나 물과 같은 물질을 만들 수 있는 매우 중요한 유형인 반투명 셰이더를 다루는 방법을 배운다.

4장. 나나이트, 루멘 및 기타 언리얼 엔진 5 기능 활용하기 최신 버전의 엔진에 포함된 몇 가지 새로운 렌더링 기능을 소개한다.

5장. 고급 머티리얼 기법으로 작업하기 머티리얼 에디터에서 사용할 수 있는 몇 가지 고급 기능을 알아본다.

6장. 모바일 플랫폼을 위한 머티리얼 최적화 모바일 장치를 목표로 할 때 머티리얼을 최적화하는 방법을 살펴본다.

7장. 유용한 노드 알아보기 범주화하기 어려운 몇 가지 멋진 노드를 활용하는 방법을 배운다.

8장. 전통적인 머티리얼을 넘어서 머티리얼의 적용 대상과 관련된 논리에 도전하는 몇 가지 유형의 셰이더를 활용해본다.

9장. 포스트 프로세스 이펙트 추가하기 언리얼의 포스트 프로세싱 파이프라인을 활용해 전체 장면에 동시에 영향을 미치는 셰이더를 생성해본다.

⫶ 이 책을 최대한 활용하는 방법

언리얼 엔진은 가급적 최신 버전을 사용할 것을 권장한다. 언리얼 엔진 5.2.0이 곧 출시될 예정이지만, 이 책을 쓰는 시점에서는 언리얼 엔진 5.1.1이 최신이다. 이 책에서 다루는 내용은 모든 언리얼 엔진 5.X 버전에 적용할 수 있다.

이 책에서 사용하는 소프트웨어/하드웨어	운영체제 요구 사항
언리얼 엔진 5	윈도우 10 또는 11
레이 트레이싱이 가능한 그래픽카드(옵션)	
포토샵, GIMP 등의 이미지 편집 소프트웨어(옵션)	

언리얼 엔진 기본 설치만으로도 이 책의 모든 내용을 진행할 수 있다. 또한 하드웨어 지원 레이 트레이싱 그래픽카드가 있으면, 하드웨어 및 소프트웨어 레이 트레이싱에 대해 설명하는 특정 레시피에서 유용하게 사용할 수 있다. 이미지 편집 소프트웨어를 사용할 필요는 없지만, 텍스처를 수정하거나 직접 제작하려는 경우라면 사용하는 것을 권장한다.

⫸ 프로젝트 파일 다운로드

이 책에서 사용하는 프로젝트 파일은 웹 사이트(https://packt.link/A6PL9)에서 제공하며, 프로젝트 파일이 변경된 경우에도 웹 사이트를 통해 업데이트를 지원한다. 또한 에이콘출판사의 도서정보 페이지(http://www.acornpub.co.kr/book/unreal-shader-effect-2e)에서도 동일한 파일을 다운로드할 수 있다.

이와 함께 깃허브(https://github.com/PacktPublishing/)에서 다양한 책과 동영상 카탈로그의 다른 프로젝트 및 코드 번들을 제공하니 확인해보길 바란다.

⫸ 컬러 이미지 다운로드

이 책에 사용된 스크린샷과 다이어그램의 컬러 이미지를 담은 PDF 파일이 별도로 제공된다. 팩트출판사 웹 사이트(https://packt.link/ia7i3)와 에이콘출판사의 도서정보 페이지(http://www.acornpub.co.kr/book/unreal-shader-effect-2e)에서 컬러 이미지를 다운로드할 수 있다.

⁙ 편집 규약

이해를 돕고자 다루는 정보에 따라 글꼴 스타일을 다르게 적용했다. 이러한 스타일의 예와 의미는 다음과 같다.

고딕: 화면상에 표시되는 메뉴나 버튼은 다음과 같이 표기한다. "**관리**^{Administration} 패널에서 **System info**를 선택한다."

> NOTE
>
> 팁이나 중요한 참고 사항은 이와 같이 나타낸다.

⁙ 고객 지원

문의: 이 책과 관련해 문의 사항이 있다면 메일 제목에 책명을 적어서 customercare@packtpub.com으로 이메일을 보내주길 바란다. 한국어판에 관한 질문은 이 책의 옮긴이나 에이콘출판사 편집 팀(editor@acornpub.co.kr)으로 문의할 수 있다.

정오표: 내용을 정확하게 전달하고자 최선을 다했지만, 그럼에도 실수가 있을 수 있다. 이 책에서 문제점을 발견했다면 팩트출판사 웹 사이트(www.packtpub.com/support/errata)에서 해당 양식을 작성해 알려주길 바란다. 한국어판의 정오표는 에이콘출판사의 도서정보 페이지(http://www.acornpub.co.kr/book/unreal-shader-effect-2e)에서 찾아볼 수 있다.

저작권 침해: 인터넷에서 어떤 형태로든 팩트출판사 서적의 불법 복제물을 발견하면 해당 주소나 웹 사이트의 이름을 알려주길 바란다. 의심되는 불법 복제물의 링크를 copyright@packt.com으로 보내주면 된다.

01

물리 기반 렌더링의 이해

이 책을 선택한 여러분을 환영한다.

첫 장에서는 PBR^{Physically Based Rendering, 물리 기반 렌더링 작업 방식}에 대해 배우는 것으로 시작한다. PBR은 빛이 3D 오브젝트를 만났을 때 어떻게 상호작용하는지를 고려해 장면을 렌더링하는 방식으로, 렌더링 파이프라인의 핵심이자 이후 몇 페이지에 걸쳐 소개할 레시피의 핵심이다. 여기서는 PBR 작업 방식의 구성 요소인 조명과 머티리얼을 다루면서 동시에 이 요소들이 성능에 미치는 영향을 연구한다. 이는 렌더링 분야에서 성공하기 위해 알아야 할 사항들이다. 이와 같은 내용을 염두에 두고 앞으로 배울 것은 다음과 같다.

- 작업 환경 세팅
- 머티리얼 에디터에서 작업
- 첫 번째 물리 기반 머티리얼 제작
- 간단한 유리 시각화
- IBL과 루멘을 사용해 월드 밝히기

- 프로젝트에 스태틱 라이트 사용

- 머티리얼 비용 확인

아래 이미지는 앞으로 해야 할 일을 보여주는 약간의 맛보기다.

그림 1.1 이번 장에서 작업할 몇 가지 사항 살펴보기

⁝⁝ 기술적인 요구 사항

이번 장을 완료하려면 이 책의 주역인 언리얼 엔진을 갖고 있어야 한다.

다음 과정을 통해 언리얼 엔진을 설치할 수 있다.

1. 언리얼 엔진 웹 사이트(https://www.unrealengine.com/en-US/download)에서 에픽게임즈 런처 Epic Games Launcher를 다운로드하고 해당 설치 프로그램이 지시하는 대로 진행한다.

2. 설치가 완료되면, 최신 엔진 버전을 설치한다. 런처의 **Unreal Engine** 항목에 있는 **라이브러리**Library 탭으로 이동한다. 여기서 + 아이콘을 확인할 수 있고, 이를 통해 원하는 언리얼 버전을 다운로드할 수 있다.

3. 새로 설치한 최신 버전의 언리얼 엔진을 **Launch** 버튼을 눌러 실행한다.

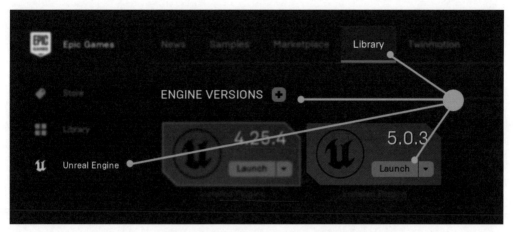

그림 1.2 이전 작업을 완료하기 위해 사용할 버튼들의 위치

그 외에도 이 책의 다양한 레시피에서 사용하는 모든 에셋을 제공한다. 따라서 이번 장에서 사용된 모든 에셋은 웹 사이트(https://packt.link/A6PL9)에서 다운로드할 수 있다.

걱정하지 말자. 따라 하는 데 사용할 수 있는 파일이 있는 경우, 레시피의 '준비' 절에서 알려준다.

작업 환경 세팅

이 책에서 가장 먼저 다루고자 하는 목표는 나중에 만들 머티리얼의 배경 레벨로 재사용할 수 있는 기본 장면을 만드는 것이다. 이 초기 단계를 통해 엔진의 기본 사항을 살펴보고, 다음 몇 페이지에 걸쳐 여러 번 다시 살펴볼 몇 가지 툴과 패널에 익숙해질 수 있다. 그럼 바로 시작하자.

준비

먼저 기본 작업 환경을 만들기 전에 언리얼 엔진 5를 다운로드해야 한다. 이 책을 집필하는 시점에는 언리얼 엔진 버전 5.0.3을 사용했지만, 최신 버전을 사용해도 문제없다. 언리얼 엔진을 다운로드하고 설치하는 방법은 앞에서 이미 설명했다.

예제 구현

이전 단계에서 엔진을 실행한 다음, 작업 환경을 만드는 방법을 처음부터 알아보자.

1. 언리얼 프로젝트 브라우저에서 **Games** 카테고리를 선택하고 **Blank** 옵션을 선택한다.

2. **시작용 콘텐츠**^{Starter Content} 항목의 체크박스를 해제하고 나머지 기본 세팅은 그대로 둔다. 이 레시피의 뒷부분과 '예제 분석' 절에서 이번 절에 언급된 옵션을 자세히 살펴본다.

3. 프로젝트 위치를 선택하고 이름을 기입한 뒤에 **Create** 버튼을 클릭한다.

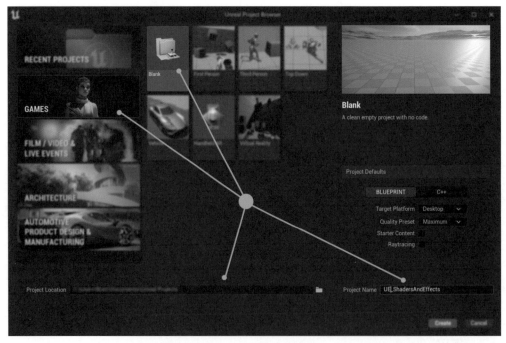

그림 1.3 언리얼 프로젝트 브라우저

4. 에디터가 열리면 **File ➤ New Level** 옵션을 선택하고 **Basic** 맵을 선택한다. 이는 아무것도 없는 새로운 레벨을 만드는 가장 빠른 방법이다. 원하는 곳을 저장 위치로

지정하고 프로젝트를 정리하는 방법에 대해 알아보려면 이후의 '참고 사항' 절을 확인한다.

5. 완료됐다면, 이제 멋을 낼 준비가 됐다. 기본 레이아웃을 사용하는 경우, 화면 오른쪽 상단 모서리에 있는 월드 아웃라이너에서 모든 것을 삭제한다. 이번 작업에서는 사용하지 않기 때문이다.

다음으로 할 일은 프로젝트에 Starter Content 에셋을 추가하는 것이다. 이 작업은 프로젝트를 만들 때 할 수 있지만, 이번에 하는 방법을 알려주고자 일부러 하지 않았다.

6. **Ctrl** 키와 스페이스 바를 동시에 눌러 콘텐츠 드로어를 실행한다.

7. Content 폴더를 마우스로 우클릭하고 **콘텐츠 추가/임포트**Add/Import Content 옵션을 선택한다. 그리고 **피처 또는 콘텐츠 팩 추가...**Add Feature or Content Pack... 항목을 선택한다.

8. 새로 열린 패널에서 **콘텐츠**Content 탭을 열고 **시작용 콘텐츠**Starter Content 옵션을 선택한다.

그림 1.4 Starter Content 에셋을 모든 프로젝트로 임포트하는 순차적 단계

그러면 선택한 콘텐츠가 다운로드되면서 프로젝트 생성 단계에서 추가하지 않았던 에셋들과 동일한 에셋들을 추가할 수 있다. 이제 이 에셋을 사용해 일시적으로 비어 있는 레벨을 채운다.

9. 이렇게 하면, Starter Content에 작업 환경의 라이팅을 구성하는 데 유용한 블루프린트가 포함돼 있는 것을 확인할 수 있다. 따라서 **Content Browser ➤ Starter Content ➤ Blueprints** 폴더에서 **BP_LightStudio**라는 이름으로 있는 블루프린트를 볼 수 있다.

> **NOTE**
>
> **BP_LightStudio**라는 에셋은 에픽게임즈가 이미 생성한 블루프린트다. 이 에셋에는 작업을 쉽게 해줄 수 있는 몇 가지 라이팅 설정이 포함돼 있으므로, 여러 라이팅을 조정할 필요 없이 모든 작업을 자동화해서 원하는 환경 모습에 집중할 수 있다. 간단한 작업 환경을 만드는 것은 이런 식으로 매우 쉽게 해낼 수 있다.

10. 블루프린트를 레벨로 끌고 온다.

11. 월드 아웃라이너에서 **BP_LightStudio** 블루프린트를 선택하고 몇 가지 설정을 조정해 환경을 원하는 대로 만들 수 있다.

   디테일^{Details} 패널에서 볼 수 있는 첫 번째 매개변수는 **HDRI** 탭이다. **HDRI**는 High Dynamic Range Imaging(고생동폭화상)의 약어로, 사진을 촬영한 장소의 라이팅 정보를 저장하고 있는 텍스처 유형이다. 이 데이터를 3D 씬에서 빛의 유형으로 사용하는 것은 환경을 좀 더 자연스럽고 사실적으로 보이게 만드는 매우 강력한 기술이다.

12. **HDRI 사용**^{Use HDRI} 체크박스를 체크하면, 해당 유형의 라이팅을 사용할 수 있고 **Alexs_Apt_2k** 텍스처를 **HDRI 큐브맵**^{HDRI Cubemap} 파라미터 값으로 설정할 수 있다. 그렇게 하면 해당 에셋을 통해 씬에 라이팅을 추가할 수 있는데, 이야말로 우리가 추구하는 것이다. 다음 그림에서 이를 확인할 수 있다.

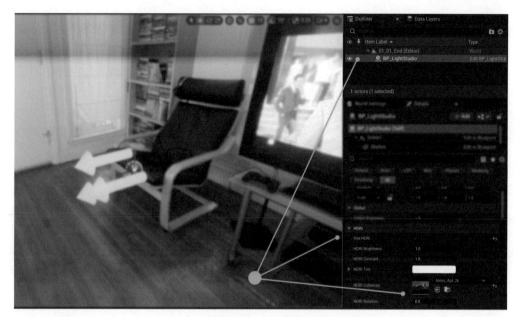

그림 1.5 HDRI 큐브맵 설정 메뉴 위치

13. **Sun**과 **Atmosphere**(애트머스피어) 항목에서 **Use Sun Light**와 **Use Atmosphere** 항목의 체크들도 해제한다. 앞에서 언급했듯이, HDRI를 사용하면 다른 조명을 사용하는 것은 선택 사항이 될 수 있다.

14. 위의 작업을 완료하면, 기본 평면을 만들어 나중에 표시할 모든 개체를 배치할 수 있는 표면을 만든다. 다음 그림과 같이 **프로젝트에 빠르게 추가하기**Quickly Add to the Project ➤ **셰이프**Shapes ➤ **평면**Plane을 선택해 작업할 수 있다.

그림 1.6 셰이프 메뉴에서 알맞은 옵션을 선택해 평면을 생성한다.

15. 이제 평면을 만들었으니, 머티리얼을 적용해보자. 평면을 선택한 상태로 디테일 패널에서 **머티리얼**^{Materials} 항목으로 스크롤하고 기본값을 **M_Wood_Pine** 머티리얼 로 변경한다(해당 머티리얼은 시작용 콘텐츠의 일부이므로 제대로 설치됐는지 확인한다).

머티리얼을 적용하면 다음과 같이 보인다.

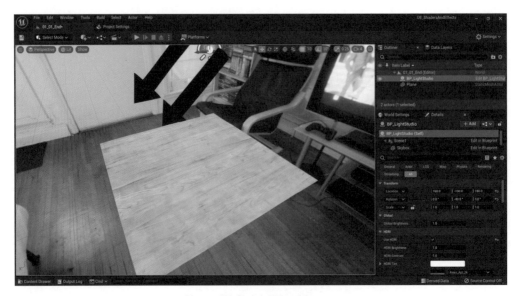

그림 1.7 작업 환경의 최종 모습!

그럼 기본적인 스튜디오 씬 제작이 끝났다고 할 수 있다. 이 작업을 완료하면 해당 레벨을 시각화 목적으로 사용할 수 있다. 마치 그림을 그릴 수 있는 흰색 캔버스가 있는 것과 같다. 따라서 다른 모델과 머티리얼을 만들 때 이를 사용해 에셋을 올바르게 시각화할 수 있다. 이제부터 즐거운 시간이 기다리고 있다!

예제 분석

앞의 순서대로 작업을 진행하면 성취할 수 있는 목표가 적어도 두 가지 있다. 첫 번째는 스튜디오 씬을 만드는 것이고, 두 번째는 단순히 엔진에 익숙해지는 것이다.

첫 번째 목표와 관련해 가장 먼저 한 작업은 이 책 전체에서 사용할 언리얼 프로젝트를 만드는 것이었다. 그다음, 에픽게임즈에서 제공하는 시작용 콘텐츠 패키지에 있는 에셋을 추가했는데, 여기에는 나중에 다른 레시피에서 사용할 수 있는 유용한 3D 모델과 머티리얼이 포함돼 있다. 가장 중요한 작업은 아마도 조명 설정이었다. 씬에 생성하거나 추가하는 다양한 모델을 시각화하려면 광원이 필수적이기 때문이다. 조명은 나중에 더 자세히 살펴보겠지만, 이 레시피에서 선택한 방법은 프로젝트에서 사용할 수 있는 멋진 기법이다. 여기서는 언리얼에서 블루프린트라고 불리는 에셋을 사용하고 있는데, 블루프린트는 엔진의 비주얼 스크립팅 언어를 사용해 C++ 코드를 사용하지 않고도 게임 엔진 내에서 다양한 기능을 만들 수 있게 해주는 에셋이다. 블루프린트는 조명을 켜거나 끄고, 문을 열고, 특정 이벤트를 발동하는 트리거를 생성하는 등 여러 유형의 액터에 다양한 동작을 프로그래밍해 원하는 대로 사용할 수 있어 매우 유용하다. 앞으로 더 자세히 살펴보겠지만, 지금은 이미 사용 가능한 블루프린트를 사용해서 씬에 원하는 조명 효과를 지정하고 있다. 디테일 패널을 보면 알 수 있듯이 HDRI 이미지, 태양의 위치 등 여러 가지 컴포넌트를 개별적으로 지정하지 않고도 여러 가지를 설정할 수 있는 블루프린트의 기능을 보여주는 좋은 예다.

두 번째 목표인 엔진에 익숙해지는 것은 시간이 지남에 따라 계속 진행해야 할 일이다. 그럼에도 불구하고 그 속도를 더욱 높일 수 있는 방법은 이전과 마찬가지로 각 레시피의 작업 순서를 반복해서 따라 하는 것이다. 더 빨리 배울 수 있을 뿐만 아니라, 왜 그렇게 하는지 알면 습득한 지식을 더욱 확고히 하는 데도 도움이 된다(따라서 이 책에서 다루는 각 레시피마다 '예제 분석' 절을 기대하라!).

계속 진행하기에 앞서, 2번 단계에서 프로젝트를 생성할 때 선택한 초기 프로젝트 설정을 다시 살펴보자. 게임 항목에서 빈Blank 템플릿을 선택하고 시작용 콘텐츠와 레이 트레이싱이 없는 블루프린트 기반 프로젝트를 만들었으며, 타깃 플랫폼을 데스크톱으로 설정하고 퀄리티 프리셋을 최대로 설정했다. 이렇게 한 이유는, 템플릿이 활성화한 특정 플러그인이나 기본적으로 활성화된 설정 유형의 측면에서만 서로 다르기 때문에 가능한 한 프로젝트에 대한 제어권을 유지하기 위해서다. 이것들은 모두 이후 변경할 수 있으며 이 책을 마치기 전에 그중 일부, 특히 레이 트레이싱에 대해 알아볼 수 있다! 그렇지만 처음에 사용할 수 있는 선택의 폭이 너무 넓어서 멋진 고급 기능을 놓칠지도 모른다고 걱정할 필요는 없다. 가장 간단한 옵션들을 선택했기 때문에 멋진 고급 기능을 놓치고 있을지도 모른다고 걱정하지는 말자.

참고 사항

이 레시피에서는 언리얼 콘텐츠 브라우저에서 새 레벨을 생성하고 저장했다. 만약 폴더 정리에 관심이 있다면(그리고 프로젝트가 단순히 연습용 프로젝트가 아닌 더 큰 프로젝트가 된다면 정리를 해야 한다!), 깔끔하게 정리할 수 있는 다양한 스타일이 있다는 것을 알아두자. 내가 참고하는 스타일 가이드는 Allar의 스타일 가이드로, 자세한 내용은 깃허브(https://github.com/Allar/ue5-style-guide/tree/main)에서 확인할 수 있다.

⋙ 머티리얼 에디터에서 작업하기

이제 머티리얼 에디터에서의 작업을 시작하자. 이 책에서 설명하는 마법이 일어나는 곳이면서 대부분의 시간을 보내게 될 곳이기에 익숙해지는 것이 좋다. 언리얼의 모든 기능이 그렇듯, 머티리얼을 제작하는 이 공간은 커스터마이징 가능한 패널, 재배치 가능한 창, 확장 가능한 영역으로 가득한 매우 유연한 공간임을 알 수 있다. 그리고 가장 좋은 점은 원하는 곳에 배치할 수 있다는 것이다.

모듈식 특성으로 인해 처음에 다뤄야 할 몇 가지 기본적인 질문은 다음과 같다. 어떻게 머티리얼을 만들기 시작해야 할까? 그리고 가장 많이 사용되는 매개변수들을 어디에서 찾아야 할까? 패널이 다르다는 것은 각 패널에서 다른 기능을 찾아야 한다는 것을 의미하므로, 에디터에서 어떻게 길을 찾을 수 있는지 알아야 한다. 이 새로운 작업 공간에는 머티리얼 제작자로서의 작업을 훨씬 쉽게 만들어줄 유용한 작은 도구들이 가득하다. 이러한 도구들의 위치를 파악하는 것이 가장 먼저 해야 할 필수 단계 중 하나다.

이제 더 이상 고민하지 말고 이전 레시피에서 설정한 프로젝트를 시작점으로 첫 번째 머티리얼을 만들어보자.

준비

이전 레시피에서 기본 빈 프로젝트를 만들었기 때문에 이 시점에서 해야 할 일은 많지 않다. 애초에 이 프로젝트를 만든 이유는 바로 머티리얼 작업을 바로 시작할 수 있도록 하기 위해서다. 이 시점에서는 스튜디오 씬을 설정하는 것만 하면 된다.

하지만 첫 번째 레시피에서 만든 레벨을 사용해야 한다는 부담감은 갖지 말자. 월드를 시각화하는 데 도움이 되는 조명만 있다면 다른 어떠한 레벨이든 상관없다. 이 원칙을 따르면서 만든 모든 것이 다양한 라이팅 시나리오에서 작동한다는 점이 PBR 워크플로의 장점이다.

예제 구현

언리얼 엔진 5에서 첫 번째 머티리얼을 생성해 이 레시피를 빠르게 살펴보자. 이는 오래 걸리지 않지만, 머티리얼 에디터를 살펴볼 수 있는 좋은 구실이 된다. 이 패널은 이 책 전반에 걸쳐 여러 번 다시 살펴보게 되며, 이 레시피의 '예제 분석' 절에서 자세히 알아본다.

위의 말을 기억하면서 첫 번째 머티리얼을 만드는 방법을 알아보자.

1. 콘텐츠 브라우저의 빈 공간에서 마우스 우클릭을 한다. 화면에 우클릭으로 나타난 메뉴에서 **머티리얼**Material 옵션을 선택해 새로운 머티리얼을 생성한다. 또 다른 방법으로는 콘텐츠 브라우저의 왼쪽 상단에 있는 **+ 추가**+ Add 버튼을 클릭해 새로운 머티리얼을 생성할 수도 있다.

2. 생성할 머티리얼에 **M_BasicPlastic** 같은 간단한 이름을 입력한다.

3. 새로 생성된 에셋을 더블 클릭하면 머티리얼 에디터가 열리고, 여기서 머티리얼의 결과물을 변형할 수 있다.

4. 메인 그래프, 가급적이면 **메인 머티리얼**Main Material 노드 왼쪽에 있는 메인 그래프를 우클릭한 다음 Constant를 입력한다. 자동 완성 시스템이 다음과 같이 몇 가지 옵션(Constant, Constant2Vector, Constant3Vector 등)을 표시하기 시작하는 것을 확인할 수 있다. 마지막 옵션인 **Constant3Vector**를 선택한다.

5. 이제 새로운 노드가 나타난 것을 볼 수 있다. 새로 생긴 노드의 출력 핀을 **베이스 컬러** 프로퍼티에 연결한다.

6. **Constant** 노드를 선택한 상태에서 디테일 패널을 살펴보자. 머티리얼의 **베이스 컬러**Base Color 프로퍼티를 조정할 수 있는 것을 확인할 수 있다. 현재의 검은색에서 벗어나고 싶으므로, **상수**Constant라고 표시된 곳의 오른쪽에 있는 검은색 사각형을 클릭하고 색상 휠Color Wheel을 사용해 현재 값을 변경한다. 다음 이미지와 같이 효과를 보기 위해 다른 색상을 선택해보자.

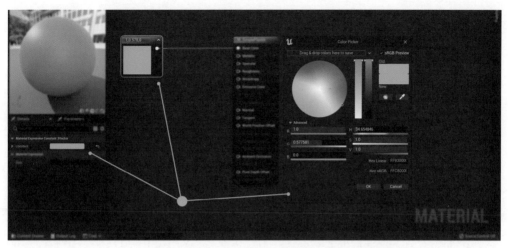

그림 1.8 지금까지의 머티리얼 그래프의 모습과 색상 선택 과정

보다시피 미리 보기의 구^{sphere}의 색상을 수정했다. 또한 플라스틱처럼 보이게 하려면 머티리얼이 제공하는 리플렉션의 선명도를 조정해야 한다. 그러기 위해서는 다른 **Constant** 노드를 사용해 **러프니스**^{Roughness} 매개변수를 수정해야 한다. 마우스 우클릭을 하는 방법 대신에 팔레트 메뉴에서 선택해보자.

7. 팔레트^{Palette} 패널로 이동해서 **Constant** 항목에 도달할 때까지 아래로 스크롤한다. **Constant**라는 이름의 첫 번째 옵션을 선택한다. 또 다른 방법으로는 스크롤하는 대신에 패널 상단의 검색창에 이름을 입력할 수도 있다.

8. 새로운 작은 노드가 나타나야 한다. 이전 노드와 달리 색상을 선택할 수 있는 옵션이 없다. 대신 값을 입력해야 한다. 일단 **0.2**와 같은 낮은 값으로 시작한다. 이 값은 머티리얼에 명확한 반사를 생성한다. 새 노드의 출력을 메인 머티리얼의 **러프니스**로 연결한다.

이전 **러프니스** 값을 적용한 후에 머티리얼의 외형이 어떻게 변경됐는지 확인할 수 있다. 환경의 반사가 이전보다 훨씬 더 선명해 보인다. 이는 이전에 생성된 **Constant** 노드 덕분에 발생하는 것이며 0(또는 검은색)에 가까운 값을 사용해 반사를 훨씬 더 명확하게 만든다. 값이 흰색일수록(1에 가까울수록) 반사의 선명도가 감소한다. 즉, 표면이 훨씬 더 거칠게 나타난다.

이렇게 하면, 이제 이 머티리얼을 씬 내부의 모델에 적용할 수 있다. 메인 레벨로 돌아가서 새로운 에셋을 적용할 수 있는 새로운 오브젝트를 레벨에 추가해보자.

9. 모델을 시각화하는 데 사용할 수 있는 레벨(예: 이전 레시피에서 생성한 레벨)을 연다.

10. 큐브를 만들고 이전 레시피에서 만든 레벨에서 작업하는 경우 기존 평면 위에, 사용자 지정 맵으로 작업하는 경우 잘 보이는 곳에 배치한다. 미리 만들어둔 씬에서 작업하는 경우, 큐브의 기본 크기가 너무 크기 때문에 스케일을 조정해야 할 수 있다.

11. 큐브를 선택한 상태에서 디테일 패널의 **머티리얼**Materials 섹션으로 이동해 사용 가능한 첫 번째 드롭다운 메뉴를 선택한다. 새로 생성된 머티리얼을 찾아서 큐브에 적용한다.

작업한 씬은 다음과 같이 보일 것이다.

그림 1.9 이 레시피의 끝에서 보여야 하는 씬

앞서 만든 씬에 표시되는 간단한 모델에 머티리얼을 적용했다. 이는 훨씬 더 큰 월드에 대한 작은 소개 역할을 했지만, 이제 머티리얼 에디터에서 사용하게 될 대부분의 패널

과 툴을 확인했다.

예제 분석

언리얼 엔진 5에서 첫 머티리얼을 만들었고 앞으로 더 많은 머티리얼을 제작할 수 있다. 하지만 머티리얼 에디터 자체를 자세히 살펴보기에 지금보다 더 좋은 시점이 있을까? 그럼 바로 해당 주제로 들어가서 앞으로의 여정에서 주의 깊게 살펴봐야 할 다양한 섹션을 살펴보자.

> **TIP**
>
> 편집하고 싶은 머티리얼을 더블 클릭해서 머티리얼 에디터를 실행할 수 있다는 것을 잊지 말자.

머티리얼 에디터

머티리얼 에디터를 학습하는 방법을 고려할 때, 동일한 화면을 보고 있는지 먼저 확인하자. 머티리얼 에디터의 레이아웃은 **창**Window ➤ **레이아웃 불러오기**Load Layout ➤ **디폴트 에디터 레이아웃**Default Editor Layout을 통해 초기화할 수 있다. 화면 해상도나 화면 비율 같은 설정들로 인해 패널들을 숨기거나 눈에 띄지 않을 정도로 작게 만들 수 있으므로, 기본 상태로 초기화한다고 해서 화면이 반드시 동일하게 보이지는 않는다. 따라서 자신에게 맞는 레이아웃을 찾을 때까지 자유롭게 레이아웃을 조정해보자!

이제 모두 동일한 패널을 보고 있다는 것을 확인했으니, 머티리얼 에디터 자체와 일부 다양한 항목들을 주목해보자. 기본적으로는 다음 스크린샷과 매우 유사한 화면을 보고 있다.

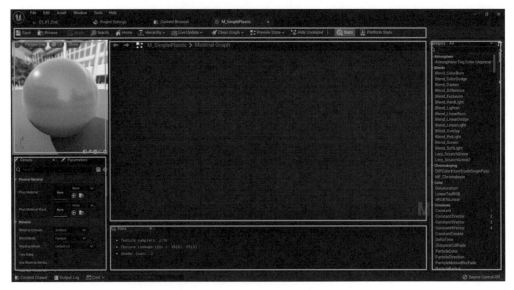

그림 1.10 머티리얼 에디터와 하위 컴포넌트들의 기본 모습

이제 이전 스크린샷에서 보인 인터페이스들을 하나씩 알아보자.

- 머티리얼 에디터에서 가장 첫 번째로 확인해야 할 부분은 **툴바**[Toolbar] 영역이다. 지금 작업하고 있던 머티리얼을 저장하거나 콘텐츠 브라우저에서 찾는 것과 같이 가장 필수적인 기능들을 여기서 확인할 수 있다.

- 두 번째 패널은 **뷰포트**[Viewport] 영역이다. 해당 영역에서 지금 작업하는 머티리얼이 어떻게 생겼는지 확인할 수 있다. 여기서는 뷰를 회전하고, 줌인/줌아웃을 하고, 해당 창의 조명 설정을 변경할 수 있다.

- **디테일**[Details] 패널은 가장 유용한 패널이다. 이름 그대로 만들고 싶은 머티리얼들의 프로퍼티들을 정의할 수 있다. 메인 그래프 에디터에서 어떤 것을 선택했는지에 따라 안의 내용이 달라진다.

- **통계**[Stats] 패널은 현재 머티리얼이 사용하고 있는 리소스들에 대한 정보를 제공한다. 툴바 영역에서 해당 옵션을 클릭해 해당 패널 옆에 있는 **검색**[Search] 패널을 열 수도 있다.

- **머티리얼 노드 팔레트**^{Material Node Palette}는 머티리얼에서 사용할 수 있는 모든 노드와 함수가 포함된 라이브러리다. 기본적으로는 접혀 있지만, 마우스로 텍스트를 클릭하면 패널을 열어서 확인할 수 있다.

- **메인 에디터 그래프**^{Main Editor Graph} 영역은 모든 마법이 일어나는 곳이며 대부분의 시간을 보낼 곳이다. 머티리얼을 만들 때 다양한 요소를 정렬하는 영역이다.

Constant(상수)

이 레시피를 사용해 머티리얼 에디터에 대해 알아보고 첫 번째 머티리얼을 만들었다. 방금 한 작업은 실제 목표인 PBM을 만들기 위한 전 단계에 불과하므로 에디터 내에서 각 항목들이 무엇을 하는지 아는 것이 앞으로 많은 도움이 된다. 이제 다음 레시피에서 살펴볼 그 목표를 달성할 수 있는 더 좋은 위치에 있다!

계속하기에 앞서, 간단한 머티리얼을 만드는 데 사용한 노드들에 대해 다시 한번 알아보자. 아티스트의 입장에서는 엔진이 컬러 값이나 그레이 스케일 같은 것에 부여한 이름이 약간 혼란스러워 보일 수도 있다. 또한 **Constant3Vector** 노드의 이름과 우리가 생각하는 색상을 연결 짓기가 어려울 수도 있다. 하지만 이 모든 것에는 이유가 있다.

이러한 명명 규칙의 이면에는 이러한 노드가 방금 할당된 색상 값 외에 다른 용도로 사용될 수 있다는 아이디어가 숨어 있다. 결국 간단한 상수는 그레이 스케일 값을 나타내거나 밝기 배수로 사용하거나 머티리얼 함수 내부의 매개변수로 사용하는 등 다양한 시나리오에서 사용할 수 있다. 아직 다른 용도를 보지 못했더라도 걱정하지 말자. 중요한 점은 이러한 노드에 부여된 이름을 통해 우리가 본 것 외에도 더 많은 용도가 있음을 알 수 있다는 사실이다. 여기서 좀 더 나아가 상수는 값이 변하지 않기 때문에 '상수'라고도 불리며 상수를 생성할 때 값을 지정한다는 것을 알아야 한다.

이를 염두에 두고, 지금까지 사용한 요소들을 좀 더 수학적인 용어로 생각해보는 것이 좋다. 예를 들어 색상을 빨간색, 초록색, 파란색 값^(즉, RGB 값)으로 생각할 수 있는데, 이는 앞서 **Constant3Vector** 노드를 사용해 정의한 것이다. RGB 값과 함께 알파 값을 사용하려는 경우에는 **Constant4Vector**를 사용하면 어떨까? 아직 초기 단계이지만, 엔진에서 사용하는 다양한 표현식에 익숙해지는 것은 언제나 좋은 일이다.

참고 사항

눈치챘을 수도 있지만, 첫 번째 머티리얼 에셋 이름 앞에 'M_' 접두사를 사용했다. 프로젝트 전체의 가독성을 높이기 위해 명확한 명명 규칙을 고수하는 것을 좋아하기 때문이다. 이 책에서 사용하는 명명 규칙은 'Allar 스타일 가이드^{Allar Style Guide}'라는 매우 유명한 규칙을 따르고 있으며, 자세한 내용은 깃허브(https://github.com/Allar/ue5-style-guide)에서 확인할 수 있다.

또한 언리얼에서 **베이스 컬러**^{Base Color} 프로퍼티의 중요성과 머티리얼 에디터에서 작업할 때 흔히 볼 수 있는 다른 속성들에 대한 공식 문서를 웹 사이트(https://docs.unrealengine.com/5.0/en-US/physically-based-materials-in-unreal-engine/)에서 확인할 수 있다. 실제로 사용되는 머티리얼에는 **베이스 컬러** 속성의 강도로 사용해야 하는 특정 측정값이 있다는 것을 알 수 있다. 프로젝트에서 사실적인 값을 사용하고 싶다면 해당 정보를 꼭 확인하자!

⁙ 첫 번째 물리 기반 머티리얼 제작

PBR은 핵심적으로 여러 그래픽 엔진이 따르고자 하는 원칙이다. 모든 렌더링 프로그램이 준수해야 하는 엄격한 규칙이라기보다는 화면에 보이는 것은 빛이 특정 표면과 상호작용할 때 어떻게 작용하는지에 대한 연구 결과라는 아이디어에 가깝다.

직접적인 결과로, 소프트웨어 제작자가 시스템을 프로그래밍하기로 결정한 방식에 따라 렌더링 엔진마다 이른바 PBR 워크플로가 달라진다. 여기서는 에픽게임즈가 언리얼 엔진 5의 렌더링 파이프라인을 위해 선택한 구현 방법을 살펴보자.

그러나 이미 확립된 레시피 작업 과정, 즉 PBR 워크플로를 따르는 자료를 생성해 결과를 확인해볼 수 있다. 이제 시작해보자!

준비

이 레시피 작업을 시작하는 데 많은 것이 필요하지 않다. 이전 레시피에서 몇 가지 기본 조명과 모델을 사용해 만든 것과 같은 기본 씬만 있으면 된다. 이전 레벨을 계속 사용하고 거기에 배치한 모델의 용도를 변경할 수 있다.

예제 구현

새 머티리얼을 만들고 이를 정의하는 속성들을 살펴보는 것으로 시작하자.

1. 콘텐츠 브라우저의 빈 공간을 우클릭한 후에 **기본 에셋 생성**Create Basic Asset 항목에서 **머티리얼**을 선택한다. 원하는 이름을 입력한다. 이번에는 머티리얼의 이름을 **M_PBR_Metal**이라고 하겠다. 새로 생성된 머티리얼을 더블 클릭해서 머티리얼 에디터를 실행한다.

   해당 패널이 열린 상태에서 디테일 패널의 **머티리얼** 항목에 집중하자. 여기서는 머티리얼이 빛과 관련해 어떻게 동작하는지 결정하는 매우 중요한 설정들이 포함돼 있다. 또한 다른 속성에 영향을 주는 몇 가지 매개변수도 포함돼 있다. 예를 들어, 에셋에 어떻게 음영이 적용되는지 또는 어떤 종류의 오브젝트가 이를 사용할 수 있는지와 같은 것들이 있다.

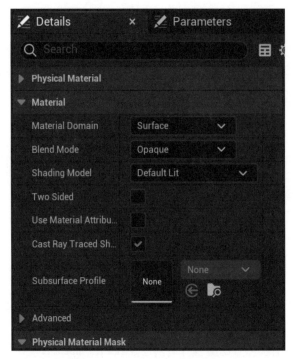

그림 1.11 메인 머티리얼 노드의 디테일 패널 머티리얼 항목을 클로즈업한 모습

여기서 확인할 수 있는 설정은 언리얼에 있는 머티리얼 대부분에서 확인할 수 있는 기본 설정들이며 PBR 파이프라인을 매우 밀접하게 따른다. 첫 번째 옵션인 **머티리얼 도메인**^Material Domain^은 현재 **Surface**로 설정돼 있다. 이는 우리가 만들고 있는 머티리얼이 3D 모델(조명이나 UI 요소가 아님)에서 사용하기 위한 것임을 나타낸다. **불투명**^Opaque^ 값을 갖고 있는 **블렌드 모드**^Blend Mode^는 해당 머티리얼이 적용된 오브젝트를 통과하지 않음을 나타낸다. 마지막으로, **셰이딩 모델**^Shading Model^은 해당 머티리얼이 받는 빛에 대한 특정 반응을 나타내는 **Default Lit**으로 설정돼 있다. 이 구성은 표준 구성으로 간주되고 금속, 플라스틱, 벽 또는 일상의 불투명한 표면을 나타내는 다른 머티리얼을 만들 때 유용하다.

2. 복잡한 개념은 놔주고, 그래프의 아무 곳에 **Constant3Vector** 노드를 만든 후 이를 머티리얼의 **Base Color**에 연결한다. 이전 레시피에서 전체 색상을 정의하는 **Base Color** 속성을 사용했다.

3. 다음으로 만들어야 하는 것은 간단한 **상수**^{Constant}다. 키보드에서 **1**을 누르고 있는 상태에서 머티리얼 에디터 그래프 아무 곳이나 클릭해 만들 수 있다. 만들어진 상수 노드의 값을 **1**로 설정하고 **Metallic** 속성에 연결한다.

NOTE

> **Metallic** 속성은 방금 만들었던 머티리얼의 금속 여부를 제어한다. 해당 속성에 값이 1인 노드를 연결하면 참이고, 값이 0인 노드를 연결하거나 아무것도 연결하지 않으면 거짓이다. 앞의 두 값 사이의 값은 부식되거나 도장된 금속 표면을 처리할 때와 같은 특수한 상황에서만 사용해야 한다.

4. 다음으로, 또 다른 **상수** 노드를 생성하고 **Roughness** 속성에 연결한다. 그리고 방금 생성한 상수 노드에 값 **0.2**를 설정한다. 최종 머티리얼 그래프는 다음 이미지처럼 보인다.

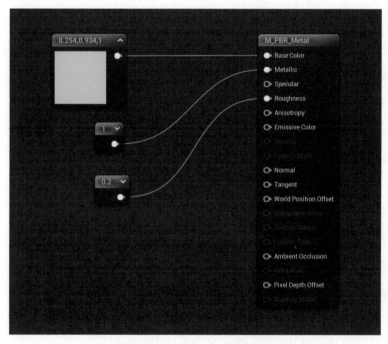

그림 1.12 지금까지의 머티리얼 그래프

이를 통해 불투명 재질의 일종인 금속을 생성해서 PBR 재질을 정의하는 데 사용되는 가장 중요한 속성 중 일부를 살펴봤다. 그럼에도 불구하고, Metallic 속성을 사용하지 않은 다른 머티리얼 예제를 만드는 것이 좋다. 이는 **스페큘러**^{Specular} 머티리얼 속성과 같은 PBR 워크플로에서 사용되는 다른 설정 중 일부가 이러한 경우에 사용되기 때문이다.

5. **M_PBR_Wood**라는 다른 머티리얼을 만들고 해당 에셋에 대한 머티리얼 에디터를 실행한다.

6. 새로 만든 머티리얼의 메인 그래프 내부 아무 곳에나 우클릭해서 **Texture Sample** 옵션을 검색한다. 이 방법을 사용하면 머티리얼을 정의하는 속성 중 하나로 단순 색상 대신 이미지를 사용할 수 있다.

7. 그래프에서 새로운 노드를 추가한 다음, 해당 노드를 클릭해 디테일 패널을 확인한다. **머티리얼 표현식 텍스처 베이스**^{Material Expression Texture Property}에 있는 **텍스처**^{Texture} 속성 옆의 드롭다운 메뉴를 클릭하고 Wood를 검색한다. **T_Wood_Floor_Walnut_D** 에셋을 선택하고 **Texture Sample** 노드를 머티리얼 속성의 **베이스 컬러**^{Base Color}에 연결한다.

해당 작업을 완료하고, 다른 머티리얼 속성인 **Specular** 속성을 살펴보자. 해당 속성은 머티리얼이 얼마나 많은 빛을 반사하는지를 제어하는 속성으로, 0부터 1까지의 값 범위 내에서 조절된다. 표준 값은 0.5로, 해당 속성 슬롯에 아무것도 연결하지 않을 때 자동으로 할당된다. 요즘에는 많이 사용되지 않지만, 이와 같이 정상적인 양의 빛을 반사하는 부분과 빛을 가두는 틈새가 모두 포함되는 나무 표면을 재현하려는 경우 유용하게 사용할 수 있다. 텍스처를 사용해 이러한 상황을 정의하면 좀 더 사실적인 결과를 얻는 데 도움이 될 수 있으므로, 이를 활용하자!

8. 이전에 생성한 **Texture Sample** 노드의 빨간색 채널을 메인 머티리얼^{Main Material}의 **Specular** 속성에 연결한다. 이렇게 하면 이전에 선택한 텍스처에 저장된 흑백 정보를 사용해 머티리얼에서 반사되는 빛의 양을 제어할 수 있다. 주요 목재 보드의 영역이 이음새보다 선명하기 때문에 해당 방법은 원하는 목적에 완벽하게 작동한다.

Specular 항목을 사용하기 위해 왜 나무 텍스처의 빨간색 채널을 사용하는지 궁금할 수도 있다. 간단하게 말하자면, 해당 속성을 위해서는 흑백 텍스처가 필요하고 RGB 텍스처에서 개별 채널을 선택하면 원하는 방식으로 사용할 수 있기 때문이다. 이음새는 다른 영역보다 더 어두운 픽셀을 포함하게 되므로, 원래 텍스처의 빨간색 채널을 사용하더라도 원하는 결과와 매우 유사하다. 다음 그림은 원본 에셋과 빨간색 채널만을 사용한 에셋이다.

그림 1.13 원본 RGB 나무 텍스처(왼쪽)와 빨간색 채널만 사용한 텍스처(오른쪽)

9. 이제 **Roughness**(러프니스)와 **Normal** 머티리얼 속성 슬롯에 더 많은 텍스처를 사용하기 때문에 이전에 만들었던 **Texture Sample** 노드를 두 번 더 복사한다.

10. 이전에 했던 것처럼 각 노드에 **T_Wood_Floor_Walnut_M**과 **T_Wood_Floor_Walnut_N** 에셋을 선택한다. 첫 번째는 **Roughness** 슬롯에 연결하고, 두 번째는 **Normal** 슬롯에 연결한다.

11. 머티리얼을 저장하고 **적용**^{Apply} 버튼을 누른다.

12. 메인 레벨로 다시 이동해서 바닥 평면을 선택한다. 디테일 패널에서 **머티리얼** 항목까지 아래로 스크롤하고 방금 생성한 **M_PBR_Wood** 머티리얼을 할당한다. 기존에 만들어뒀던 박스에 메탈릭 머티리얼을 할당한다. 모든 작업이 완료되면 다음과 같은 결과물을 확인할 수 있다.

그림 1.14 다양한 머티리얼을 적용한 후의 최종 결과물

잘했다! 지금까지 사용한 새 노드들(Specular와 Normal 노드 모두)은 이전 스크린샷에서 볼 수 있는 디테일 추가에 기여했다. **Specular** 노드는 나무 판자 사이의 이음새에서 반사되는 빛을 감소시키고, **Normal** 맵은 표면과 관련해 빛이 반사되는 방향을 수정한다. 이 두 가지 효과를 합치면 평면 모델이 실제보다 훨씬 더 많은 기하학적 디테일이 포함된 것처럼 보이게 된다. 멋지다!

예제 분석

효율성과 속도는 실시간 애플리케이션의 핵심으로, 언리얼에서 PBR 파이프라인이 작동하는 방식에 큰 영향을 미치는 두 가지 요소다. 그렇기 때문에 언리얼이 조명과 3D 모델 간의 상호작용을 처리하는 방식에서는 지금까지 조정한 변수들(베이스 컬러Base Color, 메탈릭Metallic, 러프니스Roughness, 스페큘러Specular)이 가장 중요하다. **베이스 컬러** 속성은 머티리얼의 전체적인 모양을 알려주는 반면, **러프니스**는 반사가 얼마나 선명하거나 흐릿한지를 나타낸다. **메탈릭** 속성을 사용하면 오브젝트가 금속으로 만들어졌는지 여부를 지정할 수 있고, **스페큘러** 노드를 사용하면 반사되는 빛의 양에 영향을 줄 수 있다. 마지막으로, 노멀 맵을 사용하면 빛이 반사되는 방향을 수정할 수 있다. 이는 더 많은 폴리곤을 사용하지 않고도 세부 정보를 추가하는 데 유용한 기술이다.

이전 매개변수는 실시간 렌더러에서는 매우 일반적이지만, 모든 프로그램이 동일한 매개변수를 사용하지는 않는다. 예를 들어, V-Ray와 같은 오프라인 제품들은 다른 계산 방식을 사용해서 최종 결과물을 출력한다. 즉, 기본적으로는 물리적 특성을 기반으로 하지만 각각 다른 기술을 사용한다. 이는 결국 에픽Epic이 사용하는 PBR 작업 방식이 엔진에 따라 다르며 그 가능성과 한계를 인식해야 함을 보여준다.

이 레시피를 통해 언리얼 엔진 5에서 PBR이 처리되는 방식에 영향을 미치는 가장 중요한 노드들 중 일부를 알아봤다. 베이스 컬러, 러프니스, 스페큘러, 앰비언트 오클루전Ambient Occlusion, 노멀과 메탈릭 속성들은 PBR 작업 방식의 기본 구성 요소를 형성한다.

모든 내용을 살펴봤고, 이제 좀 더 복잡한 머티리얼과 효과를 만드는 방법을 알아볼 준비가 됐다. 파이프라인에 영향을 미치는 다른 영역 중 일부를 여전히 이해할 필요가 있지만, 지금부터는 기본 사항이 충분히 이해됐다는 확신을 갖고 진행할 수 있다.

참고 사항

이제 텍스처와 3D 모델을 소개했으니 이제 첫 번째 머티리얼에서 사용한 상수보다 좀 더 복잡하게 느껴질 수 있는 더 복합적인 에셋을 다뤄보자. 이러한 에셋을 만들려면 그들의 특정 소프트웨어 패키지를 사용해야 하며, 이를 수행하는 구체적인 방법을 다루기 위해 추가로 몇 권의 책이 필요하다.

그런데 에픽은 최근 사실적인 3D 에셋 캡처에 주력하는 놀라운 회사인 퀵셀Quixel을 인수하고 언리얼 사용자가 해당 라이브러리를 무료로 사용할 수 있도록 만들었다. 그래서 우리는 행운이라고 생각할 수 있다. 콘텐츠를 즐기려면 에픽게임즈 계정만 있으면 되며, 언리얼과 함께 제공되는 퀵셀 브리지Quixel Bridge를 통해 해당 리소스들을 확보할 수 있다. 간단하게는 언리얼에서 **Window ❯ Quixel Bridge**를 선택해 사용 가능한 모든 콘텐츠를 탐색해보자!

게다가 작업에 도움이 될 수 있는 또 다른 웹 사이트(https://www.textures.com/)도 소개하고 싶다. 여기서 유용한 텍스처와 스캔을 얻어 씬을 한 단계 끌어올릴 수 있다.

🔅 간단한 유리 시각화

이전 레시피에서는 언리얼 엔진이 화면에 요소들을 렌더링하는 데 사용하는 물리 기반 접근 방식을 따르는 기본 머티리얼을 만들 기회가 있었다. 머티리얼의 러프니스와 메탈릭 속성에 영향을 미치는 노드와 표현을 사용해 플라스틱, 콘크리트, 금속 또는 목재의 모양을 구현함으로써 무한한 조합을 만들 수 있는 방법을 확인했다.

이전 예제는 간단한 예제로 간주될 수 있다. 동일한 셰이딩 모델을 사용해 각 요소를 렌더링하는 방법을 계산하기 때문이다. 일상에서 경험하는 대부분의 머티리얼이 이에 속하며, 앞서 살펴본 속성을 이용해 설명할 수 있다. 그럼에도 불구하고 하나의 고유한 셰이딩 모델로 정확하게 다룰 수 없는 예가 항상 있다. 예를 들어, 빛이 유리에 닿을 때 동작하는 방식은 이러한 경우에 재정의될 필요가 있다.

인간의 피부나 나뭇잎과 같은 다른 요소들에도 동일하게 적용되는데, 표면 전체의 빛 분포는 목재 머티리얼의 빛 분포와 다르다.

이를 염두에 두고, 표준 셰이딩 모델에서 벗어나는 몇 가지 작은 머티리얼 예시를 만들어 이러한 다른 카테고리를 알아보기 시작한다. 하나는 이번 레시피에 있고, 다른 것들은 이후 장들에서 살펴본다. 더 복잡한 예제를 만드는 것은 나중으로 미뤄두고, 우선 입문 수준에 알맞은 간단한 유리를 만드는 것부터 시작하자.

준비

이전에 만든 샘플 언리얼 프로젝트는 큰 도움이 됐지만, 여기서부터 시작한다면 자유롭게 새 프로젝트를 만들어도 된다. 시작용 콘텐츠를 통해 엔진에 포함된 것과 같은 표준에셋을 사용해도 전혀 문제가 없지만, 더 자세히 따라가고 싶을 때 사용할 수 있도록 이책과 함께 제공되는 몇 가지 에셋도 준비했다. 만약 해당 에셋을 사용하고 싶다면 '기술적인 요구 사항' 절의 다운로드 링크에서 Level_01_04_Start 레벨을 실행하고 작업할 준비를 하자!

예제 구현

간단한 유리 예제를 만들기 위해 다음과 같은 작업을 진행한다.

1. 콘텐츠 브라우저에서 마우스 우클릭을 한 뒤에 새로운 머티리얼을 생성한다. 이제 곧 생성할 **M_SimpleGlass**와 같이 알맞은 이름을 붙인다(붙이지 않아도 된다!).

2. 머티리얼 에디터를 실행하고 **메인 머티리얼** 노드를 선택한다.

3. 디테일 패널에 집중하자. **머티리얼** 항목 아래에서 **블렌드 모드**^{Blend Mode} 옵션을 확인한다. 기본 **Opaque** 값을 **Translucent**로 변경한다.

4. 이제 **Translucency** 항목으로 스크롤한다. **라이팅 모드**^{Lighting Mode} 드롭다운 메뉴가 존재하는데, 해당 값이 현재는 기본값인 **Volumetric Non Directonal**로 설정돼 있다. 해당 값을 **Surface Translucency Volume**으로 변경한다.

NOTE

> **블렌드 모드**를 **Opaque**에서 **Translucent**로 변경하면서 **메인 머티리얼** 노드의 여러 입력 핀을 사용할 수 없게 되며 머티리얼의 셰이딩 모델을 변경하면서 다시 사용할 수 있게 된 것을 확인할 수 있다. 이러한 핀은 머티리얼의 동작 방식을 정의하므로, 이전 매개변수에서 머티리얼이 수행할 수 있는 작업에 따라 특정 핀을 사용하는 것이 합리적이다. 완전히 불투명한 머티리얼에서 불투명도 옵션을 갖는 것은 의미가 없다. 해당 설정에 대해 자세히 알아보려면 '예제 분석' 절을 읽어보자.

5. **Constant4Vector**를 생성하고 **메인 머티리얼** 노드의 **베이스 컬러**^{Base Color} 노드에 연결한다.

6. 원하는 값을 이전 **상수**^{Constant} 노드의 **RGB** 채널에 할당하고 **알파**^{Alpha} 매개변수를 **0.5**로 설정한다. 이번 예제에서는 약간 투명한 파란색 유리 효과를 주는 푸른색 톤을 선택했다. 다음 그림에서 지정한 값을 확인한다.

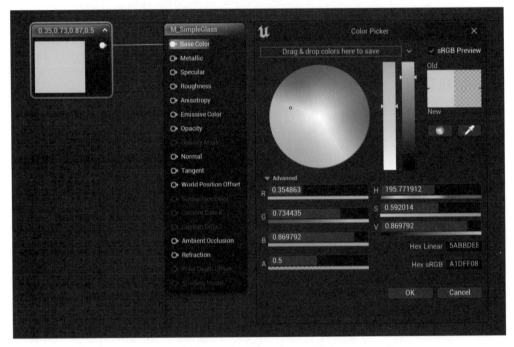

그림 1.15 Constant4Vector에 지정한 RGBA 값

7. 이전 **Constant4Vector** 노드의 출력을 **메인 머티리얼** 노드의 **베이스 컬러** 핀에 연결한다.

8. 이제 **Constant4Vector**의 **알파** 값을 머티리얼의 **Opacity** 슬롯에 연결할 차례다. 따라서 **Constant4Vector**의 출력 핀을 머티리얼 그래프의 빈 공간으로 드래그하고 마우스 버튼을 놓는다. 그럼 노드를 선택할 수 있는 상황별 메뉴가 나타난다. **ComponentMask**라는 노드를 찾기 위해 Component를 입력하고 선택한다.

9. 마지막 노드를 선택한 상태에서 디테일 패널을 살펴보자. **Constant4Vector** 노드에서 네 가지 구성 요소 중 사용하려는 구성 요소를 선택할 수 있다. 이전에 선택한 값을 통해 재료의 불투명도를 높이려면 **알파** 옵션을 선택한다.

10. 이전 마스크의 출력을 **Opacity** 핀에 연결한다.

11. **적용**Apply 버튼을 누르고 머티리얼을 저장한다.

    프리뷰 창이 자동으로 업데이트되는 데 약간의 시간이 걸릴 수 있지만, 일단 업데이트되면 이를 통해 볼 수 있는 반투명 머티리얼을 확인해야 한다.

12. 이제 머티리얼을 올바르게 설정했으므로 씬의 모델에 적용해보자. 먼저, 이전에 다운로드한 **01_04_Start** 레벨을 실행하면 **SM_Glass**라는 오브젝트를 찾을 수 있다. 만약 자체 프로젝트에서 작업 중이라면, 방금 만든 새로운 머티리얼을 적용할 모델을 생성하고 해당 머티리얼을 적용해 결과를 확인한다. 무슨 옵션을 선택하든, 이제 새로운 머티리얼을 적용한 후의 씬은 다음과 같이 보인다.

그림 1.16 첫 번째 유리 머티리얼의 최종 결과물

간단하지만 효과적이다! 이제 반사, 굴절과 기타 흥미로운 효과들을 사용해 향후 장에서 좀 더 복잡한 반투명 머티리얼을 적절하게 설정하는 방법을 알아보자. 하지만 지금으로서는 가장 중요한 단계 중 하나를 밟아 그 길을 걷기 시작했다.

예제 분석

반투명 머티리얼은 현실과 언리얼 모두에서 본질적으로 불투명 머티리얼과 다르다. 결과적으로는 시각화를 가능하게 하는 렌더링 원리가 근본적으로 다르며, 이것이 반투명 효과를 사용하기 위해 다른 블렌드 모드(혼합 모드)를 선택해야 하는 이유다.

여기까지 왔으니 **블렌드 모드** 속성과 셰이딩 모델 개념을 좀 더 살펴보자. 이 두 가지 매우 중요한 설정은 **메인 머티리얼** 노드의 디테일 패널 상단에 위치한다.

먼저, 셰이딩 모델은 모델이 어떻게 음영 처리되는지(다시 말해, 빛으로 그려지는지)를 결정하는 수학적 표현과 논리의 조합이다. 한 셰이딩 모델의 목적은 해당 음영 방법을 사용하는 머티리얼을 만났을 때 빛이 어떻게 동작하는지를 설명하는 것이다. 이 설정에는 일상에서 볼 수 있는 다양한 머티리얼을 설명하기 위해 필요한 만큼 많은 옵션이 있다. 예를 들어, 피부에 빛이 흩어지는 방식과 나무 표면에 동일한 방식으로 흩어지는 방식은 두 가지 다른 모델을 구성한다. 이러한 상황을 컴퓨터 프로그램이 그 문제를 다룰 수 있는 방식으로 설명할 수 있어야 한다.

이를 염두에 두고 반투명 머티리얼을 설명하기 위해 고유한 셰이딩 모델이 있어야 한다고 생각할 수 있다. 하지만 실시간 렌더러에서는 이 모델을 사실적으로 시뮬레이션하기 위해 수행해야 하는 계산이 퍼포먼스 측면에서 너무 비싸기 때문에 상황이 좀 더 복잡하다. 효율성과 속도를 항상 고려하는 언리얼은 이 문제를 해결하기 위해 다른 블렌드 모드를 만들기로 결정했다. 하지만 그것이 어떤 블렌드 모드일까?

블렌드 모드는 렌더러가 전경의 모델에 적용한 머티리얼을 배경에서 일어나는 일과 결합하는 방식이라고 생각하면 된다. 지금까지 불투명과 반투명이라는 두 가지 유형을 살펴봤다. 불투명 블렌드 모드는 가장 이해하기 쉬운 모드로, 한 오브젝트가 다른 오브젝트 앞에 있으면 두 번째 오브젝트가 숨겨진다. 이는 나무, 콘크리트, 벽돌 등 실생활에서 불투명한 소재를 사용할 때 발생하는 현상이다. 하지만 반투명 모드에서는 적절한 슬롯에 입력한 불투명도 값에 따라 이전에 숨겨져 있던 물체가 부분적으로 보이게 된다.

해당 방법은 반투명을 구현하는 깔끔한 방법이지만, 이 시스템에는 몇 가지 주의해야 할 사항이 있다. 그중 하나는 이 블렌드 모드가 스페큘러를 지원하지 않기 때문에 표면에서 반사를 볼 때 나중에 해결해야 할 까다로운 효과라는 점이다. 하지만 걱정하지 말자. 곧 해결한다!

⁞ IBL과 루멘을 사용해 월드 밝히기

이번 장에서는 언리얼이 렌더링 파이프라인에서 사용하는 PBR 작업 흐름의 기초를 다뤘다. 이에 초점을 맞춰 이미 다양한 머티리얼 매개변수와 셰이딩 모델 같은 몇 가지 주요 구성 요소를 알아봤다. 그러나 PBR 작업 방식이 씬의 조명에서 정보를 가져와 모든 것이 어떻게 보여야 하는지 표시하고 계산한다는 사실을 무시할 수 없다.

지금까지 렌더링되는 객체와 머티리얼에만 초점을 맞췄지만, 이는 방정식의 일부다. 다른 부분 중 하나는 물론 조명 정보다. 조명은 PBR 작업 흐름에 매우 중요하다. 조명은 이미지의 최종 작업물에 영향을 미치는 그림자, 반사*및 기타 미묘한 요소들을 도입한다. 또한 조명은 우리가 설정한 일부 속성을 이해함으로써 이전에 적용한 머티리얼과 함께 작동한다. 러프니스 텍스처와 노멀 맵은 조명 및 환경 자체와 함께 작동한다. 이 모두가 결합된 것이 이번 장에서 살펴보는 파이프라인의 필수적인 부분이다.

이를 배경으로, 이번 레시피에서는 더 다양한 종류의 조명을 만드는 데 중점을 두고 이러한 조명이 이전에 만든 일부 머티리얼에 어떤 영향을 미치는지 살펴보자. 먼저 집중해볼 특정 유형 중 하나는 이미지 기반 조명[IBL, Image-Based Lighting]으로, 씬의 조명 방식을 지정하기 위해 텍스처를 사용하는 독특한 종류의 조명이다. 이러한 텍스처도 특별하며 HDRI(씬에 조명을 비추는 방법을 엔진에 알려주는 32비트 텍스처)라고 한다. 해당 내용은 '예제 분석' 절에서 알아보자.

또한 언리얼 엔진 5의 새로운 다이내믹 글로벌 일루미네이션 및 반사 시스템인 루멘이 어떻게 모든 것을 멋지게 만들고 렌더링 워크플로를 상당히 단순화하는지 알아보자.

준비

이 레시피를 완성하기 위해 해야 할 일은 단지 첫 번째 레시피에서 만든 씬에 접근하는 것이다. 씬을 열어보거나, 그때 배치한 것과 동일한 에셋(간단한 평면과 시작용 콘텐츠를 통해 제공되는 BP_LightStudio 블루프린트)이 포함된 새로운 씬을 자유롭게 생성해보자.

예제 구현

기본 씬에 반사 오브젝트를 배치하고 그 표면에 환경의 특정 측면이 어떻게 반사되는지 살펴보는 것으로 이 레시피를 시작하자. 이렇게 하려면 다음 단계를 순서대로 진행한다.

1. **프로젝트에 빠르게 추가하기**^{Quickly Add to the Project} 패널을 열고 **액터 배치**^{Place Actor} ➤ **셰이프**^{Shapes}로 들어간 후 **스피어**^{Sphere}를 선택한다.

2. 모든 축에 대해 비율을 **0.1**로 할당하고, 레벨에 존재하고 있는 평면 위에 올린다.

> **TIP**
>
> 구를 기존 평면 위로 이동하고 **End** 키를 눌러 구가 그 위에 떨어지도록 한다. 이 기법은 충돌이 활성화된 두 모델에 모두 사용할 수 있다.

3. 반사되는 머티리얼을 할당한다. 여기서는 '첫 번째 물리 기반 머티리얼 제작' 레시피에서 만든 금속 셰이더의 복사본을 사용한다. 복사한 머티리얼의 이름은 **M_PBR_Metal**이라 하고, 색상을 흰색으로 변경하고 러프니스를 **0.02**로 설정함으로써 크롬 볼을 더 닮도록 약간 조절했다(확실하지 않은 경우, '첫 번째 물리 기반 머티리얼 제작' 레시피의 1~4번 단계를 참조한다). 이 새 복사본의 이름은 **M_Chrome**이라고 지었다.

그림 1.17 씬에 구를 추가하는 단계별 가이드

적용한 머티리얼의 반사 특성 덕분에 크롬 볼에 환경이 제대로 반영된 것을 볼 수 있다. 이는 사용하고 있는 HDRI 이미지 덕분이다. 이제 이미 생성된 블루프린트를 사용하지 않고 자체 라이팅을 설정해 해당 효과를 재현해보자.

앞으로 제작할 설정에서 벗어나고 싶은 것 중 하나는 환경 이미지를 항상 표시하는 것이다. 미리 만들어진 솔루션에 의존하지 않고도 만들 수 있는 레벨을 더 잘 제어할 수 있기 위해서다.

4. **BP_LightStudio** 블루프린트를 삭제한다. 이제 씬은 완전히 어두워졌다.

5. **스카이 라이트**^{Sky Light}를 씬에 추가한다. 추가하기 위해서는 **프로젝트에 빠르게 추가하기** 패널의 **액터 배치**^{Place Actors} ➤ **라이트**^{Lights}에서 **Sky Light**를 선택한다.

6. 새로운 액터를 선택한 채로 디테일 패널에서 **라이트**^{Light} 항목 아래 옵션을 확인한다. 수정할 수 있는 첫 번째 드롭다운 메뉴는 **소스 타입**^{Source Type}으로, 디폴트 값으로 **SLS Captured Scene**이 선택돼 있다. 이는 레벨에 이미 배치된 에셋을 사용해 씬을 밝히는 데 사용할 수 있는 라이팅 정보를 생성한다. 해당 값을 사용 가능한

다른 옵션인 **SLS Specified Cubemap**으로 변경한다.

7. 선택한 이후에는 **큐브맵**^{Cubemap} 텍스처를 오른쪽 드롭다운 메뉴에서 선택한다. 선택할 텍스처는 첫 번째 레시피에서 사용했던 HDR 텍스처인 **Alexs_Apt_2k**이다.

이제 이전 단계들을 수행했으므로 잠시 씬을 살펴보고 지금 어떻게 구성돼 있는지 확인해보자.

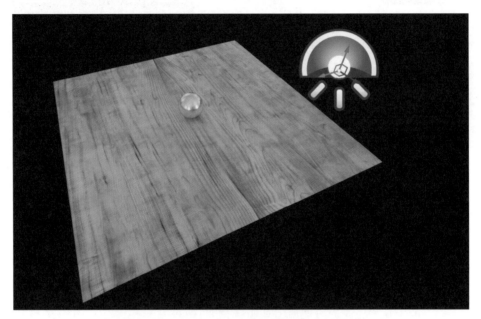

그림 1.18 반사하는 구, 평면, 스카이 라이트 액터로 구성된 씬

보다시피, 씬에 HDRI 이미지를 사용하는 라이팅 정보를 제공하는 조명을 배치하는 것만으로도 매우 사실적인 룩^{look}을 구현할 수 있다. 색상, 반사, 글로벌 일루미네이션^{global illumination}은 모두 이 하나의 광원에서 비롯되며, 루멘이 백그라운드에서 수행하는 작업 덕분에 모든 것을 실시간으로 렌더링할 수 있다. 이는 이전 버전의 엔진에서 조명, 전역 조명, 리플렉션이 모두 별도의 요소로 작동했던 이전 시스템과는 상당히 다르며, 다음 레시피에서 곧 살펴보듯이 원하는 경우 여전히 그렇게 따로 사용할 수 있다. 따라서 이 새로운 방법은 아티스트가 이전보다 훨씬 짧은 시간에 변경 사항을 구현하고 확인하는 동시에 놀라운 결과물을 얻을 수 있으므로

작업 속도를 높일 수 있다는 측면에서 매우 유용하다.

이제 다른 조명 종류인 **포인트 라이트**Point Light를 생성하는 방법을 알아보자.

8. **프로젝트에 빠르게 추가하기** 패널의 **Place Actors ➤ Lights**에서 **Point Light**를 선택한다. 생성한 조명을 크롬 볼에 최대한 가깝게 위치시켜서 조명으로부터 그림자를 생성할 수 있게 한다.

9. 디테일 패널의 **라이트**Lights 항목에서 **강도**Intensity와 **라이트 컬러**Light Color를 조정한다. 강도는 **2** cd로 조정했고, 라이트 컬러로는 노란색을 띠는 색상을 선택했다.

TIP

> 특정 조명 설정을 변경하면 조명에 사용되는 단위가 재설정되는 경우가 있다. 그런 경우, 조명의 **라이트**(Light) 항목에 있는 **고급**(Advanced) 드롭다운 메뉴를 펼치고 마지막 설정인 Intensity Unit(강도 단위)에서 사용하려는 단위를 선택한다.

10. 조명의 **모빌리티**Mobility를 **무버블**Movable로 설정한다.

11. 포인트 라이트가 투사한 그림자의 가장자리에 톱니 모양의 가장자리가 보이는 것을 확인할 수 있다. 조명의 **소스 반경**Source Radius을 **2** 정도로 늘리면 씬처럼 더 좋은 품질의 룩을 얻을 수 있다.

작업한 최종 씬은 다음과 같이 완성됐다.

그림 1.19 포인트 라이트를 추가한 최종 씬

방금 씬에 추가한 조명은 언리얼 엔진 5와 함께 도입된 새로운 기본 음영 방법shadowing method인 버추얼 섀도 맵Virtual Shadow Map을 활용한다. 이 방법은 다이내믹 라이팅 씬에 고퀄리티 그림자를 제공하는 것을 목표로 하는 새로운 방법으로, 이어지는 '예제 분석' 절에서 자세히 살펴본다.

이제 조명, 반사, 글로벌 일루미네이션 등 씬을 렌더링할 때 처리해야 하는 대부분의 요소로 작업하는 것이 얼마나 쉬운지 알 수 있었다. 루멘과 버추얼 섀도 맵 덕분에 나중에 중요한 정보를 굽는 것에 대해 걱정할 필요 없이 생성하는 다양한 요소의 속성에만 집중하면 되므로, 이전보다 훨씬 더 쉽게 작업할 수 있다. 이러한 새로운 기술을 다룰 때 고려해야 할 설정과 고려 사항이 많지만, 그 기술들은 이전보다 모든 것을 더 멋지게 보이게 하면서도 삶을 더 편하게 만들어준다.

예제 분석

여기서는 몇 가지 새로운 개념이 도입됐다. 각 개념을 자세히 알아보자.

HDRI와 IBL

이번 레시피에서는 IBL을 사용할 기회가 있었는데, HDR 이미지를 사용해 씬에 조명을 비출 수 있는 특정 에셋인 **스카이 라이트** 액터 덕분에 가능한 작업이었다. 이러한 텍스처가 작동하는 방식은 특정 위치의 조명 상태를 캡처하고 다양한 노출 설정에서 동일한 환경을 여러 번 샘플링하는 것이다. 이러한 방식으로 여러 장의 사진을 촬영하면, 이를 결합하고 조명 차이를 사용해 해당 영역의 라이팅 방식을 더 잘 이해할 수 있다.

주의해야 할 점은 올바른 유형의 텍스처를 사용해야 한다는 것이다. HDRI 이미지는 각 픽셀에 여러 레이어의 정보가 압축돼 있는 .EXR이나 .HDRI와 같은 32비트 형식이어야 한다. 32비트 형식이 아닌 HDRI 이미지를 찾을 수도 있지만, 사용하는 형식 때문에 실제 이미지만큼 많은 라이팅 정보를 포함하지는 못한다.

고려해야 할 다른 변수는 주어진 HDRI 이미지가 구성되는 f-스톱f-stop 수다. 이 숫자는 최종 텍스처를 생성하기 위해 촬영된 다양한 사진의 수를 나타낸다. 값이 5이면 동일한 수의 보간된 이미지를 사용해 HDRI가 생성됐음을 의미하며, 값이 클수록 텍스처에 더 많은 정보가 포함된다.

다음 그림은 Alex 아파트 에셋을 생성하는 데 사용된 세 가지 서로 다른 이미지의 예시다.

그림 1.20 Alex 아파트 에셋을 위해 사용된 세 가지 다른 노출 설정의 예

각각은 특정 노출 수준에서 촬영한 사진으로, 이를 결합하면 최종 .HDRI 파일이 생성된다. 빛을 방출하는 영역의 밝기를 확인하면 각 노출 레벨에 포함된 라이팅 정보를 확인할 수 있다.

루멘

앞서 언급했듯이 루멘은 언리얼 엔진 5와 함께 도입된 새로운 다이내믹 글로벌 일루미네이션 시스템이다. 이는 과거 게임 엔진에서 항상 부담이 컸던 렌더링 기능이지만, 이제는 더 이상 그렇지 않다. 작동 방식은 씬에 배치된 모델을 레이 트레이싱 방식과 혼합해 분석하고 고품질의 결과를 생성하는 것이다. 첫 번째 트레이싱은 화면에 표시되는 정보에 대해 이뤄지며, 두 번째 트레이싱은 앱을 실행하는 하드웨어의 하드웨어 레이 트레이싱 지원 여부에 따라 메시의 디스턴스 필드^{distance field} 또는 모델을 구성하는 삼각형에 대해 이뤄진다. 이러한 방법을 결합하면 차세대 콘솔과 하이엔드 PC 모두에서 높은 프레임 속도를 목표로 하는 시스템을 구현할 수 있다.

버추얼 섀도 맵

버추얼 섀도 맵은 표준 섀도 맵을 대체할 수 있는 새로운 섀도 맵으로, 언리얼 5.0.3 버전부터 기술적으로는 베타 단계에 있지만 에픽에서 기본 섀도 맵 방법으로 사용하기로 결정할 정도로 뛰어난 성능을 발휘하고 있다. 해상도의 증가가 가장 큰 장점인데, 훨씬 더 정확한 그림자를 묘사할 수 있어 이전 방법의 부정확한 부분을 제거하면서 부드러운 섀도잉과 씬 라이팅에 대한 좀 더 단순화된 접근 방식 등 여러 가지 이점을 제공한다. 좀 더 자세한 내용은 다음 절에 제시된 링크를 통해 확인할 수 있다.

참고 사항

루멘과 버추얼 섀도 맵은 다음 링크들에서 더 자세히 알아볼 수 있다.

- https://docs.unrealengine.com/5.0/en-US/lumen-global-illumination-and-reflections-in-unreal-engine/[1]

- https://docs.unrealengine.com/5.0/en-US/lumen-technical-details-in-unreal-engine/[2]

---

[1] 한국어 버전은 https://docs.unrealengine.com/5.0/ko/lumen-global-illumination-and-reflections-in-unreal-engine/에서 확인할 수 있다. – 옮긴이

[2] 한국어 버전은 https://docs.unrealengine.com/5.0/ko/lumen-technical-details-in-unreal-engine/에서 확인할 수 있다. – 옮긴이

- https://docs.unrealengine.com/5.0/en-US/virtual-shadow-maps-in-unreal-engine/[3]

이 두 가지 새로운 기술을 사용할 때의 장단점에 대해 더 알고 싶다면 꼭 읽어보자!

⫶ 프로젝트에서 스태틱 라이트 사용

언리얼 엔진 5의 등장으로 실시간 시각화 영역에 매우 중요하고 획기적인 기술이 도입됐다. 나나이트, 루멘, 버추얼 섀도 맵은 모두 업계를 발전시키는 새로운 기능으로, 씬 렌더링에 있어 궁극적으로 더 높은 퀄리티의 결과물을 제공한다.

우연인지는 모르겠지만, 새로운 기능 중 하나인 루멘을 앞서 살펴봤다. 이전 레시피에서 작업할 때 새로운 기본 다이내믹 글로벌 일루미네이션 및 반사 시스템인 루멘의 효과는 이미 확인했다. 씬이 제대로 보이도록 라이트를 배치하고 몇 가지 속성을 조정하는 것만 신경 쓰면 됐으므로, 리플렉션 캡처를 만들거나 라이트맵을 굽거나 이 버전의 엔진으로 실시간 작업을 처음 시작하는 분들에게는 생소하게 들릴 수 있는 다른 기법을 사용할 필요가 없었다.

그럼에도 불구하고 루멘 이전에 어떤 일이 이뤄졌는지 간략하게 살펴보자. 하지만 이것은 단순한 학습이 아니라 이전 라이팅 기법이 여전히 엔진에 포함돼 있으며, 그럴 만한 이유가 있다. 루멘은 놀라운 렌더링 퀄리티를 구현할 수 있지만 무엇보다도 고사양 PC와 차세대 콘솔(Xbox 시리즈와 플레이스테이션 5)에서 사용하기 위한 시스템임이 분명하다. 따라서 저사양 기기에서 빠르게 작업할 수 있는 씬을 제작하는 데 있어서는 이전 기술이 여전히 중요하다. 게다가 이러한 이전 시스템은 때때로 루멘보다 시간적으로 더 안정적이어서 극단적으로 적용했을 때 더 나은 시각적 효과를 낼 수 있으므로, 극도로 사실적인 결과를 얻기 위해 작업할 때는 여전히 유용할 수 있다.

---

3 한국어 버전은 https://docs.unrealengine.com/5.0/ko/virtual-shadow-maps-in-unreal-engine/에서 확인할 수 있다. – 옮긴이

그럼 기존 시스템을 구현하는 방법을 알아보자!

준비

이 레시피는 이전 레시피의 마지막 부분에서 바로 시작된다. 루멘에 의존하는 대신 스태틱 조명을 사용해 동일한 결과물을 만들기 때문이다. 이후 페이지들에서 살펴볼 프로젝트와 동일한 프로젝트를 사용해 계속 진행하려면 01_06_Start 레벨을 실행한다. 만약 자신만의 에셋을 사용하는 경우라면, 다이내믹 조명이 들어 있고 오브젝트들의 반사를 볼 수 있는 씬을 실행한다.

예제 구현

이전에 언급했듯이, 이미 일부 조명이 있는 레벨과 주변 환경을 약간 보여주는 반사 오브젝트가 있는 레벨에서 작업을 시작한다. 이를 시작점으로, 루멘에서 글로벌 일루미네이션과 반사를 위해 이전 시스템으로 변경하자.

1. **프로젝트 세팅**^{Project Settings}을 실행해 **Rendering**(렌더링) 항목에서 **글로벌 일루미네이션** Global Illumination 항목을 찾는다.

2. **다이내믹 글로벌 일루미네이션 메서드**^{Dynamic Global Illumination Method}를 **Lumen**에서 **None** 으로 변경한다.

3. 씬에 있는 **Sky Light** 액터를 선택하고, 디테일 패널로 들어가 **모빌리티**^{Mobility}를 **스테이셔너리**^{Stationary}에서 **스태틱**^{Static}으로 변경한다.

   위의 변경 사항을 적용하면 완전히 어두운 검은색 화면을 볼 수 있다. 이전과 현재 화면을 비교하면 다음과 같다.

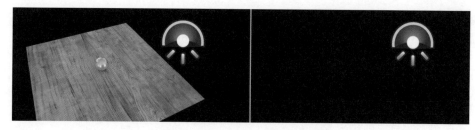

그림 1.21 동일한 씬의 루멘 유무 비교 사진

드라마틱하지 않은가? 루멘을 사용하지 않으면 이렇게 스태틱 **Sky Light**가 라이트 맵에 의존해 씬을 음영 처리해야 한다. 이러한 텍스처는 곧 살펴보게 될 작업 과정에서 생성하거나 빌드해야 한다. 하지만 그 전에 반사에 대해 간단히 살펴보자.

4. 이전에 작업했던 **Project Settings**(Project Settings > Rendering > Global Illumination)으로 돌아가서 루멘을 다이내믹 글로벌 일루미네이션 메서드로 되돌린다.

5. 이전 **글로벌 일루미네이션** 바로 아래의 **리플렉션** 항목으로 이동해 **리플렉션 메서드**Reflection Method를 **Lumen**에서 **None**으로 변경한다. 그리고 다시 메인 뷰포트로 돌아간다.

뷰포트로 돌아오면, 씬을 볼 수 있지만 이번에는 크롬 볼에 있는 반사가 없는 것을 확인할 수 있다. 이는 리플렉션 시스템이 루멘을 사용하지 않기 때문이며 라이팅을 구울 때와 마찬가지로 리플렉션을 빌드해야 한다. 반사가 필요한 영역에 리플렉션 캡처라는 특수한 유형의 액터를 배치해야 하므로 이 작업은 그리 간단하지 않다.

6. **Project Settings**로 돌아가서 **다이내믹 글로벌 일루미네이션 메서드**Dynamic Global Illumination Method도 다시 **None**으로 변경한다.

7. 메인 뷰포트로 돌아가서 **빌드**Build를 클릭한 후 드롭다운 메뉴를 확장한다(빌드는 일반적인 윈도우 프로그램 옵션(파일File, 편집Edit, 창Window 등)과 함께 찾을 수 있다).

8. **라이팅 품질**Lighting Quality 속성에 마우스를 올리고 나오는 메뉴에서 라이팅 퀄리티를 **프로덕션**Production으로 설정한다. 이 옵션은 라이팅 정보를 구울 때 가장 좋은 결과

를 얻을 수 있는 옵션이지만, 필요한 연산 능력 측면에서는 매우 비싸다. 간단한 씬을 다루기 때문에 이 옵션은 현재 문제가 되지 않는다.

9. 빌드 패널을 종료하지 않고 **라이팅만 빌드**Build Lighting Only 옵션을 선택한다. 컴퓨터에서 계산하는 데 약간의 시간이 걸릴 수 있지만, 빠르게 완료돼 아래 이미지처럼 유사한 결과를 제공한다.

그림 1.22 라이팅 빌드 후의 씬

여기에 우리가 잃어버린 빛이 있다! 이는 씬에 추가된 새로운 라이팅의 결과를 보고 싶을 때마다 따라야 하는 작업 과정이다. 라이팅 정보는 라이트맵lightmap이라는 특수 텍스처에 저장되므로 해상도를 조정해 퀄리티를 제어할 수 있다. 잠시 후에 살펴보겠지만 먼저 반사를 알아보자.

10. 레벨에 **스피어 리플렉션 캡처**Sphere Reflection Capture 액터를 배치한다. **프로젝트에 빠르게 추가하기**Quickly Add to the Project 메뉴 내에 있는 **비주얼 이펙트**Visual Effect 메뉴에서 추가할 수 있다.

11. 구 주변에 배치하고 **인플루언스 반경**Influence Radius 값을 **500**과 같이 기존보다 낮은 값으로 설정한다.

12. 이제 반사되지 않는 크롬 볼에서 반사된 물체를 볼 수 있게 됐으므로, 반사된 물체를 볼 수 있도록 주변에 흥미로운 것을 배치해보자. 나무 바닥의 경계 주위에 4개의 다른 평면을 배치하고 기본 재질을 적용한 채로 두자.

13. 빌드 패널을 다시 찾아서 **리플렉션 캡처 빌드**^{Build Reflection Captures} 옵션을 선택한다.

   이제 우리는 다음과 더욱 유사한 씬을 확인할 수 있다.

그림 1.23 리플렉션을 빌드하고 난 뒤의 씬

이를 통해 루멘을 사용할 때와 유사한 결과를 얻을 수 있었다. 단, 라이팅 정보를 굽고 정적이면서 좀 더 제어된 방식으로 반사를 캡처한다는 차이점이 있다. 이 단계에서 할 수 있는 작업이 한 가지 더 있는데, 이는 이전 레시피에서 했던 것처럼 새로운 포인트 라이트를 추가하는 것이다.

14. **프로젝트에 빠르게 추가하기** 패널의 **액터 배치**^{Place Actors} ➤ **라이트**^{Lights}에서 **포인트 라이트**^{Point Light}를 선택해 레벨에 추가한다. 포인트 라이트에서 나오는 빛으로 그림자를

볼 수 있도록 크롬 볼에 가까이 배치한다.

15. 조명의 **Intensity**와 **Light Color**를 조정한다. 이전 레시피처럼 **Intensity**는 2 cd로 설정하고 **Light Color**를 하얀색으로 설정했다.

16. **Point Light**의 **Mobility** 속성을 **스태틱**^{Static}으로 변경한다.

17. 이전과 마찬가지로 빌드 패널에 있는 **라이팅만 빌드**^{Build Lighting Only} 옵션을 선택해 라이팅 빌드를 진행하고, 작업이 완료되면 결과를 확인하자. 아래 그림은 방금 배치한 조명의 위치를 기준으로 지금 보고 있는 내용을 보여준다.

그림 1.24 라이트를 구운 과정의 결과물

이전에 루멘과 버추얼 섀도 맵을 사용할 때 본 것과 비슷한 방식으로, 초기 결과는 그다지 좋아 보이지 않는다. 이전에 배치된 조명에 의해 나무 바닥에 드리워진 그림자의 해상도가 매우 낮은데, 평면에서 조정해야 하는 주요 설정, 즉 라이트맵 해상도 때문이다.

18. 바닥을 선택하고 디테일 패널의 **라이팅**^{Lighting} 항목을 확인하자. **오버라이드된 라이트 맵 해상도**^{Override Light Map Res}가 회색으로 표시된 속성이 존재한다. 기본값인 **64**는 매우 낮은 값이므로 해당 항목을 체크하고 조정하자. 값을 **512**로 올리고 결과를 다시 한번 더 확인한다.

그림 1.25 씬의 최종 결과물

이제 그림자가 훨씬 더 선명해 보인다. 이는 라이트맵의 해상도 증가에 따르는 직접적인 부작용이다. 따라서 프로젝트에서 이 설정이 필요한 모든 스태틱 메시의 경우 해당 설정을 유의해야 한다!

예제 분석

이 레시피에서는 아티스트가 레벨을 제작할 때 사용했던 이전 방법, 특히 루멘이 등장하기 전의 방법과 최신 버전의 엔진 및 실시간 렌더링의 최신 기술인 레이 트레이싱과 함께 등장한 새로운 렌더링 기법을 배웠다. 이러한 새로운 기술은 최첨단이며 이전 기술에 비해 여러 가지 이점을 제공하지만, 이 레시피에서 살펴본 이전 렌더링 기술은 여전히 널리 사용되고 있으며 앞으로도 특정 유형의 작업에서 계속 사용하게 된다. 그 범위는 저전력 디바이스 맞춤형 렌더링부터 초고주사율 시나리오까지 다양하며, 까다로운 가상 및 혼합 현실 환경도 빠뜨리지 않고 있다.

이러한 상황에서 최신 기능을 사용할 수 없는 이유는 다양하지만 대부분 성능과 관련이 있다. 루멘과 레이 트레이싱은 렌더링하려는 프레임에 대해 추가 비용을 지불해야 하므로 구형 기기에서 사용하기에는 너무 비싸거나, 높은 프레임 속도를 목표로 하는 경우 최신 기기에서도 너무 제한적일 수 있다. 이러한 제약은 언젠가는 사라질 가능성이 높지만, 특히 최근 AI 이미지 재구성 기술 분야에서 볼 수 있듯이 적어도 한동안은 계속될 것으로 보인다.

이러한 상황에서 정적 조명은 씬의 룩을 계산하는 수고를 덜어주기 위해 존재한다. 이렇게 하면 각 프레임마다 라이팅을 파악할 필요가 없으므로 디바이스의 그래픽 유닛이 씬을 올바르게 렌더링하기 쉬워진다. 지금까지 사용한 리플렉션 캡처도 마찬가지다. 라이트를 굽는 작업 과정은 엔진에 씬의 라이팅 방법을 알려주는 추가 텍스처 세트(첫 번째 머티리얼을 만들 때 다룬 **베이스 컬러**, **러프니스** 또는 **메탈릭** 속성과 다르지 않음)를 빌드하는 데 의존한다. 이러한 텍스처는 직접 연결하지 않고, 엔진이 해당 데이터를 생성하고 적용한다. 텍스처는 실제로 텍스처이기 때문에 텍스처의 크기가 레벨에서 사용하는 메모리에 기여하고, 따라서 퍼포먼스에 영향을 미칠 수 있다.

리플렉션의 경우 시스템은 라이팅을 구울 때 사용되는 방법과 약간 다른 방식으로 작동한다. 레벨은 다양한 각도에서 볼 수 있으므로 리플렉션 시스템은 데이터를 구울 때 이를 고려해야 한다. 따라서 엔진은 리플렉션을 빌드할 때 리플렉션을 어디에 집중해야 하는지 알기 위해 해당 효과를 표시하려는 영역 주위에 다양한 리플렉션 캡처를 배치하라는 메시지를 표시한다. 에픽이 권장하는 작업 과정은 큰 리플렉션 캡처 액터로 시작해서 리플렉션의 퀄리티를 높이고자 하는 영역에 작은 리플렉션 캡처 액터를 계속 배치하는 것이다.

본론으로 돌아가서 캡처 액터의 모양은 맵의 어느 부분을 캡처할지 결정할 때 중요한 역할을 한다. 그뿐만 아니라 **박스**^Box 유형과 **구체**^Sphere 유형 중 하나를 선택하면 캡처하는 영역을 투영하는 데 사용되는 모양과 **큐브맵**^Cubemap 속성에서 리플렉션을 받는 레벨 부분에 영향을 미친다. 두 가지 유형을 구분하면, 구형은 리플렉션 데이터에 불연속성이 없는 솔루션을 제공하지만 완벽한 모양을 가진 어떤 오브젝트에도 완벽하게 적합하지 않다는 단점이 있다(작은 크롬 볼은 제외!). 반면에 상자 모양은 복도나 상자 모양의 방과 같이 직사각형인 장소에서만 제대로 작동하기 때문에 유용성이 떨어지는 경향이 있다.

참고 사항

다음은 리플렉셔 캡처 메서드와 관련된 추가 자료들이다.

- https://docs.unrealengine.com/5.0/en-US/reflections-captures-in-unreal-engine/[4]

- https://docs.unrealengine.com/4.27/en-US/BuildingWorlds/LightingAnd Shadows/ReflectionEnvironment/[5]

또한 컴퓨터에 레이 트레이싱 하드웨어가 있는 경우 씬에 라이팅을 구축하는 더 빠른 방법인 GPU 라이트매스 글로벌 일루미네이션GPU Lightmass Global Illumination 메서드에 관한 정보는 웹 사이트(https://docs.unrealengine.com/4.26/en-US/RenderingAndGraphics/GPULightmass/)에서 확인할 수 있다.[6]

⫶ 머티리얼 비용 확인

입문을 위한 이번 장에서는 지금까지 렌더링 작업 과정의 기본 사항을 다뤘다. 그 과정에서 PBM을 생성하는 방법을 살펴봤고, 다양한 셰이딩 모델을 이해했으며, 최종 이미지의 전체적인 룩에 빛이 어떻게 중요한 역할을 하는지 등을 알아봤다. 하지만 머티리얼이 머티리얼을 표현하는 장비에 미치는 영향에 대해 좀 더 배우지 않고서는 아직 다른 주제로 넘어갈 수 없다.

가장 먼저 알아야 할 것은 일부 머티리얼이나 효과는 다른 머티리얼이나 효과보다 렌더링 비용이 더 비싸다는 사실이다. 예를 들어, 비디오 게임의 초당 프레임을 생각해보면 이미 과거에 경험한 적이 있다. 그래픽카드가 디스플레이에 공급하는 초당 프레임 수는 게임의 플레이 방식과 느낌에 직접적인 영향을 미친다. 많은 요소가 성능에 영향을 미치지만, 해당 방정식에서 중요한 요소 중 하나는 독자들이 만드는 머티리얼의 복잡성이다.

---

4   한국어 버전은 https://docs.unrealengine.com/5.0/ko/reflections-captures-in-unreal-engine/에서 확인할 수 있다. – 옮긴이

5   한국어 버전은 https://docs.unrealengine.com/4.27/ko/BuildingWorlds/LightingAndShadows/ReflectionEnvironment/에서 확인할 수 있다. – 옮긴이

6   https://docs.unrealengine.com/4.26/ko/RenderingAndGraphics/GPULightmass/에서도 해당 내용을 확인할 수 있다. – 옮긴이

이를 염두에 두고, 만들고 있는 씬의 성능을 제어할 수 있어야 한다. 언리얼은 특정 효과와 머티리얼이 얼마나 비싼지 확인할 수 있는 여러 도구를 제공해서 예상대로 작동하지 않을 수 있는 영역에 집중할 수 있도록 해준다. 그럼 이러한 도구와 함께 맵에서 문제를 일으킬 수 있는 요소를 확인하고 싶을 때 사용할 수 있는 다양한 시각화 옵션을 살펴보자.

준비

이 레시피 작업을 시작하기 위해 해야 할 일은 비교할 수 있는 다양한 에셋이 포함된 씬을 만드는 것뿐이다. 작업 중인 레벨 내의 콘텐츠가 다양할 경우(여러 모델, 머티리얼, 효과가 포함된 콘텐츠) 유용하다. 동일한 프로젝트에서 작업하고 싶은 경우, 참조할 수 있는 씬을 준비했다. 그렇다면 01_07_Start 레벨을 열고 거기서부터 시작해보자.

하지만 기술적인 관점에서 살펴볼 것이므로 메시와 머티리얼은 자유롭게 가져와도 된다. 이 시점에서 관심을 갖는 것은 이들 간의 성능 차이를 확인하기 위해 볼 수 있는 여러 요소가 있다는 점이다.

예제 구현

이 레시피는 다양한 패널을 살펴보고 눈앞에 있는 씬의 복잡성과 관련해 패널이 제공하는 정보를 연구하는 약간 수동적인 방법이다. 그렇기 때문에 익숙해지기 위해 먼저 작업할 수준을 간단히 살펴보자. 다음 그림에서 볼 수 있다.

그림 1.26 씬에 존재하는 오브젝트들의 초기 모습

보다시피 이 씬에는 다양한 머티리얼이 할당된 다양한 오브젝트가 있다. 크롬 볼 및 유리와 같이 일부는 이전에 만들었고 다른 것들은 단순히 데모 목적으로 있는 것이다. 현재 이 단계에서 성능 지표 몇 가지만 살펴볼 예정이므로 이 시점에서는 에셋 자체를 걱정할 필요가 없다.

이제 좀 더 기술적인 측면에서 씬의 비용을 심층적으로 살펴보자.

1. 나무 크리스마스 트리를 선택하고 디테일 패널에서 **머티리얼**Materials 항목까지 아래로 스크롤한다. 그럼 **M_ChristmasTree** 셰이더가 사용되는 것을 확인할 수 있다. 이를 두 번 클릭해 머티리얼 에디터를 실행한다.

2. 현재 머티리얼에 대한 통계Stats 패널에 표시된 정보를 검토한다. 해당 패널은 **Windows ❯ Stats**를 클릭해 실행할 수 있다. 이 영역에서는 사용되는 텍스처 수와 머티리얼 비용이 얼마나 드는지에 대한 초기 아이디어를 제공하는 기타 중요한 정보 등 이 에셋에 사용되는 다양한 매개변수에 대한 정보를 제공한다.

   여기서 찾은 정보를 다른 머티리얼의 정보와 비교하면 머티리얼 비용에 대한 좋은 초기 근사치를 구하는 데 도움이 될 수 있다. 장난감 크리스마스 트리와 벽돌 벽에 적용되는 머티리얼의 차이를 보여주는 다음 그림을 확인하자.

그림 1.27 두 가지 머티리얼에 대해 통계 패널에서 제공하는 다양한 통계 비교 이미지

앞의 방법론은 화면에 보이는 숫자 몇 개를 보면서 주어진 자료의 복잡성에 대한 아이디어를 얻을 수 있다. 이를 시각적으로 더 흥미롭게 살펴볼 수 있는 또 다른 방법도 있다.

3. 메인 뷰포트로 돌아가서 **뷰 모드**^{View Modes} ➤ **최적화 뷰 모드**^{Optimization View Modes} ➤ **셰이더 복잡도**^{Shader Complexity} 메뉴를 클릭한다. 그럼 화면이 다음과 같이 보인다.

그림 1.28 최적화 뷰 모드

이제 레벨에 배치된 에셋은 화면 하단에 표시된 그래프에 따라 렌더링 비용이 얼마나 드는지 알 수 있도록 색상이 지정돼 있다. 가장 비용이 많이 드는 에셋 중 하나는 반투명 블렌드 모드를 사용하는 유리로, 특히 렌더링 비용이 많이 든다.

TIP

이 방법이 씬의 복잡성을 측정하는 확실한 방법은 아니지만, 삭감이 필요한 경우 확인할 수 있는 부분에 대한 좋은 근사치를 제공한다.

머티리얼의 복잡성이 이 책에서 다루는 분야의 관점에서 씬을 렌더링하는 데 얼마나 많은 비용이 드는지를 나타내는 유일한 지표는 아니다. 먼저 알아야 할 몇 가지 다른 사항을 살펴보자.

4. **뷰 모드**로 돌아가 **최적화 뷰 모드**에서 **라이트 복잡도**^{Light Complexity}를 선택한다(또 다른 방법으로는 **Alt + 7**을 누르는 방법이 있다). 검은색 화면을 보고 있을 것이다.

5. **라이팅 포함**^{Lit} 뷰로 돌아가서 씬 주변에 **포인트 라이트** 액터 몇 개를 배치하는데, 가급적이면 이미 있는 오브젝트 위에 배치한다. 이어서 원하는 대로 라이트의 강도를 조정한다. 앞서 다른 모델들을 추가할 때와 마찬가지로 **프로젝트에 빠르게 추가하기**^{Quickly Add to the Project} ➤ **라이트**^{Lights} ➤ **포인트 라이트**^{Point Light}로 에셋을 추가할 수 있다.

6. 다시 한번 **Light Complexity** 뷰 모드로 돌아가서 현재 레벨의 상태를 확인한다.

그림 1.29 Light Complexity 뷰 모드에 따른 씬의 조명 복잡성

처음 라이트 복잡도 최적화 뷰 모드를 선택했을 때는 씬이 거의 완전히 어둡게 보였어야 했지만, 이제 훨씬 더 흥미로운 그림을 볼 수 있다. 처음에 모든 것이 진한 파란색으로 음영 처리된 이유는 사용하던 HDRI 라이팅이 렌더링 비용이 너무 많이 들지 않았기 때문이다. 조명을 몇 개 추가하면 하드웨어가 같은 씬을 렌더링하기 위해 더 많은 작업을 수행해야 하므로 최종 결과물의 복잡성이 증가한다.

조명과 관련해 살펴볼 수 있는 추가 보기 모드가 있는데, 바로 라이트맵 밀도다. 이 모드는 스태틱 조명과 라이트맵을 구울 때 유용하며, 굽기 시작하면 생성될 텍스처에 할당된 상대적인 크기를 파악할 수 있다. 훌륭한 결과를 얻으려면 레벨 전체에 걸쳐 라이트맵 해상도가 균일한지 확인하는 것이 중요하다.

NOTE

> 레벨에서 각 에셋을 선택하고 디테일 패널의 **라이팅** 항목에서 각 에셋의 라이트맵 크기를 조정할 수 있다는 점을 기억하자. 이를 수행할 수 있는 **Override Light Map Resolution**이라는 옵션이 있다.

7. **뷰 모드**View Modes ➤ **최적화 뷰 모드**Optimization Viewmodes ➤ **라이트맵 밀도**Lightmap Density를 클릭해 씬을 확인한다. 이제 모델들이 다양한 색상을 사용하고 할당된 라이트맵의 해상도를 나타내는 격자 모양 텍스처를 사용해 렌더링되는 것을 확인할 수 있다.

8. 모든 모델을 선택하고 각 모델에 서로 다른 라이트맵 해상도를 할당해 격자 텍스처의 색상과 간격이 레벨 전체에서 균일하게 보이도록 한다. 각 모델의 디테일 패널로 이동해서 **라이트** 항목에 있는 **Override Light Map resolution** 속성을 조정하면 된다. 결과는 다음과 같다.

그림 1.30 Override Light Map resolution 설정 조정 결과

9. 라이트맵 해상도를 변경했더라도 이전 레시피에서 했던 것처럼 스태틱 라이팅으로 작업하는 경우에만 그 효과를 확인할 수 있다는 점을 기억한다.

이제 해당 패널들을 살펴봤으므로, 적어도 이 시점에서 알려주고 싶은 몇 가지 다른 패널이 있다. 언리얼 엔진 5(루멘과 나나이트)에 번들로 포함된 신기술에는 시각화 모드도 포함돼 있어 예상대로 작동되는지 디버깅할 수 있다. 뒤에서 해당 내용을 알아보자.

10. **SM_ToyTank** 에셋을 레벨로 드래그해서 다른 모델에 가깝게 배치한다. 필요한 경우 자유롭게 삭제한다. 이 모델에는 나나이트가 활성화돼 있으므로 디버깅 용도로 사용할 수 있다.

11. 뷰 모드 패널의 **나나이트 시각화**Nanite Visualization 카테고리에서 **오버드로**Overdraw 옵션을 선택하고 레벨에서 나나이트가 활성화된 메시인 장난감 탱크를 다시 본다.

나나이트 시스템에는 여러 가지 보기 옵션이 있지만, 씬에 오버드로가 발생하는지 여부를 알려주는 것은 바로 이 옵션이다. 이 문제는 여러 개의 나나이트 메시가 서로 겹칠 때 나타나며, 한 메시가 다른 메시와 충분히 멀리 떨어져 있지 않으면 엔진이 트라이앵글을 컬링할 수 없어 필요 이상으로 많은 트라이앵글을 렌더링하게 된다. 이로 인해 성능 문제가 발생할 수 있지만 신중한 배치를 통해 이를 방지할 수 있다.

나나이트에 대해 살펴봤으니 이제 루멘 시각화 카테고리로 넘어간다.

12. 뷰 모드 패널의 **루멘**Lumen 항목에서 **표면 캐시**Surface Cache를 선택하고 분홍색으로 렌더링된 영역을 확인한다.

루멘은 렌더링하려는 장면을 파라미터화해 조명 계산의 속도를 높인다. 이 과정은 루멘 메시 카드Lumen Mesh Card라는 것을 생성함으로써 진행되며, 기본적으로 12개가 있다. 특히 복잡한 인테리어와 불규칙한 모양의 모델을 다룰 때는 이 수만으로는 충분하지 않을 때가 있다. 현재 보기 모드를 사용하면 표면 캐시가 적용되지 않는 영역이 분홍색으로 표시돼 어떻게 보이는지 확인할 수 있다.

이제 성능 함정을 찾을 때 어떤 영역을 확인해야 하는지 알게 됐다. 고려할 수 있는 사항은 더 많지만, 이러한 사항을 인지하고 그에 따라 행동하는 것만으로도 성능과 최적화된 수준을 만드는 데 있어 이미 좋은 위치에 설 수 있다. 그러므로 반드시 고려한다!

예제 분석

다음으로 넘어가기에 앞서, 씬을 렌더링하는 데 가장 큰 역할을 하는 두 가지 요소인 셰이딩 모델과 나나이트에 대해 간략히 설명해본다.

셰이딩 모델

이전 레시피들에서 살펴본 것처럼 머티리얼은 균일한 개체가 아니다. 다양한 셰이딩 및 블렌드 모드를 설명하는 데 사용되는 수학과 함수에는 유형마다 다른 가중치가 적용된다. 이 모든 것의 세부 사항을 모두 알 필요는 없지만, 전반적인 아이디어를 갖는 것이 잘 작동하는 애플리케이션을 실행하는 데 중요하다.

앞서 불투명 재질과 반투명 재질 등 과거에 작업했던 몇 가지 예시를 살펴봤다. 하지만 앞으로 더 많은 유형을 접할 수 있고 또 접하게 될 것이라는 점을 명심해야 한다. 언리얼에는 다양한 셰이딩 모델이 포함돼 있으며, 렌더링 비용에 따라 가장 일반적인 셰이딩 모델을 다음과 같은 방식으로 정렬할 수 있다.

Unlit 〉 **Default Lit** 〉 **Preintegrated skin** 〉 **Subsurface** 〉 **Clear coat** 〉 **Subsurface profile**

더 많은 셰이더가 있지만, 위의 셰이더들이 가장 일반적인 셰이더 중 일부다. 또한 빛과 상호작용하는 방식에 따라 복잡도에 패턴이 있다는 것을 알 수 있다. 빛의 영향을 받지 않는 셰이더가 가장 단순한 반면, 피부 바로 아래에서 빛을 산란시키는 서브서피스 프로파일Subsurface profile이 가장 복잡하다. 물론 머티리얼의 실제 비용은 그래프가 얼마나 복잡해지느냐에 따라 달라지지만, 앞의 순서는 기본 머티리얼에 추가 노드가 없는 경우에 적용된다. 또한 각 유형에는 렌더링을 다소 어렵게 만들 수 있는 옵션이 있는데, 머티리얼을 양면으로 만들거나 특정 유형의 반투명 효과를 사용하면 GPU 비용이 증가할 수 있다.

그 외에도 에픽은 애플리케이션이 잘 실행되도록 하기 위해 아티스트가 주의를 기울일 부분을 강조하는 몇 가지 퍼포먼스 가이드라인을 만들었다. 해당 가이드라인은 웹 사이트(https://docs.unrealengine.com/4.27/en-US/TestingAndOptimization/)에서 확인할 수 있다.[7]

나나이트

이번 레시피에서 눈에 띄는 점은 언리얼 엔진과 함께 도입된 새로운 지오메트리 시스템인 나나이트다. 이는 언리얼 엔진 5의 파이프라인에 도입된 가장 큰 변화 중 하나로, 화면에 모델을 표시하는 데 있어 진정한 게임 체인저다. 이제 개발자는 엔진이 처리할 수 있을지 걱정할 필요 없이 훨씬 더 밀도가 높은 모델을 만들 수 있으므로 더 이상 특정 폴리곤 수 예산을 맞추기 위해 제약을 받지 않는다. 이를 통해 이전보다 훨씬 더 세밀한 에셋을 표시하는 동시에 앱이나 게임의 개발 프로세스를 간소화할 수 있다.

마찬가지로 이 시스템에도 주의 사항이 있다. 한 가지 예로, 현재 스켈레탈 메시(캐릭터 또는 기타 유형의 변형 가능한 모델)를 지원하지 않는다는 점을 유의해야 한다. 이 시스템에 대해 자세히 알고 싶다면 다음 절에서 소개하는 문서를 확인하자.

---

7   한국어 버전은 https://docs.unrealengine.com/4.27/ko/TestingAndOptimization/에서 확인할 수 있다. – 옮긴이

참고 사항

이 레시피에서 다룬 여러 주제에 대한 추가적인 내용을 다음 링크들에서 확인할 수 있다.

- https://docs.unrealengine.com/4.26/en-US/BuildingWorlds/LevelEditor/Viewports/ViewModes[8]

- https://docs.unrealengine.com/5.0/en-US/lumen-technical-details-in-unreal-engine/[9]

- https://docs.unrealengine.com/5.0/en-US/nanite-virtualized-geometry-in-unreal-engine/[10]

---

8 한국어 버전은 https://docs.unrealengine.com/4.26/ko/BuildingWorlds/LevelEditor/Viewports/ViewModes에서 확인할 수 있다. - 옮긴이

9 한국어 버전은 https://docs.unrealengine.com/5.0/ko/lumen-technical-details-in-unreal-engine/에서 확인할 수 있다. - 옮긴이

10 한국어 버전은 https://docs.unrealengine.com/5.0/ko/nanite-virtualized-geometry-in-unreal-engine/에서 확인할 수 있다. - 옮긴이

02

불투명한 머티리얼 커스터마이징과 텍스처 사용

항상 그렇듯이, 간단한 씬부터 시작해서 작은 소품에 적합한 머티리얼 그래프를 설정하는 방법을 배운다. 또한 대규모 모델에 적용할 수 있는 머티리얼을 만드는 방법, 그래픽과 퍼포먼스의 균형을 맞출 수 있는 기법을 구현하는 방법, 카메라 위치에 따른 머티리얼 효과나 준절차적semi-procedural 생성 기법 등을 표준 언리얼 엔진 에셋과 기술을 사용하면서 연구한다. 이러한 이펙트들을 연구하면 언리얼 엔진 내에서 작업하는 데 필요한 자신감을 얻게 될 것이라고 확신한다.

여기서 다룰 주제들을 나열하면 다음과 같다.

- 머티리얼에서 마스크 사용
- 머티리얼 인스턴싱
- 작은 오브젝트 텍스처링
- 프레넬Fresnel과 세부 텍스처링 노드 추가
- 준절차적 머티리얼 생성

- 오브젝트로부터의 거리에 따른 텍스처 블렌딩

아래 그림은 이번 장에서 배울 항목들의 티저 이미지다.

그림 2.1 이번 장에서 만들 머티리얼에 대한 짧은 소개

⫸ 기술적인 요구 사항

이전 장에서(그리고 이후 모든 장에서)처럼, 이 책에서 사용하는 언리얼 프로젝트는 웹 사이트 (https://packt.link/A6PL9)에서 다운로드할 수 있다.

해당 웹 사이트에는 곧 보게 될 콘텐츠들을 현실로 만들 때 사용된 모든 씬과 에셋이 있 다. 항상 그렇듯이 직접 만든 작품을 사용해 작업할 수도 있지만, 이 경우에는 필요한 에 셋이 많지 않다는 점을 유의한다.

 참고로, 다음 레시피에서 설명하는 모든 효과를 재현하기 위해 장난감 탱크, 테이블 위 에 놓인 천, 평면의 3D 모델과 이러한 메시들과 함께 작동하는 커스텀 텍스처 등 몇 가 지 에셋을 사용했다. 더 많은 것을 테스트하고 싶다면, 자신만의 독특한 모델을 자유롭 게 만들어보자!

⠿ 머티리얼에서 마스크 사용

이번 장의 첫 번째 목표는 복잡한 머티리얼 그래프를 묘사하는 것이다. 언리얼의 셰이더는 보통 하나 이상의 실제 머티리얼을 표현하므로 주어진 머티리얼에 프로그래밍된 다양한 이펙트를 사용해서 모델의 어느 영역을 렌더링할지 제어할 수 있는 방법이 중요하다. 마스크는 작업 중인 모델의 특정 영역에 적용하려는 효과를 분리(또는 마스크mask)하는 데 사용할 수 있는 텍스처다. 여기서는 3D 아티스트가 일상적으로 조정해야 하는 에셋 중 하나인 작은 나무 장난감 탱크를 사용해서 해당 작업을 수행한다.

준비

이번 레시피의 시작점으로 사용할 수 있는 작은 씬을 02_01_Start라는 이름으로 포함시켰으며, 여기에는 따라 하는 데 필요한 모든 기본 에셋이 포함돼 있다. 직접 보면 알겠지만, 레벨 중앙에 2개의 UV 채널이 있는 작은 장난감 탱크가 있다. UV는 모델에 적용하려는 2D 텍스처와 3D 지오메트리 자체를 연결하는 연결 고리로, 2D와 3D 공간의 버텍스 위치를 연관시키는 맵이다. 첫 번째 UV는 텍스처를 3D 모델에 적용하는 방법을 나타내고, 두 번째 UV는 스태틱 라이팅을 사용할 때 엔진이 계산하는 라이트맵 데이터를 저장할 때 사용한다.

만약 자신만의 3D 모델을 사용하기로 결정한 경우, 오브젝트의 특정 영역을 마스킹하는 작업을 진행할 것이므로 UV가 잘 배치돼 있는지 확인하자.

TIP

> 이번 레시피에서는 작은 오브젝트로 작업할 예정이며, 오브젝트에 가까워지도록 줌할 때는 카메라가 지오메트리를 잘라내는 '클리핑(clipping)'이라는 까다로운 문제가 발생할 수 있다. 프로젝트 세팅 패널을 실행한 후, 엔진(Engine) ➤ 일반 세팅(General Settings) ➤ 세팅(Settings) 항목에서 **근거리 클립 면**(Near Clip Plane)이라는 이름의 설정을 확인할 수 있으며 해당 설정으로 위의 문제를 해결할 수 있다. 해당 설정 값을 1로 설정하면 위의 문제를 해결할 수 있지만, 변경 값을 적용하기 위해서는 에디터를 재시작해야 한다.

예제 구현

이번 레시피의 목표는 하나의 셰이더만 사용해서 작업할 모델의 특정 부분에 다양한 실제 머티리얼을 적용하는 매우 간단한 것이다. 화면 중앙에 보이는 메인 장난감 탱크 모델에 적용할 수 있는 새로운 머티리얼을 만드는 것으로 이번 여정을 시작하자. 이 모든 과정은 '준비' 절에서 언급한 씬으로 작업하는 경우에만 해당한다. 그렇지 않은 경우, 다음 단계는 자체 에셋 중 하나의 텍스처를 구현하기 위해 구현해야 하는 단계라고 생각하면 된다.

1. **M_ToyTank**라는 이름의 새로운 머티리얼을 만들고 장난감 모델에 적용한다.

2. 레벨에서 에셋을 선택하고, 디테일 패널에 있는 스태틱 메시 썸네일을 더블 클릭해 장난감 탱크 모델의 스태틱 메시 에디터^{Static Mesh Editor}를 실행한다.

3. 다음 스크린샷과 같이 스태틱 메시 에디터에서 **UV ➤ UV 채널 0**^{UV Channel 0} 옵션을 클릭해 머티리얼의 UV를 시각화한다.

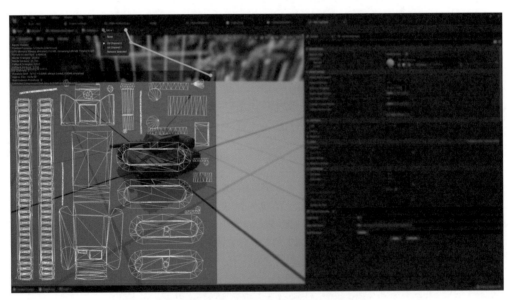

그림 2.2 스태틱 메시 에디터에서 UV 비주얼라이저 옵션의 위치

그림 2.2에서 볼 수 있듯이 장난감 탱크 모델의 UV 맵은 여러 개의 섬으로 구성돼 있다. 이러한 섬은 3D 메시의 여러 부분, 즉 차체, 트랙, 배럴, 안테나 및 탱크를 구성하는 모든 폴리곤에 해당하는 연결된 버텍스가 포함된 영역이다. 이러한 영역 중 일부를 다르게 처리해서 본체 또는 배럴과 같이 해당 부분에 표시하고자 하는 내용에 따라 고유한 텍스처를 적용하고 싶다. 그러기 위해서는 다르게 처리하려는 선택된 부분을 덮는 마스크를 만들어야 한다. 이 프로젝트에는 해당 장난감 탱크 에셋을 위해 특별히 디자인된 텍스처가 하나 포함돼 있으며, 다음 단계에서 해당 텍스처를 사용한다. 자체 3D 모델을 사용하려면 해당 모델의 UV가 제대로 언랩^{unwrap}됐는지 확인하고 분리하려는 영역을 덮는 유사한 마스크를 만들어야 한다.

TIP

> 이 프로젝트에 제공된 모델은 언리얼에서 익스포트한 후 선호하는 디지털 콘텐츠 제작(DCC, Digital Content Creation) 소프트웨어 패키지로 임포트해 언제든지 조정할 수 있다. 그러려면 콘텐츠 브라우저에서 에셋을 우클릭하고 **에셋 액션**(Asset Actions) **> 익스포트**(Export)를 선택하면 된다.

4. 새로 생성된 머티리얼을 열고 안에 **Texture Sample** 노드를 만든다(마우스 우클릭 후 Texture Sample을 선택하거나, T를 누른 상태로 그래프 아무 곳이나 클릭한다).

5. **Texture Sample 노드**에 (콘텐츠^{Content} > Assets > Chapter02 > 02_01에 위치한) **T_TankMasks** 텍스처(또는 자체 에셋으로 작업하는 경우 자체 마스킹 이미지)를 할당한다.

6. **Constant3Vector** 노드 2개를 생성하고 각자 색상 선택 휠에서 원하는 색상으로 교체한다. 2개가 모두 다른 색상인 것을 확인하자!

7. 그런 다음, **Lerp** 노드를 생성한다. 이상하게 들리는 단어는 선형 보간^{linear interpolation}의 약어이며, **Alpha** 핀에 연결한 마스크에 따라 여러 가지 다른 에셋과 블렌딩하게 해준다.

8. **T_TankMasks** 에셋의 **R**(빨간색) 채널을 **Lerp** 노드의 **Alpha** 핀과 연결한다.

9. 각 **Constant3Vector** 노드들을 **Lerp** 노드의 **A**와 **B**에 연결한다.

10. 다른 **Lerp** 노드와 **Constant3Vector**를 생성한다.

11. **T_TankMasks** 텍스처의 **B**^(파란색) 채널을 새로 생성한 **Lerp** 노드의 **Alpha** 핀에 연결하고, 새로 생성한 **Constant3Vector** 노드를 **B**에 연결한다.

12. 7번 단계에서 생성한 **Lerp** 노드_(지금 그래프 내의 2개 Lerp 노드들 중 첫 번째 노드)의 출력 핀을 새로 생성한 **Lerp** 노드의 **A**와 연결한다.

13. 메인 씬에 있는 탱크에 머티리얼을 할당한다. 머티리얼 그래프는 지금 다음과 같이 구성돼 있다.

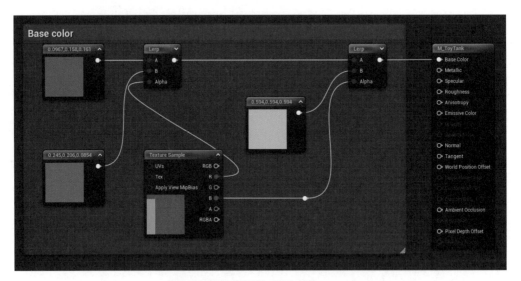

그림 2.3 현재 머티리얼 그래프 상태

이전 마스크를 사용해 장난감 탱크 모델의 특정 영역을 분리하는 데 성공했으며, 이것이 이번 레시피의 주요 목표 중 하나다. 이제 이 기법을 머티리얼의 **메탈릭** 및 **러프니스** 파라미터에 적용해 이를 독립적으로 제어할 수 있도록 해야 한다.

14. 이전까지 만들었던 모든 노드를 복사해서 두 번 붙여넣는다. 하나는 **러프니스**에 연결해야 하고, 다른 하나는 **메탈릭** 속성에 연결해야 한다.

15. 새 복사본에서 **Constant3Vector** 노드를 단순한 **Constant** 노드로 바꾼다. **메탈릭** 및 **러프니스** 속성을 지정하는 데 RGB 값이 필요하지 않으므로 이번에는 표준 **Constant** 노드만 필요하기 때문이다.

16. 이전 단계에서 생성한 새로운 **Constant** 노드에 커스텀 값을 할당한다. 이 매개변수에 대해 배운 것을 기억해보자. **러프니스** 값이 0이면 머티리얼의 반사가 매우 선명하다는 뜻이고, 값이 1이면 정반대다. 이와 비슷하게, **메탈릭**에 연결된 값이 1이면 머티리얼이 실제로 금속임을 의미하고 0이면 금속이 아님을 의미한다. 나는 처음 2개의 **Constant** 노드에는 0 값을, 세 번째에는 1을 입력했다. 이제 그래프의 새로운 항목들을 검토해보자.

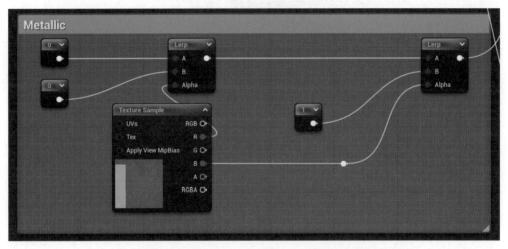

그림 2.4 러프니스 항목의 복사본인 머티리얼의 새로운 메탈릭 항목

마지막으로, 머티리얼 그래프의 여러 항목을 함께 그룹화하는 방법인 코멘트를 작성해 정리하는 것을 생각해보자. 그룹화하려는 모든 노드를 선택하고 키보드의 **C** 키를 누르면 된다. 이렇게 하면 다른 사람과 함께 작업할 때나 자신의 작업을 다시 살펴볼 때 매우 중요한 정리된 상태를 유지할 수 있다. 이전 스크린샷에서 노드 주위에 색상이 지정된 윤곽선이 있는 것을 확인했을 것이다. 이제 이 모델을 마지막으로 살펴보면서 작업을 마무리하자!

그림 2.5 새로운 머티리얼을 적용한 장난감 탱크

예제 분석

본질적으로 우리가 마스크로 사용한 텍스처는 각 파일의 RGB 채널에 저장된 흑백 사진이 포함된 이미지다. 잘 알려지지 않은 사실이지만, 컴퓨터에서 볼 수 있는 이미지를 저장하는 파일은 실제로 빨간색 픽셀, 초록색 픽셀, 파란색 톤에 대한 정보를 포함하는 서너 개의 채널과 특정 파일 유형에서 투명도 값을 저장하는 **알파**^Alpha라는 추가 옵션 채널로 구성한다.

마스크에는 흑백 정보만 포함돼 있으므로, 많은 아티스트가 사용하는 한 가지 기법은 주어진 텍스처에 존재하는 각 채널에 해당 데이터를 인코딩하는 것이다. 이번 레시피에서 각 RGB 채널에 서로 다른 흑백 값을 포함하는 이미지인 **T_TankMasks** 텍스처를 사용한 것이 바로 이러한 예시다. 이 기법을 사용하면 파일 유형에 따라 사용 가능한 채널당 하나씩 각 사진에 최대 3~4개의 마스크를 저장할 수 있다. 다음 스크린샷에서 그 예를 확인할 수 있다.

그림 2.6 마스킹 목적으로 만들어지고 각 RGB 채널에 다른 정보가 저장된 텍스처

Lerp 노드는 **Alpha** 입력 핀에 제공한 값에 따라 2개의 입력(A와 B)을 블렌딩하는 역할을 한다. 이 마지막 핀은 0에서 1 범위의 모든 값을 허용하며, 2개의 **A**와 **B** 입력 핀 중 얼마나 많은 정보를 표시할지 결정하는 데 사용된다. 값이 0이면 **A** 핀에 제공된 정보만 사용하고, 값이 1이면 반대로 **B** 핀만 표시한다. 더 흥미로운 효과는 0.25와 같은 중간 값을 제공할 때 발생하는데, 이는 **A** 핀과 **B** 핀의 정보가 모두 사용됨을 의미하며 특히 **A** 핀의 75%와 **B** 핀의 25%가 사용된다. 이 노드에 이전 마스크를 사용한 이유도 바로 이 때문이다. 각 RGB 채널에 흑백 값만 포함돼 있으므로, 해당 정보를 사용해 모델의 특정 부분에 다른 효과를 선택적으로 적용할 수 있다.

모델에 여러 머티리얼을 사용하는 것보다 마스크를 사용해 머티리얼의 모양을 연출하는 것이 더 선호되는 경우가 많다. 이는 렌더링 파이프라인이 백그라운드에서 작동하는 방식 때문인데, 너무 기술적으로 설명하지 않더라도 모델에 새로운 머티리얼이 추가될 때마다 렌더링 비용이 더 많이 든다고 할 수 있다. 대규모 프로젝트에서 작업할 때마다 이 점을 염두에 두는 것이 가장 좋다!

참고 사항

이 레시피에서 마스크를 사용해 머티리얼의 외관을 연출하는 방법을 살펴봤지만, 대신 컬러를 사용해 동일한 결과를 얻고 싶다면 어떻게 해야 할까? 이는 다른 3D 프로그램에서 널리 사용되는 기법으로, 방금 언리얼에서 살펴본 마스킹 솔루션만큼 간단하거나 계산 비용이 저렴하지는 않지만 앞으로 살펴보고 싶을 만한 편리한 기능이다. 유일한 요구 사항은 다음 스크린샷에서 볼 수 있듯이 각 개별 음영(Shade)을 사용해 작업하려는 영역을 마스킹하는 색상 텍스처가 있어야 한다는 것이다.

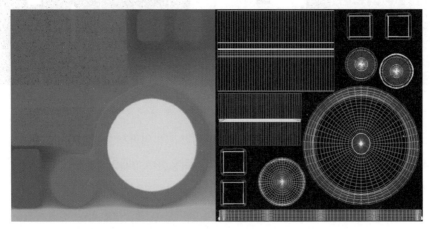

그림 2.7 다른 색상이 다른 머티리얼을 나타내는 또 다른 마스킹 텍스처

머티리얼의 형태를 구현하기 위해 마스크에서 색상을 분리하는 것이 아이디어다. 이 기술에 관심이 있다면 웹 사이트(https://answers.unrealengine.com/questions/191185/how-to-mask-a-single-color.html)에서 자세한 내용을 읽을 수 있다.

마지막으로, 다른 에셋에서 사용되는 마스크의 예시를 좀 더 확인할 수 있다. **샘플 콘텐츠**Sample Content **노드의 폴더 중 Starter Content ➤ Props ➤ Material**에서 해당 예시를 찾을 수 있다. **M_Door** 또는 **M_Lamp** 같은 셰이더는 위의 기법으로 생성됐다. 또는 사용하는 3D 모델에 대한 마스크를 직접 만들어보는 것은 어떨까? UV, 3D 모델, 이미지 편집 소프트웨어 및 언리얼을 살펴볼 수 있는 좋은 방법이다. 꼭 사용해보자!

⁝⁝ 머티리얼 인스턴싱

이전 레시피에서 작은 나무 장난감 탱크 소품에 사용된 머티리얼 그래프를 설정하는 것으로 이번 장을 시작했다. 이 작업은 이 책의 나머지 부분에서 여러 번 반복할 작업으로, 큰 오브젝트든 작은 오브젝트든 상관없이 머티리얼을 만드는 것이 이 책의 핵심이다. 하지만 전체 머티리얼 그래프를 다시 만들 필요가 없는 경우가 있는데, 특정 파라미터

(예: 사용 중인 텍스처 또는 설정한 상수 값)만 변경하고 싶을 때가 있다. 이때 머티리얼 인스턴스^{Material} ^{Instance}라고 하는 에셋을 활용할 수 있다.

이 새로운 유형의 에셋을 사용하면 노출하기로 결정한 파라미터를 조정해 부모 머티리얼의 형태를 빠르게 수정할 수 있다. 또한 인스턴스를 사용하면 셰이더를 변경할 때마다 컴파일할 필요 없이 부모 머티리얼이 대신 처리하므로, 셰이더를 변경할 때마다 컴파일할 필요가 없다. 이는 특히 컴파일을 완료하는 데 시간이 오래 걸리는 복잡한 머티리얼에서 작은 수정을 할 때, 시간을 절약할 수 있다는 측면에서 매우 유용하다.

이 레시피에서는 부모 머티리얼을 올바르게 설정해 나중에 편집할 수 있도록 특정 값을 노출하는 등의 작업을 수행함으로써 머티리얼 인스턴스를 만드는 데 사용할 수 있도록 하는 방법을 배워본다. 지금부터 살펴보자.

준비

이전 레시피에서 조정한 씬에 대한 작업을 계속해본다. 즉, 항상 그렇듯이 머티리얼이 적용된 간단한 모델을 가져와서 최종적으로 사용할 새 셰이더가 원본 셰이더의 인스턴스가 되도록 조정할 것이므로 따라 하기 위해 필요한 것이 많지 않다. 더 이상 고민하지 말고 시작해보자!

예제 구현

이전 레시피에서 만든 에셋을 검토하는 것부터 시작하자. 이 에셋은 머티리얼의 기본 색상, 러프니스, 메탈릭 프로퍼티에 영향을 미치는 속성을 포함하는 매우 표준적인 에셋이다. 이러한 모든 부분은 생성하는 데 사용한 노드 측면에서 매우 유사하므로 다시 한번 **메탈릭**^{Metallic} 프로퍼티에 집중해보자.

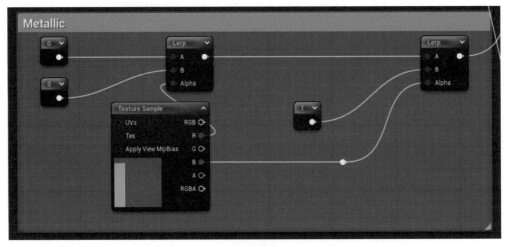

그림 2.8 머티리얼의 메탈릭 속성에 영향을 주는 다른 노드 확인

위 스크린샷을 살펴보면, 그래프에서 기본적으로 두 가지 일이 일어나고 있음을 알 수 있다. Constant 노드를 사용해 셰이더의 **메탈릭** 프로퍼티를 조정하고 있으며, 텍스처 마스크를 사용해 모델 내에서 **Constant** 값이 사용되는 부분을 결정하고 있다. 머티리얼 그래프의 다른 곳에서도 **러프니스** 및 **베이스 컬러** 프로퍼티에 영향을 미치는 노드에 대해 동일한 로직이 적용되며, 이전 예제와 거의 동일하다.

언리얼에서 머티리얼을 만드는 방식에 있어 이전 노드 세트는 꽤 표준적이지만, 모든 머티리얼을 열고 각 세팅을 한 번에 하나씩 조정하는 것은 다소 번거롭고 시간이 많이 걸릴 수 있으며, 특히 변경할 때마다 **컴파일**^{Compile}과 **저장**^{Save}을 클릭해야 하는 경우 더욱 그렇다. 이 문제를 완화하기 위해 주어진 에셋을 더 빠르게 수정할 수 있는 요소인 파라미터와 머티리얼 인스턴스를 사용한다. 지금부터 어떻게 하는지 알아보자.

1. 씬 중앙의 장난감 탱크에 현재 적용 중인 머티리얼을 연다. 머티리얼은 **M_Toy Tank_Parameterized_Start**여야 한다(이전 레시피에서 사용한 것과 비슷한 것을 사용해도 된다).

2. 그림 2.8에서 보이는 메탈릭 머티리얼 표현식 코멘트 안에 있는 **Constant** 노드를 선택하고 마우스 오른쪽 버튼으로 클릭한 다음, **파라미터로 변환**^{Convert to Parameter} 옵션을 선택한다. 그러면 나중에 머티리얼 인스턴스를 생성할 때 수정할 수 있는 숫

자 값을 정의하는 데 사용되는 노드 유형인 **스칼라 파라미터**^{Scalar Parameter} 노드가 생성된다.

TIP

머티리얼 그래프 내 아무 곳이나 마우스 우클릭으로 **Scalar Parameter**를 검색해서 Scalar Parameter를 생성할 수도 있다. 팔레트 패널에서도 찾을 수 있다는 점을 기억하자!

3. 이제 새 매개변수에 이름을 지정할 차례다. 마스크가 모델을 구분하는 방식에 따라 **Tire Metalness**, **Body Metalness**, **Cannon Metalness**로 이름을 지었다. 각 노드를 선택한 후 왼쪽 디테일 패널에서 파라미터 이름을 변경하거나 이름을 변경할 노드를 선택하고 노드의 이름을 클릭해 변경한다.

4. **러프니스** 및 **베이스 컬러** 항목에서 찾을 수 있는 **Constant** 노드를 **Scalar Parameter** 노드로 변환하고, 이전과 마찬가지로 적절한 이름을 지정한다. 이를 수행하고 나면 **베이스 컬러** 노드의 모습은 아래 그림과 같다.

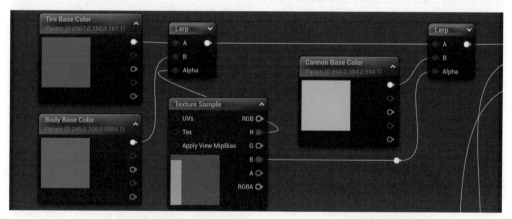

그림 2.9 지금 작업하고 있는 머티리얼 그래프의 베이스 컬러 항목의 결과물

NOTE

Convert To Parameter 옵션의 효과는 변경하려는 변수 유형에 따라 달라진다. 머티리얼의 **러프니스** 및 **메탈릭** 항목에 있는 것과 같은 단순한 Constant 노드는 이미 살펴본 Scalar Parameter로 변환되는 반면, Constant3Vector는 Vector Parameter로 변환된다.

이 모든 작업이 완료되면 이전과 비슷한 머티리얼 그래프가 남지만, **Constant** 대신 파라미터를 사용하는 그래프가 남게 된다. 이는 다음 단계들에서 중요한 역할을 할 핵심 기능으로, 곧 살펴보자.

5. 콘텐츠 브라우저에서 작업 중인 머티리얼을 찾아 우클릭한다. **머티리얼 인스턴스 생성**Create Material Instance 옵션을 선택하고 이름을 지정한다. 이 유형의 에셋에 흔히 접두사 '*MI*'가 붙기 때문에 **MI_ToyTank_Parameterized**라는 이름을 사용했다.

6. 새로 생성된 머티리얼 인스턴스를 더블 클릭해서 조정한다. 부모와 달리, 인스턴스를 사용하면 셰이더를 다시 컴파일할 필요 없이 런타임 전이나 런타임 중에 이전에 생성한 파라미터를 노출하고 조정할 수 있다.

7. 노출된 매개변수를 기본값과 다른 값으로 조정한다. 이렇게 하려면 먼저 변경하려는 항목의 왼쪽 체크박스를 체크해야 한다. 이해를 돕고자 먼저 내가 선택한 참고용 설정을 보여준다.

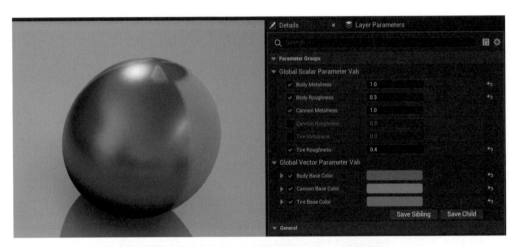

그림 2.10 내가 선택한 에디터에서의 머티리얼 인스턴스의 설정 값들

TIP

엔진에서 생성한 표준 **Scalar Parameter** 및 **Vector Parameter** 카테고리 외에 다른 방식으로 이전 파라미터를 구성하는 방법을 알아보려면 '참고 사항' 절을 확인한다.

8. 머티리얼 인스턴스를 생성한 후에 모델에 적용하고 결과를 확인하자!

그림 2.11 방금 생성한 머티리얼 인스턴스를 적용한 장난감 탱크의 최종 결과물

예제 분석

이 레시피에서는 머티리얼 인스턴스를 생성하는 데 초점을 맞췄지만, 머티리얼 인스턴스가 워크플로에 도움이 되는 이유는 아직 다루지 않았다. 이제 그 부분을 알아보자.

무엇보다도 이러한 유형의 에셋이 머티리얼 파이프라인에서 어떻게 분류되는지 이해해야 한다. 피라미드를 생각해보면, 기본 머티리얼이 가장 아래에 위치하고 그 위에 나머지 머티리얼이 놓이는 기초적인 블록이다. 머티리얼 인스턴스는 그 위에 위치하며, 기본 부모 머티리얼을 설정한 후 첫 번째 머티리얼에 이미 포함된 변수들만 수정하려는 경우 여러 인스턴스를 생성할 수 있다. 예를 들어 장난감 탱크가 2개 있고 각각에 서로 다른 색상을 부여하고 싶다면, 해당 속성을 변수로 노출한 마스터 머티리얼과 이에 영향을 주는 머티리얼 인스턴스 2개를 생성한 다음 각 모델에 적용할 수 있다. 이렇게 하면 각 장난감에 2개의 마스터 머티리얼을 적용하는 것보다 성능 측면에서 더 좋다.

부연 설명

또 한 가지 주목해야 할 점은 머티리얼 인스턴스는 런타임에도 수정할 수 있으며 마스터 머티리얼을 사용하면 이 작업을 수행할 수 없다는 것이다. 조정할 수 있는 프로퍼티는 이 레시피에서 살펴본 **Scalar** 또는 **Vector** 유형과 같은 다양한 유형의 파라미터를 사용해 부모 머티리얼에 노출하기로 결정한 속성들이다. 게임플레이 중에 수정할 수 있는 이러한 머티리얼은 마스터 머티리얼의 인스턴스이기는 하지만 런타임에 다르게 생성되므로 머티리얼 인스턴스 다이내믹MID, Material Instance Dynamic이라는 고유한 이름을 가진다. 이제 이러한 머티리얼 중 하나를 만드는 방법을 간단히 살펴보자.

1. 액터 블루프린트를 생성한다.

2. **스태틱 메시**Static Mesh 컴포넌트를 추가하고 기본값(또는 이 예제에서 사용하려는 모델)으로 **SM_ToyTank** 모델을 할당한다.

3. **Construction Script** 노드에서 **Create Dynamic Material Instance** 노드를 추가하고 **스태틱 메시**를 해당 노드의 **Target**에 연결한다. **소스 머티리얼**Source Material 드롭다운 메뉴에서 수정하려는 부모 머티리얼을 선택하고 해당 머티리얼을 변수로 저장한다. 다음 스크린샷에서 해당 작업 과정을 확인할 수 있다.

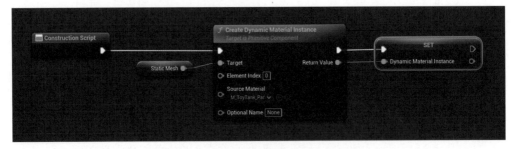

그림 2.12 Construction Script 노드 구성

4. 이벤트 그래프Event Graph 창으로 이동한 후 **Set Vector Parameter Value** 노드를 **커스텀 이벤트**Custom Event 노드와 함께 사용해 영향을 주고자 하는 머티리얼 파라미터의 변경을 유도한다. **플레이**Play를 누르지 않고도 그 효과를 실제로 보고 싶다면 에디

터에서 이벤트를 호출하도록 설정할 수 있다. 또한 변경하려는 정확한 파라미터를 입력하고 값을 할당하는 것을 잊지 말자! 다음 그림에서 해당 작업을 확인할 수 있다.

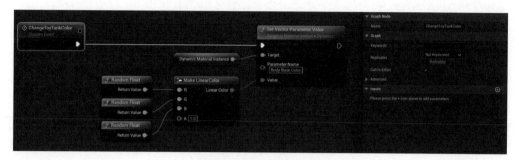

그림 2.13 이벤트 그래프에서의 노드 순서

블루프린트 생성 등 아직 다루지 않은 주제가 포함돼 있으므로, 이전 단계들은 독자 여러분이 직접 수행해볼 과제로 남겨둔다. 그럼에도 불구하고 이 책에 포함된 언리얼 엔진 프로젝트 내에서 살펴볼 수 있도록 미리 만들어진 에셋을 제공하겠다. **BP_Changing ColorTank** 블루프린트를 찾아서 열고 자세한 작동 방식을 확인해보자!

참고 사항

이 레시피에서 하지 않은 것은 이전에 만든 파라미터들을 그룹화하는 것이다. 머티리얼 인스턴스 작업 시 조정한 프로퍼티가 벡터 파라미터 값과 스칼라 파라미터 값이라는 두 가지 범주로 자동으로 묶인 것을 기억할 것이다. 이름은 해당 프로퍼티가 속한 유형만 나타내며 어떤 영향을 미치는지는 나타내지 않는다. 다행히도 부모 머티리얼로 돌아가서 수정할 수 있으므로 머티리얼 그래프를 열어 수정하는 방법을 살펴보자.

여기서 생성한 각 파라미터를 선택하고 각 파라미터의 디테일 패널에 있는 그룹 메뉴에서 원하는 그룹 이름을 입력하기만 하면 그룹에 할당할 수 있다. 기본값인 **None**과 다른 이름을 선택하면 자동으로 새로운 그룹이 생성되며, 동일한 단어를 반복해 다른 변수에서 재사용할 수 있다. 이 방법은 깔끔하게 정리할 수 있는 좋은 방법이니 꼭 한번 사용해보자!

이외에 언리얼에서 사용할 수 있는 다른 유형의 파라미터에 대해서도 알려주고 싶었다. 지금까지는 두 가지 유형인 **Scalar**와 **Vector** 카테고리만 살펴봤다. 하지만 텍스처 샘플을 사용자에게 노출하는 데 사용되는 **Texture Sample 2D** 파라미터와 같은 다른 유형의 변수가 더 있다. 이 변수와 다른 변수들을 사용하면 훨씬 더 복잡한 이펙트를 만들 수 있으며, 이후 장들에서 그중 일부를 알아보자.

마지막으로, 더 자세히 알아보고 싶은 경우를 대비해 머티리얼 인스턴스 공식 문서를 소개한다.

- https://docs.unrealengine.com/5.0/en-US/instanced-materials-in-unreal-engine/[1]

- https://docs.unrealengine.com/5.0/en-US/creating-and-using-material-instances-in-unreal-engine/[2]

공식 문서를 읽는 것은 엔진의 모든 것을 배울 수 있는 좋은 방법이므로, 관심 있는 다른 주제를 찾은 경우 해당 웹 사이트를 꼭 살펴보자.

⠿ 작은 오브젝트 텍스처링

지난 두 가지 레시피에서 사용한 작은 장난감 탱크 소품 덕분에 이번에는 머티리얼 내에서 텍스처를 적절하게 작업하는 방법을 살펴볼 차례가 됐다. 여기서 '적절하게'라는 표현이야말로 핵심 요소라 할 수 있다. 과거에 이미지 작업을 해봤지만, 실제로 에디터 내에서 이미지를 조작하거나 에디터를 벗어나지 않고 조정하는 방법을 본 적이 없었기 때문이다. 이제 그 작업을 할 때가 됐으니 이번 레시피에서 처리해보자!

---

1 한국어 버전은 https://docs.unrealengine.com/5.0/ko/instanced-materials-in-unreal-engine/에서 확인할 수 있다. – 옮긴이

2 한국어 버전은 https://docs.unrealengine.com/5.0/ko/creating-and-using-material-instances-in-unreal-engine/에서 확인할 수 있다. – 옮긴이

준비

이전 레시피에서와 마찬가지로 실제로 따라 하기 위해 필요한 것은 많지 않다. 이 책에서 언리얼 엔진 5 프로젝트와 함께 제공하는 몇 가지 에셋을 제외하고는 시작용 콘텐츠 Starter Content 에셋 팩을 통해 대부분의 에셋을 얻을 수 있다.

앞으로도 이전에 사용한 장난감 탱크 모델과 머티리얼을 계속 사용하기 때문에 이 모델이나 자체 에셋을 사용할 수 있다. 여기서는 상당히 간단한 에셋을 다루고 있으며 중요한 부분은 머티리얼 내에서 생성할 실제 로직이다.

나와 동일하게 진행하고 싶다면, 같은 씬을 볼 수 있도록 **02_03_Start** 레벨을 열어보자.

예제 구현

지금까지 장난감 탱크 머티리얼에 사용한 것은 단순한 색상뿐이다. 그럼 더 나아가 이번에는 사실적인 텍스처로 전환해본다. 시작해보자!

1. 이번 장의 첫 번째 레시피에서 만든 머티리얼인 **M_ToyTank**를 복제한다. 이미 잘 작동하는 시스템을 확장하는 것 이상으로 새로 만들지 않으려는 것이므로 유용하다. 마스크로 모든 것을 분리하고 깔끔하게 정리하면 이번에는 작업 속도가 매우 빨라진다. 새 에셋의 이름은 원하는 대로 지정한다. 나는 **M_ToyTank_Textured**로 지정했다.

2. 새로 생성된 에셋을 더블 클릭해 머티리얼 그래프를 열고 머티리얼 **베이스 컬러** 항목에 초점을 맞춘다. 탱크 본체(갈색 음영을 사용하는 것)의 외관을 주도하는 **Constant3Vector** 노드를 찾아서 삭제한다.

3. 새로운 **Texture Sample** 노드를 생성하고 **T_Wood_Pine_D** 텍스처를 할당한다(해당 에셋은 시작용 콘텐츠 에셋 팩에 들어 있으므로 이미 프로젝트에서 사용할 수 있다).

4. 새로운 **Texture Sample** 노드의 **RGB** 핀을 **Constant3Vector** 노드가 연결돼 있던 **Lerp** 노드의 **B**에 연결한다.

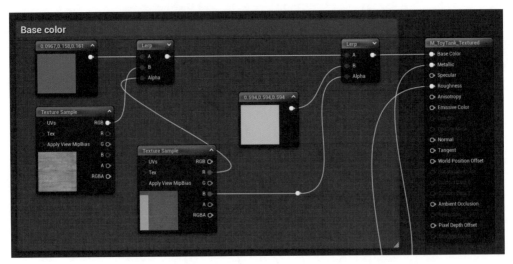

그림 2.14 수정된 머티리얼 그래프

이렇게 하면 탱크의 몸체 모양이 결정된다.

이 텍스처를 사용해 수행할 몇 가지 추가 작업이 있다. 첫째, 모델에 머티리얼을
적용한 후 나뭇결이 서로 좀 더 가까워지도록 타일링^{tiling}을 조정할 수 있다. 둘째,
스크린샷의 현재 방향을 수정하기 위해 회전할 수 있다. 해당 작업들은 미적인 선
택이지만, 이러한 노드를 사용해야 할 때 매우 유용하므로 익숙해지는 것이 좋다.

5. 키보드에서 **U** 키를 누르고 있는 상태에서 머티리얼 그래프의 빈 곳을 마우스로 좌
   클릭해 **Texture Coordinate** 노드를 추가한다. **U 타일링**^{U Tiling}과 **V 타일링**^{V Tiling}에 3을
   입력하거나, 원하는 결과가 나올 때까지 값을 변경한다.

6. 그런 다음, **Custom Rotator** 노드를 추가하고 이전에 만들었던 **Texture Coordinate**
   노드 바로 뒤에 위치시킨다.

7. 이전에 만든 노드가 해당 위치에 있는 상태에서 **Texture Coordinate** 노드를 **Custom**

Rotator 노드의 UVs (V2)에 연결한다.

8. **Custom Rotator**의 **Rotated Values** 출력을 나무 텍스처를 보여주는 **Texture Sample** 노드의 **UVs** 핀과 연결한다.

9. **Constant** 노드를 1개 생성하고 **Custom Rotator** 노드의 **Rotation Angle (0-1) (S)**에 연결한다. 그리고 **Constant** 노드의 값으로 **0.25**를 입력해 텍스처를 90도 회전시킨다(왜 0.25가 90도인지는 뒤의 '예제 분석' 절에서 확인할 수 있다).

이전까지의 작업이 완료된 노드들은 다음과 같다.

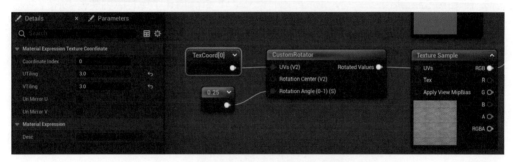

그림 2.15 이전 단계까지의 노드들의 결과

이제 머티리얼의 다른 부분에 약간의 변형을 추가하자. 다음으로는 마스킹된 다른 두 가지 요소인 타이어와 금속 부분에 집중해 시각적으로 좀 더 흥미롭게 만들고 싶다.

10. 장난감 탱크의 타이어 색상을 구동하는 데 사용하고 있는 **Constant3Vector** 노드의 색상을 해당 머티리얼(고무)을 더 잘 나타내는 색으로 변경하는 것으로 시작할 수 있다. 지금까지는 파란색을 사용했으므로 검은색에 가까운 색이 더 좋다.

11. 그 후 **Multiply** 노드를 생성하고 이전 **Constant3Vector** 노드 바로 뒤에 배치한다. 이 노드는 이름에서 알 수 있듯이 이 핀에 도달한 입력에 곱한 결과를 출력하는 매우 일반적인 유형의 노드다. 키보드의 **M** 키를 누른 채 머티리얼 그래프에서 아무 곳이나 좌클릭하는 것만으로도 생성할 수 있다.

12. 이전 **Multiply** 노드가 생성된 상태에서 **A** 입력을 고무 타이어의 색상을 구동하는

동일한 **Constant3Vector** 노드의 출력과 연결한다.

13. **B** 입력의 경우 **0.5** 값을 할당하면 되는데, 이는 새로운 **Constant** 노드를 생성할 필요 없이 **Multiply** 노드의 디테일 패널을 통해 할 수 있다.

14. 고무 타이어에 대한 **Constant3Vector** 노드의 기본값과 이전 **Multiply** 결과 사이를 보간하는 **Lerp** 노드를 생성한다. 이 작업은 **Constant3Vector** 노드의 출력을 새 **Lerp** 노드의 A 입력 핀에 연결하고 **Multiply** 노드의 결과를 B 입력 핀에 연결해 수행하면 된다. **Alpha** 파라미터는 나중에 연결할 것이므로 지금은 걱정하지 말자.

15. **Texture Sample** 노드를 생성하고 기본값으로 **T_Smoked_Tiled_D** 에셋을 할당한다.

16. 다음으로, **Texture Coordinate** 노드를 생성해 이전 **Texture Sample** 노드에 연결하고 기본값 1보다 높은 값을 **U 타일링** 및 **V 타일링** 파라미터에 할당한다. 나중에 효과를 더 명확하게 볼 수 있도록 3으로 설정했다.

17. 새로운 흑백 연기 텍스처에 대한 **Texture Sample** 노드의 출력 핀에서 와이어를 드래그해 **CheapContrast** 노드를 생성한다.

18. 이전 **CheapContrast** 노드에 몇 가지 값을 제공해야 하는데, **Constant** 노드를 생성하고 이전 노드의 **Contrast (S)** 입력 핀에 연결한다. 이렇게 하면 텍스처의 어두운 부분과 흰색 부분의 차이가 증가해서 최종적으로 효과가 더욱 선명해진다. 기본값인 **1**은 이미 원하는 효과를 얻을 수 있으므로 그대로 둬도 된다.

19. **CheapContrast** 노드의 결과를 14번 단계에서 만든 **Lerp** 노드의 **Alpha** 입력 핀에 연결하고, 그 출력을 **T_TankMasks** 텍스처 마스크로 구동되는 오리지널 **Lerp** 노드에 연결한다.

    지금까지의 작업을 요약하면 다음 스크린샷과 같다.

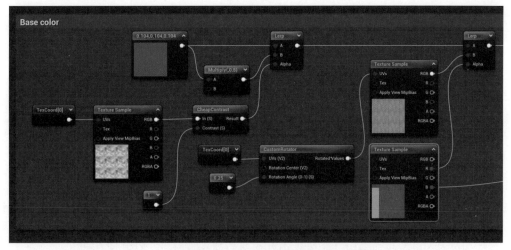

그림 2.16 장난감 탱크 타이어의 수정된 색상

이전 연기 텍스처를 마스크로 사용한 덕분에 약간의 색상 변화를 도입할 수 있었다. 이 기법은 반복되지 않는 머티리얼을 만들 때 매우 유용한 기법이므로 이후 레시피들에서 다시 다룬다.

TIP

> 머티리얼 에디터 뷰포트에서 찻주전자 아이콘을 클릭하면 콘텐츠 브라우저에서 선택한 메시를 보이는 에셋으로 사용할 수 있다. 이 기능은 여러 뷰포트를 오가지 않고도 변경 사항을 미리 볼 수 있어 유용하다.

마지막으로, 모델의 금속 부분에 몇 가지 추가 변경 사항을 도입한다.

20. 그렇게 하려면 머티리얼 그래프의 **러프니스** 항목을 확인한다.

21. **Texture Sample** 파라미터를 생성하고 **T_MacroVariation** 텍스처를 할당한다. 이것은 곧 생성할 Lerp 노드의 **Alpha** 핀 역할을 한다.

22. 2개의 간단한 **Constant** 노드를 추가하고 2개의 서로 다른 값을 지정한다. 값을 선택할 때 금속 부품의 러프니스에 영향을 미치므로 0.3보다 낮은 값이 해당 부품을 반영할 때 잘 작동한다는 점을 기억하자.

23. 새 **Lerp** 노드를 배치하고 이전 2개의 새 **Constant** 노드를 **A**와 **B** 입력 핀에 연결한다.

24. 21번 단계에서 만든 **Texture Sample** 노드의 빨간색 채널을 이전 **Lerp** 노드의 **Alpha** 입력 핀에 연결한다.

NOTE

이전 **Texture Sample** 노드의 빨간색 채널을 **Lerp** 노드의 **Alpha** 입력 핀에 연결한 이유는 단순히 다양한 러프니스 값을 혼합하는 데 유리하게 사용할 수 있는 그레이 스케일 값을 제공하기 위해서다.

25. 마지막으로, 금속 부품의 러프니스 값을 결정하던 초기 **상수**Constant를 이전 세 단계에서 생성한 노드 네트워크로 대체한다. 이제 그래프는 다음과 같이 변경됐다.

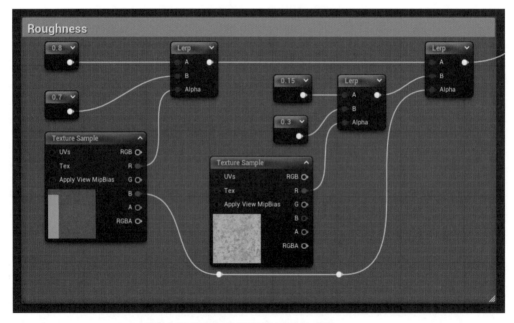

그림 2.17 업데이트된 머티리얼 러프니스 항목

이 작업이 끝나면 이제 거의 다 된 셈이다! 이 모든 변경이 끝나면, 이전에 만들었던 셰이더의 좀 더 사실적인 버전인 멋진 새 머티리얼이 남게 된다. 게다가 우리가 한 모든 작업은 언리얼 엔진 5에서 실제 머티리얼을 구성하는 기본이 된다. 텍스처를 수학 연산과

결합하고, 다양한 마스크에 따라 노드를 블렌딩하고, 다양한 에셋을 활용해 특정 이펙트를 만드는 것은 엔진으로 작업하는 많은 아티스트가 매일 직면하는 작업이다. 이제 독자들도 그 방법을 알게 됐다! 계속 진행하기 전에 결과를 확인해보자.

그림 2.18 텍스처가 적용된 장난감 탱크 머티리얼 결과물

예제 분석

이 레시피에서 몇 가지 새로운 노드를 살펴볼 기회가 있었으므로, 계속 진행하기에 앞서 노드의 기능들을 잠시 알아보자.

가장 먼저 사용한 것 중 하나는 **Texture Coordinate**로, 모델에 적용하는 텍스처의 스케일링에 영향을 준다. 디테일 패널에서는 **U 타일링**과 **V 타일링**이라는 두 가지 파라미터에 액세스할 수 있다. 이러한 설정을 수정하면 이 노드의 영향을 받는 텍스처의 크기에 영향을 미치며, 값이 클수록 이미지가 더 작게 나타난다. 실제로 텍스처의 해상도는 동일하게 유지되므로 텍스처의 크기는 변경되지 않으며, 변경되는 것은 텍스처가 차지하는 UV 공간이다. **U 타일링**과 **V 타일링** 파라미터의 값이 모두 1이면 **Texture Coordinate** 노드에 연결된 모든 텍스처가 UV 공간 전체를 차지한다는 뜻이고, 값이 2이면 같은 텍스처가 같은 범위에서 두 번 반복된다는 뜻이다. **U 타일링** 파라미터와 **V 타일링** 파라미터를 분리하면 두 축에서 반복 패턴에 독립적으로 영향을 줄 수 있으므로, 머티리얼의 모양을 조정할 때 좀 더 자유롭게 조정할 수 있다.

NOTE

Texture Coordinate 노드 내에서 조정할 수 있는 세 번째 파라미터가 있는데, 바로 **좌표 인덱스**(Coordinate Index)다. 이 필드에 지정된 값은 둘 이상의 UV 채널을 사용하는 경우 영향을 미치는 UV 채널에 영향을 준다.

그런 점에서 잘 배치된 UV의 중요성을 강조하는 것이 중요하다. 우리가 사용한 노드 중 얼마나 많은 노드가 UV 공간에 직접적인 영향을 미치는지를 고려해본다면, 작업하는 모델에 올바르게 언래핑된 UV 맵이 포함돼 있어야 한다. 여기서 오류가 발생하면 적용하려는 텍스처의 모양에 영향을 미칠 가능성이 높으므로 이 영역에서 실수를 확인해야 한다.

이 레시피에서 사용된 텍스처를 수정하는 데 사용한 또 다른 노드는 **Custom Rotator** 노드다. 이 노드는 사용 중인 이미지의 회전을 조정하므로 개념화하기 어렵지 않다. 가장 이해하기 까다로운 설정은 아마도 주어진 텍스처를 회전하는 각도를 지정하는 **Rotation Angle (0-1) (S)** 파라미터를 구동하는 **Constant**일 것이다. 0에서 1 범위 내의 값을 입력해야 하는데, 0은 회전이 없고 1은 360도에 매핑된다. 이 레시피에서 사용한 값인 0.25는 간단한 3의 규칙에 따라 정확히 90도에 해당한다.

Custom Rotator 노드를 사용해 영향을 줄 수 있는 것은 앞서 **Texture Coordinate** 노드에서 했던 것처럼 모델의 UV이다(사실 후자를 전자의 UVs (V2) 입력 핀에 연결했다). 이를 통해 텍스처를 회전하기 전에 텍스처의 반복 횟수를 늘리거나 줄일 수 있다. 마지막으로, **Rotation Center (V2)** 파라미터를 사용하면 회전의 중심을 결정할 수 있다. 이는 UV 공간에 따라 작동하므로 값이 (0, 0)이면 텍스처가 왼쪽 하단 모서리를 중심으로 회전하고, (0.5, 0.5)이면 이미지를 중심으로 회전하며, (1, 1)이면 오른쪽 상단 모서리에서 동일한 작업을 수행한다.

세 번째로 살펴볼 노드는 **Multiply** 노드다. 이 노드는 2개의 서로 다른 값을 곱한다는 점에서 매우 간단하다. 두 요소는 비슷한 성질을 가져야 한다. **Constant3Vector** 노드 2개, **Constant2Vector** 노드 2개, **Texture Sample** 노드 2개 등만 곱할 수 있다. 이 규칙의 예외는 항상 다른 입력과 결합할 수 있는 단순한 **Constant** 노드다. **Multiply** 노드는 주어진 값의 밝기를 조정할 때 자주 사용되는데, 이 레시피에서 사용한 것이 바로 이 노드다.

마지막으로는 **CheapContrast** 노드다. 기본값인 0은 입력을 전혀 조정하지 않으며, 여기에 연결한 항목의 대비를 조정하는 데 유용하다. 상수 값을 사용하면 작업의 강도를 조정할 수 있으며, 값이 클수록 검은색과 흰색 레벨의 차이가 커진다. 이 특정 노드는 그레이스케일 값으로 작동하며, 컬러 이미지에서 동일한 작업을 수행하려면 동일한 작업을 수행하는 또 다른 **CheapContrast_RGB** 노드가 있다는 점에 유의하자.

TIP

> 머티리얼 그래프 내에 배치한 노드의 영향을 평가할 수 있는 유용한 기법은 **노드 프리뷰 시작**(Start Previewing Node) 옵션이다. 미리 보려는 노드에서 우클릭하고 해당 옵션을 선택하면 해당 시점까지 선택한 노드 네트워크의 결과가 표시되기 시작한다. 결과는 머티리얼 에디터의 뷰포트에 표시된다.

참고 사항

Multiply, **CheapContrast**와 기타 관련 노드에 대한 자세한 정보를 제공하는 링크 2개를 소개한다.

- https://docs.unrealengine.com/4.27/en-US/RenderingAndGraphics/Materials/Functions/Reference/ImageAdjustment/[3]

- https://docs.unrealengine.com/4.27/en-US/RenderingAndGraphics/Materials/ExpressionReference/Math/[4]

---

[3] 한국어 버전은 https://docs.unrealengine.com/4.27/ko/RenderingAndGraphics/Materials/Functions/Reference/ImageAdjustment/에서 확인할 수 있다. – 옮긴이

[4] 한국어 버전은 https://docs.unrealengine.com/4.27/ko/RenderingAndGraphics/Materials/ExpressionReference/Math/에서 확인할 수 있다. – 옮긴이

⫸ 프레넬과 세부 텍스처링 노드 추가

이전 레시피에서 텍스처를 광범위하게 사용하기 시작했고 **CheapContrast**와 **Custom Rotator** 같은 유용한 노드에 대해 이야기할 기회도 있었다. 이 두 가지와 마찬가지로, 언리얼에는 3D 아티스트의 필요에 따라 모델의 외관을 개선하거나 특정 이펙트를 스마트한 방식으로 제작하기 위해 만들어진 여러 가지 노드가 존재한다. 어떤 경우든 이 기능에 대해 배우면 씬의 룩을 개선할 수 있다.

이 레시피에서 몇 가지 유용한 노드를 살펴보고, 특히 식탁보의 3D 모델 전체에 벨벳 같은 효과를 내는 데 사용할 **Fresnel** 노드에 주목해본다. 바로 시작하자!

준비

이 레시피에서 사용할 씬은 이전에 사용했던 씬과는 조금 다르다. 장난감 탱크보다는 설정을 바꾸고 앞으로 보여줄 새로운 기술을 시연할 수 있는 무언가가 있으면 좋겠다고 생각했으므로, 간단한 천을 사용해 이러한 효과를 강조해보자. 나와 함께 따라 해보고 싶다면 **02_04_Start** 레벨을 연다.

자체 에셋을 사용하고 싶다면, 이 레시피에서 벨벳과 같은 머티리얼을 만들 예정이므로 이를 적용할 수 있는 오브젝트가 있으면 좋다.

예제 구현

간단한 머티리얼을 가져온 다음, 언리얼에서 사용할 수 있는 머티리얼 노드 몇 가지를 사용해 향상시키려고 한다. 이는 거의 노력하지 않고도 최종 형태를 개선하는 데 도움이 된다.

1. 먼저 **02_04_Start** 레벨을 로드하고 식탁보에 적용될 머티리얼인 **M_TableCloth_Start**라는 머티리얼을 열어 시작하자. 보다시피 머티리얼의 **베이스 컬러** 프로퍼티를 수정하는 **Constant3Vector** 노드 하나만 있으며, 여기서 작업을 시작하자.

2. 다음으로, **Texture Sample** 노드를 생성하고 **T_TableCloth_D** 텍스처를 할당한다.

3. **Texture Coordinate** 노드를 추가하고 이전에 만든 **Texture Sample** 노드의 입력으로 연결한다. **U 타일링** 및 **V 타일링** 속성값을 **20**으로 설정한다.

4. **Constant3Vector** 노드를 포함시키고, 기존 **Texture Sample** 노드에 선택한 텍스처 색상과 비슷하지만 더 밝은 부드러운 빨간색 색상을 할당한다. 나는 **R = 0.90**, **G = 0.44**, **B = 0.44**를 할당했다.

5. 계속해서 **Lerp** 노드를 생성하고, 이를 원래 **Texture Sample** 노드와 새로운 **Constant3Vector** 노드 뒤에 배치한다.

6. 이전 **Texture Sample** 노드를 새로운 **Lerp** 노드의 **A** 입력으로 연결하고 **Constant3 Vector** 노드의 출력 핀에서 와이어를 드래그해 **B** 입력에 연결한다.

7. 머티리얼 그래프의 빈 곳을 우클릭한 후에 `Fresnel`을 검색해서 노드를 생성한다. 이후 **Fresnel** 노드의 출력을 **Lerp** 노드의 **Alpha** 핀에 연결한다.

   이 새로운 노드는 상호작용하는 물체에서 빛이 반사되는 방식을 모방하려고 하는데, 이는 표면을 보는 시야각에 따라 달라지며 시야각과 평행한 영역이 더 선명하게 반사된다.

   이 시점에서 머티리얼 그래프를 보여주는 다음 스크린샷을 살펴보자.

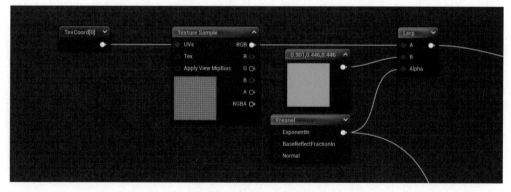

그림 2.19 현재까지 작업된 머티리얼 그래프

8. **Fresnel** 노드를 선택하고 디테일 패널로 이동한다. **Exponent** 파라미터를 기본값보다 낮은 값으로 설정하면 **Fresnel** 함수의 효과가 더 분명해진다. 나는 2.5로 설정했는데, 우리가 하려고 하는 작업의 목적에 가장 잘 맞는 것 같다.

   다음으로, 또 다른 새로운 노드인 **DetailTexturing** 노드를 사용한다. 이 노드를 사용하면 두 가지 텍스처를 사용해 머티리얼의 모양을 향상시킬 수 있다. 이 노드의 유용성은 큰 텍스처 에셋 없이도 매우 디테일한 모델을 만들 수 있다는 것이다. 물론 방금 언급한 예제 외에 다른 경우에도 유용할 수 있다. 설정하는 방법을 알아보자.

9. 머티리얼 그래프의 빈 곳을 우클릭하고 DetailTexturing을 검색한다. 그러면 새로운 노드가 나타나는 것을 확인할 수 있다.

10. 이 노드로 작업하려면, 추가 노드도 몇 개 더 필요하므로 **Constant** 노드 3개와 **Texture Sample** 노드 2개를 생성한다.

11. **Constant** 노드들을 **Scale**, **Diffuse Intensity**, **Normal Intensity** 입력에 연결한다. 값은 나중에 입력하자.

12. 이전에 만든 **Texture Sample** 노드들에 **T_Ground_Moss_D**와 **T_Ground_Moss_N** 에셋을 할당한다(이 텍스처들은 시작용 콘텐츠 에셋 팩의 일부다).

NOTE

> DetailTexturing 노드를 사용하면 앞서 만든 2개의 **Texture Sample** 노드를 **Texture Object** 노드로 변환해야 한다는 점이 약간 특이하다. 이 노드 유형에 대한 자세한 내용은 '예제 분석' 절에서 확인할 수 있다.

13. 두 **Texture Sample** 노드를 우클릭해 **텍스처 오브젝트로 변환**Convert Texture Object을 선택한다.

14. **Scale**에 연결된 첫 번째 **Constant** 노드에는 **20**을 할당하고, 다른 **Constant** 노드에는 **1**을 할당한다.

15. **DetailTexturing**의 **Diffuse** 출력 핀을 **메인 머티리얼** 노드의 **베이스 컬러** 입력 핀에 연

결하고 DetailTexturing 노드의 Normal 출력을 머티리얼의 Normal 입력 핀에 연결한다.

지금까지 작업한 머티리얼 그래프는 다음과 같다.

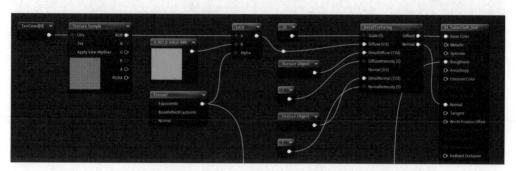

그림 2.20 방금 작업으로 추가한 새로운 노드들이 있는 머티리얼 그래프

마무리하기 전에 좀 더 작업을 계속하고 Fresnel 노드를 다시 한번 재사용해서 머티리얼 **러프니스** 파라미터를 구동해보자. 이 노드를 사용해 러프니스 값을 지정함으로써 카메라를 향하고 있는 파트가 카메라를 향하고 있지 않은 파트보다 반사가 덜 선명하게 보이도록 하는 것이다.

16. 2개의 **Constant** 노드를 만들고 서로 다른 값을 지정한다. 이번에는 **0.65**와 **0.35**를 사용했다. 첫 번째 값은 **Fresnel** 노드를 사용해서 표면을 직접 볼 때 적용되는 영역이 더 거칠게 보이도록 한다. 같은 원리에 따라 두 번째 값은 반대쪽을 향하는 영역이 더 선명하게 반사되도록 한다.

17. **Lerp** 노드를 추가하고 이전 **Constant** 노드를 A와 B 핀에 연결한다. 더 큰 값(0.65)은 **A** 입력 핀에, 두 번째 값은 **B** 핀에 연결한다.

18. 처음 만들었던 **Fresnel** 노드에서 다른 핀을 드래그해 새로운 **Lerp** 노드의 **Alpha** 입력 핀에 연결한다.

19. **Lerp** 노드의 출력을 **메인 머티리얼** 노드의 **러프니스** 파라미터에 연결한다.

최종 그래프는 아래 그림과 비슷한 구조를 갖게 된다.

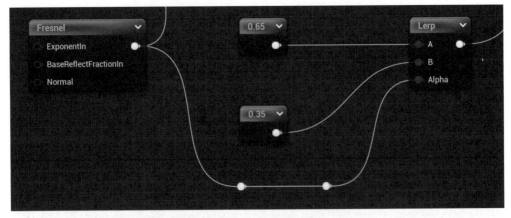

그림 2.21 머티리얼 그래프의 마지막으로 추가된 부분

마지막으로, **적용**^{Apply} 및 **저장**^{Save} 버튼을 클릭하고 메인 뷰포트에서 모델에 머티리얼을 할당하기만 하면 된다. 우리가 만든 것을 살펴보고 Fresnel 노드를 분리해 머티리얼을 갖고 놀면서 Fresnel 노드를 포함하면 어떤 결과를 얻을 수 있는지 확인하자. 미묘한 효과이지만, 눈을 속여서 보이는 것이 실제라고 생각할 수 있는 좀 더 설득력 있는 결과를 얻을 수 있다. 다음 스크린샷에서 천을 보면 알 수 있다. 모델의 윗부분은 빛을 더 많이 반사하기 때문에 더 흐릿하게 보이고 카메라를 향하는 부분은 더 붉게 보인다.

그림 2.22 천 머티리얼의 최종 결과물

예제 분석

Fresnel 노드는 이해하기 까다로울 수 있으므로 잠시 시간을 내서 작동 원리를 이해해 보자. 이 이펙트는 해당 지점의 노멀이 향하는 방향에 따라 오브젝트의 각 픽셀에 다른 값을 할당한다. 카메라에 수직인 표면 법선(카메라에서 멀어지는 법선)은 1의 값을 받고, 카메라를 직접 바라보는 법선은 0의 값을 받는다. 이는 표면 노멀과 카메라 방향 간 내적 연산의 결과로, 해당 노드에 있는 세 가지 입력 파라미터로 조정할 수 있는 감쇠^{falloff} 효과가 발생한다.

- 그중 첫 번째 파라미터인 **ExponentIn**은 감쇠 효과를 제어하며, 값이 클수록 카메라에 수직인 영역을 향해 밀어낸다.

- 두 번째 파라미터인 **BaseReflectFractionIn**은 언리얼에 명시된 대로 '표면을 정면에서 봤을 때 스페큘러 리플렉션^{Specular Reflection}의 비율'을 지정한다. 이는 기본적으로 카메라를 향하는 영역의 동작 방식을 지정하므로 여기서 값 1을 사용하면 노드 효과가 무효화된다.

- 세 번째 파라미터인 **Normal**은 머티리얼이 영향을 미치는 모델의 겉보기 지오메트리를 조정하기 위해 노멀 텍스처를 제공할 수 있다.

DetailTexturing은 이 예제에서 볼 수 있듯이 익숙해지기 편리한 노드다. 이처럼 사용하기는 쉽지만, 주어진 오브젝트와의 거리를 고려하고 그에 따라 텍스처를 교체하는 더 큰 노드 집합을 구현해 비슷한 효과를 얻을 수 있었다. 사실 이 로직은 노드 자체를 더블 클릭하면 확인할 수 있는데, 엄밀히 말하면 노드가 아니라 머티리얼 함수^{Material Function}다. 그렇게 하면 머티리얼 그래프가 열리고 이 함수를 구동하는 로직을 살짝 엿볼 수 있다. 거기서 볼 수 있듯이, 우리가 만든 머티리얼에서 그 역할을 하는 이펙트를 만드는 데 필요한 여러 노드가 포함돼 있다. 이러한 노드는 일반 노드이므로 복사해서 자신의 머티리얼에 붙여넣을 수 있다. 이렇게 하면 **DetailTexturing** 노드 자체를 사용할 필요가 없지만, 애초에 머티리얼 함수를 사용하는 이유는 여러 머티리얼에서 동일한 로직을 재사용하고 동시에 정리된 상태를 유지할 수 있는 좋은 방법이라는 점을 강조한다.

마지막으로, 이 레시피에서 만난 **Texture Object** 노드에 대해서도 살펴보고 싶었다. 이 노드는 **Texture Sample** 노드와 비슷해 보이지만, 결국 두 가지 유형을 모두 사용해 텍스처를 지정한 후 머티리얼에 사용했으므로 약간 혼란스러울 수 있다. 차이점은 **Texture Object** 노드는 텍스처를 머티리얼 함수에 전송하는 형식으로, **Texture Sample** 노드에서는 할 수 없는 작업이라는 점이다. 기억하겠지만, 머티리얼 함수 자체인 **DetailTexturing** 노드와 함께 **Texture Object** 노드를 사용했기 때문에 **Texture Object** 노드를 사용해야 했다. 또한 컬러에 사용된 **Texture Sample** 노드의 정보도 전달했지만, **DetailTexturing** 노드는 이를 텍스처 노드가 아닌 Vector3 정보로 샘플링했다. **Texture Object** 노드는 주어진 텍스처에 대한 레퍼런스라고 생각하면 되고, **Texture Sample** 노드는 주어진 텍스처의 값(RGB 정보, **알파** 입력 핀 및 각 텍스처의 채널)을 나타낸다고 생각하면 된다.

참고 사항

Fresnel과 **DetailTexturing** 노드에 관한 추가적인 정보는 에픽의 공식 문서에서 확인할 수 있다.

- https://docs.unrealengine.com/4.27/en-US/RenderingAndGraphics/Materials/HowTo/Fresnel/[5]

- https://docs.unrealengine.com/4.27/en-US/RenderingAndGraphics/Materials/HowTo/DetailTexturing/[6]

---

[5] 한국어 버전은 https://docs.unrealengine.com/4.27/ko/RenderingAndGraphics/Materials/HowTo/Fresnel/에서 확인할 수 있다. – 옮긴이

[6] 한국어 버전은 https://docs.unrealengine.com/4.27/ko/RenderingAndGraphics/Materials/HowTo/DetailTexturing/에서 확인할 수 있다. – 옮긴이

준절차적 머티리얼 생성

지금까지는 텍스처나 컬러 하나만으로도 충분히 멋진 3D 모델을 만들 수 있는, 비교적 작은 3D 모델에만 적용한 머티리얼로 작업해왔다. 하지만 실제 프로젝트에서 마주하게 되는 에셋 유형이 이런 것만은 아니다. 때로는 더 큰 메시를 처리해야 하므로 텍스처링 프로세스가 지금까지 본 것만큼 간단하지 않을 수 있다. 이러한 상황에서는 오브젝트 전체를 덮을 수 있는 충분한 고해상도 텍스처를 만들 수 없기 때문에 창의적으로 사고하고 해당 에셋을 멋지게 보이도록 하는 방법을 찾아야 한다.

다행히도 언리얼은 매우 강력한 머티리얼 에디터와 이 문제를 해결할 수 있는 여러 가지 방법을 제공하는데, 지금부터 준절차적 머티리얼 생성 기법을 통해 알아보자. 머티리얼 생성 프로세스에 대한 이 접근 방식은 기존 텍스처에 의존하지 않고 수학적 함수를 따르는 것처럼 보이는 절차적 외관을 달성하는 데 목표를 두는 표준 이펙트에 의존한다. 이는 명백한 반복 패턴의 출현과 같은 에셋 사용에 내재된 문제를 완화하기 위한 의도다. 이것이 바로 이 레시피에서 해야 할 일이다.

준비

3D 모델에 준절차적 방식으로 텍스처를 입히는 데 여러 가지 에셋을 사용하려고 하는데, 필요한 모든 리소스는 언리얼 엔진 5의 시작용 콘텐츠 에셋 팩에 번들로 포함돼 있다. 만약 내가 사용할 텍스처와 모델을 사용해 따라 하고 싶다면 반드시 포함시켜라. 하지만 지금부터 설명할 모든 작업은 매우 간단한 모델을 사용해 수행할 수 있으므로 직접 만든 모델을 사용하더라도 걱정하지 않아도 된다.

이 책과 함께 제공되는 언리얼 프로젝트에서 작업하는 경우 02_05_Start라는 씬을 열어 보자.

예제 구현

02_05_Start 레벨을 로드해 해당 레시피를 시작한다. 화면 중앙에 있는 오브젝트를 보면

1층 역할을 하는 큰 평면이 보이는데, 다음 스크린샷에서 볼 수 있듯이 텍스처를 사용해 대규모 표면에 음영을 줄 때 발생하는 문제를 확인하고자 배치한 것이다.

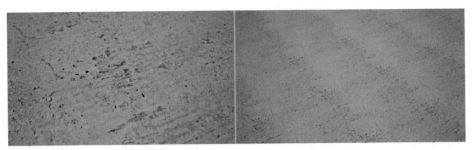

그림 2.23 표면 전체에 동일한 패턴이 반복되는 것을 보여주는,
원거리 샷 옆에 있는 콘크리트 바닥을 클로즈업한 사진

보다시피 스크린샷의 첫 번째 이미지는 콘크리트 바닥이 그럴듯하게 보이므로 실제로 꽤 멋진 이미지일 수 있다. 하지만 카메라가 지면으로부터 멀어지면 이 생각은 무너지기 시작한다. 처음에는 눈치채기 어려울 수 있지만, 표면을 가로지르는 텍스처의 반복됨이 나타나기 시작한다. 이 레시피에서는 해당 문제를 해결하기 위해 준절차적 머티리얼 생성 기법을 사용해 카메라 가까이에서 보거나 멀리서 보거나 모두 멋지게 보이는 머티리얼을 만들려고 한다. 바로 시작해보자.

1. 평면에 적용 중인 머티리얼 **M_SemiProceduralConcrete_Start**를 연다. 현재 타일링을 조정하고 있는 **Texture Coordinate**에 의해 구동되는 따로 떨어져 있는 **Texture Sample** 노드(T_Concrete_Poured_D)를 확인할 수 있다. 이것이 작업의 시작점이 된다.

2. 다른 **Texture Sample** 노드를 추가하고 시작용 콘텐츠 에셋 팩의 **T_Rock_Marble_Polished_D** 텍스처를 할당한다. 마스크 역할을 할 세 번째 이미지를 사용해 처음 두 이미지를 블렌딩한다.

   유사한 에셋을 여러 개 사용하는 것이 준절차적 콘텐츠 제작의 핵심이다. 2개 이상의 텍스처를 무작위 패턴으로 블렌딩하면 큰 표면에서 타일링이 눈에 띄는 현상을 완화하는 데 도움이 된다.

3. 기존 **Texture Coordinate** 노드의 출력을 이전에 생성한 **Texture Sample** 노드의 **UVs** 입력에 연결한다.

다음 단계는 처음 두 이미지를 블렌딩하는 데 사용할 수 있는 **Lerp** 노드를 만드는 것이다. 특정 무작위성이 있는 텍스처를 사용하고 싶은데, 시작용 콘텐츠 에셋 팩에 **T_MacroVariation**이라는 이름의 텍스처가 포함돼 있다. 하지만 현재 마스킹 용도로는 적합하지 않은 회색 값이 많기 때문에 약간의 조정이 필요하다. 현재 상태로 사용하면 이전 텍스처를 기반으로 두 텍스처 중 하나를 사용해야 할 때 두 텍스처를 동시에 블렌딩해야 한다. 이 효과를 얻기 위해 텍스처를 조정해보자.

4. 새로운 **Texture Sample** 노드를 생성하고 **T_MacroVariation** 에셋을 할당한다.

5. 이전에 만든 **Texture Sample** 노드 바로 뒤에 **CheapContrast**를 생성하고 입력 핀을 해당 노드의 출력에 연결한다.

6. **Constant** 노드를 추가하고 **CheapContrast** 노드의 **Contrast**에 연결한다. **Constant** 노드의 값을 **0.5**로 설정하면 앞서 언급한 원하는 효과를 얻을 수 있다.

다음은 지금까지의 과정을 적용한 결과물에 대한 스크린샷이다.

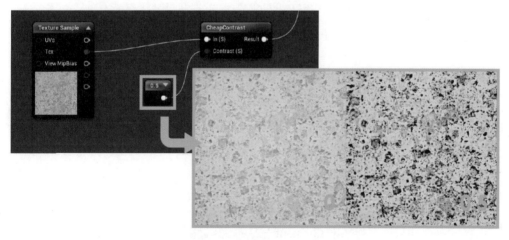

그림 2.24 이전 과정까지의 노드 세트와 그 결과

7. 다음 단계에서 이전 단계에서 만든 마스크에 따라 처음 2개의 **Texture Sample** 노

드를 결합하는 데 사용할 **Lerp** 노드를 생성한다.

8. 처음 두 텍스처 에셋의 출력 노드(T_Rock_Marble_Polished와 T_Concrete_Poured_D)를 **Lerp** 노드의 **A** 및 **B** 입력 핀에 연결하고, **Alpha** 입력 핀에 **CheapContrast** 노드의 출력을 연결한다. 그래프는 다음과 같아진다.

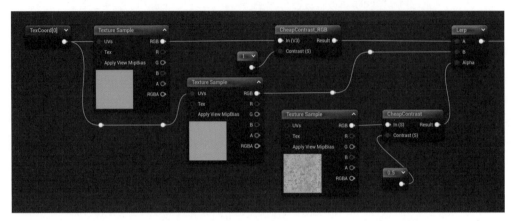

그림 2.25 지금까지의 머티리얼 그래프

이전 단계들에서 만든 노드 덕분에 머티리얼에 다양성과 무작위성을 추가할 수 있었다. 그럼에도 불구하고 이전 접근 방식에서 한 단계 더 나아갈 수 있으므로 여전히 개선의 여지가 있다. 이제 세 번째 텍스처를 추가해 셰이더를 더욱 무작위화할 수 있을 뿐만 아니라 언리얼 내에서 이미지를 추가로 수정할 수 있는 기회를 제공한다.

9. **Texture Coordinate**와 **Texture Sample** 노드를 추가로 몇 개 더 생성한다.

10. **Texture Sample** 노드의 기본값으로 **T_Rock_Sandstone_D** 에셋을 할당하고, **Texture Coordinate** 노드의 **U 타일링**과 **V 타일링**에 모두 값 15를 적용한다.

11. 이전 **Texture Sample** 노드 바로 뒤에 **Desaturation** 노드와 **Constant** 노드를 추가하고 계속 작업을 진행한다. **Constant** 노드에 0.8 값을 지정하고 **Desaturation** 노드의 **Fraction**에 연결하면, 제공한 텍스처의 채도를 낮추거나 색을 제거해 동일한 에셋의 흑백 버전을 대신 생성하는 역할을 한다.

12. **Texture Sample**의 출력을 **Desaturation** 노드에 연결한다.

지금까지 작업한 결과는 다음과 같다.

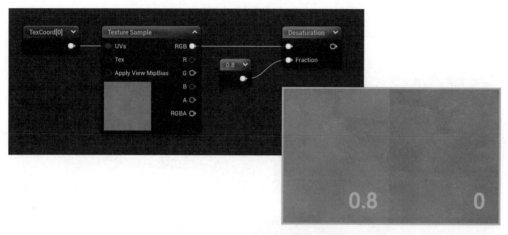

그림 2.26 Desaturation 노드의 효과

이 단계를 따라 콘크리트처럼 작동할 수 있는 텍스처를 만들 수 있었지만, 실제로는 그렇게 의도하지 않았다. 멋지다! 이제 최종 블렌드 마스크를 만들어보자.

13. 새로운 **Texture Sample** 노드를 생성하고 **T_MacroVariation** 텍스처를 기본값으로 할당한다.

14. **Texture Coordinate** 노드를 추가하고 **U 타일링**과 **V 타일링**에 2 값을 입력한다.

15. **Custom Rotator** 노드를 추가하고 **UVs** 입력에 이전에 만든 **Texture Coordinate**의 출력을 연결한다.

16. **Constant** 노드를 생성한 다음, **Custom Rotator** 노드의 **Rotation Angle**과 연결한다. 해당 **Constant** 노드에 **0.167** 값을 지정하면 텍스처가 60도 회전한다.

NOTE

0.167 값이 왜 60도 회전으로 변환되는지 궁금할 수 있다. 이는 앞서 몇 가지 레시피에서 살펴본 것과 같은 이유다. **Custom Rotator** 노드는 0~360도 범위를 0에서 1까지의 다른 범위로 매핑한다. 0.167은 대략 60도, 정확히 말하면 60.12도다!

17. **Custom Rotator** 노드의 출력을 **Texture Sample** 노드의 **UVs**에 연결한다.

18. 새로운 **Lerp** 노드를 만들고 이전에 만든 **Texture Sample** 노드의 출력을 **Lerp** 노드의 **Alpha**에 연결한다.

19. **A**에 이전에 만든 **Lerp** 노드를 연결하고 **B**에는 **Desaturation** 노드의 출력을 연결한다.

20. 이전에 만든 **Lerp** 노드를 **메인 머티리얼** 노드의 **베이스 컬러**에 연결한다. 이제 이 머티리얼에 대한 무작위 변형을 완성했다!

새 머티리얼이 적용된 씬의 평면을 마지막으로 살펴보면 다음과 같은 결과를 얻을 수 있다.

그림 2.27 머티리얼 최종 결과물

최종 셰이더는 카메라 가까이에서 보거나 멀리서 보거나 모두 잘 어울린다. 이는 3D 모델에서 반복을 크게 줄이는 데 도움이 되는 기법 덕분에 가능한 일이다. 이 기법은 앞으로 매우 유용할 것이므로 꼭 기억해두자!

예제 분석

이 레시피에서 사용한 기법은 매우 간단한다. 하나의 텍스처가 끝없이 반복되지 않는다고 착각할 때까지 최대한 많은 무작위성을 도입하는 것이다. 이 원리는 이해하기 쉬울 수 있지만, 결코 간단하지 않다. 인간은 패턴을 인식하는 데 매우 능숙하며 작업하는 표면의 크기가 커질수록 도전 과제도 커진다.

작업에 적합한 텍스처를 선택하는 것도 해결책의 일부다. 서로 다른 레이어를 부드럽게 블렌딩하고, 항상 같은 마스크를 과도하게 사용하지 않도록 하자. 그렇게 하면 우리의 뇌가 무슨 일이 일어나고 있는지 알아낼 수 있다. 마스크는 조심스럽게 사용해야 하는 방법이다.

이제 이 레시피에서 사용한 새로운 노드에 초점을 맞추면서 **Desaturation** 노드를 강조해야 한다. **Desaturation** 노드는 다른 이미지 편집 프로그램에서 봤던 것과 매우 유사하다. 즉, 이미지를 가져와 이미지에서 '색'을 서서히 제거한다. 이 모든 것이 매우 전문적인 용어라는 사실을 잘 알고 있다. 하지만 이것이 기본 개념이다. 언리얼 노드도 동일한 작업을 수행한다. RGB 이미지에서 시작한 후 **Fraction** 입력을 사용해 텍스처의 채도를 조정한다. 값이 높을수록 결과물의 채도가 낮아진다. 충분히 간단하다!

계속 진행하기 전에 한 가지 언급하고 싶은 것은 언리얼에서 사용할 수 있는 실제 절차적 노이즈 패턴이다. 이 레시피에서는 여러 흑백 그라데이션 노이즈 텍스처를 사용해 준절차적 머티리얼로 간주할 수 있는 것을 만들었다. 이 텍스처들은 **베이스 컬러** 프로퍼티에 연결한 이미지와 마찬가지로 반복된다는 한계가 있지만, 현명한 사용을 통해서만 충분히 좋은 결과를 얻을 수 있었다. 다행히 언리얼의 **Noise** 노드를 사용하면 이러한 한계를 완전히 없앨 수 있다. 여기에는 몇 가지 예를 확인할 수 있다.

  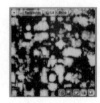 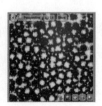 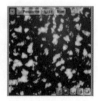

그림 2.28 Noise 노드와 사용 가능한 여러 패턴

이 노드는 완전한 절차적 머티리얼을 만들기 위해 찾고 있는 바로 그 노드다. 보다시피 디테일 패널의 설정을 통해 제어할 수 있는 임의의 패턴을 생성하며, 결과적으로는 이 레시피에서 사용하는 마스크와 유사하다.

이 에셋을 활용하지 않은 이유는 퍼포먼스 측면에서 상당히 부담스러운 탓에 멋지게 보이는 머티리얼을 만든 다음 구울 때 주로 사용되기 때문이다. 다음 장에서 머티리얼 굽기 기법을 살펴볼 예정이니 꼭 확인해보자!

참고 사항

Noise 노드에 관한 내용은 다음 링크에서 확인할 수 있다.

https://www.unrealengine.com/es-ES/tech-blog/getting-the-most-out-of-noise-in-ue4[7]

절차적 콘텐츠 제작에 대해 더 자세히 알아보고 싶은 경우에도 훌륭한 리소스이므로 꼭 한번 읽어보자!

⁑ 오브젝트로부터의 거리에 따른 텍스처 블렌딩

이제 텍스처를 적용하는 모델과의 거리에 따라 두 가지 다른 텍스처를 블렌딩하는 방법을 배워보자. 카메라가 3D 모델에 가까이 있을 때와 멀리 떨어져 있을 때 모두 작동하는 복잡한 머티리얼을 사용하면 좋지만, 화면의 작은 비율만 차지하는 모델에서 이러한 복잡성이 작동하는 것은 다소 과할 수 있다. 특히 해상도가 훨씬 낮은 텍스처로 동일한 효과를 얻을 수 있다면 더욱 그렇다.

이러한 목표를 염두에 두고 다음 몇 페이지에서는 이러한 상황을 해결하는 방법을 알아본다. 바로 시작하자!

---

7   한국어 버전은 https://www.unrealengine.com/ko/tech-blog/getting-the-most-out-of-noise-in-ue4에서 확인할 수 있다. - 옮긴이

준비

이전 레시피를 되돌아보면, 이전에 만든 준절차적 콘크리트 머티리얼이 여러 노드와 텍스처를 사용했다는 사실을 떠올릴 수 있다. 이는 다음 몇 페이지에 걸쳐 설명하고자 하는 요점, 즉 저해상도 이미지와 덜 복잡한 그래프를 사용해 비슷한 결과를 구현하는 방법을 증명하는 데 도움이 된다. 따라서 이미 사용한 것과 매우 유사한 02_06_Start 씬으로 시작하자.

시작하기 전에 이 레시피에서 사용할 **T_DistantConcrete_D**라는 텍스처를 만들었다. 이 에셋의 흥미로운 점은 '준절차적 머티리얼 생성' 레시피에서 사용한 더 복잡한 원본 머티리얼을 구운 텍스처라는 것이다. 이 책의 뒷부분에서 최적화 기법을 다룰 때 이러한 단순화된 에셋을 만드는 방법을 살펴본다.

예제 구현

그럼 본격적으로 카메라와 이러한 이미지가 적용되는 오브젝트 사이의 거리를 기반으로 텍스처를 혼합하는 방법을 알아보자.

1. 새로운 머티리얼을 만들고 이름을 지정하는 것부터 시작하자. 나는 **M_Distance BasedConcrete**로 이름을 지정했는데, 앞으로 수행하려는 작업과 거의 일치하기 때문이다. 해당 머티리얼을 레벨 중앙에 있는 평면에 적용한다. 이것이 우리 여정의 소박한 시작이다!

2. 두 **Texture Sample** 노드를 추가하고, 각각 **T_Concrete_Poured_D**와 **T_Distant Concrete_D** 이미지를 기본값으로 할당한다.

3. **Texture Coordinate** 노드를 추가하고 이전에 만든 **Texture Sample** 노드들 중 첫 번째 노드의 **UVs**에 연결한다. **U 타일링**과 **V 타일링** 값을 **20**으로 지정한다.

4. **Lerp** 노드를 생성하고 **A**와 **B**에 이전에 만든 **Texture Sample** 노드를 연결한다. 지금까지 작업한 그래프는 다음과 같다.

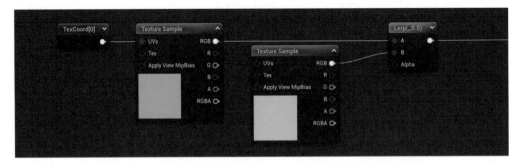

그림 2.29 지금까지의 머티리얼 그래프

지금까지는 두 가지 텍스처를 혼합했는데, 그중 하나는 이전 레시피에서 이미 사용했다. 아이디어는 이전에 사용했던 것과 매우 유사하지만, 더 효율적인 것을 만드는 것이다. 이제부터 다룰 부분은 거리 기반 계산으로 바로 살펴보자.

5. 머티리얼 그래프 내 아무 곳이나 우클릭하고 해당 노드의 이름을 입력하면 **World Position** 노드를 생성할 수 있다. 이 새로운 노드를 사용하면 머티리얼이 적용될 모델의 월드 좌표에 액세스할 수 있으므로, 모델의 UV를 고려하지 않고도 텍스처 타일링과 같은 흥미로운 효과를 만들 수 있다.

NOTE

World Position 노드에는 디테일 패널에서 지정한 모드에 따라 여러 접두사(Absolute, Camera Relative 등)가 있을 수 있다. 여기서 작업할 때는 노드의 기본값인 **Absolute**를 사용해 작업한다.

6. **Camera Position** 노드를 생성한다. 해당 함수를 시각적으로 표시하는 이름이지만, 함수를 찾을 때 표시되는 이름은 **Camera Position WS**(WS는 World Space를 의미한다)가 된다.

7. 앞의 두 노드 뒤에 **Distance** 노드를 추가하면 카메라와 해당 머티리얼이 적용된 오브젝트 사이의 거리를 얻을 수 있다. 이 노드는 **유틸리티**Utility에서 찾을 수 있다. **Absolute World Position** 노드를 A에 연결하고 **Camera Position** 노드를 B에 연결한다.

8. 다음으로는 **Divide** 노드와 **Constant** 노드를 추가한다. 첫 번째 노드는 해당 이름을 입력하거나 키보드의 **D** 키를 누른 채 머티리얼 그래프의 빈 공간을 클릭하면 생성할 수 있다. 참고로, **Divide** 노드는 2개의 입력에 대해 해당 수학 연산을 수행할 수 있는 새로운 노드다.

9. **Constant** 노드에 256과 같은 값을 지정한다. 이 값은 텍스처 전환이 일어나는 카메라로부터의 거리를 결정한다. 숫자가 클수록 카메라에서 더 멀어지지만, 전환이 일어날 정확한 위치를 찾아내기 위해 계속해서 테스트가 필요하다.

10. 이전 **Divide** 노드 뒤에 **Power** 노드를 추가하고 후자의 결과를 전자의 **Base**에 연결한다. **Divide** 노드와 마찬가지로 이 함수는 제공한 값에 따라 해당 수학 연산을 수행한다.

11. 다른 **Constant** 노드를 생성하고 **Power** 노드의 **Exp**에 연결하는 데 사용한다. 숫자가 높을수록 두 텍스처 사이의 전환이 부드럽다. 합리적인 숫자는 1에서 10 사이일 수 있다. 이번 예제에서는 **4**를 사용했다.

12. **Power** 노드 바로 뒤에 **Clamp** 노드를 생성하고 두 노드를 연결한다. **Clamp** 노드에서 사용하는 기본값(최솟값 0과 최댓값 1)은 그대로 둔다.

13. **Clamp** 노드의 출력을 앞서 4번 단계에서 두 텍스처를 블렌딩해 **베이스 컬러**에 연결한 **Lerp** 노드에 연결한다.

지금까지의 그래프는 다음과 같다.

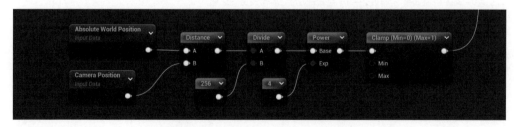

그림 2.30 해당 머티리얼에서 거리에 따라 블렌딩하는 로직

이제 모델과 카메라의 거리에 따라 2개의 서로 다른 에셋을 효과적으로 블렌딩할 수 있는 머티리얼이 생겼다. 물론 이 접근 방식을 확장해 두 텍스처뿐만 아니라 원하는 만큼 많은 텍스처를 블렌딩할 수 있도록 만들 수도 있다. 하지만 이 기법을 사용하면 이전에는 렌더링하는 데 너무 많은 비용이 들어갔던 머티리얼의 렌더링 비용을 줄일 수 있다는 이점이 있으므로, 이번에는 비교적 간단하게 작업하는 것이 유리하다.

다음은 카메라가 가까이 있을 때와 레벨의 평면에서 멀리 떨어져 있을 때의 결과를 강조하는 스크린샷이다.

그림 2.31 머티리얼이 가까이 있을 때와 멀리 있을 때의 비교

여기서 보면 차이가 그렇게 크지는 않지만 이전과 비교해 지금은 더 적은 수의 텍스처를 사용하고 있다. 이것이 바로 좋은 점이다!

TIP

> 기본 색에 사용된 텍스처와 8번 및 9번 단계에서 생성한 **Constant** 노드에 사용된 거리 값을 갖고 놀면서 효과가 어떻게 변하는지 확인해보자. 밝은 색상을 사용하면 지금 수행하고 있는 작업을 강조하는 데 도움이 되므로, 효과를 시각화하는 데 문제가 있는 경우 시도해보자!

예제 분석

이 레시피에서는 **Absolute World Position**, **Distance**, **Camera Position**, **Divide**, **Power**, **Clamp** 등과 같은 몇 가지 새로운 노드로 작업했다. 몇 페이지 전에 이 모든 것을 배웠지만, 이제는 작동 방식을 좀 더 자세히 알아보자.

첫 번째로 살펴본 **Absolute World Position** 노드는 월드 스페이스에서 오브젝트의 버텍스 위치를 알려준다. 바로 다음에 사용한 **Camera Position** 및 **Distance** 노드와 함께 사용하면 눈과 머티리얼을 적용한 오브젝트 사이의 거리를 알 수 있다. 전자는 카메라 위치 값을 제공하고, 후자는 머티리얼 위치 값을 비교하는 데 사용된다.

앞서 살펴본 **Multiply** 노드와 유사한 수학 함수인 **Divide** 노드를 사용해 **Distance** 노드의 결과를 **Distance** 노드에서 얻은 결과를 작업하기 쉬운 값으로 조정하고자 상수^{Constant}로 나눴다.

그런 다음, **Power** 노드를 사용해 수학적 연산을 구동함으로써 블렌딩하려는 두 텍스처 사이에 부드러운 전환을 만들 수 있었다. 본질적으로 **Power** 노드는 우리가 제공한 데이터로 해당 연산을 실행하기만 하면 된다. 마지막으로, **Clamp** 노드는 우리가 제공한 값을 받아 우리가 지정한 0~1 범위 내에 있는지 확인한 후 단위보다 큰 값은 1로 줄이고 0보다 작은 값은 0으로 지정한다.

앞의 모든 연산은 본질적으로 수학적이며 관련된 노드가 그리 많지 않지만, 이러한 연산의 값을 시각화할 수 있는 방법이 있으면 좋다. 그러면 어떤 값을 사용해야 하는지 파악하는 데 도움이 된다. 이 레시피에서 사용한 값은 그냥 뜬금없이 얻은 것이 아니라 신중한 고려 끝에 얻은 것이라고 생각할 수 있다.

이와 관련해 도움이 될 수 있는 몇 가지 추가 노드가 있으며 모두 **Debug** 항목에 있다. **DebugScalarValues**, **DebugFloat2Values** 등과 같은 요소는 그래프의 여러 부분에서 계산되는 값을 시각화하는 데 도움을 준다. 이를 사용하려면, 분석하려는 그래프 부분에 연결하고 출력을 머티리얼의 **베이스 컬러** 핀에 연결하기만 하면 된다. 다음은 이 레시피에서 작업한 머티리얼의 거리에 따른 블렌드 그래프 끝에 연결한 결과다.

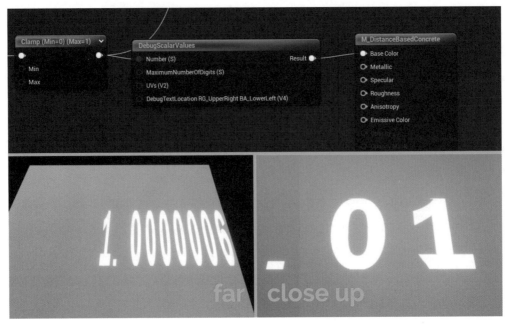

그림 2.32 디버그 노드를 사용해 그래프의 일부를 시각화한 모습

참고 사항

Absolute World Position과 같이 우리가 사용한 노드들에 대한 추가적인 정보를 에픽게 임즈의 공식 문서에서 확인할 수 있다.

https://docs.unrealengine.com/en-US/Engine/Rendering/Materials/Expression Reference/Coordinates[8]

해당 링크에는 흥미로운 여러 다른 노드도 있으므로 한번 확인해보자!

---

8   한국어 버전은 https://docs.unrealengine.com/5.3/ko/coordinates-material-expressions-in-unreal-engine/에서
    확인할 수 있다. - 옮긴이

03

반투명 오브젝트 만들기

이전 장에서는 여러 가지 머티리얼을 다뤘는데, 해당 머티리어들은 모두 고유하지만 **Opaque** 블렌드 모드와 **Default Lit** 셰이딩 모델을 사용한다는 몇 가지 중요한 공통점이 있다. 하지만 이러한 세팅으로 우리 주변에 보이는 모든 오브젝트를 묘사할 수 있는 것은 아니므로, 만들 수 있는 효과에는 약간의 제한이 있다.

이제 이 두 가지 속성 중 하나 이상에서 이전 머티리얼과 다른 머티리얼을 살펴볼 차례이므로, 반투명, 굴절, 서브서피스 스캐터링^{subsurface scattering}('표면 아래 산란'을 의미한다) 등을 이야기한다. 이러한 주제에 대해 알면 유리나 물과 같은 중요한 머티리얼을 만드는 데 도움이 되며, 지금부터는 이러한 유형의 효과를 살펴보자.

요약하자면, 이번 레시피에서는 다음 항목들을 다룬다.

- 반투명 유리 만들기
- 홀로그램 표현
- 서브서피스 스캐터링으로 작업

- 물에서 굴절 사용

- 라이트 함수를 사용한 투영

- 바다 셰이더 애니메이팅

다음 그림은 앞으로 수행할 작업들의 내용을 보여준다.

그림 3.1 이번 장에서 만들 머티리얼에 대한 간단한 소개

⁞⁞⁞ 기술적인 요구 사항

앞서 언급했듯이 이번 장에서는 지금까지 살펴본 것보다 좀 더 복잡한 여러 머티리얼 효과와 함께 작업을 수행한다. 따라서 앞으로 살펴볼 다양한 기법을 시연하는 데 도움 이 되는 몇 가지 커스텀 모델, 텍스처, 마스크를 사용한다. 해당 에셋들은 웹 사이트 (https://packt.link/A6PL9)에서 다운로드할 수 있다.

여기서 이 책의 전체 프로젝트를 찾을 수 있으며, 다음 몇 페이지에서 사용하는 것과 동 일한 에셋을 받을 수 있다. 이러한 모든 리소스는 3D 모델링 툴, 이미지 편집 소프트웨 어 등 특정 소프트웨어 패키지에 액세스해야 제작할 수 있으므로 직접 제작할 수 없는 경우에 사용할 수 있도록 제공됐다. 하지만 이미 제작 방법을 알고 있다면, 직접 만든 작 품을 사용해 더욱 재미있게 사용할 수 있다.

그 외에 언리얼 엔진 5 에디터와 열정만 있다면 필요한 모든 것을 갖춘 셈이다. 준비됐는가? 그렇다면 이번 장을 시작해보자!

⫶ 반투명 유리 만들기

이번 장의 제목에서도 알 수 있듯이, 앞으로 몇 페이지에 걸쳐 언리얼에서 만들 수 있는 다양한 유형의 반투명 오브젝트를 연구하고 만들고 이해하는 데 집중할 것이다. 가장 일반적인 반투명 오브젝트 중 하나인 안경부터 시작해본다. 안경은 쉽게 만들 수 있으며, 이를 통해 다양한 셰이딩 모델과 블렌드 모드를 알아갈 수 있다. 지금 바로 시작해서 무엇인지 알아보자.

준비

이 레시피에서 만들 유리 머티리얼의 형태는 추가 에셋이 거의 없어도 구현할 수 있으며, 필요한 모든 것은 머티리얼 에디터의 표준 노드에서 사용할 수 있다. 하지만 지금까지 사용한 언리얼 프로젝트에는 해당 머티리얼을 적용할 수 있는 유리의 3D 모델이 포함돼 있으므로, 원하는 경우 해당 리소스를 자유롭게 사용할 수 있다. 또한 앞서 언급한 모델과 함께 사용할 수 있는 커스텀 그래디언트 텍스처를 포함시켜 결과물을 좀 더 멋지게 보이도록 만들었다.

이 모든 내용은 이 책의 언리얼 엔진 프로젝트에 포함돼 있으며, '기술적인 요구 사항' 절의 다운로드 링크에서 **03_01_Start** 레벨을 열어 동일한 맵에서 작업할 수 있다. 혼자서 작업하는 경우, 유리 머티리얼을 적용하기에 적합한 깔끔하게 언랩한 3D 모델을 준비하고 이 레시피의 마지막 부분에서 확인할 수 있는 것과 비슷한 방식으로 최종 모양을 개선하려면 커스텀 텍스처를 생성할 준비를 해야 한다.

예제 구현

이 책에서는 지금까지 만든 것과 다른 유형의 머티리얼을 사용할 예정이므로 두 가지 중요한 부분에 집중해야 한다. 첫 번째는 메인 머티리얼 그래프로, 이미 익숙한 곳이다. 두 번째는 **메인 머티리얼** 노드 자체의 디테일 패널로, 이곳에서 셰이더가 닿는 빛에 대해 어떻게 작동하는지를 지정하는 옵션을 찾을 수 있다(셰이딩 모델이라고도 한다. 자세한 내용은 '예제 분석' 절에서 설명한다).

먼저 머티리얼을 생성하고 디테일 패널을 살펴보자.

1. 화면 중앙에 위치한 유리 모델에 사용할 새 머티리얼을 만들어서 해당 요소에 적용한다. 이것이 앞으로 몇 페이지에 걸쳐 작업할 내용이다. 이 머티리얼의 이름은 **M_Glass**로 지정했지만, 자유롭게 이름을 지정할 수 있다.

2. 머티리얼 에디터를 열고 **메인 머티리얼** 노드를 선택한다. 디테일 패널에서 몇 가지 설정을 수정할 것이므로 디테일 패널에 집중하자.

3. 먼저 수정할 첫 번째 파라미터는 **블렌드 모드**^{Blend Mode}다. 디폴트 옵션인 **Opaque** 대신에 **Translucent** 옵션을 선택한다.

4. **Translucency** 항목까지 스크롤한다. 그럼 수정해야 하는 두 가지 파라미터가 보인다. **스크린 스페이스 리플렉션**^{Screen Space Reflection} 옆의 체크박스를 체크하고 **라이팅 모드**^{Lighting Mode}를 **Surface Translucency Volume**으로 변경한다.

5. **Translucency** 항목 안에 있는 **고급**^{Advanced} 항목을 펼치고 **반투명 패스**^{Translucency Pass}를 **Before DOF**로 변경한다.

6. **사용**^{Usage} 항목에서 **스태틱 라이팅과 사용됨**^{Used with Static Lighting} 항목을 찾아 체크한다. 조명에 이러한 유형의 모빌리티^{mobility}를 사용하는 경우 반드시 이 부분을 확인해야 한다.

   이전 단계들을 모두 구현하면 머티리얼을 적용한 표면이 그것에 닿는 빛에 반응하는 방식과 반사, 투명도 또는 피사계 심도^{depth of field} 계산과 같은 기타 사항을 처리하는 방식이 효과적으로 변경된다. 반투명 머티리얼을 사용할 때 숙지해야 할 중요한 사항이므로 '예제 분석' 절에서 확인하고 해당 주제에 대해 자세히 알아보자.

다음은 머티리얼의 로직을 만드는 것이다. 이미 사용했던 파라미터로 부드럽게 시작해서 나중에 뷰에 따른 불투명도와 굴절 같은 새로운 개념을 도입한다.

7. 머티리얼의 **베이스 컬러** 노드에 연결할 **벡터**^{Vector} 파라미터를 만든다. 이것은 유리의 기본 색상으로 사용되므로, 푸른빛이 도는 것을 선택한다(이름도 지정하는 것을 잊지 말자).

8. **스칼라**^{Scalar} 파라미터를 그래프에 추가하고 값을 **0.9**로 지정한다. 그리고 그 파라미터 이름을 **Metalness**로 지정한다.

9. 이전 노드를 머티리얼의 **Metallic**에 연결한다. 유리잔에 메탈릭 값을 할당하는 것이 의아해 보일 수도 있지만, 최종 이미지를 좀 더 생생하고 실제 오브젝트에 가깝게 만들 수 있다.

지금까지 잘하고 있다! 다음 단계는 반투명 물체를 만드는 데 매우 중요하다. 우리는 유리를 다루기 때문에 반사, 빛의 굴절, 머티리얼 자체의 불투명도를 해결해야 한다. 이 모든 것은 시야에 따라 달라지는데, 유리의 반사는 시야가 물체 표면과 평행할 때 가장 분명하게 나타난다. 그렇다면, 이 작업을 돕기 위해 오랜 친구인 프레넬 함수를 호출해야 한다.

10. 머티리얼 그래프 내에서 마우스 오른쪽 버튼을 클릭하고 Fresnel을 입력한다. 이전에도 이 노드를 사용한 적이 있지만, 좀 더 멋지게 꾸미기 위해 변형된 노드를 선택하고자 한다. 이름은 **Fresnel_Function**이며 입력을 마치면 나타난다. 이미 알고 있는 것보다 설정하기가 좀 더 복잡하지만, 다양한 파라미터를 갖고 놀고 싶을 때를 대비해 더 많이 제어할 수 있다. 따라서 **Fresnel_Function**을 선택한다.

11. 새로 생성한 함수에서 연결할 입력 핀이므로 **Fresnel_Function** 바로 앞에 스칼라 파라미터를 추가하고 이름을 **Power**로 지정한다. 다음 그림과 같이 값을 **3**으로 입력한다.

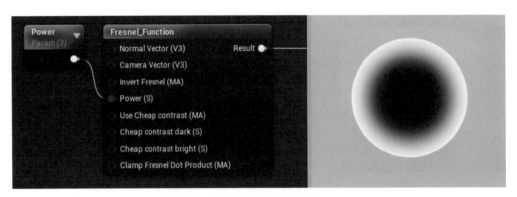

그림 3.2 새로운 Fresnel 함수와 효과

앞의 두 노드를 사용하면 앞서 언급한 세 가지 파라미터, 즉 **반사**^{Reflection}, **굴절**^{Refraction}, **불투명**^{Opacity}도 파라미터로 머티리얼의 모양을 변형할 수 있다. 이전 프레넬 함수를 사용해 해당 항목의 두 값에 대한 선형 보간을 적용할 것이므로, 이를 위해 6개의 스칼라 파라미터를 생성하자(항목당 2개).

12. 2개의 스칼라 파라미터를 추가하고 **Frontal roughness**와 **Side roughness** 같은 적절한 이름을 지정한다.

13. 그러고 난 후, **Lerp** 노드를 생성하고 이전 단계에서 생성한 파라미터들을 **A**와 **B**에 연결한다(A에는 Front Reflection, B에는 Side Reflection을 연결한다).

14. 12번 단계와 13번 단계를 반복해 2개의 다른 스칼라 파라미터와 **Lerp** 노드를 생성하되, **Frontal opacity**와 **Side opacity** 같은 이름을 지정한다.

15. 동일한 순서를 세 번째로 반복해서 새 파라미터의 이름을 **Frontal refraction**과 **Side refraction**으로 지정하고, 그 뒤에 다시 한번 **Lerp** 노드를 생성한다.

다음 스크린샷과 같이 총 2개의 스칼라 파라미터로 구성된 세 세트가 있어야 하며, 각 파라미터 뒤에는 해당 **Lerp** 노드가 있어야 한다.

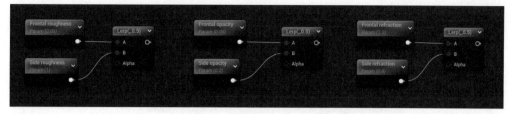

그림 3.3 각각 다른 스칼라 파라미터들과 값들

파라미터를 생성하는 것 외에 몇 가지 값을 할당하는 것도 잊지 말자! 머티리얼 인 스턴스를 생성하면 실시간으로 변경할 수 있기 때문에 이전에는 그렇게 하지 않았 지만, 지금은 기본값을 설정해두는 것이 좋다.

- **Frontal roughness**에 0.05, **Side roughness**에 1을 설정한다.

- **Frontal opacity**에 0.05, **Side opacity**에 0.2를 설정한다.

- **Frontal refraction**에 1.2, **Side refraction**에 0.8을 설정한다.

16. **Fresnel_Function**의 출력을 앞에서 만든 **Lerp** 노드들의 **Alpha**에 연결한다.

17. 해당 **Lerp** 노드의 출력을 메인 **머티리얼** 노드의 **러프니스**^{Roughness}, **오파시티**^{Opacity}, **리 프랙션**^{Refraction1}에 연결한다.

씬에 있는 유리잔에 해당 머티리얼을 적용하면 다음과 같이 보인다.

---

1   언리얼 5.2에서부터는 해당 항목이 자동으로 활성화되지 않는다. 따라서 머티리얼 그래프를 선택한 후, 디테일 패널에 서 **리프랙션** 항목까지 스크롤한 뒤에 **리프랙션 메서드**(Refraction Method)를 **Index of Refraction**으로 변경해야 사용 가능하다. 자세한 내용은 다음 그림을 참고하자. – 옮긴이

그림 3.4 유리잔 머티리얼의 현재 모습

멋지지 않은가? 하지만 더 멋지게 만들 수 있다! 내가 조정하고 싶은 부분은 실제 물체에서 음료를 마실 때마다 입술을 대는 부분인 유리잔 상단 가장자리의 불투명도다. 이 부분은 일반적으로 다른 부분보다 더 불투명하다. 이는 광학 효과로, 엔진 내부에서는 모방하기 어렵다. 하지만 이를 모방하는 방법이 있다. 지금부터 해당 방법을 알아보자.

18. 오파시티를 조절하는 스칼라 파라미터의 가까운 곳에 **Texture Sample** 노드를 생성하고 **T_Glass_OpacityMask** 텍스처를 할당한다.

    T_Glass_OpacityMask는 이 레시피에서 사용하는 모델을 위해 만든 커스텀 텍스처로, 유리의 테두리를 마스킹한다. 하지만 자체 모델을 사용한다면 어떨까? 아마도 자신만의 마스크를 만들어야 할 텐데, 다행히 포토샵이나 GIMP와 같은 프로그램을 사용하면 쉽게 작업할 수 있다(GIMP는 무료로 제공되므로 '참고 사항' 절의 다운로드 링크를 참고한다).

19. 또 다른 **스칼라 파라미터**Scalar Parameter를 생성한 후 값을 **1**로 설정하고 이름은 **Rim Opacity**로 지정한다.

20. 방금 만든 2개의 새 노드 뒤에 **Lerp** 노드를 추가하고 **Rim Opacity**를 **B**에 연결한다. 또한 **오파시티**Opacity 마스크를 **Alpha**에 연결하고, 원래 오파시티 **Lerp** 노드를 **A**에 연결한다.

이전까지의 작업 과정을 요약하면 다음과 같다.

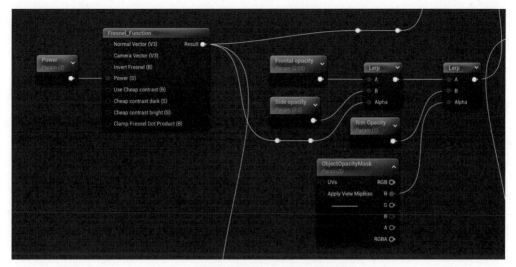

그림 3.5 새로운 Opacity 컨트롤 그래프

지금까지의 작업을 전부 구현하면 가장자리가 훨씬 불투명한 유리잔이 완성돼 이전보다 훨씬 멋지게 보인다. 이러한 유형의 조정은 종종 유리와 같은 머티리얼에서 이뤄지는데, 엔진의 반투명 구현에만 의존할 수 없고 아티스트가 씬을 약간 조정해야 한다. 그럼 작업을 마무리하기 전에 씬을 마지막으로 살펴보자!

그림 3.6 유리 머티리얼 최종 결과물

예제 분석

실시간 렌더링에서 유리를 올바르게 구현하는 것은 복잡할 수 있으며, 최근 몇 년 동안 많은 진전이 있었지만 여전히 장애물이 있다. 따라서 방금 만든 결과물을 완전히 이해하려면 이러한 문제에 대해서도 이야기해야 한다.

여러 종류의 반투명

반투명 머티리얼로 작업할 때 발생할 수 있는 대부분의 문제는 엔진에서 이 이펙트를 처리하는 방식으로 귀결되는 경우가 많다. 이 레시피의 유리처럼 이런 유형의 머티리얼을 사용하는 오브젝트가 있을 때마다 언리얼은 그 오브젝트가 뒤에 있는 오브젝트에 어떤 영향을 미치는지 알아야 한다. 그뿐만 아니라 이미지가 왜곡돼야 하는지, 표면을 통과할 수 있는 빛의 양이 얼마나 되는지 알아야 하고, 오브젝트가 드리우는 그림자의 유형도 알아야 한다. 이러한 문제 중 일부는 성능을 위해 때때로 약간의 오류가 발생할 수 있는 어려운 계산 문제에 대한 합리적 솔루션을 제공 가능한 스마트 렌더링 방법을 채택함으로써 해결할 수 있다.

리얼리즘과 퍼포먼스 사이의 균형을 유지하는 한 가지 예로 엔진 내 굴절 구현을 들 수 있다. 언리얼은 이 문제에 대해 두 가지 다른 솔루션을 도입했는데, 하나는 물리적으로 굴절률^{IOR, Index Of Refraction}을 사용해 이펙트를 계산하는 물리 기반 솔루션이고, 다른 하나는 픽셀 노멀 오프셋^{Pixel Normal Offset}이라는 좀 더 예술적인 솔루션이다. 첫 번째 방법은 실제 측정 가능한 값에 의존하지만, 원하는 효과를 얻으려면 두 번째 방법이 더 나은 경우가 있다. 굴절 방법은 씬 색상을 고려해 왜곡을 계산하므로 특히 큰 반투명 물체에서 원치 않는 아티팩트가 발생할 수 있기 때문이다. 이와 같은 또 다른 굴절 계산 방법은 이 장의 '물에서 굴절 사용' 레시피에서 알아보자.

Translucent 블렌드 모드

이러한 유형의 머티리얼이 작동하는 방식과 관련해 이 레시피에서 사용한 몇 가지 설정으로 돌아가 좀 더 자세히 설명해야 한다. 반투명 머티리얼은 이 레시피를 시작할 때 조정한 첫 번째 파라미터 중 하나인 **Translucent** 블렌드 모드를 사용한다. 언리얼 공식 문서에 따르면, 블렌드 모드는 '현재 머티리얼의 출력이 배경에 이미 그려진 것에 어떻게 블렌딩되는지'를 엔진에 알려준다. 지금까지 가장 많이 본 블렌드 모드는 이전 창에서 만든 모든 머티리얼에 사용된 블렌드 모드인 **Opaque** 모드다. 이 모드는 머티리얼이 적용된 모델 뒤에 있는 모든 것을 차단하므로 렌더링하기 가장 쉬운 모드다. 반투명 머티리얼이 적용된 에셋은 그 뒤에 있는 다른 모델의 색상과 결합해야 하므로 렌더링 비용이 더 많이 든다.

반투명 머티리얼은 우리가 이미 알고 있는 불투명 머티리얼과 비교하면 다른 특징이 있다. 이 레시피 초반에 커스텀 체크박스를 통해 **스크린 스페이스 리플렉션**Screen Space Reflections 사용을 지정해야 한다고 했던 점을 기억하는가? 이렇게 해야 했던 이유는 이 기능이 불투명 머티리얼에서는 기본적으로 지원되지 않기 때문이다. 또한 **Translucency Pass** 메뉴에서 기본값인 **After DOF**에서 **Before DOF**로 변경했을 때 이펙트가 렌더링되는 순간을 지정했다. 이는 특히 배경의 요소를 흐리게 처리하는 사진 기법을 사용하는 시네마틱 샷을 제작하는 경우 중요한 고려 사항이다. 한 옵션에서 다른 옵션으로 전환하면 **Translucency Pass**가 렌더링되는 순간에 영향을 미치며, 여기서 기본 옵션을 고수하면 이 효과에 문제가 발생해 이러한 유형의 오브젝트에 안정적으로 적용되지 않는다.

마무리하기 위해 이 레시피에서 다룬 몇 가지 추가적인 주제에 집중한 후 계속 진행해보자.

반투명 머티리얼에서 머티리얼 인스턴스의 이점

가장 먼저 언급하고 싶은 것은 이미 익숙한 머티리얼 인스턴스 에셋으로, 반투명 머티리얼로 작업할 때 상당한 시간을 절약할 수 있는 툴이다. 머티리얼의 설정을 변경할 때마다 업데이트하는 데 시간이 오래 걸리는 것을 확인했다. 머티리얼을 설정한 후 인스턴스를 생성하면 이 프로세스의 속도를 크게 높일 수 있다. 이렇게 하면 셰이더가 다시 컴파일될 때까지 기다릴 필요 없이 노출된 모든 파라미터를 실시간으로 수정할 수 있다.

굴절에 사용된 값

두 번째로 이야기해야 할 항목은 기본값으로 선택한 **굴절**Refraction 파라미터다. **Frontal** refraction 및 Side refraction 값으로 1.2와 0.8을 선택했는데, 실제 유리의 굴절률은 1.52에 가깝지만 뷰포트에서는 이 값이 더 좋아 보였다. 또한 잘 작동하고 시도해볼 수 있는 방법은 2개의 상수를 결합하는 것이다. 하나는 값이 1이고 다른 하나는 실제 IOR 값으로, Fresnel 노드로 구동되는 Lerp 노드에 연결된다. 이는 일반적으로 실제 IOR 값만 사용하는 것보다 실제 모습에 더 가깝다. 대체로 이 모든 것이 굴절 구현의 특징이며, 원하는 모양을 얻을 때까지 다양한 값을 갖고 놀아야 한다.

참고 사항

이 주제를 다루는 공식 문서가 다수 제공되니 관심이 있다면 확인해보자.

- **Transparency**: https://docs.unrealengine.com/5.0/en-US/using-transparency-in-unreal-engine-materials/[2]

- **Index of Refraction**: https://docs.unrealengine.com/5.0/en-US/using-refraction-in-unreal-engine/[3]

- **GIMP 다운로드**: https://www.gimp.org/

⁝⁝ 홀로그램 표현

반투명 머티리얼에 좀 더 익숙해졌으니, 이제 반투명 머티리얼을 활용해 어떤 멋진 효과를 만들 수 있는지 알아보자. 가장 먼저 떠오르는 것은 미래를 다룬 영화에서 공상 과학적인 요소로 활용되는 멋진 효과인 홀로그램이다. 홀로그램은 투명한 표면뿐만 아니라 애니메이션 텍스처와 발광 속성을 처리해야 하므로, 기술을 구현하는 과정이 상당히

---

2 한국어 버전은 https://docs.unrealengine.com/5.0/ko/using-transparency-in-unreal-engine-materials/에서 확인할 수 있다. – 옮긴이

3 한국어 버전은 https://docs.unrealengine.com/5.0/ko/using-refraction-in-unreal-engine/에서 확인할 수 있다. – 옮긴이

흥미롭다.

이번 기회에 머티리얼 데이터의 몇 가지 새로운 기능도 소개하는데, 이 레시피뿐만 아니라 앞으로 제작할 모든 애니메이션 머티리얼에도 유용하게 사용할 수 있다. 어떤 기능들이 있는지 살펴보자.

준비

이전 레시피들에서 봤듯이, 항상 이 책의 본문에 표시되는 것과 동일한 에셋을 제공한다는 사실을 기억할 것이다. 물론 이는 독자들이 쉽게 따라 할 수 있도록 하기 위함이다. 이번에도 다르지 않지만, 특정 주제를 다루기 위해 모델이나 텍스처가 전혀 필요하지 않을 때도 있다는 것을 알게 된다. 엔진에 점점 더 능숙해지면 머티리얼 제작 과정에서 절차적 노드와 수학적 노드를 활용하기 시작한다. 이를 통해 매우 강력한 머티리얼 제작 기법을 활용할 수 있을 뿐만 아니라 해상도에 의존하는 텍스처를 사용할 필요도 없어진다.

하지만 이 레시피에서는 홀로그램의 모양이 될 커스텀 모델과 해당 오브젝트를 기반으로 한 커스텀 텍스처를 사용한다. 텍스처는 해당 3D 에셋의 UV를 고려해 제작됐으므로, 자체 에셋을 사용할 계획이라면 이 점을 염두에 두자. 마지막으로, 앞으로 제공될 동일한 리소스를 사용해 따라 하고 싶다면 **03_02_Start** 레벨을 열어보자.

예제 구현

우리가 작업할 씬부터 살펴보자.

그림 3.7 씬의 초기 모습

화면 중앙의 나무는 우리가 작업할 3D 모델이다. 이전 장의 '프레넬과 세부 텍스처링 노드 추가' 레시피에서 본 것과 비슷하지만, 공상 과학 영화에 적합하도록 약간만 조정했다. 크리스마스 트리를 선택하면 머티리얼 슬롯이 2개 있는 것을 볼 수 있다. 첫 번째 슬롯에는 **M_ChristmasTree_Base**라는 머티리얼이 있고, 두 번째 슬롯에는 **M_Christmas Tree_Hologram**이라는 머티리얼이 있다. 이 머티리얼을 수정할 것이므로 꼭 확인해보자! 이제 시작해본다.

1. 트리의 3D 모델에 적용 중인 두 번째 머티리얼(이름: M_ChristmasTree_Hologram)을 열거나 새로운 머티리얼을 생성해 해당 스태틱 메시의 두 번째 머티리얼 슬롯에 할당한다.

2. 메인 머티리얼을 선택하고 디테일 패널로 이동한다. **블렌드 모드** 및 **셰이딩 모델** 항목을 찾아 기본값을 각각 **Opaque**에서 **Translucent**로, **Default Lit**에서 **Unlit**으로 변경한다. 이렇게 하면 머티리얼이 적용된 모든 모델이 라이팅의 영향을 받지 않게 된다. 이에 대한 자세한 내용은 '예제 분석' 절에서 알아보자.

NOTE

동일한 모델에 2개의 고유한 머티리얼을 적용하는 이유는 각각 다른 셰이딩 모델과 블렌드 모드를 활용하기 때문이다. 앞서 살펴본 금속성이나 러프니스와 같은 다른 속성과 달리 이러한 속성은 단일 머티리얼에서 따로 마스킹할 수 없다.

이전 단계에서는 이 홀로그램과 같은 발광 머티리얼이 씬의 조명에 영향을 받지 않도록 한다. **블렌드 모드**를 **Translucent**로 변경하면 대부분의 공상 과학 홀로그램에서 볼 수 있는 투명한 품질도 구현할 수 있다. 이제 머티리얼의 룩에 집중할 준비가 됐다.

3. 먼저 **Texture Sample, Constant, CheapContrast** 노드를 만든다.

4. **Texture Sample**의 디테일 패널에서 **T_ChristmasTree_D** 에셋을 선택한다. 이 에셋을 사용해 다른 셰이더를 사용했을 때 소품이 어떻게 보였는지를 기억할 수 있다.

5. **텍스처 샘플**의 Red 채널을 **CheapContrast** 노드의 In (S)에 연결한다. 즉, 컬러 이미지가 필요하지 않으므로 이미지의 흑백 버전을 사용한다는 의미다.

6. **Constant** 노드에 값 **0.2**를 할당하고 **CheapContrast** 노드의 **Contrast (S)** 핀에 연결한다. 이렇게 하면 그림의 밝은 영역과 어두운 영역 사이의 대비가 증가한다.

7. **Multiply** 노드와 **Constant** 노드를 추가하고 **Constant** 노드 값을 2로 할당한다.

8. **CheapContrast** 노드의 출력 핀을 이전의 **Multiply** 노드의 **A**에 연결하고 이전에 만든 **Constant** 노드를 **B**에 연결한다.

9. **Multiply** 노드를 우클릭하고 **노드 프리뷰 시작**^{Start Previewing Node} 옵션을 선택한다. 그러면 다음 스크린샷과 같이 해당 시점까지 그래프가 어떻게 표시되는지를 확인할 수 있다.

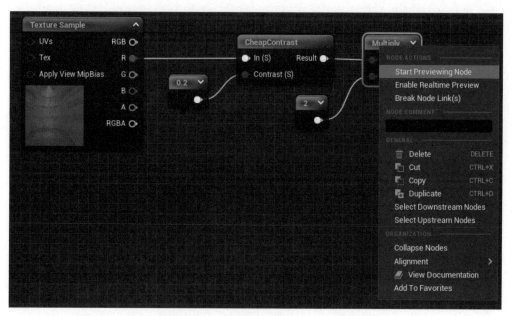

그림 3.8 머티리얼 그래프 상태와 노드 프리뷰 시작 옵션

이전 노드 세트를 통해 그래프 후반부에 사용할 수 있는 흑백 버전의 나무 크리스마스 트리를 만들 수 있었다. 이는 대부분 **CheapContrast** 노드를 사용한 덕분이며, 마지막에 배치된 **Multiply** 및 **Constant** 노드는 흰색 영역의 강도를 더욱 높였다.

그 점을 감안해, 대표적인 파란색 홀로그램 색조를 도입함으로써 이펙트의 색상을 조정하는 데 집중해보자.

10. 이전 작업 과정의 뒤에 새로운 **Multiply** 노드를 생성한다.

11. 새 **Constant3Vector** 노드를 생성하고 푸른빛의 색상을 할당한다. 나는 RGB 값을 **0.52**, **0.55**와 **0.74**로 할당했다.

12. **Constant3Vector** 노드의 결과물을 이전에 새로 만든 **Multiply** 노드의 **B**에 연결하고, 7번 단계에서 만든 **Multiply** 노드의 출력을 새로 만든 **Multiply** 노드의 **B**에 연결한다.

13. 세 번째 **Multiply** 노드를 추가해서 지금까지 만든 머티리얼의 전체 밝기를 제어해보자. 이번에는 **Constant**를 생성하지 않고, 두 번째 **Multiply** 노드의 출력을 **A**와 연결하고 **B**에는 **0.5**를 지정했다.

지금까지 생성한 노드들을 확인하자.

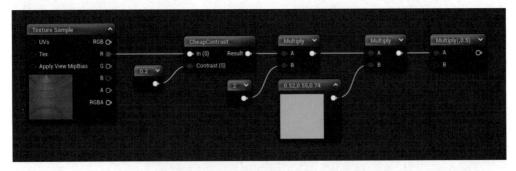

그림 3.9 머티리얼 그래프의 첫 부분

지금까지 해온 모든 작업은 빛바랜 푸르스름한 나무 유령 머티리얼을 만들었고 이 머티리얼은 나중에 사용한다. 만약 이것이 음식에 관한 요리책이라면, 다른 것에 집중하기 위해 지금까지 만든 것을 옆에 두고 다른 것에 집중한다. 체계적으로 정리하기 위해 지금까지 만든 것을 파트 A라고 부르자. 다음으로 살펴볼 부분은 매우 공상 과학적인 느낌을 주는 와이어프레임 오버레이를 만드는 것이다. 완료되면, 두 가지를 병합해야 하므로 이를 파트 B라고 부르자.

14. **Texture Sample** 노드를 생성하고 **T_ChristmastTree_UVs** 에셋을 할당한다.

15. **Constant3** 노드를 추가하고 11번 단계에서 만든 푸르스름한 색상보다는 좀 더 밝은 푸른 색상을 할당한다. RGB 값을 **0.045**, **0.16**, **0.79**로 시작하는 것이 가장 좋다.

16. 두 에셋을 **Multiply** 노드를 사용해 곱한다.

17. 이전 **Multiply** 노드 다음에 다른 **Multiply** 노드를 생성하고 **A**에 첫 번째 **Multiply**의 출력을 연결한다. **B**는 와이어프레임의 밝기를 결정하므로 큰 값으로 설정한다. 나는 값을 **50**으로 지정했으며 결과물은 다음과 같다.

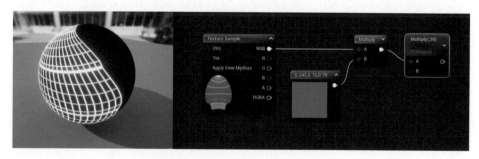

그림 3.10 이전 노드 세트와 머티리얼 프리뷰

이전 노드 세트를 파트 B라고 부르며 모델의 와이어프레임을 표시하는 데 사용하고 있다. 이제 두 섹션을 블렌딩하는 방법을 배워보자.

18. **Lerp** 노드를 생성하고 이전 작업의 바로 뒤(지금까지 만든 노드들의 가장 끝)에 배치한다.

19. 파트 **A**의 결과(13번 단계에서 만든 나무 고스트 이펙트의 마지막 Multiply 노드의 출력을 기억하라)를 새 **Lerp** 노드의 **A**에 연결한다. **B**와 파트 B의 마지막 **Multiply** 노드(17번 단계에서 만든 와이어프레임 효과를 제어하는 파트 끝에 있는 다른 Multiply 노드)에도 같은 작업을 수행한다.

20. 새 **Texture Sample** 노드를 추가하고 **T_ChristmasTree_UVs** 에셋을 할당한다. 해당 **Alpha**를 Lerp 노드의 **Alpha**에 연결한다. 원한다면, 14번 단계에서 만든 **Texture Sample**을 새로 만들지 않고 재사용할 수도 있다.

특정 와이어를 더블 클릭해 경유(reroute) 노드를 생성한 다음, 이 노드를 이동해 머티리얼 그래프와 그 안에 존재하는 모든 와이어를 더 잘 정리할 수 있다. 이 기능은 그래프의 복잡성이 커질 때 특히 유용하므로, 필요할 때를 대비해 기억해두자.

이렇게 하면 **메인 머티리얼** 노드의 **이미시브 컬러**^{Emissive Color}에 연결할 대부분의 노드가 거의 완성된다. 하지만 아직 이번 절이 끝나지 않은 이유는 구현할 수 있는 작은 추가 사항이 있기 때문이다. 일부 홀로그래픽 구현에서는 프레넬 품질, 즉 모델의 중앙보다 가장자리 주변이 더 밝게 구현되는 경우가 있다. 이 효과를 구현해보자.

21. **Multiply** 노드를 생성하고 **B**에 **10**과 같은 큰 값을 할당한다. 18번 단계에서 만든 마지막 **Lerp** 뒤에 배치하고 **Lerp**의 결과를 방금 만든 **Multiply**의 **A**에 연결한다.

22. 마지막 **Multiply** 노드 다음에 **Lerp** 노드를 도입하고 **A**에 이전 **Lerp** 노드의 결과를 연결한다. **B**에는 이전 **Multiply** 노드의 결과를 연결한다.

23. 마지막 **Lerp** 노드의 **Alpha**로 작동할 **프레넬**^{Fresnel} 노드를 추가한다. 이 노드를 클릭하고 디테일 패널을 확인하면 기본값을 수정할 수 있다. 나는 **Exponent**로 **8**, **Base Reflect Fraction** 값으로 **0.01**을 선택했다.

앞에서 번호가 매겨진 지점 바로 직전에 목표한 바를 달성했는데, 카메라를 직접 향하는 영역보다 카메라 반대쪽을 향하는 영역을 더 밝게 만들었다. 이것은 프레넬 노드 덕분인데, 프레넬 노드는 베이스와 **Lerp** 노드에 공급한 더 밝은 입력 사이의 보간을 구동하는 노드이기 때문이다. 계속 진행하기 전에 잠시 시간을 내서 지금까지 배치한 모든 노드를 검토함으로써 같은 페이지에 있는지 확인하자.

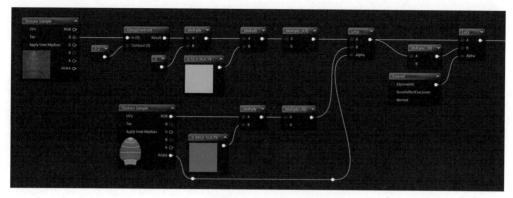

그림 3.11 머티리얼 그래프 모습

마지막 변경 사항을 적용하면, 마침내 머티리얼이 제대로 된 홀로그램처럼 보인다고 말할 수 있다. 하지만 현재 설정에 다양한 수준의 불투명도를 추가하는 것도 좋은 방법이다. 영화에서 보는 대부분의 홀로그램은 반투명 물체이므로 그 뒤에 무엇이 있는지 확인할 수 있다. 또한 홀로그램은 시간이 지남에 따라 깜빡거리고 왜곡되는 것으로 알려져 있는데, 이는 홀로그램이 존재할 수 있는 가상의 기술이 어떻게 작동하는지를 모방하기 위해 종종 수행된다. 각 프레임마다 화면의 한쪽에서 다른 쪽으로 스캔 라인이 업데이트되는 오래된 TV 효과와 비슷하다고 생각하면 된다. 이것이 바로 우리가 재현하려고 하는 것이다!

24. 머티리얼 그래프의 빈 영역으로 이동해서 **Texture Sample**을 추가한다. 불투명도를 구동하는 데 사용할 값으로 **T_ChristmasTree_Scanlines** 텍스처를 선택한다.

    이전 텍스처를 현재 장난감 크리스마스 트리 3D 모델에 그대로 적용할 수 없는 이유는 해당 에셋의 UV와 일치하지 않기 때문이다. 머티리얼이 적용되고 있는 에셋을 중심으로 한 바운딩 박스를 따라 주어진 텍스처를 투영할 수 있는 **Bounding BoxBased_0-1_UVW** 노드를 생성해 이 문제를 해결해보자. 이는 텍스처를 적용하는 다른 방법으로, 특정 커스텀 투영을 위해 모델의 UV를 우회한다.

25. 앞서 언급한 노드를 우클릭하고 이름을 입력해 생성한다. 이 노드를 통해 UV를 구동하기 때문에 이전 **Texture Sample**보다 약간 앞에 배치한다.

26. **MakeFloat2** 노드를 이전에 만든 **BoundingBox** 노드의 뒤에 생성한다.

27. **BoundingBox** 노드의 **R** 값을 **MakeFloat2** 노드의 **X**에 연결하고 **B** 값을 **Y**에 연결한다. 이렇게 하면 바운딩 박스를 정의하는 XZ 평면에서 **Float2** 벡터가 생성돼 오브젝트의 높이를 매핑할 수 있다.

28. **MakeFloat2** 노드 뒤에 **One Minus** 노드를 추가하면 지금까지의 값이 반전돼 흰색이 검은색으로 바뀌고, 그 반대의 경우도 마찬가지다. **One Minus** 노드에 **MakeFloat2** 노드의 결과를 연결한다.

29. 이전 노드 세트의 영향을 받는 텍스처의 스케일을 제어할 **Multiply** 노드를 추가한다. **A**를 **One Minus** 노드와 연결하고 **B**에는 특정 값을 할당한다(이번 예제의 경우, 3을 사용했다).

30. **Panner** 노드를 생성하고 이전에 만든 **Multiply** 노드를 **Panner** 노드의 **Coordinate**에 연결한다.

31. 이전 **Panner** 노드를 선택하고 디테일 패널을 확인한다. 스캔 라인이 위쪽으로 움직이도록 하려면 **속도 X**$^{Speed\ X}$를 0으로 설정하고 **속도 Y**$^{Speed\ Y}$의 값을 높인다. 이번 예제에서는 0.025를 할당해 느린 효과를 나타냈다.

32. **Panner** 노드를 24번 단계에서 생성한 **Texture Sample** 노드의 UVs에 연결한다.

   이것이 그래프의 이전 부분에 해당하는 모습이며, 나중에 참조할 수 있도록 파트 C라고 부르자.

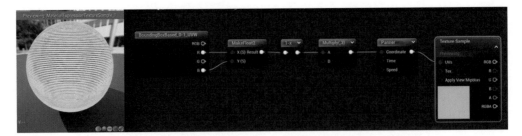

그림 3.12 마지막 노드의 프리뷰가 실행되고 있는 머티리얼 그래프 파트 C의 모습

앞서 사용한 **Panner** 노드는 텍스처에 애니메이션을 적용하고 싶을 때 유용한 항목인데, UV 공간을 이동(패닝)해서 움직이는 이미지 효과를 만들 수 있기 때문이다. 자세한 내용은 '예제 분석' 절에서 확인하자!

이제 할 수 있는 일은 결과를 **메인 머티리얼** 노드의 오파시티 채널에 연결하기 직전에 이 스캔 라인 효과에 약간의 변형을 가하는 것이다.

33. 방금 만든 그래프를 복사해서 이전 그래프 바로 아래에 붙여넣는다. 이제 2개의 동일한 시각적 스크립팅 코드가 서로 겹쳐져 있어야 하며, 이를 파트 C(이미 갖고 있던 부분)와 파트 D(복제본)라고 부르자.

34. 복사한 그래프 부분(파트 D)의 **Multiply** 노드로 이동해서 현재 값인 **3**을 **6**으로 변경한다. 이렇게 하면 해당 부분의 스캔 라인 효과가 이전 효과보다 작아진다.

35. **Add** 노드를 생성하고 A와 B에 파트 C와 D의 최종 **Texture Sample** 노드들을 연결해 두 효과를 결합한다.

36. 마지막 **Add** 노드 뒤에 Constant3Vector 2개를 추가한다. 첫 번째 벡터에서는 각 채널(R, G, B)에 **0.2** 값을, 두 번째 벡터에서는 각 채널에 **1**을 할당한다.

37. **Lerp** 노드를 생성하고, A에 첫 번째 **Constant3Vector**를 연결하고 B에 두 번째 **Constant3Vector**를 연결한다.

38. 35번 단계의 **Add** 노드를 이전 **Lerp** 노드의 **Alpha**로 사용한다.

39. 마지막으로, 이전 **Add** 노드를 **메인 머티리얼** 노드의 **오파시티**에 연결하고 22번 단계에서 만든 **Lerp** 노드(머티리얼의 파트 A와 B를 결합한 노드)를 **이미시브 컬러**에 연결한다.

이전 단계들까지 모두 완료하면, 작은 나무 소품을 기반으로 한 멋진 홀로그램 머티리얼이 이번에 달성하고자 했던 최종 형태가 완성된다. 다음 스크린샷을 통해 확인하자!

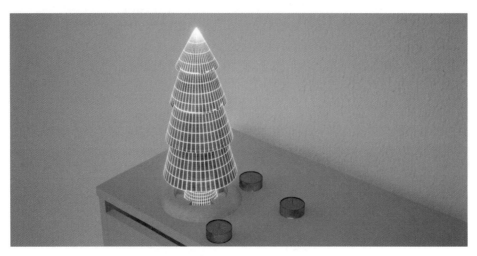

그림 3.13 홀로그래픽 머티리얼 최종 형태

예제 분석

이번 레시피에서 몇 가지 새로운 개념을 접했으니 잠시 시간을 내서 그 뒤에 숨은 이론을 살펴보자.

Unlit 셰이딩 모델

지금까지 다룬 홀로그램 머티리얼은 이전 레시피에서 유리 머티리얼을 만들 때 이미 작업한 **Translucent** 블렌드 모드를 사용했다. 또한 현재로서는 완전히 새로운 **Unlit** 셰이딩 모델^{Unlit Shading Model}도 살펴보기 시작했다. 이 새로운 옵션은 이제 막 사용하기 시작했지만 과거에 사용했던 다른 유형인 **Default Lit**과 비교하면 작동 방식을 더 쉽게 이해할 수 있다.

본질적으로 셰이딩 모델은 언리얼 안에서 빛이 오브젝트 표면에 미치는 영향을 설명하는 데 사용되는 함수다. 지금까지는 앞서 언급했듯이 **Default Lit**을 알아봤다. 이는 나무, 철, 콘크리트 등 불투명 오브젝트와 비슷한 방식으로 빛을 반사하는 오브젝트 유형에 사용하도록 돼 있다. 다음 레시피에서 살펴볼 서브서피스 프로파일과 같은 다른 프로파일도 있는데, 이는 도달한 빛의 일부가 표면에 흡수돼 그 아래에서 산란되는 모델을 작업할 때 매우 유용하다.

새로운 노드들

이번 레시피에서 살펴본 새로운 노드 중 첫 번째는 **BoundingBoxBased_0-1_UVW**로, 이전에는 볼 수 없었던 새로운 텍스처링 에셋 방법론의 시발점이 됐다. 지금까지는 오브젝트에 텍스처를 투영할 때 오브젝트의 UV에 의존해왔다고 해도 과언이 아니다. 즉, 특정 모델의 UV를 외부 에디터에서 미리 준비하고, 오브젝트를 언리얼로 임포트하기 전에 신중하게 큐레이팅하고, 에셋의 텍스처를 생성하기 전에 고려해야 했다. 이 작업 방식에는 원본 오브젝트의 각 폴리곤을 2D UV 공간의 좌표에 완벽하게 매핑할 수 있어 해당 모델에 잘 어울리고 맞춤형으로 제작할 수 있는 커스텀 텍스처를 만들 수 있다는 이점이 있다. 하지만 이 작업 방식을 사용하는 에셋에 특정 텍스처를 사용해야 하고 다른 오브젝트에 재사용할 수 없다는 단점도 있으며, 커스텀 에셋이 하드 드라이브에서 차지하는 공간이 늘어나는 등 추가적인 문제가 발생할 수 있다.

BoundingBox UVW 노드는 텍스처링 프로세스를 다른 방식으로 처리한다. UV 생성을 아티스트에게 맡기는 대신 오브젝트 내부 전체를 덮는 상자 모양을 기반으로 새로운 매핑 투영을 자동으로 생성하므로, 'BoundingBox'라는 접두사가 붙는다. 투영은 세 축(U, V, W)을 따라 이뤄지며, 이는 X, Y, Z로 변환된다. 따라서 '박스형' 오브젝트 또는 해당 오브젝트의 면이 투영과 잘 정렬되는 에셋에서 잘 작동하는 경향이 있다. 또한 오브젝트의 모양이 전체적으로 변하는 곡선, 구멍 또는 연속적인 면을 도입하자마자 투영과 모양이 호환되지 않아 해당 영역이 균일하게 매핑되지 않으므로, 한계가 나타나기 시작한다.

이 레시피에서와 같이 2개만 매핑할 수 있으므로 3개의 축을 사용할 필요가 없다는 점도 언급할 가치가 있다. 이 방법은 이 레시피에서 봤던 스캔 라인과 같은 특정 효과를 얻고 프로젝트 전체에서 에셋을 재사용하는 데 매우 효과적이다. 바운딩 박스 시스템에서 단일 투영면을 선택하면 지금처럼 나무 크리스마스 트리와 같은 둥근 오브젝트에도 잘 작동할 수 있으며, 이 노드를 다룰 때 처음에 생각했던 것보다 일반적으로 더 큰 가능성을 지닌다.

그 외에, 단일 값을 두 개로 결합할 수 있는 유틸리티인 **MakeFloat2** 노드도 사용할 수 있었다. 반면에 **OneMinus** 노드를 사용하면 1에서 무엇이든 뺄 수 있다. 이는 회색 값으로 작업할 때 값을 반전시키는 것으로, 흰색이 검은색으로 바뀌고 검은색이 흰색으로 바뀌는 것을 말한다. 입력하는 모든 채널에서 작동하므로 상수^{Constant} 2, 3, 4 벡터에도 사용 가능하다. 1에서 입력된 값만 빼기 때문에 기술적으로는 값이 반전되지 않는다는 점을 기억하는 것이 중요하며, 여러 채널이 있는 값으로 작업할 때 염두에 둬야 할 중요한 사항이다.

마지막으로, 이 레시피에서 사용한 또 다른 흥미로운 노드는 **Panner** 함수다. 이를 통해 텍스처에 애니메이션을 적용할 수 있는데, 이 레시피에서 살펴본 스캔 라인부터 흐르는 물, 역동적인 연기 또는 약간의 움직임으로 효과를 낼 수 있는 기타 다양한 효과를 만들 때 매우 중요하다. 각 채널에 대해 독립적으로 제어할 수 있는 특정 속도에 따라 텍스처를 U 축 또는 V 축 방향으로(또는 양방향 모두로) 패닝할 수 있다. 또한 **시간**^{Time} 입력을 통해 이펙트를 지속적으로 발생시키지 않고 특정 범위로 좁히거나 제한하려는 경우 이펙트 전체를 제어할 수 있다.

이미시브 머티리얼

머티리얼의 이미시브 속성은 조명을 가짜로 만들거나 생성할 때 강력한 리소스다. 새로운 조명을 추가하는 표준 절차는 아니지만, 이미시브 노드를 활용하도록 머티리얼을 설정하면 특정 조건에서 조명을 대체할 수 있다. 그렇다면 이러한 유형의 에셋으로 작업할 때는 어떤 옵션이 있을까?

이미시브 프로퍼티를 사용해 머티리얼이 빛을 비추는 듯한 느낌을 주거나, 광자를 방출해 주변 월드에 영향을 미치도록 설정할 수 있다. 엔진이 페이크 부분을 처리하는 방식은 머티리얼 이미시브 노드를 사용해 블룸 효과^{bloom effect}에 대한 기여도에 영향을 미치고 스태틱 라이팅으로 작업할 때 밝은 빛을 보고 있는 듯한 느낌을 주는 것이다.

이 기법이 일루전에 그치지 않고 씬의 그림자에 영향을 미치려면, 이미시브 머티리얼이 적용될 모델을 선택하고 디테일 패널을 살펴봐야 한다. **라이팅**^{Lighting} 항목에서 **스태틱 라이팅에 이미시브 사용**^{Use Emissive for Static Lighting}이라는 옵션을 찾을 수 있다. 이 옵션을 켜고 **빌드**^{Build} 버튼을 클릭해서 섀도 맵을 계산하면 모든 준비가 완료된다!

1장의 '프로젝트에서 스태틱 라이트 사용' 레시피에서 살펴본 것처럼, 이미시브 머티리얼과 관련해 이전에 다룬 모든 내용은 루멘에 의존하지 않고 스태틱 라이팅으로 작업할 때만 유용하다. 이제 이러한 유형의 셰이더가 라이팅과 글로벌 일루미네이션에 기여할 수 있게 된 것은 언리얼 엔진 5에 루멘이 등장했기 때문이며, 이 기법에 대한 에픽의 공식 문서에 따르면 '이미시브 머티리얼은 루멘의 최종 결과를 통해 추가 퍼포먼스 비용 없이 빛을 전파한다'고 한다.

참고 사항

Unlit 셰이딩 모델과 이미시브 머티리얼 입력에 대한 자세한 정보는 에픽게임즈의 공식 문서에서 확인할 수 있다.

- https://docs.unrealengine.com/4.27/en-US/RenderingAndGraphics/Materials/MaterialProperties/LightingModels/[4]

- https://docs.unrealengine.com/4.26/en-US/RenderingAndGraphics/Materials/HowTo/EmissiveGlow/[5]

⁚⁝⁚ 서브서피스 스캐터링으로 작업

이 레시피에서 살펴볼 새로운 머티리얼은 왁스^{wax}다. 왁스! 왁스의 흥미로운 점은 무엇일까? 이전에 이미 다룬 적이 있는 또 다른 불투명한 머티리얼이 아닌가? 그렇지 않다! 왁스는 이어서 사용할 새로운 셰이딩 모델인 서브서피스 스캐터링^{Sub Surface Scattering(줄여서 'SSS'라고도 한다)}의 좋은 예시다. 서브서피스 스캐터링은 이 셰이딩 모델을 사용하는 머티리얼이 적용된 오브젝트에서 빛이 완전히 반사되거나 통과하지 않고 실제 외부에서 그 효

---

4   한국어 버전은 https://docs.unrealengine.com/5.3/ko/shading-models-in-unreal-engine/에서 확인할 수 있다. – 옮긴이

5   한국어 버전은 https://docs.unrealengine.com/4.26/ko/RenderingAndGraphics/Materials/HowTo/EmissiveGlow/에서 확인할 수 있다. – 옮긴이

과를 볼 수 있을 정도로만 표면을 투과해 렌더링되는 최종 픽셀의 색상을 변경하기 때문에 지금까지 살펴본 다른 셰이딩 모델과 다르다. 눈, 피부 또는 얇은 불투명한 커튼 옆에 보이는 왁스로 만든 양초와 같이 여러 물체에 영향을 미치는 흥미로운 효과라고 할 수 있는데, 지금부터 어떻게 작동하는지 알아보자.

준비

이 책에 포함된 언리얼 프로젝트와 함께 제공되는 **03_03_Start** 레벨을 열면 해당 레시피를 따라 할 수 있다. 다음 몇 페이지에서 보게 될 모든 에셋은 거기서 찾을 수 있지만, 직접 만든 에셋을 사용하고 싶다면 어떻게 해야 할까?

세 가지가 필요한데, 첫 번째는 소개할 머티리얼을 볼 수 있도록 약간의 조명이 포함된 기본 씬 설정이다. 두 번째는 촛불이나 귀와 같이 서브서피스 효과를 볼 수 있는 모델 유형으로, 이 효과는 실제 생활에서도 볼 수 있는 오브젝트에 적용하면 더욱 분명해진다. 예제로 사용할 모델의 스크린샷은 다음과 같다.

그림 3.14 이번 레시피에서 사용할 양초 모델 렌더링

예상대로 양초의 얇은 부분이 효과가 가장 잘 보이는 곳이다. 오브젝트를 선택할 때 이를 고려하는 것이 좋다.

서브서피스 스캐터링 이펙트로 작업하려면 프로젝트 전체 세팅을 조정해야 하는데, 언리얼 5 버전에 새로 추가된 버추얼 섀도 맵 대신 디폴트 섀도 맵을 사용하도록 프로젝트에 설정해야 한다. 레시피를 시작하면 이 파라미터를 조정하는 방법을 배우겠지만, 여기서 알아둬야 할 핵심 사항은 버추얼 섀도 맵은 아직 베타 버전이며 언리얼 엔진의 모든 기능(예: 서브서피스 프로파일 효과)을 지원하지는 않는다는 것이다. 그럼에도 불구하고 버추얼 섀도 맵은 과거에 비해 전반적으로 훨씬 더 나은 섀도를 구현할 수 있으며, 베타 단계를 종료하는 대로 더 많은 기능이 작동하기 시작하면서 엔진이 앞으로 나아갈 방향이 되고 있다.

예제 구현

언리얼은 서브서피스 스캐터링 이펙트를 구현하는 데 있어 서프서피스 프로파일과 서 스서피스 셰이딩 모델을 통해 사용할 수 있는 두 가지 주요 방법과 **Preintegrated skin** 메서드와 같은 좀 더 구체적인 방법 등 여러 가지 가능성을 제공한다. 이번 절에서는 첫 번째 구현 방법을 살펴보고 다른 구현 방법은 '예제 분석' 절에서 설명한다. 그 전에 '준비' 절에서 언급한 대로 효과를 시각화할 수 있도록 프로젝트에 사용된 섀도 맵을 조정하는 것부터 시작하자.

1. **03_03_Start** 레벨에서 시작한다고 가정하고, 디테일 패널에서 **PostProcessVolume** 을 선택하고 **글로벌 일루미네이션**Global Illumination 항목을 검색한다. 자체 레벨에서 작업하는 경우 이러한 액터를 하나 새로 생성한다.

2. **글로벌 일루미네이션** 항목에서 **메서드**Method 속성을 Lumen에서 **None**으로 변경한다.

3. 다음으로, **리플렉션** 항목을 검색하고 해당 속성에서 메서드에 **글로벌 일루미네이션**과 마찬가지로 **None**을 할당한다.

   이전 변경 사항들을 구현하면 1장의 '프로젝트에서 스태틱 라이트 사용' 레시피에서 봤던 것처럼 씬을 비추는 이전 렌더링 방법으로 되돌아간다. 다음으로 할 일은 프로젝트에 사용된 섀도 맵의 유형을 조정하는 것이다.

4. **편집**Edit ➤ **프로젝트 설정**Project Settings을 선택하고 **엔진 - 렌더링**Engine - Rendering에서 **섀도**

맵 메서드^{Shadow Map Method}를 찾는다. 그리고 해당 메서드를 **Virtual Shadow Map (Beta)**로 변경한다.

이제부터 살펴볼 서브서피스 효과를 구현하기 위해 필요한 모든 작업이 완료됐다. 이제 이 레시피에서 사용할 머티리얼을 만들어보자.

5. 새 머티리얼을 생성하고 씬에 배치한 **SM_Candle** 모델에 할당하거나 자체 레벨에서 작업하는 경우, 사용 중인 모델에 할당한다. 머티리얼 이름을 **M_CandleWax_SSS**로 지정했지만 자유롭게 이름을 지정할 수 있다!

6. 위에서 만든 머티리얼을 더블 클릭해 머티리얼 에디터를 실행한다.

7. 프로젝트에 포함된 텍스처 중 일부를 방금 만든 머티리얼에 끌어다 놓는다. **콘텐츠**^{Content} ➤ **Assets** ➤ **Chapter01** ➤ **01_07**에서 찾을 수 있는 **T_Candle_ColorAndOp**, **T_Candle_AORM**, **T_Candle_Normals**라는 이름의 세 가지 텍스처를 사용해야 한다. **메인 머티리얼** 노드의 해당 핀에 연결한다.

이 텍스처는 1장의 '머티리얼 비용 확인' 레시피에서 지금 만들고 있는 머티리얼과 비슷한 머티리얼에 사용된 것으로, 서브서피스 스캐터링 속성이 있는 셰이더를 사용하는 데 따른 비용을 보여주고자 사용했던 사실을 기억할 것이다. 한 레시피에서 이전에 다른 레시피에서 사용했던 에셋을 사용하는 경우가 있으므로, 어디서 찾을 수 있는지 잘 모르겠다면 이 책과 함께 제공되는 언리얼 프로젝트의 콘텐츠 브라우저에서 해당 에셋 이름을 검색하면 된다.

> **NOTE**
>
> 앞서 언급한 텍스처를 사용하는 대신 자유롭게 직접 만들거나 간단한 상수를 사용해 머티리얼의 기본 속성의 형태를 지정할 수 있다. 중요한 것은 다음 단계인 셰이더의 서브서피스 속성을 설정하는 것이다.

다음 단계로 넘어가기 전에 지금까지의 머티리얼 그래프를 살펴보면 다음과 같다.

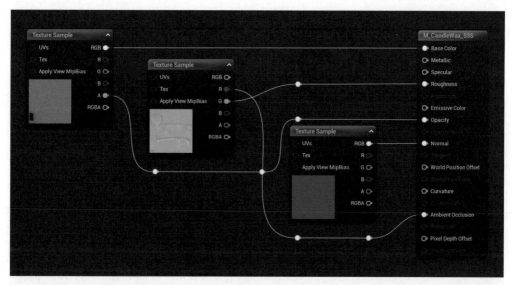

그림 3.15 이번 단계에서 사용해야 하는 세 가지 텍스처 샘플들

이제 머티리얼의 서브서피스 속성을 구동하는 데 사용할 오브젝트인 서브서피스 프로파일 에셋을 만들 차례다. 곧 필요하게 될 것이므로 지금 만들어보자.

8. 콘텐츠 브라우저로 돌아가서 서브서피스 프로파일 오브젝트를 새로 생성한다. 해당 클래스는 **고급 에셋 생성**Create Advanced Asset category ❯ **머티리얼**Materials ❯ **서브서피스 프로파일**Subsurface Profile에서 찾을 수 있다. 그리고 해당 에셋의 이름을 **SSP_Wax**로 지정했다.

이제 서브서피스 프로파일을 만들었으니 시간을 할애해 제대로 설정하고, 이를 사용할 머티리얼에 할당해보자. 서브서피스 프로파일은 데이터 시트data sheet와 유사하며, 그 안에 **표면 알베도**Surface Albedo 색상이나 **평균 자유 경로 색**Mean Free Path Color과 같은 프로퍼티를 정의해 이펙트의 모양을 정의할 수 있다.

NOTE

머티리얼에 서브서피스 프로파일 오브젝트가 정의돼 있지 않다는 것은 언리얼이 백인 남성의 피부 시각화에 맞춰진 기본 오브젝트를 할당한다는 뜻이다. 머티리얼이 제대로 보이도록 하려면 항상 새로운 오브젝트를 만들어서 할당하는 것을 잊지 말자!

9. 머티리얼 에디터에서 **M_CandleWax_SSS** 머티리얼로 돌아가 아무것도 선택하지 않은 상태에서 디테일 패널을 살펴보고 **셰이딩 모델** 항목을 확인한다. 기본값은 **Default Lit**이지만, 이번에는 **Subsurface Profile**로 변경한다.

10. **서브서피스 프로파일** 항목에 방금 만들었던 **SSP_Wax**를 할당한다. 해당 항목들은 다음 스크린샷처럼 디테일 패널에서 확인할 수 있다.

그림 3.16 메인 머티리얼 노드의 디테일 패널 내 서브서피스 속성 위치

이제 작업 중인 머티리얼에 서브서피스 스캐터링 프로퍼티를 표시할 것이라고 언리얼 엔진에 최종적으로 알렸다. 다음 단계에서는 원하는 모양이 될 때까지 이펙트를 조정하는 작업을 한다. 그러기 위해서는 앞서 만든 서브서피스 프로파일 오브젝트로 돌아가 파라미터들을 조정해야 한다. 지금 바로 해보자!

TIP

> 속성을 조정하기 전에 머티리얼에 서브서피스 프로파일 오브젝트를 적용하면 속성이 모델에 어떤 영향을 미치는지 실시간으로 확인할 수 있다.

11. 콘텐츠 브라우저에서 이전에 생성한 서브서피스 프로파일 오브젝트를 더블 클릭해 연다. 메인 뷰포트와 동시에 열면 양초 머티리얼이 실시간으로 어떻게 변하는지 확인할 수 있다.

12. 가장 먼저 변경하고자 하는 속성은 **World Unit Scale**이다. 언리얼이 서브서피스 프로파일 에셋에 사용하는 월드 단위와 월드 단위 사이의 비율을 지정한다. 언리얼의 기본 단위는 센티미터로 하드코딩돼 있으며 앙초 모델도 이러한 단위를 염두에 두고 제작됐다. 따라서 1:1 비율이 있으므로, 이 설정에 이 값을 사용하자.

13. 이펙트를 보이게 하려면 빛이 오브젝트를 상당히 많이 통과하도록 해야 한다. 이렇게 하려면 **평균 자유 경로 거리 값**^{Mean Free Path Distance}을 기본값보다 큰 값(예: 20)으로 조정한다. 이 속성은 나중에 조정하겠지만, 이번 단계에서는 표시되도록 설정하는 것이 좋다.

14. 다음으로 조정할 항목은 **표면 알베도**^{Surface Albedo}다. **기본 색상**^{Base Color} 속성에 사용된 것과 비슷한 톤을 선택하므로 진한 노란색/주황색 톤을 선택하자.

15. 이제 **평균 자유 경로 색상**^{Mean Free Path Color} 속성을 조정해보자. 이 속성은 13번 단계에서 조정한 파라미터와 함께 작동해 RGB 채널에서 빛이 이동하는 거리를 제어한다. **흰색(1,1,1)** 값을 설정하면 세 채널 모두에서 빛이 최대로 이동한다. 특정 톤이 다른 톤보다 더 멀리 이동하도록 하려면 해당 설정을 조정한다.

16. 특히 더 극적인 결과를 얻고 싶다면 **틴트**^{Tint}를 조정할 수 있다. RGB 값이 빨간색 0.31, 초록색 0.75, 파란색 1이므로 빨간색 톤이 덜 흡수돼 머티리얼이 더 붉게 보이도록 밝은 파란색을 선택했다.

서브서피스 프로파일 에셋의 다른 옵션으로는 머티리얼의 흡수 스케일을 조절하는 **소멸 스케일**^{Extinction Scale} 등이 있다. **노멀 스케일**^{Normal Scale}은 노멀 입력이 서브서피스 효과의 투과에 영향을 미치는 정도를 조정한다. **러프니스 0**^{Roughness 0} 및 **러프니스 1**^{Roughness 1} 값은 **로브 믹스**^{Lobe Mix} 속성과 함께 서브서피스 스캐터링 이펙트를 표시하는 영역에 표시되는 러프니스 값을 제어한다. 결과가 만족스러울 때까지 이러한 값을 갖고 놀면서 내가 사용한 설정을 보여주는 다음 스크린샷을 확인해보자.

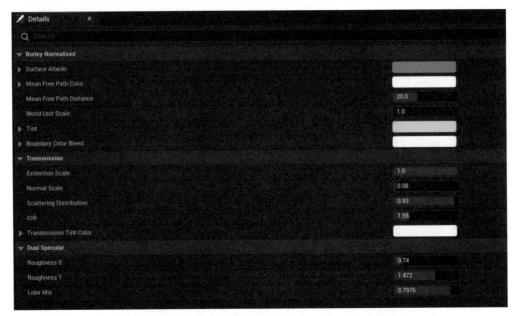

그림 3.17 내가 사용한 서브서피스 프로파일 에셋 설정

모든 변경 사항을 적용했으니 이제 머티리얼 그래프 내에서 **오파시티** 채널을 사용해 흥미로운 요소를 하나 더 살펴볼 수 있다. 이를 통해 모델 전체에 걸쳐 서브서피스 효과가 작동하는 방식을 변경할 수 있다. 양초의 예로 돌아가서, 심지에는 산란 효과를 적용하지 않고 본체에는 산란 효과를 적용하고 싶다. 다음과 같이 마스크를 **메인 머티리얼** 노드의 **오파시티**에 연결해 이를 설정할 수 있다.

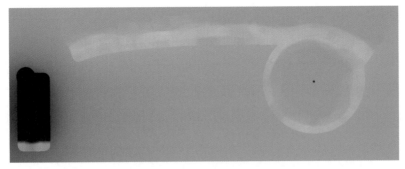

그림 3.18 오파시티를 컨트롤하기 위해 사용된 T_Candle_ColorAndOp의 알파 채널

이러한 모든 변경 사항이 머티리얼에 구현됐으므로 이제 왁스로 만든 양초를 생성해내는 목표를 달성했다고 말할 수 있다. 지금은 여기에 그대로 두고 결과를 살펴보자.

그림 3.19 씬의 최종 결과물

예제 분석

이 레시피에서 몇 가지 주제를 다뤘으므로, 이제 가장 중요한 두 가지 주제인 서브서피스 프로파일 셰이딩 모델과 텍스처 패킹에 대해 간단히 알아보자.

서브서피스 프로파일 셰이딩 모델

이전 절에서는 언리얼 엔진 5에서 서브서피스 프로파일 셰이딩 모델을 구현하는 방법을 배웠다. 이는 꽤나 강력한 렌더링 기법으로, 왁스나 피부와 같은 프로퍼티를 나타내는 머티리얼을 다룰 때 큰 차이를 만들어낸다. 하지만 내부적으로는 어떻게 작동할까? 우선 머티리얼에서 서브서피스 효과를 활성화할 수 있는 유일한 방법은 이것만이 아니라는 점을 이해해야 한다. 총 4개의 셰이딩 모델을 통해 가능하다.

- 표준 서브서피스 모델
- 사전 통합된 스킨 모델

- 서브서피스 프로파일 모델

- 양면 폴리지 모델

이들 각각은 특정 목표를 달성하는 데 맞춰져 있다. 지금은 하이엔드 프로젝트에 사용하기 위해 지금 알고 있는 것에 초점을 맞춰보자.

서브서피스 프로파일 셰이딩 모델은 1장에서 살펴본 앰비언트 오클루전 또는 스크린 스페이스 리플렉션과 유사한 스크린 스페이스 기법으로 작동한다. 이는 다른 세 가지 방법과는 구현 방식이 다르며, 이 방법을 사용할 때 알아둬야 할 핵심적인 차이점이다. 표준 서브서피스 셰이딩 모델이 더 저렴하고 전체적으로 더 빠르게 실행할 수 있지만, 서브서피스 프로파일 셰이딩 모델을 사용하면 품질 측면에서 몇 가지 이점이 있다. 앞서 살펴본 **표면 알베도**와 **평균 자유 경로 색상** 같은 일부 설정을 수정할 수 있어 머티리얼 전체에 적용되는 효과를 사실적으로 정의하는 데 도움이 되고, 또 다른 설정, 즉 서브서피스 프로파일 에셋의 **투과**^{Transmission} 항목에 있는 설정 등은 오브젝트 뒤쪽에서 빛이 산란되는 방식을 정의하는 데 도움이 된다.

또한 서브서피스 프로파일 머티리얼을 구성하는 일부 노드의 기능에 차이가 있다는 점을 지적하고 싶다. 머티리얼 그래프에서 **메인 머티리얼** 노드를 보면, 디폴트 라이팅 유형의 셰이더를 사용할 때와 달리 **오파시티** 입력이 더 이상 회색으로 표시되지 않는 것을 볼 수 있다. 이제 해당 입력을 사용할 수 있지만, 이 핀이 무엇을 하는지는 약간 직관적이지 않을 수 있다. 즉, 이 레시피에서 본 것처럼 모델의 서브서피스 효과의 강도에는 영향을 미치고, 3D 메시의 불투명도에는 영향을 미치지 않는다.

또 한 가지 주목해야 할 점은 **메탈릭**^{Metallic} 속성의 한계다. 해당 슬롯에 무언가를 꽂으면 서브서피스 이펙트가 사라지는데, 이는 이 셰이딩 모델에서 해당 머티리얼 채널이 서브서피스 프로파일 에셋의 데이터를 수용하도록 용도가 변경됐기 때문이다. 명심하자!

텍스처 패킹

우리가 만든 양초의 머티리얼은 머티리얼 그래프 내에 배치된 여러 텍스처로 구동됐다는 것을 기억할 것이다. **T_Candle_ColorAndOp**, **T_Candle_AORM**, **T_Candle_Normals**

라는 세 가지 텍스처를 사용했는데, 앞의 두 가지에 대해 좀 더 이야기하고 싶다. 이전에는 볼 수 없었던 스마트한 작업을 수행했기 때문이다.

이미 알고 있듯이 일부 머티리얼 속성은 그레이스케일 값으로 구동될 수 있다. 따라서 텍스처의 RGB 채널(알파 채널뿐만 아니라)을 사용해 특정 머티리얼 입력을 구동할 수 있는 상황에 처하게 된다. **앰비언트 오클루전, 러프니스, 메탈릭** 텍스처를 해당 이미지의 각 채널에 저장한다(따라서 앰비언트 오클루전Ambient Occlusion, 러프니스Roughness, 메탈릭Metallic의 첫 글자를 모은 약어인 AORM이라는 접미사가 붙는다). 다음 스크린샷에서 이를 확인할 수 있다.

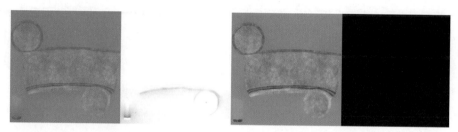

그림 3.20 T_Candle_AORM 텍스처와 각 채널에 포함된 정보

참고 사항

에픽게임즈는 이 주제에 대한 문서를 지속적으로 업데이트하고 있으므로 자세한 내용은 웹 사이트(https://docs.unrealengine.com/5.0/en-US/subsurface-profile-shading-model-in-unreal-engine/)에서 확인하면 된다.[6]

⁝⧐ 물에서 굴절 사용

물은 실시간 시각화에서 가장 중요한 소재 중 하나로 꼽는다. 이와 같은 사실은 지난 수년간 물을 표현하기 위해 시도된 머티리얼의 지속적인 발전에서 확인할 수 있는데, 단

---

6   한국어 버전은 https://docs.unrealengine.com/5.0/ko/subsurface-profile-shading-model-in-unreal-engine/에서
     확인할 수 있다. - 옮긴이

순한 평면과 애니메이션 텍스처로 물을 표현하던 초기 3D 그래픽 시대와는 비교할 수 없을 정도로 발전했다. 이러한 오래된 기법을 여전히 사용할 수 있지만, 다행히도 더 풍부한 결과를 얻게 해주는 더 많은 기술을 사용할 수 있다. 굴절, 변위 맵, 테셀레이션 tessellation, 코스틱caustics과 같은 기법은 프로젝트에 약간의 생동감을 더해주는데, 이 레시피에서는 그 첫 번째 효과를 살펴보자.

준비

이전 레시피들보다 더더욱 이번 레시피에서 구현하려는 효과가 빛을 발할 수 있도록 씬을 설정해야 한다. 가장 먼저 필요한 것은 물 머티리얼을 적용할 수 있는 평면이다. 그다음에는 물을 담는 용기 역할을 할 무언가가 필요하다. 나는 욕조의 3D 모델을 사용할 예정이므로 이와 비슷한 것이면 충분하다. 또한 여러 지오메트리의 교차점을 감지하는 노드를 사용할 것이므로 물 면을 불투명하게 감싸는 것이 매우 중요하다. 이 두 가지가 기본이지만, 수역 내의 굴절을 확인할 수 있도록 작은 소품을 추가하고 싶을 것이다. 샴푸통을 사용하겠지만, 고무 오리가 효과적일 수도 있다!

언제나 그렇듯이 동일한 에셋을 사용하고자 하는 경우, 필요한 모든 것을 제공한다. 03_04_Start 레벨을 열면 따라 하는 데 필요한 모든 것을 찾을 수 있다.

마지막으로, 이전 레시피에서 섀도 맵에 적용한 변경 사항을 되돌리려면 프로젝트 세팅 Project Settings의 **엔진 - 렌더링**Engine - Rendering 항목에서 **섀도**Shadows 항목의 **섀도 맵 메서드**Shadow Map Method 옵션을 조정해 일반 섀도 맵 대신 버추얼 섀도 맵Virtual Shadow Map을 사용하도록 되돌려야 한다.

예제 구현

새로운 유형의 반투명 머티리얼을 만들려고 하므로 시작하기 전에 항상 무엇을 달성하고 싶은지 생각하는 것이 좋다. 과거에는 다양한 유형의 반투명 표면을 다뤄왔지만, 이번에는 이전처럼 간단하지 않을 것이다. 그 이유는 지금 만들고자 하는 특정 에셋이 물이기 때문이다.

유리와 달리 물은 완벽하게 가만히 있는 경우가 거의 없는 머티리얼이다. 유체라는 조건은 거의 항상 움직이고 있다는 것을 의미하며, 머티리얼의 노멀에 애니메이션을 적용하는 방법, 노멸의 방향이 머티리얼의 색상에 미치는 영향, 수역 전체에서 불투명도가 변하는 방식 등 고려해야 할 특정 조건이 생긴다.

그럼 이러한 모든 조건을 살펴보자.

1. 새로운 머티리얼을 만들고 원하는 대로 이름을 지을 수 있다. 나는 **M_Bathtub Water**로 이름을 지었다.

2. 블렌드 모드를 **Translucent**로 변경하고 디테일 패널의 **Translucency** 항목에 있는 **스크린 스페이스 리플렉션**Screen Space Reflections을 체크한다.

3. 라이팅 모드를 **Surface Translucency Volume**으로 변경하고 **고급** 속성에 있는 **반투명 패스**Translucency Pass를 **Before DOF**로 변경한다.

4. **사용**Usage 항목까지 스크롤해서 **스태틱 라이팅과 사용됨**Used with Static Lighting을 체크한다.

   지금까지는 세 가지 레시피에서 유리 머티리얼을 만들 때 구현한 단계와 동일하다. 이번에 소개할 첫 번째 맞춤형 추가 기능은 머티리얼의 불투명도와 색상 값을 다루는 것이다. 첫 번째부터 물의 깊이가 깊어짐에 따라 투명도가 점차적으로 감소하는 것을 도입하자. 이러한 계산에 도움이 되는 **Scene Depth** 및 **Pixel Depth** 노드의 조합을 사용해 이를 재현한다.

5. 먼저 머티리얼에 **Scene Depth** 노드를 추가한다. 이렇게 하면 물 그림자를 적용할 오브젝트 뒤에 있는 씬의 깊이를 샘플링할 수 있다. 이 노드는 반투명 머티리얼로 작업할 때만 사용할 수 있는데, 이 효과를 적용하는 모델 뒤에 있는 오브젝트에 대한 정보를 제공하기 때문이다.

6. **Pixel Depth** 노드를 생성하고 이전 노드에 가깝게 배치한다. 이 노드는 머티리얼이 적용되는 오브젝트의 표면과 카메라 사이의 거리가 아니라 그 뒤에 있는 것까지의 거리를 제공한다.

7. 이전 2개의 노드 바로 뒤에 **Subtract** 노드를 추가한다.

8. **Scene Depth** 노드를 **Subtract** 노드의 **A**에 연결하고 **Pixel Depth** 노드는 **B**에 연결한다.

   이전 연산을 수행하면 원하는 결과, 즉 수역의 3D 모델과 그 뒤에 있는 물체 사이의 거리를 나타내는 값을 얻을 수 있다. 이 정보를 사용해 현재 상태는 아니지만 물의 불투명도와 같은 효과를 구현할 수 있다. Subtract 연산은 월드 스페이스에서 픽셀의 위치와 픽셀을 보고 있는 카메라의 위치 사이의 거리를 나타내는 매우 큰 숫자를 던져준다. 이러한 값을 정규화^{normalize}해야 한다. 즉, **Lerp** 노드와 같은 노드에서 작동하는 데 필요한 0에서 1 사이의 괄호 안에 값을 맞춰야 한다. 이제 이 작업을 진행해보자.

9. 스칼라^{Scalar} 변수를 생성하고 **Depth Adjustment Value**로 이름을 지정한다. 이 노드는 Subtract 연산 결과를 줄이는 작업을 맡게 된다.

10. 이전 스칼라 변수와 **Subtract** 변수 뒤에 **Multiply** 노드를 배치하고 입력으로 두 변수를 연결한다.

11. **Depth Adjustment Value** 변수에 **0.03** 값을 지정한다. 이 수치는 현재 작업 중인 씬에 적합한 수치이지만, 자체 에셋으로 작업하는 경우 다른 수치를 선택해야 할 수도 있다.

   이전 단계들을 완료하면 반투명 머티리얼 뒤에 있는 씬의 깊이를 표시하는 데 효과적인 마스크를 만들 수 있다. 이전 **Multiply** 노드의 출력을 머티리얼의 **베이스 컬러**에 연결해 씬이 다음과 같이 보이도록 하자.

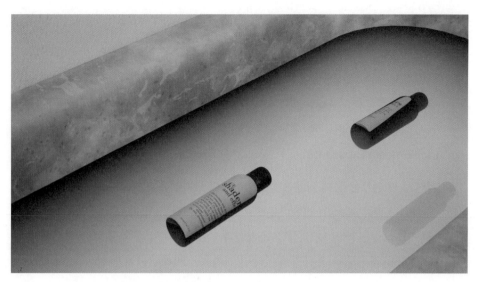

그림 3.21 씬의 물 모델에 깊이 로직을 적용했을 때 나타나는 효과

이 작업이 완료됐으므로 이제 씬의 깊이를 사용해 머티리얼의 모양을 연출할 수 있다고 말할 수 있다. 물과 같은 액체로 작업할 때 유용하지만, 한 걸음 더 나아가 이러한 물질의 가장자리에서 볼 수 있는 또 다른 흥미로운 시각적 효과, 즉 다른 오브젝트와 만나는 지점에서의 불투명도와 색이 변하는 효과를 적용할 수 있다. 이 효과는 언리얼 엔진에서도 구현할 수 있으므로 그 방법을 알아보자.

12. **Depth Fade** 노드를 생성하고 이전에 생성한 노드 뒤에 배치한다. 이 함수는 모델과 다른 모델의 근접성에 따라 그라데이션 마스크를 생성한다. 교차하는 영역을 분리하고 싶을 때 유용한 도구다.

13. 스칼라 파라미터를 추가하고 **Fade Distance** 라인에 따라 이름을 지정한다. 이 노드를 사용해서 이전 **Depth Fade** 함수로 생성된 그래디언트가 적용되는 거리를 제어한다. 여기에 값 **6**을 할당하고 출력 핀을 **Depth Fade** 노드의 **Fade Distance** 입력에 연결한다.

14. **One Minus** 노드를 만들어 **Depth Fade** 노드 바로 뒤에 배치하고 **One Minus**를 **Depth Fade**에 연결한다. 이 노드를 사용하면 현재 생성 중인 그라데이션의 색상

을 반전시킬 수 있는데, 이는 앞서 완료한 깊이 계산과 함께 작동하도록 하는 데 필요하다.

15. 앞의 **One Minus** 노드 뒤에 **Power**와 다른 스칼라 파라미터를 추가한다. 파라미터에 값 8을 할당하고, **Power**의 Exp에 연결한 후 이름을 지정한다. 해당 파라미터로 에지 검출 그래디언트^{edge detection gradient}의 부드러움을 제어하기 때문에 나는 **Depth Fade Smooth Exponent**로 이름을 지정했다.

이전 노드 세트를 통해 다른 3D 오브젝트의 교차점에 가까운 모델 영역을 식별할 수 있었다. 많은 수역이 접촉하는 영역이 더 어둡게 표시되므로, 이 정보를 사용해 불투명도와 머티리얼의 색상을 조정한다. 이 시점에서 주목해야 할 중요한 점은 **One Minus** 노드를 사용하지 않았다면 얻었을 그라데이션의 반전이다. 이 세 마스크를 이전의 깊이 기반 마스크와 결합해야 하므로, 두 계산을 병합하기 전에 값을 올바르게 가져오는 것이 중요하다. 이 시점에서 씬은 다음과 같은 모양이 돼야 한다.

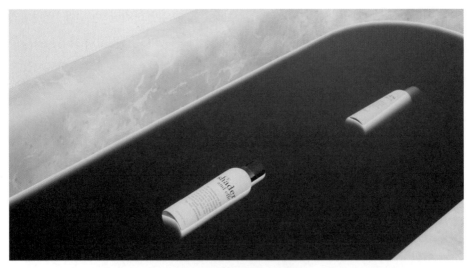

그림 3.22 방금 생성한 에지 검출

가장자리 마스크와 깊이 마스크가 모두 준비됐으므로 이제 결합할 차례다. 두 마스크를 병합해야 하는 영역이 물 모델과 교차하는 여러 오브젝트가 만나는 지점이라는 점을 감안해서 **Depth Fade** 노드의 효과를 다시 한번 살펴보자. 이제 두 마스크가 만나는 지점에서 두 마스크의 값을 연결하는 부드러운 그라데이션을 만드는 것이 목표이므로, 이 두 번째 **Depth Fade** 노드는 첫 번째 노드와 달라야 한다.

16. 두 번째 **Depth Fade** 노드를 생성한다.

17. 새 스칼라 파라미터를 추가하고 **Depth Fade Blend Distance**와 유사한 이름을 지정한다. 여기에 **3**이라는 값을 할당했는데, 이는 머티리얼을 적용하는 오브젝트와 교차하는 모델 주변의 깊이 그라데이션이 적용되는 거리를 제어한다.

18. 스칼라 파라미터를 이전 **Depth Fade** 노드의 **Fade Distance**에 연결한다.

19. **Depth Fade** 노드 바로 뒤에 **One Minus** 노드를 하나 더 배치하고 후자의 출력을 전자의 입력에 연결한다.

이제 세 번째 마스크는 다음과 같은 형태가 된다.

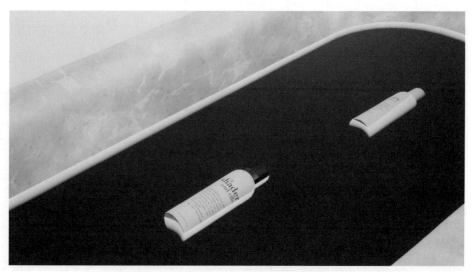

그림 3.23 깊이 계산과 에지 계산을 혼합하는 데 사용할 마스크

이전 마스크는 모델의 교차 영역을 묘사하는 두 번째 마스크와 매우 유사해야 한다. 그러나 이 새 마스크는 모델의 가장자리를 덮는 흑백 마스크에만 관심이 있으

므로 이전 마스크보다 더 선명해야 한다.

이제 지금까지 만든 모든 것을 통합할 수 있는 위치에 도달했다. 이제 이 문제를 해결해보자.

20. 이전에 만든 노드들 뒤에 **Lerp** 노드를 생성한다.

21. 10번 단계에서 만든 **Multiply** 노드를 방금 만든 **Lerp** 노드의 **A**에 연결한다.

22. 15번 단계에서 만든 **Power** 노드를 **Lerp**의 **B**에 연결한다.

23. 19번 단계에서의 **One Minus** 노드를 **Alpha**에 연결한다.

이전 단계들을 완료하면 수역 내에서 깊이와 가장자리를 인식하는 효과를 만들 수 있게 된다. 이는 큰 성과인 동시에 지금까지 만든 시각적 코드를 검토할 수 있는 좋은 기회이기도 하다.

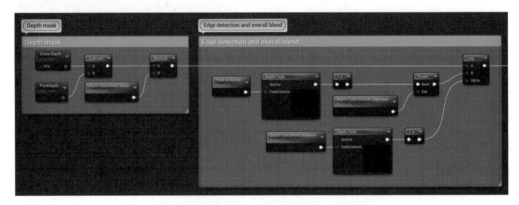

그림 3.24 지금까지의 머티리얼 그래프

이 노드를 배치했으니 이제 물의 불투명도와 색을 모두 구동할 준비가 됐다고 말할 수 있다. 더 이상 시간을 낭비하지 말고 바로 색상 값을 다뤄보자.

24. 물의 색을 구동하는 벡터 파라미터 노드 2개를 만든다. 이 두 노드의 이름은 물의 색을 구동할 것이므로 **Shallow Water Color**와 **Deep Water Color**가 적절하다.

25. 앞의 두 노드에 물을 잘 표현해야 한다고 생각되는 값을 할당한다. 얕은 부분에는 **0.241, 0.31, 0.316**의 값을, 깊은 부분에는 **0.109, 0.208, 0.178**의 값을 지정했다.

26. 2개의 벡터 파라미터 뒤에 **Lerp** 노드를 위치시키고 얕은 영역을 제어하는 노드를 A에 연결한다. 더 깊은 부분을 구동하는 색은 **B**에 연결하고, 20번 단계에서 만든 **Lerp** 노드(깊이 마스크를 혼합하는 노드)는 방금 만든 **Lerp** 노드의 **Alpha**에 연결한다.

27. 이전 **Lerp** 노드를 머티리얼의 **베이스 컬러**에 연결한다.

28. 이전 작업에서는 머티리얼의 **베이스 컬러** 속성에 초점을 맞췄다면 이번에는 불투명도에 초점을 맞춰보자.

29. 2개의 스칼라 파라미터를 생성하고 **Shallow Water Opacity**와 **Deep Water Opacity**로 이름을 지정한다.

30. 첫 번째 파라미터에는 **0.2** 값을 할당하고 두 번째 파라미터에는 **0.6** 값을 할당한다.

31. 새 **Lerp** 노드를 생성하고 컬러 블렌딩 노드에서 했던 것처럼 A에 **Shallow Water Opacity**를 연결한다. B에는 **Deep Water Opacity**를 연결하고, **Alpha**에는 20번 단계에서 색상 프로퍼티에서 했던 것처럼 이전에 만든 **Lerp**와 연결한다.

32. 이전 **Lerp** 노드를 지금 만들고 있는 머티리얼의 **오파시티**에 연결한다.

마지막 단계를 구현하면 머티리얼의 기본 색상과 불투명도 속성을 모두 다룰 수 있다. 하지만 이것으로 끝이 아니다. 러프니스와 굴절 같은 파라미터를 여전히 관리해야 하기 때문이다.

이 두 가지 중 첫 번째인 러프니스 프로퍼티는 보는 각도에 따라 달라진다는 것을 알고 있으며, 이전 레시피들에서 이미 설명한 바 있다. 머티리얼이 카메라를 향하고 있는지 아니면 카메라를 멀리하고 있는지도 알아야 하지만, 물을 다루고 있으므로 최종 머티리얼의 사실감을 높이기 위해 좀 더 복잡하게 만들고 방정식에 움직이는 작은 파도를 도입해보자. 다음으로는 이 모든 과제를 다룰 것이다.

33. **Texture Sample** 노드를 생성하고 **T_Water_N** 에셋을 할당한다. 이 이미지는 시작용 콘텐츠의 일부이므로, 이 책과 함께 제공되는 씬과 다른 씬으로 작업하는 경우 프로젝트에 추가해야 한다.

34. **Texture Coordinate** 노드를 생성하고 이전 샘플의 왼쪽에 배치한다. 기본값은 그대로 둔다.

35. 스칼라 파라미터를 추가하고 **0.1**의 값을 할당한 다음, 이름을 **Water Scale** 같은 이름으로 지정한다. 이 노드는 물결 모양을 구현하는 데 사용할 텍스처의 크기를 제어한다.

36. 이전 **Texture Coordinate**와 **Scalar Parameter** 뒤에 **Multiply** 노드를 배치하고 각각 **A**와 **B**에 연결한다. 이렇게 하면 나중에 머티리얼 인스턴스를 만들 때 파도의 크기를 쉽게 제어할 수 있다.

37. **Panner** 노드를 생성하고 이전에 만든 **Multiply** 노드를 **Coordinate** 입력과 연결한다.

38. 2개의 스칼라 파라미터 노드를 생성해 Panner 효과가 작동하는 속도를 제어한다. 이름을 **Water X Speed**와 **Water Speed Y**로 지정하고 첫 번째 노드에 **0** 값을, 두 번째 노드에 **0.001** 값을 할당한다. 나중에 살펴보겠지만, 이렇게 하면 UV가 Y 방향이 된다.

39. **Append** 노드를 생성하고 이전 2개의 스칼라 파라미터를 **A**와 **B**에 연결한다.

40. 이전 노드를 **Panner** 노드의 **Speed**에 연결한다.

41. 마지막으로, **Texture Sample**의 **UV input**에 **Panner**를 연결한다.

42. 앞의 일련의 작업을 구현하면 수역의 노멀 맵으로 선택한 텍스처에 애니메이션을 적용할 수 있다. 직접 만든 에셋이 아니므로 다음으로는 강도를 제어하는 방법을 구현해야 한다.

43. **Component Mask** 노드를 생성하고 32번 단계에서 생성한 **Texture Sample** 노드 바로 뒤에 배치한다. 이 노드를 사용할 경우, 주어진 텍스처에서 선택한 텍스처 채널을 분리할 수 있으면 노멀 맵의 강도가 빨간색과 초록색 채널에 저장돼 있으므로 디테일 패널에서 **R**과 **G** 체크박스를 선택한다.

44. 새로운 스칼라 파라미터를 추가하고 **Normal Intensity**와 유사한 이름을 지정한다. 이것이 제어할 작업에 관련된 이름으로 지정하고, 값을 **0.8**로 설정한다.

45. **Multiply** 노드에 이전에 만든 두 노드를 연결한다.

46. 조정된 빨간색 및 초록색 채널과 일반 텍스처의 파란색 채널을 재결합하는 데 사용할 또 다른 **Append** 노드를 만든다. **A**를 **Multiply**와 연결하고 **B**는 **Texture Sample**의 **B**와 연결한다.

마지막 **Append** 노드는 노멀 텍스처를 마지막으로 조정하는 노드로, 지금쯤이면 애니메이션이라는 목표를 달성했다. 그래프에서 이 부분을 살펴보고 이해가 됐는지 확인해보자.

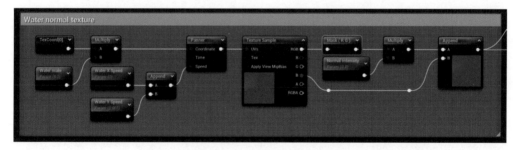

그림 3.25 노멀 맵과 그 애니메이션 파라미터를 제어하는 그래프 부분

이제 이전 노드 세트를 통해 생성된 정보를 사용해서 메인 머티리얼 러프니스 및 노멀 입력을 조절할 수 있다. 후자는 방금 만든 것을 고려할 때 매우 분명해 보인다. 노멀 맵을 사용해 동종 머티리얼 파라미터를 조절하는 것은 이 시점에서는 획기적인 일이 아니다! 하지만 러프니스 프로퍼티에 어떤 영향을 줄 것인지는 살펴볼 필요가 있다. 하지만 오래 걸리지 않을 것이다. 과거에 했던 것처럼, 머티리얼의 뷰포트를 향하는 부분과 뷰포트로부터 멀어지는 부분에 다른 값을 할당하기만

하면 된다. 이번에는 머티리얼에 할당된 노멀의 값도 고려해야 하므로, 2장에서와 같이 프레넬 노드만 사용할 수 없다는 점이 다르다.

47. **Fresnel** 노드를 생성하고 이전 **Append** 노드 뒤에 위치시킨다.

48. 마지막으로 만든 **Append** 노드[44번 단계에서 만든 노드]를 Fresnel 함수의 **Normal**에 연결한다. 이렇게 하면 애니메이션 노멀 정보를 사용해서 Fresnel 기법을 통해 얻은 이펙트를 구동할 수 있다.

49. 2개의 스칼라 파라미터를 생성하고 **Camera-facing roughness**와 **Perpendicular roughness** 같은 이름을 지정한다. 첫 번째 노드의 값을 **0.025**로, 두 번째 노드의 값을 **0.2**로 설정한다.

50. **Lerp** 노드를 생성하고 **Fresnel** 노드를 **Alpha**에 연결한다. **Camera-facing roughness** 파라미터를 **A**에 연결하고 다른 하나는 사용 가능한 마지막 입력에 연결한다.

51. **Lerp** 노드를 머티리얼의 러프니스에 연결한다.

마지막 다섯 단계에서는 물 머티리얼의 러프니스 파라미터를 조정한다. 이제 마지막으로 조정해야 할 설정인 셰이더의 굴절 속성으로 넘어갈 수 있다. 이 장의 첫 번째 레시피에서 유리 셰이더를 만들 때 봤던 것과는 다른 기법을 사용할 예정이므로, 여기서 흥미로운 점이 있다. 이번에는 **Index of Refraction Translucency** 모드로 작업하는 대신 **Pixel Normal Offset**이라는 기술을 사용해 물체나 창문과 같은 크고 평평한 표면에서 작업할 때 더 나은 결과를 얻을 수 있다. 이를 구현하는 방법을 살펴보자.

52. **메인 머티리얼** 노드를 선택하고 디테일 패널에 초점을 맞춘다. 아래로 스크롤해서 **리프랙션**Refraction 항목으로 이동하고, **리프랙션 메서드**Refraction Method를 **Index of Refraction**에서 **Pixel Normal Offset**으로 변경한다.

53. 44번 단계에서 만든 **Append** 노드를 머티리얼의 **Normal**에 연결한다.

54. 새로운 스칼라 파라미터를 생성하고 이름을 **Refraction**으로 지정한다. 값을 **1.25**

로 지정하고 머티리얼의 **Refraction**에 연결한다.

마지막 단계를 수행하면 설정한 모든 목표를 달성할 수 있다. 마지막으로 해야 할 일은 씬에 존재하는 수역에 머티리얼을 적용하고 머티리얼 인스턴스를 생성해 우리가 만든 스칼라 파라미터를 갖고 놀 수 있도록 하는 것이다. 부모 셰이더를 계속 리컴파일^{recompile}할 필요 없이 다양한 설정이 머티리얼의 형태에 어떤 영향을 미치는지 실시간으로 시각화할 수 있다면 좋은 생각이다. 어쨌든 씬을 마지막으로 한 번 더 살펴보고 노력의 결실을 즐기자!

그림 3.26 씬의 최종 결과물

예제 분석

이 레시피에서는 여러 가지 새로운 노드를 살펴볼 수 있었다. 그중에는 **Scene Depth** 노드와 그 형제인 **Pixel Depth** 함수, **Depth Fade**, **Append**, **Component Mask**, **Pixel Normal Offset** 등이 있는데, 그 수가 너무 많아서 모두 어떻게 작동하는지 자세히 살펴볼 필요가 있다!

우리가 처음 사용한 것부터 시작하자. **Scene Depth**이다. 앞서 언급했듯이 이 노드가 제공하는 기능은 **Translucent Blend Mode**를 사용하는 머티리얼에서만 사용할 수 있는데, 이 노드를 사용할 때 얻을 수 있는 정보 때문이다. 이 노드를 통해 수집할 수 있는 데이터는 작업 중인 반투명 표면 너머에 있는 불투명 표면과 뷰포트 사이의 거리를 나타낸다. 이 값은 씬에서 마지막으로 보이는 요소의 좌표라고 생각하면 된다.

이와 대조적으로 **Pixel Depth** 노드는 비슷한 데이터를 제공하지만, 이번에 제공되는 거리는 뷰포트와 **Pixel Depth** 노드가 포함된 머티리얼을 적용하는 오브젝트를 나타내는 픽셀 사이의 거리라는 점에서 차이가 있다. 즉, **Opaque** 또는 **Translucent Blend Mode** 프로퍼티 사용 여부와 관계없이 카메라와 머티리얼이 적용되고 있는 오브젝트 사이의 거리를 구한다는 뜻이다. 이는 반투명 오브젝트에만 **Scene Depth** 노드를 사용할 수 있는 이유를 설명해주는데, 해당 함수가 제공하는 정보는 이러한 유형의 오브젝트에 대해 **Pixel Depth** 노드로 수집한 정보와 동일하기 때문이다.

또 다른 깊이 관련 함수는 다른 개체와의 교차점 근처 영역을 검색할 수 있는 **Depth Fade** 함수다. 이 기능은 이 레시피에서 봤던 것과 같은 다른 목적이나 그 사이의 이음새를 숨기는 데 유용할 수 있다. 대체로 모델의 특정 부분을 동적으로 제어하고 마스킹하는 또 다른 방법으로, 정적 텍스처 마스크를 사용할 필요가 없고 게임플레이에 따라 변경할 수 있다.

게다가 이 레시피에서 사용한 다양한 파라미터를 고려할 때 어느 시점에 **Append** 노드를 사용해야 하는 것은 당연한 일이다. X 및 Y 방향의 물의 속도를 제어하는 2개의 스칼라 파라미터를 생성한 직후에 이 노드를 사용한 것을 기억할 것이다. 이 두 값을 **Vector2** 변수로 결합하는 데 이 함수가 필요했는데, 이 변수는 **Panner** 노드에서 **Speed** 파라미터에 대한 입력으로 요구되는 값이다. 본질적으로는 **Append** 함수를 사용하면 입력보다 더 많은 채널을 포함하는 더 큰 크기의 벡터를 만들 수 있다.

이와 관련된 것이 **Component Mask** 노드다. 이 노드는 단순한 벡터를 단일 엔티티로 결합하는 대신 필요한 다중 채널 입력 중에서 특정 채널을 선택할 수 있다. 이전 페이지들에서와 같이 특정 텍스처 채널만 수정해야 할 때 유용하게 사용할 수 있다.

마지막으로 좀 더 자세히 살펴보고 싶은 부분은 **Pixel Normal Offset** 굴절 모드다. 이 장의 첫 번째 레시피에서 봤던 기존의 **Index of Refraction** 모드 대신 이 기법을 사용한 이유는 넓거나 평평한 표면에서 더 잘 작동하는 경향이 있기 때문이다. IOR 방식이 실제 굴절 역학에 더 가깝다고 생각할 수도 있지만, 언리얼이 이 시스템을 위해 선택한 구현 방식이 현실을 모방하려고 할 때 항상 최선의 선택은 아니다. 너무 기술적으로 설명하지 않더라도 IOR 구현은 앞서 언급한 모델 유형에 아티팩트를 유발할 수 있는 몇 가지 가정을 하고 있다. 이에 대응하기 위해 에픽은 **Pixel Normal Offset Refraction** 방식을 대안으로 도입했다.

이 새로운 굴절 모델은 버텍스 노멀 데이터를 사용해 우리가 보는 굴절 오프셋을 계산하는 방식으로 작동한다. 이는 픽셀당 노멀과 버텍스 노멀의 차이를 계산해 화면에 표시되는 결과를 제공함으로써 가능하며, IOR 방식보다 실제 시나리오와 더욱 일치한다.

참고 사항

이러한 주제에 대해 자세히 알아보려면 에픽게임즈의 공식 문서(https://docs.unrealengine.com/5.0/en-US/refraction-using-pixel-normal-offset-in-unreal-engine/)를 참조하자.[7]

⁞⁞⁞ 라이트 함수를 사용한 투영

특히 반투명을 사용하는 머티리얼과 같이 까다로운 머티리얼을 다룰 때 수면의 모양을 제대로 파악하면 씬의 사실감을 크게 높일 수 있다. 멋진 반사가 나타나고 굴절이 올바른 방식으로 작동하며 애니메이션이 사실적으로 느껴지도록 하는 것은 이전 레시피에서 다룬 내용이다. 여기에 특정 수역에서 흔히 볼 수 있는 추가 효과인 투영 효과를 추가할 수 있다.

---

7   한국어 버전은 https://docs.unrealengine.com/5.0/ko/refraction-using-pixel-normal-offset-in-unreal-engine/에서 확인할 수 있다. - 옮긴이

물체의 표면이 다른 물체에 투영되는 광선의 굴절된 외피를 모방하는 이 기법은 실시간 렌더러에서 계산하기 어렵다. 그렇기 때문에 보통 이 효과를 사실적으로 보여주기보다는 가짜로 표현하는 접근 방식을 사용한다. 다음 페이지에서 이러한 방법 중 하나를 살펴보자.

준비

이 레시피는 이전 레시피의 발자취를 따르므로 이번에 새로 필요한 것은 없다. 몇 페이지 전에 고려했던 모든 고려 사항이 여기에도 그대로 적용되며, 물체 역할을 할 수 있는 평면과 그 컨테이너 역할을 할 모델이 필요하다. 이번에 사용할 새로운 비트^{bit}는 모두 시작용 콘텐츠의 일부로 제공되므로 반드시 포함시켜야 한다.

동일한 씬과 에셋을 사용해 따라 하고 싶다면 **03_05_Start** 레벨을 열고 언리얼 엔진의 멋진 마법을 경험해본다.

그럼 다음 절로 넘어가자!

예제 구현

앞서 언급했듯이 투영은 현재 높은 주사율로 실행할 수 있는 방법이 없으므로 보통 엔진 내에서 실시간으로 계산하지 않고 페이크^{fake}한다. 따라서 언리얼 엔진 5에서 조명에 적용되는 에셋의 일종인 라이트 함수라는 것을 사용해 '가짜'를 만든다. 이를 염두에 두고 이 기법을 지원할 조명을 배치해보자.

1. 씬에 스포트라이트를 추가한다. 이 유형의 조명에는 조명이 완전히 켜지거나 꺼지지 않는 멋진 영역을 만들 수 있는 몇 가지 매개변수(특히 외부 원뿔 각도$^{Outer Cone Angle}$와 내부 원뿔 각도$^{Inner Cone Angle}$)가 있으므로 투영 물질을 다룰 때 매우 유용하다.

2. 다음 스크린샷과 같이 이 스포트라이트를 물 위에 놓고 기울인다.

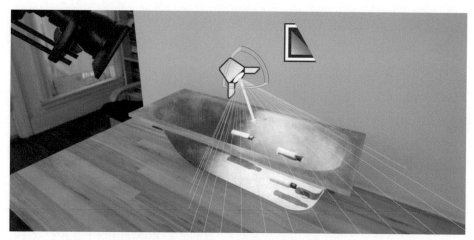

그림 3.27 수면 위 스포트라이트 배치에 관한 제안

3. 이제 디테일 패널에 집중하자. 새로운 스포트라이트의 **모빌리티**^{Mobility} 파라미터를 **무버블**^{Movable}로 설정한다.

4. 선택한 조명의 다른 값을 약간 변경해서 **강도**^{Intensity}를 조정하고 **내부 원뿔 각도**^{Inner Cone Angle}와 **외부 원뿔 각도**^{Outer Cone Angle}를 조정한다. 나는 첫 번째 매개변수를 **2.3 cd**로 설정했고, 내부 원뿔 각도로 **20**도, 외부 원뿔 각도로 **42**도를 사용했다.

5. 스포트라이트의 **라이트** 항목에서 좀 더 아래로 내려가 **고급**^{Advanced} 메뉴를 펼치면 **라이팅 채널**이라는 확장 가능한 영역이 있다. 기본적으로 켜져 있어야 하는 **채널 0**^{Channel 0}의 선택을 취소하고 **채널 1**^{Channel 1}을 선택한다.

6. **SM_BathTub** 액터를 선택하고 디테일 패널에서 위와 동일하게 라이팅 채널 1을 활성화한다. 이전 스포트라이트와 달리 이번에는 채널 0과 채널 1이 모두 활성화돼 있는지 확인한다.

NOTE

특정 라이팅 채널을 오브젝트에 할당하면 해당 모델은 동일한 라이팅 채널을 사용하는 조명의 영양을 받기만 한다. 특정 표면에만 영향을 주는 특수 효과를 만들 때는 이 점을 염두에 두자.

이 문제를 해결했으니 이제 투영 이펙트를 모방할 라이트 함수를 만드는 데 집중할 수 있다. 이 과정은 콘텐츠 브라우저로 이동해서 새 머티리얼을 생성하는 것으로 시작하자.

7. 새 머티리얼을 만들고 일반적인 단계를 수행한다. 즉, 이름을 지정하고 저장한다 (나는 M_WaterCaustics로 지정했다).

8. 머티리얼 에디터에서 새 에셋을 열고 디테일 패널로 이동한다. **머티리얼 도메인** Material Domain을 **Light Function**으로 변경하면 조명으로 작동할 수 있는 머티리얼을 설정할 수 있다.

9. 새 머티리얼을 스포트라이트에 할당한다. 이렇게 하려면 메인 에디터로 돌아가서 스포트라이트를 선택한다. 디테일 패널을 확인하면 **라이트 함수**Light Function라는 항목이 존재하는데, 방금 만든 새 머티리얼을 사용하도록 설정해서 조정해야 한다.

   머티리얼을 조명에 적용하면 변경 사항을 확인할 수 있다. 이제 수정을 시작해보자!

10. 텍스처의 크기나 위치를 변경할 때마다 **Texture Coordinate** 노드가 필요하므로 **Texture Coordinate** 노드를 생성한다.

11. 이전 **Texture Coordinate** 노드 뒤에 **Multiply** 노드를 추가하고 **Texture Coordinate** 노드를 **Multiply**의 **A**에 연결한다.

12. **Texture Coordinate** 아래 어딘가에 스칼라 파라미터를 생성한다. **Texture Coordinate** 노드와 달리 머티리얼 인스턴스에서 파라미터를 조정할 수 있으므로, **Texture Coordinate** 노드에 의존하지 않고 나중에 생성할 **Texture Sample** 노드의 타일링을 변경하는 데 이 노드를 사용한다. 기본값을 **1**로 설정하고 이름을 **Texture Tiling**과 비슷한 이름으로 지정한다.

13. 방금 생성한 스칼라 파라미터를 **Multiply**의 **B**에 연결한다.

    정리하기 쉽도록 이전 노드 집합을 단순히 파트 A라고 부르자. 이렇게 하면 나중에 그래프로 돌아올 때마다 이 부분을 식별하는 데 도움이 된다.

14. 2개의 스칼라 파라미터를 생성하고 이름을 하나는 **X-Axis Speed 01**, 다른 하나는

Y-Axis Speed 01로 지정한다. 원하는 대로 이름을 지정해도 되지만, 앞으로 텍스처 레퍼런스가 이동할 속도를 정의하는 용도로 사용한다는 점을 기억하자. 값을 각각 **0.01**과 **0.025**로 설정한다.

15. **MakeFloat2** 노드를 생성한다. 새 노드이므로 머티리얼 그래프 내 아무 곳이나 우 클릭한 후 해당 이름을 입력하면 노드를 생성할 수 있다.

16. 수평 속도에 영향을 주는 스칼라 파라미터 노드는 **MakeFloat2** 노드의 **X (S)**에 연 결하고 수직 속도에 영향을 주는 노드는 **Y (S)**에 연결한다.

17. **MakeFloat2** 노드의 **결과**^{Result}에서 와이어를 드래그해 끝에 **Multiply** 노드를 생성한 다. 이 함수는 자동으로 **A**에 연결되고 **B**는 **1**로 남겨두는데, 이 시점에서 원하는 것 이 바로 이것이다.

이 마지막 몇 개의 노드를 파트 B라고 부를 수 있다. 이 두 부분이 만들어지면 두 그룹을 하나로 묶는 다음 부분을 만들 수 있다.

18. **Panner** 노드를 추가한다.

19. 파트 A의 끝에 있는 **Multiply** 노드를 새로운 **Panner** 노드의 **Coordinate**에 연결한 다음, 파트 B를 동일한 **Panner** 노드의 **Speed**에 연결한다.

지금까지의 머티리얼 그래프는 아래 그림과 같다.

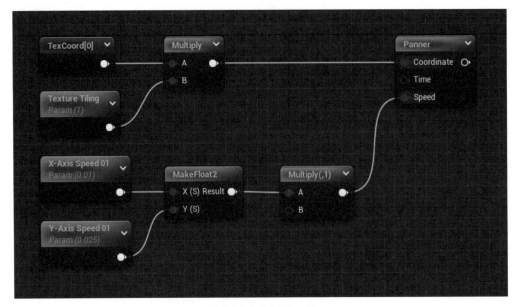

그림 3.28 현재까지의 머티리얼 그래프

2D 벡터를 **Panner** 노드의 **Speed**에 연결하자! 그래서 **MakeFloat2** 노드를 사용해 X축과 Y축의 **Speed**를 독립적으로 제어했다. **상수**(Constant)만 사용했다면 하나의 값으로 두 속도를 모두 조정해서 대각선 방향으로 움직이게 됐을 것이다.

20. **Panner** 노드에서 와이어를 드래그해 이전에 만든 모든 것의 영향을 받는 **Texture Sample** 노드를 생성한다.

21. 새 **Texture Sample** 노드의 값으로 **T_Water_M** 텍스처를 선택한다. 이 에셋은 시작용 콘텐츠의 일부이므로 아직 포함하지 않았다면 반드시 포함시켜야 한다.

지금까지 수행한 모든 단계를 통해 생성 중인 광원 함수의 모양을 구동하는 데 사용할 수 있는 노드 네트워크가 생겼다. 앞의 **Texture Sample** 노드를 머티리얼의 **이미시브 컬러**^{Emissive Color}에 연결하고 씬의 스포트라이트에 적용해 어떤 결과가 나오는지 확인하기만 해도 물의 투영 형태를 구현하는 데 있어서는 이미 좋은 위치에 있다. 그럼에도 불구하고 특히 효과를 더욱 미묘하게 만드는 데 있어서는 아직 개선의 여지가 있다. 다음으로는 이 부분을 다루자.

22. 지금까지 만든 모든 노드를 복사해서 원본 아래 어딘가에 배치한다.

23. 방금 만든 그래프에 있는 중복된 파라미터의 이름을 변경한다. 나는 **Texture Tiling 02, X-Axis Speed 02, Y-Axis Speed 02**로 지정해 어떤 작업을 수행할지 표시했다.

24. 중복된 스칼라 매개변수의 값을 수정한다. 비슷하지만 원래의 것과 다르게 만들면 나중에 약간 다른 패턴을 만들려고 혼합할 때 잘 작동한다. 나는 타일링에 **1.5**, 수평 속도에 **-0.008**, 수직 속도에 **-0.0125**를 사용했다.

NOTE

> 이러한 필드의 값은 작업 중인 표면 유형과 UV가 배치된 방식에 따라 크게 달라질 수 있다. 자체 에셋을 사용하는 경우 자유롭게 실험해보자.

원본 노드 네트워크의 거의 동일한 복사본이 있으면 두 가지를 혼합해 멋지고 미묘한 효과를 만들 수 있다. 이를 목표로 삼고 믹싱 작업을 진행하자.

25. 기존의 모든 노드 뒤에 **Lerp** 노드를 추가한다. 첫 번째 **Texture Sample** 노드를 **A**에 연결하고 두 번째 **Texture Sample**을 **B**에 연결한다. **Alpha** 핀은 그대로 두고 값을 **0.5**로 설정하면 두 샘플이 50%씩 블렌딩된다.

26. **Lerp** 노드 바로 뒤에 **Multiply** 노드를 추가한다.

27. 다른 스칼라 파라미터를 생성하고 이름을 **Overall Intensity**로 지정한다. 이 파라미터를 사용해서 조명의 강도를 제어한다. 여기서 값을 **1**로 지정한다.

28. **Lerp** 노드를 **Multiply** 노드의 **A**에 연결하고 마지막 스칼라 파라미터를 **B**에 연결한다.

29. **Multiply** 노드를 **메인 머티리얼** 노드의 **이미시브 컬러**에 연결한다.

거의 완성됐지만, 이펙트의 전체 속도를 제어하기 위해 스칼라 파라미터를 하나 더 추가하자. **MakeFloat2** 노드 뒤에 위치한 **Multiply** 노드에 연결되지 않았던 핀이 있는 것을 기억하는가? 이제 그 부분을 처리하자.

30. 스칼라 파라미터를 생성한다. 값을 **1**로 지정하고 머티리얼 그래프의 시작 부분에 위치시킨다. 이름을 **Overall Speed**로 지정한다.

31. 이전 스칼라 파라미터를 MakeFloat2 노드 바로 뒤에 있는 2개 **Multiply** 노드의 **B**에 연결한다.

32. 마지막으로, 컴파일하고 저장한다.

이러한 모든 변경 사항이 적용되면 이제 씬은 다음과 같아야 한다.

그림 3.29 씬의 최종 결과물

이번 레시피는 이것으로 끝이다. 다음 레시피에서 보자!

예제 분석

라이트 함수는 훌륭하다! 이미 알고 있었지만, 이 레시피에서 사용한 방식은 언리얼의 다재다능함을 잘 보여준다. 생각해보자. 라이트를 사용했다. 하지만 이 라이트는 그림 자를 드리우지 않으며 방출하는 빛은 특정 표면에만 영향을 미친다. 이는 레벨의 대부 분의 오브젝트에서 제거된 특정 라이팅 채널에서 작동하도록 설정한 직접적인 결과다.

라이트에 관한 한 꽤나 흔치 않은 동작이다!

이를 위해 라이트 함수 역할을 하는 머티리얼이 사용하는 머티리얼 도메인을 변경했다. 이 파라미터의 기능은 매우 간단하다. 셰이더를 사용할 액터의 유형에 따라 조정하면 된다. **Surface**, **User Interface**, **Deferred Decals**, **Light Functions**, **Post Process**와 같은 여러 옵션 중에서 선택할 수 있다. 각 유형은 셰이더를 사용할 수 있는 오브젝트 또는 엔티티의 유형을 나타낸다. UI 요소 내에서 머티리얼을 사용하려면, 3D 모델에 적용하려는 머티리얼이 사용하는 것과는 다른 머티리얼 도메인에 대한 **User Interface** 옵션을 선택해야 한다(이를 위해 **Surface**를 사용한다).

참고 사항

머티리얼 도메인과 라이트 함수에 대한 언리얼 공식 문서는 다음 링크에서 확인할 수 있다.

- https://docs.unrealengine.com/4.27/en-US/BuildingWorlds/LightingAnd Shadows/LightFunctions/[8]

🌊 바다 셰이더 애니메이팅

지난 두 번의 레시피에서 이미 물을 다루는 작업을 수행했지만, 언리얼 엔진 5의 대규모 바다 셰이더에 대한 이야기를 생략하고 넘어갈 수는 없었다. 이는 내가 컴퓨터 렌더링에서 가장 좋아하는 주제 중 하나이며, 지금부터 소개할 방법 덕분에 훌륭한 결과물을 얻을 수 있다. 하지만 이번 주제는 단순한 확장에 그치지 않을 것이므로, 이어지는 페이지들에서 계속 새로운 기술을 배우고 새로운 개념을 적용한다. 그러니 안전벨트를 매자. 우리의 여정에는 쉴 시간이 없다!

---

8 한국어 버전은 https://docs.unrealengine.com/4.27/ko/BuildingWorlds/LightingAndShadows/LightFunctions/에서 확인할 수 있다. - 옮긴이

준비

이 레시피에는 시각적으로 큰 변화가 있지만, 그럼에도 필요한 모든 것은 이 책과 함께 번들로 제공되거나 시작용 콘텐츠에 포함된 프로젝트 또는 엔진의 일부에 포함돼 있다. 대규모 바다 머티리얼을 작업할 예정이므로, 지금까지 작업해온 익숙한 실내 씬에서 벗어나 넓은 야외 환경으로 이동하는 것이 좋다. 우리가 작업할 레벨의 이름은 03_06_Start이므로 다음 몇 페이지에서 다룰 지침을 따라 하려면 이 레벨을 실행해보자.

하지만 여기서 배운 내용을 나만의 프로젝트에 적용하고 싶다면 어떻게 해야 할까? 이 경우 필요한 기본 구성 요소는 균등하게 세분화된 평면과 시작용 콘텐츠의 일부인 **BP_LightStudio** 블루프린트다. 파도의 움직임을 가짜로 만들 수 있도록 충분히 세분화된 평면과 이를 볼 수 있는 라이트가 필요하다. 그것이 전부다!

예제 구현

바다를 다루는 작업은 일반적으로 대규모 표면을 다루는 것을 의미하며, 과거에 발견했듯이 이러한 상황에는 고유한 도전 과제가 있다. 가까이서 보거나 멀리서 봤을 때 모두 잘 어울리는 텍스처를 만드는 것은 어려울 수 있지만, 이는 2장에서 콘크리트 표면을 만들 때 이미 해결한 문제다. 그때는 서로 다른 두 가지 스케일에서 멋지게 보이는 애니메이션 머티리얼을 만들지 못했는데, 이번에는 조금 다른 방식으로 접근해야 한다. 또한 파도의 높이에 따라 바다 거품을 추가하는 등 새롭고 흥미로운 기법도 추가할 예정이다. 새롭게 발견할 수 있는 것들이 많으니 바로 시작해보자.

1. 제공된 씬을 열거나 직접 생성해 씬을 이미 설정한 상태로 콘텐츠 브라우저에서 새 머티리얼을 생성한다. 나는 머티리얼의 이름을 **M_OceanWater**라고 지었다.

   우리의 주요 고민 중 하나는 머티리얼에서 눈에 띄는 반복을 숨기는 것이므로, 무작위로 생성된 두 세트의 파도를 작은 파도와 큰 파도로 정의하는 것부터 시작하자. 이 첫 번째 부분을 작은 파도를 만드는 데 사용되는 파트 A라고 부르자.

2. **Material Function Call**은 키보드의 **F** 키를 누른 채 머티리얼 그래프의 빈 공간을

좌클릭하거나 우클릭하고 이름을 입력해 생성한다.

3. 새 노드를 선택한 상태에서 디테일 패널을 살펴보고 머티리얼 함수를 선택할 수 있는 드롭다운 메뉴를 펼친다. 지금까지 머티리얼 함수를 하나만 만들었으므로 이 단계에서는 사용할 수 있는 옵션이 많지 않다. 하지만 걱정하지 말자. 드롭다운 메뉴가 확장되면 나타나는 톱니바퀴 아이콘을 클릭하고 **엔진 콘텐츠 표시**^{Show Engine Content} 옵션을 체크하자.

4. **Motion_4WayChaos_Normal** 머티리얼 함수를 선택한다. 이 편리한 리소스는 입력으로 제공해야 하는 일반 텍스처를 기반으로 무작위 애니메이션 모션을 생성한다. 계속해서 입력 파라미터를 설정해보자.

5. **Absolute World Position** 노드를 생성한다. 이 노드를 검색하려면 이 함수의 실제 이름인 World Position이라는 단어를 입력하기만 하면 된다. 노드를 생성할 때 기본적으로 'Absolute' 접두사가 나타나는데, 이는 함수가 사용하도록 설정된 기본 하위 유형이기 때문이다.

6. 2개의 스칼라 파라미터를 그래프에 추가한다. 첫 번째는 **Water Scale**이라고 명명한 것으로, 바다의 스케일을 전반적으로 제어하는 데 사용된다. 두 번째는 **Small Wave Scale**이라고 명명한 것으로, 작은 파도의 특정 스케일을 제어한다. 각각 **1**과 **256**으로 값을 설정한다.

7. **Multiply** 노드를 추가하고 A와 B에 이전 두 스칼라 파라미터들을 연결한다.

8. 다음으로, **Divide** 노드를 생성하고 **Absolute World Position** 노드 뒤에 배치한다. A에 **World Position**을 연결하고 B에 이전 **Multiply** 노드를 연결한다.

9. **Component Mask**를 **Divide** 노드 뒤에 배치한다. 디테일 패널에서 R과 G 채널을 선택한다.

10. **Component Mask**를 오리지널 머티리얼 함수의 **Coordinates (V2)**에 연결한다.

4WayChaos 함수의 **Coordinate**에 공급되는 첫 번째 부분은 이 노드가 이 머티리얼을 적용하는 표면에 투영하는 방식을 정의한다. 한편으로 **World Position** 노드

는 모델의 UV에 의존하지 않는 투영을 제공한다. 생성한 2개의 파라미터를 통해 이 투영의 스케일에 영향을 주고, 최종 입력 핀에 공급할 2개의 좌표 벡터가 필요 하므로 마지막으로 빨간색과 초록색 채널을 마스킹한다. 좌표가 제어됐으니 이제 **Speed**와 **Texture** 파라미터를 수정하자.

11. **Small Wave Speed**와 **Water Speed**라는 2개의 추가 스칼라 파라미터를 생성한다. 이는 작은 파도의 스케일에 영향을 주는 이전 스칼라 파라미터를 만들 때 취했던 접근 방식과 동일하지만, 이번에는 제어하는 것이 속도라는 점이 다른 점이다! 기 본값은 각각 **0.2**와 **1.5**로 지정한다.

12. 다음으로 **Multiply** 노드를 추가하고 이전 스칼라 파라미터들을 여기에 연결한다. 그런 다음, Multiply 결과를 4WayChaos의 **Speed**에 연결한다.

    Texture Object Parameter를 추가하고 **T_Water_N** 텍스처를 할당한 다음, 이전 함 수의 **Texture**에 연결한다. 새로운 파라미터의 이름은 **Normal Texture Object**로 지 정했다.

    다양한 스칼라와 **Texture Object Parameter**를 생성해 결국 머티리얼 인스턴스를 생성함으로써 이전의 모든 설정을 좀 더 쉽게 조정할 수 있다. 이제 그래프의 이 부분은 거의 끝났다고 할 수 있으며, 참고로 이 부분을 파트 A라고 부른다. 다른 항목으로 넘어가기 전에 노드를 몇 개 더 만들어야 하므로 지금 만들어보자.

13. **Constant3Vector** 노드를 2개 생성한다. 첫 번째 노드에 **0, 0, 0** 값을 할당하고 다 른 노드는 **1, 1, 0.2** 값으로 설정한다.

14. 스칼라 파라미터를 생성하고 **Small Wave Amplifier**로 이름을 지정한다. 값은 **0.5** 로 설정한다.

15. 처음 2개의 **Constant3Vector** 사이를 선형 보간하고 이전 스칼라 파라미터를 **Lerp** 의 **Alpha**에 연결한다.

16. 4WayChaos 함수 뒤에 **Multiply** 노드를 추가하고 **A**에 연결한다. 이 노드의 **B**에 이 전에 만든 **Lerp** 노드를 연결하는 것을 잊지 말자.

이 모든 단계를 구현하면 소규모 파도의 스케일, 속도, 크기를 제어하는 머티리얼의 파트 A를 완성할 수 있다.

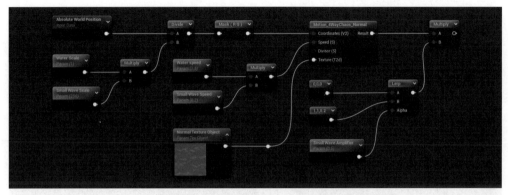

그림 3.30 파트 A라고 명명한 현재까지의 머티리얼 그래프

이 부분을 파트 A로 지정하면 방금 만든 콘텐츠를 빠르게 복제하고 두 번째 파도세트를 생성할 수 있다. 이 복사본은 규모가 더 크므로, 여기서 사용할 스칼라 파라미터의 이름을 지정할 수 있다. 그래프의 다음 부분을 파트 B라고 하자.

17. 지금까지 만든 모든 노드(파트 A라고 부른다)를 복사해서 머티리얼 그래프 아래에 좀 더붙여넣는다. 다음 부분은 파트 B라고 부르며 대규모 파도의 규모, 속도, 진폭을 제어한다.

18. **Small Wave Scale, Small Wave Speed, Small Wave Amplifier Scalar** 파라미터의복사본 이름을 새로운 역할을 나타내는 이름으로 바꾼다. 이번에는 **Large Wave Scale, Large Wave Speed, Large Wave Amplifier**로 지정했다.

19. **Large Wave Scale, Large Wave Speed, Large Wave Amplifier** 파라미터의 값을 변경한다. 새 값은 각각 **1024, 1.5, 0.9**와 같은 값이어야 한다. 또한 **Large Wave Amplifier** 파라미터에 의해 구동되는 **Lerp** 노드에 연결된 **Constant3Vector**의 값을변경한다. 새 값은 각각 **1, 1, 3**과 **1, 1, 0.1**이다.

20. 이 머티리얼의 파트 B에서 컴포넌트 마스크와 4WayChaos 함수 사이에 **Rotator** 노드를 추가한다. 이렇게 하면 이전 텍스처의 더 큰 스케일 버전으로 끝날 수 있기

때문에 좀 더 멋지게 만들 수 있다.

21. 이 **Rotator** 노드의 **Time**에 **1.342** 값을 지정한 상수를 만들어 연결한다.

파트 B는 다음과 같다.

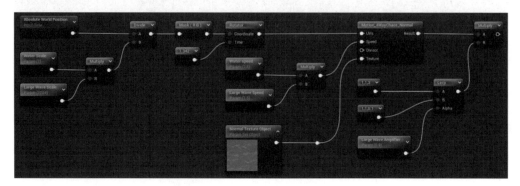

그림 3.31 파트 B의 머티리얼 그래프

앞서 변경한 내용 덕분에 다른 스칼라 파라미터의 이름과 적용한 값을 제외하고는 다른 그래프와 동일한 함수 파트 B가 생겼다. 즉, 이제 서로 다른 속도로 애니메이션이 적용되고 정상 강도가 다른 두 가지 크기의 파도 패턴을 생성하는 2개의 함수가 생겼다. 다음 스크린샷과 같이 각 파트의 결과를 머티리얼의 **베이스 컬러**에 연결하면 결과를 직접 확인할 수 있다.

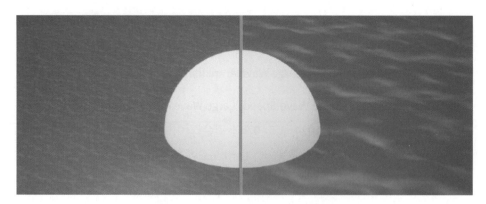

그림 3.32 크고 작은 파도 패턴을 나란히 놓은 모습

보다시피 서로 다른 두 가지 파도 애니메이션 패턴을 만들었다. 이와 같이 두 가지를 사용하는 이유는 두 가지를 혼합하면 하나만 사용했을 때 나타나는 반복을 없앨 수 있기 때문이다. 이는 이 레시피의 뒷부분에서 살펴보는 것처럼 머티리얼의 다른 파라미터를 구동하는 데 유용하지만, 이 단계에서 이미 할 수 있는 것은 두 부분을 블렌딩하고 이를 사용해 머티리얼의 **Normal** 프로퍼티를 구동하는 것이다.

22. **Add** 노드를 생성하고 파트 A와 B 뒤에 배치한 다음, 두 파트를 해당 노드에 연결한다.

23. 이전 **Add** 노드를 메인 **머티리얼** 노드의 **Normal**에 연결한다.

   이러한 작업을 통해 머티리얼의 **Normal** 프로퍼티를 정의할 수 있었다. 하지만 **베이스 컬러**Base Color, **변위**Displacement, **러프니스**Roughness와 같은 그 외 파라미터들은 여전히 해결해야 한다. **Displacement** 프로퍼티를 다루는 것은 이번이 처음이므로 이 프로퍼티에 중점을 두자.

24. 머티리얼의 파트 B라고 부르는 부분을 복사해 머티리얼 그래프 아래 어딘가에 붙여넣는다. 이 새로운 부분을 파트 C라고 부르며, 지금 수정해본다.

25. 4WayChaos 함수 뒤에 위치한 **Multiply** 및 **Lerp** 노드를 삭제하고, **Lerp** 노드에 연결된 2개의 **Constant3Vector**와 스칼라 값도 삭제한다.

26. **Motion_4WayChaos_Normal** 머티리얼 함수를 선택하고 **Motion_4WayChaos**라는 이름으로 변경한다. 이 새 리소스의 이름이 이전에 사용하던 것과 매우 유사하므로 선택할 때 주의한다.

27. 다음으로, **Texture Object Parameter**를 T_Water_M이라는 텍스처로 변경한다. 이 텍스처는 이전 텍스처의 높이 맵heightmap 버전으로, 시작용 콘텐츠에도 포함돼 있다. 이 과정에서 이 파라미터의 이름을 **Large Wave Height**로 변경한다.

28. 이전 함수 뒤에 **Power** 노드를 추가하고 **Motion_4WayChaos** 노드를 **Power**의 **Base**에 연결한다.

   이전 단계들을 모두 완료하면 이 셰이더가 적용된 모델의 변위를 구동하는 새로운 머티리얼의 파트 C 처리가 완료된다. 파트 B와 C는 매우 유사한 방식으로 작동해 큰 파도의 규모와 속도를 정의한다. 하지만 파트 B는 노멀^{normal}을 계산하는 데 중점을 둔 반면, 파트 C는 이러한 파도의 높이를 계산해 모델의 변위와 셰이더에서 거품의 위치(나중에 소개할 효과)를 구동하는 데 유용하게 사용할 수 있다.

이 단계에서는 바다 거품의 위치와 머티리얼의 변위를 구동하는 데 필요하므로 파트 C를 분기한다. 변위는 거의 그대로 사용할 수 있으므로 당분간은 여기에 집중하자.

29. 스칼라 파라미터를 추가하고 이름을 **Luminance Bias**로 지정해서 변위를 구동하는 높이 맵의 강도를 제어하는 데 사용한다. 값을 0으로 지정한다. 이렇게 하면 월드에서 변위 효과가 얼마나 높거나 낮을지 제어할 수 있다.

30. **Add** 노드를 생성하고 28번 단계의 **Luminance Bias** 노드와 **Power** 노드를 전부 연결한다.

31. **Component Mask**로 R 채널을 마스킹한다. 이렇게 하면 다른 채널, 특히 파란색 채널에 저장할 그레이스케일 텍스처 또는 흔히 알려진 Z 값을 얻을 수 있다.

32. **Append** 노드와 **Constant2Vector**를 생성한다. 벡터에 (0, 0) 값을 지정하고 **Append** 노드의 A에 연결한다. 앞서 만든 마스크를 B에 연결한다. 이렇게 하면 세 가지 요소로 구성된 벡터가 효과적으로 생성되고 높이 맵이 Z 값으로 저장된다.

33. 강도를 높이려면 **Multiply** 노드를 추가한다. A에 이전에 만든 **Add** 노드를 연결하고 B 값을 5로 설정한다.

34. 다른 **Multiply** 노드와 스칼라 파라미터를 생성한다. 이 최신 설정은 머티리얼의 변위를 제어하므로, 이름을 그대로 지정하고 초기값을 10과 같이 지정한다. 새 스칼라 파라미터와 이전 **Multiply** 노드를 새 **Multiply** 노드에 연결한다.

35. 마우스로 우클릭하고 검색창에 이름을 입력해서 **Vertex Normal** 벡터를 생성한다. 그러면 머티리얼이 적용되는 **Vertex Normal**의 월드 스페이스 값이 주어지며, 이를 통해 모델을 변위할 수 있다.

36. **Add** 노드를 생성해 **Vertex Normal** 벡터를 이전 **Multiply** 노드에 추가하고, 그 결과를 머티리얼의 **월드 포지션 오프셋**World Position Offset에 연결한다.

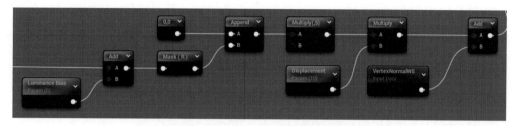

그림 3.33 머티리얼의 변위 속성을 구동하는 이전 노드 세트

이제 머티리얼의 **베이스 컬러** 속성을 살펴보자. 그 여정의 첫 번째 단계는 바다 거품 텍스처를 만드는 것이다. 지금 바로 해보자.

37. 파트 C를 복사해서 파트 B와 C 사이에 붙여넣고, 지금 공간이 없는 경우 그 사이에 공간을 만든다.

38. 일부 스칼라 파라미터의 이름을 변경해서 이전의 **Large Wave Scale** 대신에 **Seafoam Scale**로, **Large Wave Speed** 대신에 **Seafoam Speed**로 사용한다.

39. **Texture Object parameter**의 기본값으로 **Water_d** 텍스처를 설정하고 이름을 **Sea Foam Texture**로 변경한다.

계속하기 전에 큰 파도의 꼭대기에서 바다 거품 텍스처가 적절한 곳에만 표시되도록 해야 한다. 이를 어떻게 처리할 수 있는지 알아보자.

40. **Component Mask**와 **Motion_4WayChaos** 머티리얼 함수 사이에 있는 **Rotator** 노드(그리고 Time에 연결된 상수)를 제거하고 **Add** 노드를 추가한다. 이 **Component Mask**는 **Add** 노드에 연결되는 반면, **Add** 노드는 머티리얼 함수에 다시 연결해야 한다. **Motion_4WayChaos** 머티리얼 함수 뒤에 있는 **Power** 노드도 제거한다.

이제 마지막 **Add** 노드에 빈 입력 핀이 있어야 한다. 몇 단계 후에 다시 설명할 테니 이 내용을 기억해두자.

41. 큰 파도의 노멀을 제어하는 부분인 파트 B로 돌아가 머티리얼 함수(Motion_4WayChaos

_Normal)에서 다른 와이어를 드래그한다. **Component Mask**를 만들고 R 및 G 채널을 선택한다.

42. 이전 단계에서 만든 새 마스크에서 다른 와이어를 계속 드래그해 **One Minus** 노드를 생성한다.

43. **Multiply** 노드를 생성한다.

44. 스칼라 파라미터를 추가하고 이름을 **Foam Distortion**으로 지정한다. 이를 이전 **Multiply** 노드의 **B**에 연결하고 **0.2** 값을 지정한다.

45. **One Minus** 노드를 44번 단계에서 만든 **Multiply** 노드의 **A**에 연결한다.

46. **Multiply** 노드를 40번 단계에서 생성한 **Add** 노드에 남아 있는 입력 핀에 연결한다.

47. 40번 단계에서 만든 **Add** 노드를 Motion_4WayChaos 머티리얼 함수의 **Coordinates (V2)**에 연결한다.

38~47번 단계들을 파트 D라고 하자. 이 단계들을 통해 부분적으로 큰 파도에 의해 구동되는 작은 바다 거품 텍스처를 포함할 수 있었다. 이를 사용해 머티리얼의 형태를 수정한다. 이제 셰이더의 **베이스 컬러** 프로퍼티를 다룰 차례다. 이 과정에서는 여러 단계가 포함된다. 첫 번째 단계에서는 파도의 위치와 움직임에 따라 색이 변하는 것처럼 보이고 우리를 향해 있는 표면이 시야와 평행한 표면보다 더 어둡게 보이는 효과를 모방하려고 한다. 그 전에 머티리얼 그래프의 파트 D를 살펴보자.

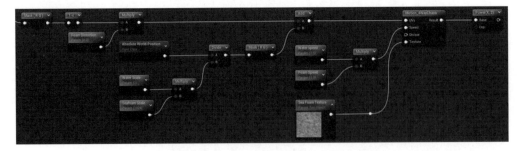

그림 3.34 머티리얼 그래프의 파트 D

48. 22번 단계에서 만든 **Add** 노드(파트 A와 B를 결합하는 노드)에서 와이어를 끌어다 놓고 그 끝에 **Normalize** 노드를 만든다. 이 표현식은 지정한 벡터 값을 받아 단위 벡터unit vector(길이가 1인 벡터)를 반환한다.

49. 이전 **Normalize** 노드 뒤에 **Transform Vector** 노드를 추가한다(Transform을 입력하면 찾을 수 있다). 이 함수는 Tangent Space 입력을 월드 스페이스 값으로 변환하는데, 이 값은 이전 작업에서 얻은 값이므로 지금 이 시점에서 필요하다.

50. **Fresnel** 노드를 생성하고 이전 **Transform Vector** 노드를 **Normal**에 연결한다. 노드를 선택한 상태에서 **익스포넌트**Exponent(ExponentIn)를 **5**로 설정하고 **베이스 리플렉트 프랙션**Base Reflect Fraction(BaseReflectFractionIn)을 **0.04**로 설정한다.

51. 이전 **Fresnel** 뒤에 **Clamp** 노드를 추가하고 **최솟값**Min과 **최댓값**Max은 그대로 둔다.

   나중에 참조할 수 있도록 그래프의 앞부분을 파트 E라고 부르자. 이 모든 노드는 카메라를 향하지 않는 머티리얼의 영역을 카메라를 향하는 영역과 다르게 처리하는 마스크를 제공하는데, 여기서 더욱 유용한 것은 파도도 고려하고 있다는 점이다. 마침내 바다 셰이더의 다양한 부분의 형태를 연출하는 데 도움이 되는 무언가가 생겼다. 다음으로는 파트 F라고 부르는 셰이더의 **베이스 컬러** 프로퍼티를 다뤄보자.

52. 2개의 벡터 파라미터를 만든다. 첫 번째 파라미터의 이름을 **Water Camera Facing Color**로 지정하고, 두 번째 파라미터의 이름을 **Water Side Color**로 지정한다. 카메라를 향하는 영역에는 진한 파란색을, 카메라를 반대편으로 향하는 영역에는 연한 파란색을 지정하는 등 이러한 머티리얼에 적합하다고 생각되는 값을 지정한다. 효과를 좀 더 분명하게 확인하고 싶다면 색상을 크게 다르게 지정할 수도 있다.

53. **Lerp** 노드를 하나 생성하고 파트 E의 결과물을 **Alpha** 값으로 사용함으로써 앞의 두 벡터 파라미터 사이를 선형 보간한다.

   이렇게 하면 이러한 변경 사항이 씬에 미치는 영향을 확인할 수 있다. 이제 결과물을 확인해보자.

그림 3.35 지금까지의 바다 셰이더 결과물

이 시점에서 지금부터 해야 할 일은 이전에 선택한 바다 거품 텍스처와 앞의 색상을 병합하는 것이다. 그러려면 약간의 코드를 구현해야 한다. 이 마지막 부분을 위해 모두 탑승하자!

54. 파트 C의 끝에 있는 **Power** 노드(28번 단계에서 만든 Large Wave Height를 계산한 곳)로 돌아간 후 와이어를 드래그해서 끝에 새로운 **Power** 노드를 만든다.

55. 보이는 거품의 양을 제어하는 데 사용할 스칼라 파라미터를 만든다. 이름을 **Seafoam Height Power**로 지정하고 값을 2로 지정했다. 이전 **Power** 노드의 **Exp**에 연결한다.

56. **Multiply** 노드를 생성하고 A에 이전 **Power** 노드를 연결한다.

57. 바다 거품이 배치되는 허용 오차를 제어하는 데 사용할 다른 스칼라 파라미터를 생성한다. 이름을 **Seafoam Height Multiply**로 정하고 값을 2048로 지정했다. 이전 **Multiply** 노드의 **B**에 연결한다.

58. 이전 **Multiply** 노드 뒤에 **Component Mask**를 생성하고 R 채널을 유일한 옵션으로 선택한다.

59. **Clamp** 노드를 생성해 이전 **Component Mask** 출력 범위를 0에서 1로 제한한다.

그림 3.36 지금까지 작업한 노드들

이전 노드 세트를 파트 G라고 하자. 이 노드는 거품이 배치될 높이를 제어하므로 곧 사용하게 된다.

60. 파트 F에서 만든 물의 색을 보간하는 **Lerp** 노드에서 와이어를 드래그하고 와이어 끝에 같은 노드를 하나 더 생성하면, 이전 **Lerp** 노드와 자동으로 연결된다.

61. **B**를 바다 거품을 생성한 파트 D의 **Motion_4WayChaos** 머티리얼 함수에 연결한다.

62. 파트 D의 마지막에 있는 동일한 **Motion_4WayChaos** 함수 뒤에 G 채널을 선택한 **Component Mask**를 생성한다. 해당 마스크를 60번 단계에서 만든 **Lerp** 노드의 **Alpha**에 연결한다.

이전 단계들을 통해 큰 파도의 움직임에 따라 선택한 물의 색상과 바다 거품 텍스처를 보간할 수 있었다. 또한 큰 파도의 가장 높은 부분에만 거품이 나타나도록 최종 요구 사항을 도입해야 하는데, 이는 파트 G에서 계산했다.

63. 파트 F의 **Lerp** 노드에서 와이어를 드래그해 새로운 **Lerp** 노드를 생성한다.

64. 60번 단계에서 만든 **Lerp** 노드를 새로운 **Lerp** 노드의 **B**에 연결한다. **Alpha**는 바다 거품의 위치를 제어하는 파트 G의 **Clamp** 모드와 연결한다.

65. 최종 **Lerp** 노드를 머티리얼 노드의 **베이스 컬러**에 연결한다.

이제 머티리얼의 **메탈릭**Metallic, **스페큘러**Specular, **러프니스**Roughness를 정의하기 위한 상수 몇 개만 생성하면 된다. 이러한 스칼라 파라미터 3개를 생성하고 **메탈릭** 값은 0.1, **스페큘러**(반사 효과를 높이기 위해)는 1, **러프니스**는 물체의 표면에 반사된 디테일을 확인해야 하므로 0.01을 할당하면 된다. 이 작업을 수행한 후 머티리얼 인스턴스를 생성하고 결과가 만족스러울 때까지 값을 조정한다. 이 과정들이 끝나면 씬의 모습은 다음과 같다.

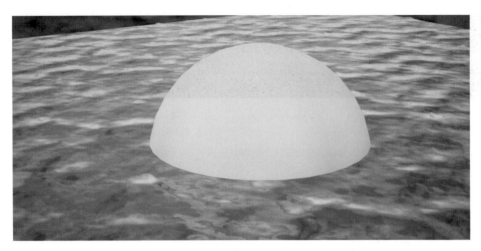

그림 3.37 이번 레시피에서 제작한 바다 머티리얼의 최종 결과물

예제 분석

이 레시피에서 많은 작업을 진행했다! 상황이 정리되고 명확해지려면 시간이 좀 걸리겠지만, 다음 몇 문장을 통해 그 과정을 빠르게 진행할 수 있는지 살펴보자. 결국 복잡한 머티리얼은 개별 단계가 아니라 지금 작업하고 있는 일의 관점에서 생각하는 것이 항상 유용하다. 따라서 이 레시피에서 언급한 여러 가지 부분과 같이 작은 조각으로 나누면 상황이 명확해질 수 있다. 이제 지금까지 작업한 내용을 복습해보자!

파트 A와 B는 매우 간단하다. 엔진에 포함된 머티리얼 함수를 사용해 작은 규모와 큰 규모의 두 가지 애니메이션 물결 패턴을 만들었고, **Rotator** 노드를 도입해 큰 물결 패턴에 작은 변화를 줬다. 파트 B의 복사본에 가까운 파트 C에서는 머티리얼을 적용한 모델의 변위를 구동하는 데 사용한 중요한 정보인 큰 파도의 높이를 계산하는 데 중점을 뒀다.

그다음에는 파트 D를 사용해 바다 거품 텍스처를 만들었다. 완전히 독립적이었던 이전 항목들과 달리, 파트 D에서는 거품이 파도의 끝부분에만 나타나길 원하므로 큰 규모의 파도에 의존한다. 마찬가지로 파트 E와 F는 파트 A와 B에서 계산된 노멀 값을 사용해 머티리얼의 베이스 컬러를 구동하는데, 카메라를 향하는 물의 부분과 카메라를 직접 마주하는 부분이 다르게 보이도록 하기 위해서다. 특히 파트 E에서는 파트 F에서 **베이스**

컬러로 사용되는 다양한 색상을 구동하기 위해 사용하는 마스크를 정의하는 데 중점을 뒀다. 마지막으로, 파트 H에서는 원하는 영역에만 바다 거품 텍스처를 배치할 수 있는 마스크를 만드는 방법을 다룬다.

여기까지다! 아직 이해해야 할 내용이 많으므로 머티리얼 에디터로 돌아가서 더 작고 관리하기 쉬운 머티리얼에 사용한 몇 가지 기법을 재현해보길 바란다. 이렇게 하면 큰 머티리얼을 구성하는 개별 부분들을 이해할 수 있으므로 혼자서 최종 검토할 수 있는 기회를 놓치지 말자. 또한 다음과 같은 기능도 잊지 말자. 특정 노드를 우클릭하면 사용할 수 있는 **노드 프리뷰 시작**Start Previewing Node 옵션을 선택해 그래프의 특정 부분을 미리 볼 수 있다. 이 기능을 사용하면 더 복잡한 해결 방법을 구현할 필요 없이 작성 중인 내용을 자세히 살펴볼 수 있다. 꼭 사용해보자!

참고 사항

이 레시피에서 가장 많이 사용한 것 중 하나는 4WayChaos 머티리얼 함수다. 과거에 여러 가지 유용한 노드를 사용했지만 함수는 다소 생소했으므로, 좀 더 자세히 알고 싶다면 언리얼 엔진의 공식 문서(https://docs.unrealengine.com/4.27/en-US/RenderingAndGraphics/Materials/Functions/)를 참고하길 바란다.[9]

또한 이 마지막 레시피는 다소 긴 편이었지만, 지금까지 다룬 다양한 부분은 매우 중요하고 상당히 고급스러운 내용이다. 따라서 과제로 비슷한 머티리얼을 다시 한번 만들고 자신만의 수정 사항을 도입함으로써 재현한 여러 단계를 스스로 테스트하고 검토해보자. 그렇게 하면 많은 지식과 실전 경험을 얻을 수 있다.

---

9 한국어 버전은 https://docs.unrealengine.com/4.27/ko/RenderingAndGraphics/Materials/Functions/에서 확인할 수 있다. – 옮긴이

04

나나이트, 루멘 및 기타 언리얼 엔진 5
기능 활용하기

이 책의 네 번째 장에 이르렀으니 언리얼에서 사용할 수 있는 다양한 렌더링 기법 몇 가지를 이미 살펴봤다고 말할 수 있다. 그간의 경험은 잠시 접어두고, 지금부터는 최신 버전의 엔진과 함께 등장한 새로운 기술을 좀 더 자세히 살펴보자. 여기에 해당하는 기능들은 나나이트, 루멘, 하드웨어 가속 레이 트레이싱 이펙트다.

이를 염두에 두고, 이번 장에서는 이러한 새로운 렌더링 기능을 살펴보는 데 중점을 둔다. 나나이트, 퀵셀 메가스캔Quixel Megascans, 루멘, 소프트웨어 및 하드웨어 레이 트레이싱 등 각각의 전용 레시피를 살펴보면서 좀 더 사실적인 얇은 유리 표면과 같은 몇 가지 추가 기능도 살펴본다.

이 장에서 살펴볼 내용은 다음과 같다.

- 나나이트 및 퀵셀 메가스캔 에셋 활용

- 소프트웨어 및 하드웨어 레이 트레이싱 사용

- 스크린 스페이스와 플레이너 리플렉션planar reflection 다시 보기

- 사실적인 유리와 버추얼 텍스처를 사용한 건축 시각화 장면 만들기

- 투명 코팅 셰이딩 모델^{Clear Coat Shading Model}을 통한 목재 니스 칠하기

다음은 앞으로 작업하게 될 콘텐츠 중 일부를 보여준다.

그림 4.1 이번 장에서 살펴볼 모델과 머티리얼의 일부

⠿ 기술적인 요구 사항

이전 장들과 마찬가지로 이번 장의 레시피를 다루는 데 필요한 대부분의 내용은 언리얼 엔진 5에 포함돼 있다. 또한 이전과 마찬가지로 웹 사이트^(https://packt.link/A6PL9)를 통해 언리얼 엔진 프로젝트를 다운로드할 수 있다.

앞으로 소개할 레시피에서는 특별한 하드웨어가 필요하다는 점을 강조하고 싶다. 이번에 다룰 주제 중 하나는 하드웨어 레이 트레이싱에 관한 것으로, 레이 트레이싱 가속 기능이 있는 그래픽카드가 필요하다. NVIDIA의 RTX 시리즈, AMD의 Radeon RX 라인 또는 인텔의 Arc 카테고리가 이에 해당한다.

그럼에도 불구하고 하드웨어 가속 기능이 부족한 사용자들을 위해 소프트웨어 레이 트레이싱도 살펴볼 예정이니 걱정하지는 말자!

⁝▶ 나나이트 및 퀵셀 메가스캔 에셋 활용

언리얼 엔진 5.0은 퀵셀 메가스캔 라이브러리와 나나이트가 포함된 몇 가지 깜짝 놀랄 만한 기능이 번들로 제공됐다. 첫 번째는 주로 3D 모델, 데칼decal, 머티리얼로 구성된 수백 개의 고퀄리티 사진 스캔 에셋이 포함된 저장소다. 두 번째는 다름 아닌 엔진의 가상화된 지오메트리 시스템으로, 이 기능을 통해 매우 디테일한 모델을 손쉽게 렌더링할 수 있다.

언리얼 엔진에서 실행되는 네이티브 앱인 퀵셀 브리지를 통해 엔진에 새로 추가된 이 두 가지 기능을 살펴본 다음, 메가스캔 콘텐츠를 보고 다운로드하고 프로젝트에 바로 통합할 수 있다. 다음 몇 페이지에서 이를 활용하는 방법을 살펴보자.

준비

이번 레시피에서 할 일은 사용 가능한 퀵셀 메가스캔 에셋을 사용해 레벨을 만드는 것이다. 해당 라이브러리에서 다양한 모델을 다운로드할 예정이므로 이 레시피를 따라 하기 위해 직접 모델을 만들 필요는 없다. 또한 이어지는 페이지들에서 작업할 것과 동일한 맵을 사용하려면 04_01_Start라는 레벨을 열어도 된다.

이 레시피를 위해 매우 복잡한 씬을 준비할 필요는 없지만, 에픽게임즈 계정과 퀵셀 계정이 모두 있는지 확인해야 한다. 엔진 내에서 퀵셀 메가스캔 라이브러리의 콘텐츠를 직접 찾아 통합할 수 있는 네이티브 언리얼 엔진 5 확장 브라우저인 퀵셀 브리지를 사용하려면 다음 두 가지가 필요하다. 레시피를 시작하기 전에 해당 작업을 수행하는 방법을 알아보자.

1. https://quixel.com/에서 퀵셀 계정을 만든다.

2. 언리얼 엔진 5를 실행하고 **창**Window ➤ **퀵셀 브리지**Quixel Bridge로 이동한다.

3. 그곳에서 오른쪽 상단을 살펴보고 **사용자 프로필**User Profile 기호를 클릭한다.

4. 에픽게임즈 계정으로 로그인한다. 이 단계에 도달하거나 메가스캔 에셋을 다운로

드하기 전에 에픽게임즈와 퀵셀 계정을 연결하라는 메시지가 표시된다. 화면의 안내에 따라 연결하고 설정을 완료한 후 모든 콘텐츠를 마음껏 즐기자.

이전 단계를 모두 완료하면 레시피 작업을 시작할 수 있다. 여기서 사용할 에셋은 언리얼 엔진 프로젝트의 일부로 다른 사용자에게 재배포할 수 없으므로 이 책과 함께 제공되는 프로젝트에서는 볼 수 없다는 점에 유의하자.

예제 구현

여유 에셋을 마음대로 사용할 수 있는가? 이제 라이브러리를 채우러 가자! 나는 3D 모델을 직접 만져보고 이 예술 형식의 아름다움에 감탄하는 것을 좋아하므로, 독자들도 에셋을 감상하는 데 많은 시간을 할애할 준비를 하자. 퀵셀 메가스캔 에셋을 사용해 씬을 채워보자. 그 여정을 시작해본다.

1. **창 ➤ 퀵셀 브리지**로 이동해 퀵셀 브리지를 연다.

2. 안으로 들어가서 사용하려는 에셋을 검색한다. 접시, 그릇, 포도 몇 개를 선택해 작은 정물화 장면을 만들려고 한다. 해당 에셋들은 다음 위치에서 확인할 수 있다.

   - 포도는 **Home ➤ 3D Assets ➤ Food ➤ Fruit**에서 찾을 수 있다.

   - 플레이트는 **Home ➤ 3D Assets ➤ Interior ➤ Decoration ➤ Tableware**에서 찾을 수 있다.

   - 마찬가지로 그릇은 **Home ➤ 3D Assets ➤ Interior ➤ Decoration ➤ Bowl**에서 찾을 수 있다.

눈에 띄는 특정 에셋을 발견하면 해당 에셋을 클릭하고 씬의 오른쪽 하단에 있는 **다운로드**Download 버튼을 누르기만 하면 된다.

다운로드 버튼을 클릭하면 언리얼이 에셋을 가져오기 시작한다. 이 과정은 완료되기까지 약간의 시간이 소요될 수 있으며, 이는 인터넷 연결 속도에 따라 달라질 수 있다.

3. 언리얼은 **다운로드** 버튼 주변에 표시되는 시각적 신호를 통해 다운로드 프로세스가 완료됐는지 여부를 알려준다. 이 작업이 완료되면 **다운로드** 옆에 있는 **추가**^{Add} 버튼을 클릭한다. 그러면 현재 프로젝트에 해당 에셋이 추가된다.

이 전체 과정에서 다음 화면과 유사한 화면이 표시돼야 한다.

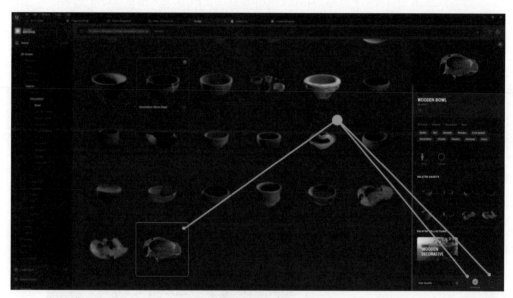

그림 4.2 퀵셀 브리지 인터페이스

이 시점에서 다운로드하는 에셋의 품질과 관련해 선택할 수 있는 몇 가지 옵션이 있다는 점에 유의하는 것이 중요하다. **다운로드** 버튼 왼쪽에 작은 드롭다운 메뉴가 있는 것을 봤을 텐데, 여기서 다운로드할 에셋의 품질을 선택할 수 있다(저화질, 중간 화질, 고화질 같은 몇 가지 옵션을 사용할 수 있다). 이러한 옵션은 컴퓨터에 다운로드되는 에셋의 크기와 해상도, 특히 텍스처에 영향을 미친다.

이 외에도 일부 모델에서 **나나이트**^{Nanite}라는 새로운 옵션을 사용할 수 있다. 이 기능은 이 새 버전의 엔진에 도입된 새로운 가상 지오메트리 시스템의 이점을 활용할 수 있는 초고해상도 모델에서 주로 사용할 수 있으며, 자세한 내용은 이 레시피의 뒷부분에 있는 '예제 분석' 절에서 확인할 수 있다. 지금은 다운로드한 모델로 무엇을 할 수 있는지에 집중해보자.

4. 다운로드한 모델을 씬에 드래그 앤 드롭하고 원하는 방식으로 정렬한다. 시각적으로 매력적인 무언가를 만들려고 노력하되 너무 많은 시간을 할애하지는 말길 바란다. 에셋을 검사하는 데 집중하기 때문이다. 다음 스크린샷을 참고해 레벨을 합성하는 방법에 대한 아이디어를 얻자.

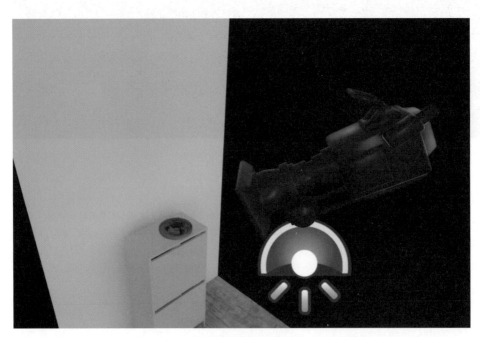

그림 4.3 씬의 구성

다운로드한 에셋 중 나나이트가 활성화된 에셋은 없지만, 그럼에도 불구하고 멋지게 보인다. 가까이서 보면 포도가 약간 다각형처럼 보이는 것만 빼면 말이다. 하지만 약간의 조정만으로 외관을 개선할 수 있는 여지가 있으니 지금부터 그 작업을 해보자.

5. 콘텐츠 브라우저에서 포도 모델로 이동해 더블 클릭하면 스태틱 메시 에디터가 열린다.

6. 디테일 패널에서 **나나이트 세팅**^{Nanite Settings}에 있는 **나나이트 지원 활성화**^{Enable Nanite Support} 옵션을 확인한다.

7. 같은 **나나이트 세팅** 항목 하단의 **변경 내용 적용**^{Apply Changes} 버튼을 클릭한다.

이전 단계들까지 작업을 수행하면 렌더링되는 에셋의 품질이 눈에 띄게 향상되는 것을 확인할 수 있다.

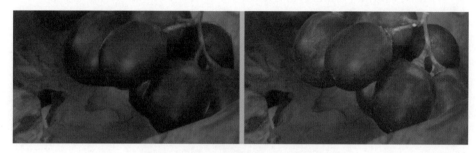

그림 4.4 나나이트 비활성화 및 활성화된 포도 모델

TIP

콘텐츠 브라우저에서 모델을 우클릭해 **나나이트**(Nanite) **>** **나나이트 활성화**(Enable)를 선택함으로써 나나이트 지원을 활성화할 수도 있다. 또는 자체 스태틱 메시 중 하나를 언리얼로 임포트하고 임포터 옵션에서 **나나이트 빌드**(Build Nanite) 옵션을 선택해 설정할 수도 있다.

이전 모델에서 나나이트를 활성화하면 에셋이 화면에서 차지하는 공간과 무관하게 최고 퀄리티로 렌더링되며, 해당 작업을 수행하는 데 필요한 폴리곤 수만 사용한다는 추가적인 이점이 있다. 모델에서 멀어질수록 필요한 폴리곤의 수가 줄어들기 때문에 나나이트가 렌더링해야 하는 삼각형의 수도 줄어든다. 이 작업은 엔진에서 동적으로 처리되므로 아티스트가 동일한 모델에 대해 서로 다른 레벨의 디테일을 생성할 필요가 없으며 디테일을 변경하기 전에 에셋이 차지해야 하는 화면 공간 영역을 지정할 필요도 없다. 이 모든 작업을 동적으로 수행하면 바쁜 작업에서 벗어나 좀 더 창의적인 작업에 집중할 수 있다.

그럼에도 불구하고 나나이트가 타깃 플랫폼에서 지원되지 않는 경우와 같이 기존의 검증된 레벨 오브 디테일LOD, Level Of Detail 시스템에 의존해야 하는 경우가 여전히 있다. 씬에 있는 다른 모델 중 하나를 살펴보면서 작업하는 방법을 살펴보자.

8. 나무 그릇 모델을 선택하고 콘텐츠 브라우저에서 에셋을 더블 클릭해 스태틱 메시 에디터를 실행한다.

9. 디테일 패널을 살펴보고 **LOD 선택 툴**LOD Picker을 확인한다. **LOD 드롭다운**LOD dropdown 메뉴에서 사용할 수 있는 다양한 옵션 중에서 선택하고 모델이 어떻게 변경되는지 확인하자. LOD가 높을수록 폴리곤 수가 줄어든다.

기본적으로 서로 다른 LOD 간의 변경은 엔진이 옳다고 판단한 내용에 따라 자동으로 이뤄진다. 다음 단계를 구현해 이러한 동작을 변경할 수 있다.

10. 디테일 패널의 **LOD 세팅**LOD Settings 항목으로 이동한 후 **LOD 거리 자동 계산**Auto Compute LOD Distances 박스를 체크 해제한다.

11. **LOD 선택 툴**로 돌아가서 변경하려는 LOD를 선택한다(여기서는 **LOD1**부터 시작한다).

12. **LOD1**을 선택하면 **LOD 선택 툴** 아래 항목의 이름이 **LOD1**로 변경된다. **화면 크기**Screen Size라는 항목을 확인할 수 있으며 이를 조정할 수 있다. 값을 **0.89**로 설정한다.

이전 설정을 조정하면 하나의 LOD에서 다음 LOD로 변경되는 시점을 효과적으로 결정할 수 있다. 이를 제어하는 세팅인 **화면 크기**는 오브젝트가 화면에서 차지하는 공간을 측정하는 값으로, 스태틱 메시 에디터의 뷰포트 왼쪽 상단 모서리에 있는 정보 패널에서 해당 값을 확인할 수 있다.

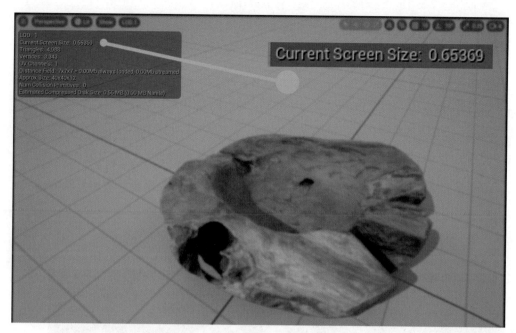

그림 4.5 화면 크기의 현재 값을 확인할 수 있는 정보 패널 위치

LOD 시스템을 사용해 렌더링되는 폴리곤의 수를 제어할 수 있으므로, 나나이트를 지원하지 않는 플랫폼에서 여러 개의 LOD를 사용하면 성능 향상 측면에서 큰 이점을 얻을 수 있다. 하지만 다양한 디테일 레벨의 역할을 하는 모델을 저장하는 데 필요한 추가 디스크 공간과 메모리 그리고 처음에 모델을 생성하는 데 필요한 시간이 늘어난다는 단점이 있다. 아티스트가 나나이트를 사용하면 상당한 양의 작업을 줄일 수 있으므로, 나나이트를 선호하는 이유를 충분히 이해할 수 있다!

다음으로는 다운로드한 세 번째 모델인 콘크리트 접시에서 나나이트를 활성해보자. 꽤 단순한 지오메트리처럼 보이지만, 실제로는 9,136개의 삼각형으로 구성돼 있어 단순해 보이는 모델치고는 꽤 많은 숫자다! 나나이트는 이 에셋을 렌더링하는 데 도움을 주는데, 이번 기회를 통해 디버그 시각화 옵션^{debug visualization option}에 대해 자세히 알아본다. 어떤 기능인지 살펴보자.

13. 콘텐츠 브라우저에서 **스태틱 메시** 액터를 더블 클릭해 콘크리트 화분 모델에 대한 스태틱 메시 에디터를 실행한다.

14. 포도 작업을 할 때와 마찬가지로 디테일 패널의 **나나이트 세팅**^{Nanite Settings} 항목에 있는 **나나이트 지원 활성화**^{Enable Nanite Support} 옵션을 체크한 다음, **변경 내용 저장**^{Apply Changes} 버튼을 클릭한다.

나나이트는 특정 모델을 최상의 상태로 렌더링하는 데 필요한 삼각형의 양을 항상 적절하게 보여주는 가상화된 지오메트리 시스템이라고 말했지만, 지금까지 삼각형이 실제로 변경되는 것을 본 적이 없다. 이제 그 부분을 살펴보자.

15. 스태틱 메시 에디터를 종료하고 메인 뷰포트로 돌아가서 **뷰 모드**^{View Mode} 버튼을 클릭한다. 현재 **라이팅 포함**^{Lit}으로 설정돼 있으므로 **나나이트 시각화**^{Nanite Visualization} ➤ **트라이앵글**^{Triangles} 옵션을 선택한다. 지금 보고 있어야 하는 뷰는 다음과 같다.

그림 4.6 나나이트 삼각형 시각화 모드

이전 뷰 모드를 사용하면 에셋이 화면에서 차지하는 공간이 많아지거나 적어짐에 따라 해당 모델을 구성하는 '삼각형 수프^{Triangle Soup}'가 어떻게 변하는지 확인할 수 있다. 동일한 패널을 통해 프리미티브^{Primitives}, 인스턴스^{Instances}, 오버드로^{Overdraw} 등 액세스할 수 있는 다른 많은 유용한 뷰가 있다. 각 뷰는 씬이 퍼포먼스 관점에서 어떻게 작동하는지 이해하기 위해 평가해야 할 수 있는 특정 지표에 대한 다양한 인사이트를 제공하며, 자세한 내용은 '참고 사항' 절에서 제공하는 링크를 통해 확인할 수 있다.

앞의 단계들을 모두 완료하면 나나이트와 퀵셀 브리지 라이브러리를 통해 제공되는 콘텐츠 작업에서 훨씬 더 유리한 위치에 설 수 있다. 두 시스템과 관련해서는 아직 더 많은 정보가 필요하고 다음 레시피에서 추가 정보를 소개할 예정이지만, 프로젝트를 진행할 때 이미 배운 내용을 활용해보자!

예제 분석

이 레시피에서 나나이트에 대해 꽤 많이 언급했으니 여기서 좀 더 자세히 살펴본다. 나나이트란 무엇인가? 그리고 어떻게 작동하는가? 나나이트를 최대한 활용하려면 기본 원리가 무엇인지 알아야 하므로, 이 두 가지 질문에 대한 답을 이해하는 것이 매우 중요하다. 이제 그 해답을 알아보자.

나나이트의 핵심은 원하는 만큼의 트라이앵글을 표시할 수 있는 가상화된 지오메트리 시스템이다. 지오메트리가 항상 존재하는 것은 아니므로 '가상화'라는 접두사가 붙는데, 모델에 수백만 개의 폴리곤이 포함될 수 있지만 시스템은 오브젝트가 화면에서 차지하는 공간에 따라 렌더링해야 할 것을 스마트하게 결정한다. 따라서 나나이트를 활성화한 모델을 사용하면 거의 모든 상황에서, 특히 표준 스태틱 메시와 비교할 때 탁월한 성능을 발휘한다. 폴리곤 수가 같을 경우, 스태틱 메시를 사용하면 하드웨어가 항상 포함된 모든 트라이앵글을 처리해야 한다. 하지만 나나이트를 사용하면 필요하다고 판단되는 트라이앵글만 렌더링 파이프라인에 포함시킬 수 있다.

참고 사항

공식 문서를 통해 나나이트와 퀵셀에 대해 자세히 알아보자.

- https://docs.unrealengine.com/5.0/en-US/nanite-virtualized-geometry-in-unreal-engine/[1]

---

1 한국어 버전은 https://docs.unrealengine.com/5.0/ko/nanite-virtualized-geometry-in-unreal-engine/에서 확인할 수 있다. – 옮긴이

- https://help.quixel.com/hc/en-us/sections/360005846137-Quixel-Bridge-for-Unreal-Engine-5

⫸ 소프트웨어 및 하드웨어 레이 트레이싱 사용

레이 트레이싱은 씬의 콘텐츠를 렌더링하는 새로운 방식으로, 씬의 조명과 관련해 과거에 가능했던 것보다 훨씬 더 사실적인 결과를 얻을 수 있는 기술이다. 이러한 유형의 기술은 전통적으로 실시간 환경에서 구현하기에는 비용이 너무 많이 들었으므로 게임 엔진에 최근 도입됐다. 그 결과, 이 기술은 애니메이션 업계나 전문 건축 시각화 스튜디오에서 사용하는 오프라인 렌더러에 주로 사용됐다. 하드웨어 가속 레이 트레이싱 그래픽 카드와 루멘 같은 새로운 렌더링 솔루션의 등장으로 게임 스튜디오와 실시간 그래픽 개발자는 좀 더 사실적인 반사, 굴절, 엠비언트 오클루전, 조명, 그림자를 계산하는 레이 트레이싱의 잠재력을 활용할 수 있게 됐다.

이 레시피에서는 여러 유형의 레이 트레이싱 솔루션을 구현해 좀 더 사실적인 반사를 구현하는 방법을 살펴보고 하드웨어 및 소프트웨어 레이 트레이싱 방법을 모두 살펴봄으로써 이 새로운 렌더링 기법을 다양한 디바이스에 배포하는 방법을 알아본다.

준비

이 레시피에서는 레이 트레이싱 기법으로 작업할 것이므로, 앞으로 살펴볼 다양한 효과를 향상시킬 수 있는 레벨로 작업하고 싶다. 시각적으로 가장 매력적인 효과 중 하나는 레이 트레이싱 리플렉션으로, 반사율이 높은 표면이 포함된 레벨에서 가장 잘 볼 수 있다. 이 책과 함께 제공된 예제(04_02_Start)에서 이 부분을 다루고 있지만, 직접 씬을 작업할 때는 반사 표면을 여러 개 배치하는 것을 잊지 말자.

그렇기는 하지만, 이 레시피의 대부분은 하드웨어 레이 트레이싱 기능이 필요한 기술에 초점을 맞추고 있다는 점에 유의하자. 따라서 이 레시피의 마지막 부분을 완료하려면 해당 기술이 포함된 그래픽카드가 있어야 한다.

예제 구현

레이 트레이싱 리플렉션으로 작업할 것이므로, 가장 먼저 필요한 것은 씬에 사용되는 리플렉션 시스템 유형을 제어할 수 있는 방법이다. 먼저 이 문제를 해결해보자.

1. 씬에 포스트 프로세스 볼륨^{Post Process Volume} 액터를 배치하는 방법은 **프로젝트에 빠르게 추가하기** 메뉴에 액세스해서 해당 액터의 이름을 입력하는 것이다. 이름을 입력할 수 없는 경우, **비주얼 이펙트**^{Visual Effects} 메뉴에서 첫 번째 옵션을 검색하면 된다.

2. 씬에 새 액터를 추가한 상태로 디테일 패널에서 **무한 규모 (언바운드)**^{Infinite Extent (Unbound)} 옵션을 활성화한다. 이렇게 하면 이 액터에 적용되는 모든 이펙트가 레벨 전체에 영향을 미친다.

   포스트 프로세스 볼륨 액터를 사용하면 단일 레벨 또는 맵의 일부에서 특정 그래픽 세팅을 수정할 수 있으므로, 전체 프로젝트에 동일한 파라미터를 적용하지 않아도 된다. 또한 이러한 액터 하나를 사용해 서로 다른 렌더링 옵션 사이를 순환할 수 있으므로 서로 다른 리플렉션 시스템을 비교할 때 유용하다. 가장 먼저 살펴볼 것은 언리얼 엔진 4에서 이어받은 스크린 스페이스 리플렉션 기법으로, 앞으로 살펴볼 레이 트레이싱 옵션과 비교하는 데 사용할 수 있는 시스템이다.

3. 포스트 프로세스 볼륨 액터를 계속 선택한 상태에서 디테일 패널의 **리플렉션**^{Reflections} 항목에 있는 **메서드**^{Method} 체크박스를 체크한다. 그러면 기본값을 변경할 수 있는데, 여기서는 **스크린 스페이스**^{Screen Space}로 설정하고 싶다. 레벨에 배치된 카메라 중 하나를 통해 씬을 살펴보자.

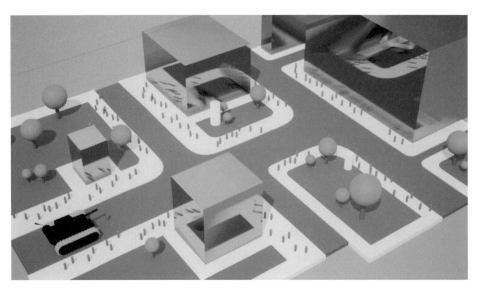

그림 4.7 스크린 스페이스 리플렉션

TIP

이전 스크린샷에 있는 모든 반사 표면과 해당 영역에 반사될 수 있는 불투명한 오브젝트를 확인할 수 있다. 리플렉션을 살펴볼 때 중요하므로, 작업하는 씬의 레이아웃이 자신만의 씬을 사용하는 경우 비슷한지 확인하자.

스크린 스페이스 리플렉션 방식은 뷰포트 내에서 찾은 정보를 사용해 사용자에게 다시 표시해야 하는 리플렉션을 계산한다. 이 데이터를 사용하면 렌더링 파이프라인이 더 쉬워지지만, 엔진이 화면에 나타나지 않는 영역을 반영할 수 없기 때문에 결과의 정확도가 제한된다. 뒷면이 보이지 않는 오브젝트나 뷰포트 외부에 위치한 에셋이 이에 해당한다. 다행히도 언리얼 엔진 5는 루멘을 사용해 이러한 문제를 해결했다.

4. 리플렉션 메서드를 이번에는 **Lumen**으로 변경한다. 이제 리플렉션이 개선된 것을 확인할 수 있다. 이전 스크린샷과 나란히 비교해보자.

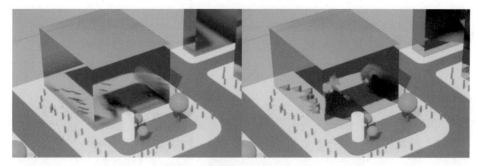

그림 4.8 스크린 스페이스 리플렉션(왼쪽)과 루멘 리플렉션(오른쪽)의 비교

루멘 리플렉션은 특히 사용 가능한 데이터가 없어 스크린 스페이스 기법으로 이미지를 해결할 수 없는 영역에서 매우 효과적으로 작동한다. 씬의 일부 건물에서 이전 방법으로는 반사 표면 앞에 있지만, 뷰포트에 보이지 않는 특정 오브젝트의 뒷면을 설명할 수 없는 경우가 이에 해당한다. 루멘은 뷰포트 데이터에 의존하지 않는 레이 트레이싱 기법이므로 이러한 시나리오에서도 매우 잘 작동한다. 레이 트레이싱 단계는 소프트웨어 또는 하드웨어 기반일 수 있는데, 후자의 경우 속도가 약간 느리고 전용 레이 트레이싱 하드웨어가 필요하다는 단점이 있지만 정확도는 더 높다.

기본 소프트웨어 레이 트레이싱 구현은 주어진 메시의 부호화된 거리 필드에 대해 광선을 추적하는 방식으로 작동하며, 이는 다양한 디바이스에서 작동한다. 부호화된 거리 필드의 품질을 조정해 리플렉션의 품질을 조정할 수 있는데, 아래에서 그 방법을 알아보자.

5. **SM_ToyTank** 3D 모델에 대한 스태틱 메시 에디터를 실행한다.

6. 디테일 패널에서 **LOD0**까지 스크롤한다. 기본값이 **1**인 **디스턴스 필드 해상도 스케일** Distance Field Resolution Scale이라는 설정이 있다. 이 값을 **15**와 같이 더 높은 값으로 변경한다.

7. **변경 내용 적용** 버튼을 클릭하고 메인 뷰포트로 돌아간다. 리플렉션이 어떻게 변경됐는지 살펴보자.

그림 4.9 디스턴스 필드 해상도 스케일 값이 1인 경우와 15인 경우의 비교

부호화된 거리 필드의 해상도를 높이면 스프트웨어 레이 트레이싱 엔진이 추적할 수 있는 더 자세한 에셋을 생성해 리플렉션 품질이 향상됐다. 이 접근 방식의 단점은 메모리 사용량이 증가한다는 점이지만, 특히 스크린 스페이스 리플렉션 방식과 비교할 때 이미지 품질이 향상되는 것은 매우 분명하다. 그럼에도 불구하고 소프트웨어 레이 트레이싱은 거울과 같은 반사를 생성할 수 없으므로, 이 수준에 도달하려면 하드웨어 레이 트레이싱 모드로 전환해야 한다. 이를 위해서는 프로젝트 전반의 특정 설정을 조정해야 하는데, 지금 바로 이 작업을 수행하려고 한다.

8. 프로젝트 세팅 패널(편집^{Edit} > 프로젝트 세팅^{Project Settings})을 실행하고 렌더링 메뉴(엔진^{Engine} > 렌더링^{Rendering})로 이동한다.

9. **하드웨어 레이 트레이싱** 항목까지 스크롤해서 **하드웨어 레이 트레이싱 지원**^{Support Hardware Ray Tracing} 옆의 체크박스를 체크한다.

   이 시점에서 엔진을 재시작하라는 메시지가 표시된다. 하지만 엔진이 셰이더를 다시 컴파일해야 해서 시간이 많이 걸리는 과정이므로, 좋아하는 음료 한잔을 준비해두자. 셰이더가 많으면 시간이 더 오래 걸리므로, 가능하면 프로젝트를 시작할 때 이 작업을 수행하는 것이 가장 좋다.

10. 프로젝트가 다시 시작되면 이전에 보던 동일한 메뉴로 돌아간다.

11. **루멘**^{Lumen} 항목까지 스크롤해서 **사용 가능한 경우 하드웨어 레이 트레이싱 사용**^{Use Hardware Ray Tracing when available}의 체크박스를 체크한다.

12. 이제 이전 설정 바로 아래에 있는 **레이 라이팅** 모드를 사용할 수 있다. **Surface Cache**와 **Hit Lighting for Reflections** 중에서 선택할 수 있으며, 후자가 더 정확하고 전자가 더 성능이 좋다. 둘 중 하나로 변경하고 화면의 결과를 확인해보자.

그림 4.10 두 레이 라이팅 모드의 차이점

TIP

포스트 프로세스 볼륨 액터 내에서 **Surface Cache**와 **Hit Lighting for Reflections** 옵션 사이를 전환할 수도 있다. **리플렉션**(Reflections) ➤ **루멘 리플렉션**(Lumen Reflections) ➤ **레이 라이팅 모드**(Ray Lighting Mode)를 검색하면 된다.

결과는 꽤 괜찮은 편이며 지금까지 봤던 어떤 리플렉션 기법보다 확실히 좋다. 그럼에도 불구하고 이전 스크린샷에는 여전히 눈에 띄는 문제와 잠시 후에 해결해야 할 다른 문제들이 있다. 먼저 빠른 변경 사항을 구현해보자.

13. **SM_ToyCity** 모델을 선택하고 스태틱 메시 에디터를 실행한다.

14. **나나이트 지원 활성화**Enable Nanite Support 옵션을 체크하고 **변경 내용 적용**Apply Changes 버튼을 클릭해 나나이트를 활성화한다.

메인 뷰포트로 돌아가면 리플렉션의 퀄리티가 저하된 것을 확인할 수 있다. 이는 루멘이 이러한 유형의 오브젝트를 처리할 때 나나이트 오브젝트의 예비 메시

Fallback Mesh를 사용해 성능을 유지하기 때문에 발생하는 현상이다. 따라서 리플렉션의 퀄리티를 계속 제어하려면 해당 모델의 복잡도를 조정해야 한다. 조정하는 방법은 다음과 같다.

15. 스태틱 메시 에디터에서 **SM_ToyTank** 모델에 대한 예비 상대 오차^{Fallback Relative Error} 필드를 확인한다. 기본값인 **1**을 **0.25**와 같이 더 낮은 값으로 변경하고 **변경 내용 적용**을 다시 한번 클릭한다.

16. 예비 메시를 시각화하려면 키보드에서 **Ctrl + N**을 누르거나 **표시**^{Show} 메뉴에서 나나이트 메시(고급 > 나나이트 메시)를 선택하면 된다.

메인 뷰포트로 돌아가서 리플렉션을 다시 한번 살펴보자. 리플렉션되는 지오메트리가 원래의 모습과 더 비슷해 보이고 압축 아티팩트가 많이 보이지 않는 것을 확인할 수 있다. 간단히 비교해보자.

그림 4.11 예비 상대 오차 값 2(왼쪽)와 0.1(오른쪽)의 비교

우리의 모든 노력에도 불구하고 현재 구현된 루멘으로는 해결할 수 없는 영역, 특히 반사 오브젝트가 다른 반사 표면에 표시되는 영역, 즉 기본적으로 반사에 대한 반사를 해결할 수 없는 영역이 여전히 존재한다. 이러한 특성이 필요할 때마다 레거시 레이 트레이싱 솔루션이 여전히 존재하므로 루멘이 해결할 수 없는 영역과

레거시 시스템을 구현하는 방법을 마지막으로 살펴보자.

17. 메인 뷰포트에서 **뷰 모드**^{Viewmodes} 버튼(뷰포트 왼쪽 상단 모서리에서 왼쪽으로부터 세 번째에 위치한다)을 클릭하고 **루멘**^{Lumen} 항목에서 **리플렉션 뷰**^{Reflection View} 옵션을 선택한다.

이렇게 하면 루멘이 리플렉션 패스를 렌더링할 때 사용할 수 있는 정보를 시각화할 수 있다. 특정 영역이 검은색으로 남아 있는 것을 볼 수 있는데, 이는 루멘이 해당 영역에서 작업을 수행하기에 정보가 충분하지 않다는 것을 의미한다. 이 문제를 해결하기 위해 리플렉션 방법을 다시 한번 변경해보자.

> **NOTE**
>
> 이 보기 모드가 제대로 작동하려면 12번 단계에서 조정한 **Hit Lighting for Reflections**가 아닌 **Surface Cache** 옵션을 선택해야 한다.

18. 포스트 프로세스 볼륨 액터에서 리플렉션 메서드(리플렉션^{Reflections} > 메서드^{Method})를 **Standalone Ray Traced (Deprecated)**로 다시 한번 변경한다. 리플렉션이 변경됐지만, 리플렉션에 대한 리플렉션이 발생해야 하는 곳에서 동일한 문제가 여전히 발생하고 있음을 확인할 수 있다.

19. **Ray Tracing Reflections** 항목까지 스크롤해 해당 메뉴를 펼친다. **최대 반사**^{Max.} ^{Bounces}라는 항목이 존재하며 기본값은 **1**로 설정돼 있다. 이 값을 서서히 늘리면서 리플렉션이 어떻게 나타나는지 확인한다. 예를 들어 **1**과 **6**일 때의 결과를 한번 비교해보자.

그림 4.12 Standalone Ray Traced 리플렉션의 최대 반사값 1(왼쪽)과 6(오른쪽)의 비교

한 가지 주의해야 할 점은 나나이트 오브젝트를 다룰 때 리플렉션에 표시되는 것이 예비 메시라는 사실이므로, 결과물에 예상치 못한 것이 표시되는 경우 이를 염두에 둬야 한다. 지금까지 언리얼 엔진에서 사용할 수 있는 모든 리얼타임 레이 트레이싱 리플렉션 시스템을 살펴봤으니 이제 적합한 시스템을 선택해보자!

예제 분석

리얼타임 리플렉션은 항상 까다로운 주제였으며 최근에서야 개선되기 시작했다. 이 기술은 전통적으로 렌더링 비용이 상당히 높았기 때문에 아티스트는 사실적인 리플렉션을 표현하려면 씬 캡처 텍스처^{Scene Capture Texture}를 머티리얼에 재현하거나, 월드를 다른 각도에서 렌더링해 그 정보를 리플렉션에 활용하거나, 스크린 스페이스 데이터에 의존해 무거운 작업을 수행하는 등 수년에 걸쳐 다양한 기법이 등장하고 사라지는 식의 트릭에 의존해야 했다. 이러한 문제를 해결할 수 있는 다양한 옵션이 있었지만, 모두 범용 솔루션으로 사용하기에는 부적합하다는 단점이 있었다. 게임 엔진은 실시간 레이 트레이싱이 등장할 때까지 기다렸다가 마침내 모든 시나리오에 적합한 방법을 제공해야 했는데, 에픽게임즈 팀이 내놓은 솔루션이 바로 루멘이다.

작동 방법은 매우 훌륭하다. 루멘은 씬의 표면을 분석해 그 모양을 파악하고 레벨 전체의 다양한 광선 적중점에서 라이팅 정보를 빠르게 제공할 수 있다. 이러한 표면 분석은 오프라인에서 이뤄지므로 엔진이 쿼리하고자 할 때 정보가 이미 존재한다. 기본적으로 언리얼은 모델 임포트 프로세스 중에 이 오프라인 분석을 수행해 해당 메시를 위한 12개의 카드를 생성하며, 여기서 카드는 루멘이 학습하는 표면의 뷰 중 하나다. 스태틱 메시 에디터에서 이 값을 변경할 수 있으며, 이를 통해 특정 에셋(불규칙한 모양, 복잡한 지오메트리 등)의 최종 결과물의 퀄리티를 향상시킬 수 있다.

또한 뷰포트에서 **Surface Cache** 보기 모드를 사용하면 루멘이 보는 장면을 볼 수 있다. 이 시각화 옵션은 모델의 어느 영역이 시스템에 의해 커버되고 있는지 확인하는 데 매우 유용할 수 있는데, 커버되지 않는 영역은 분홍색으로 표시되기 때문이다. 카드 수를 조정하면 이전 보기 모드에서 표시된 루멘 사각지대의 양을 줄일 수 있으며, 모델을 더 작은 조각으로 나눌 수도 있다. 그럼에도 불구하고 루멘과 잘 작동하는 지오메트리를 만들 때는 에픽에서 제시한 가이드라인을 따르는 것이 중요하다. 이에 대한 자세한 내용은 다음 절에서 소개하는 문서를 참조하자.

참고 사항

언리얼의 루멘과 하드웨어 레이 트레이싱에 대한 자세한 정보가 필요한가? 다음 URL에서 확인해보자.

- https://docs.unrealengine.com/5.0/en-US/lumen-technical-details-in-unreal-engine/[2]

- https://docs.unrealengine.com/5.1/en-US/hardware-ray-tracing-in-unreal-engine/[3]

⁝⁝⁝ 스크린 스페이스와 플레이너 리플렉션 다시 보기

리플렉션은 거울, 웅덩이, 유리잔 등 우리 주변의 여러 곳에서 볼 수 있는 매우 중요한 시각 효과다. 리플렉션의 중요성은 실시간 렌더링 엔진 개발에 영향을 미쳤으며, 실시간 렌더링 엔진은 다양한 방식으로 이 자연 현상을 재현하려고 노력해왔다.

이전 레시피에서 소프트웨어 및 하드웨어 레이 트레이싱을 살펴보면서 최신의 첨단 솔루션에 대해 배웠다. 이러한 접근 방식은 현실적이지만, 모든 디바이스가 해당 기술을 지원하는 것은 아니라는 점을 명심해야 한다. 이러한 상황에서는 더 저렴하고 전통적인 솔루션으로 돌아가야 한다. 스크린 스페이스와 플레이너 리플렉션 같은 기존 기술은 실

---

2 한국어 버전은 https://docs.unrealengine.com/5.0/ko/lumen-technical-details-in-unreal-engine/에서 확인할 수 있다. - 옮긴이

3 한국어 버전은 https://docs.unrealengine.com/5.1/ko/hardware-ray-tracing-in-unreal-engine/에서 확인할 수 있다. - 옮긴이

시간 레이 트레이싱을 구현하는 데 필요한 하드웨어가 부족한 시스템에서 작동한다. 이제 이를 활성화하는 방법을 알아보자.

준비

이번에는 물, 거울 등 선명한 반사가 일어나는 것을 볼 수 있는 물체가 포함된 간단한 씬만 있으면 된다. 카메라의 관점에서 반사되는 것을 볼 수 있는 반사 표면과 정렬된 오브젝트를 배치해 멋진 리플렉션을 얻을 수 있는 방식으로 레벨을 배치하자. 04_03_Start 레벨을 로드하면 사용할 씬을 열 수 있다는 점을 기억하자.

예제 구현

특정 렌더링 기능을 활성화할 때마다 특정 프로젝트 설정을 조정해야 했던 것을 눈치챘을 것이다. 지난 레시피에서는 프로젝트에서 하드웨어 레이 트레이싱 가속을 켰을 때이 작업을 수행했다. 플레이너 리플렉션도 특정 설정이 필요하므로 아래에서 비슷한 작업을 수행하자.

1. **편집**^{Edit} ➤ **프로젝트 세팅**^{Project Settings}으로 이동해 프로젝트 세팅을 실행한다. 첫 번째 옵션인 **모든 세팅**^{All Settings}을 클릭하고 검색창에서 Clip을 검색한다.

2. **플레이너 리플렉션에 글로벌 클립 면 지원**^{Support global clip plane for Planar Reflections} 설정이 나타난다. 옆의 체크박스를 체크하면 프로젝트를 다시 시작한다.

3. 그런 다음, 씬에서 포스트 프로세스 볼륨 액터를 선택하고 **리플렉션 메서드**가 **None**으로 설정돼 있는지 확인한다.

   이렇게 하면 플레이너 리플렉션^{Planar Reflection} 액터를 사용할 수 있다. 이러한 에셋은 **프로젝트에 빠르게 추가하기**^{Quickly Add to the Project} 메뉴에서 이름을 입력해 추가하거나 **비주얼 이펙트**^{Visual Effects} 메뉴에서 추가할 수 있다.

4. 플레이너 리플렉션 액터를 씬에 추가한다.

5. 액터를 선택한 상태에서 바닥에 수직이 될 때까지 회전한다. 씬의 거울과 평행하게 배치하고 싶으므로 이를 참고하자.

다음은 지금 시점에서 씬이 어떤 모습이어야 하는지를 보여주는 스크린샷이다.

그림 4.13 플레이너 리플렉션 액터 배치 후 초기 결과

NOTE

플레이너 리플렉션 액터는 게임 뷰에 있지 않으면 에디터에서만 볼 수 있으므로 작업하기가 조금 불편할 수 있다. 메인 뷰포트에 초점이 맞춰진 상태에서 키보드의 **G** 키를 누르면 해당 시각화 모드를 마음대로 전환하고 종료할 수 있지만, 예를 들어 월드 아웃라이너 패널에 있는 경우 작동하지 않는다는 점을 기억하라.

플레이너 리플렉션 액터에 포함된 다양한 설정을 조정해 리플렉션 퀄리티를 높여보자.

6. 플레이너 리플렉션 액터를 선택하고 디테일 패널을 확인한다. 리플렉션이 적절하게 보일 때까지 **노멀 디스토션 세기**Normal Distortion Strength 파라미터를 조정한다. 기본값 500이 이 씬에 적합하지만, 자체 모델을 사용하는 경우 이 세팅으로 자유롭게 조정해보자.

> **노멀 디스토션 세기** 파라미터는 주어진 오브젝트의 노멀이 리플렉션에 미치는 영향을 조정한다. 이를 통해 플레이너 리플렉션 액터를 거울에 완벽하게 정렬하지 않고도 정확한 값을 얻을 수 있다.

7. 다른 오브젝트의 픽셀이 플레이너 리플렉션에서 페이드아웃되기 시작하는 거리를 제어하는 **평면 페이드아웃 시작으로부터의 거리**Distance from Plane Fadeout Start와 **평면 페이드아웃 종료로부터의 거리**Distance from Plane Fadeout End라는 파라미터를 주목하자. 첫 번째 파라미터는 오브젝트가 리플렉션에서 페이드아웃되기 시작하는 플레이너 리플렉션 액터와의 거리를 표시하고, 두 번째 파라미터는 오브젝트가 완전히 사라지는 지점을 제어한다. 자체 씬에서 작업하는 경우, 리플렉션에 반영하려는 모든 오브젝트가 리플렉션에 나타날 때까지 이 값을 조정해야 한다.

8. 게임 뷰에 있을 때마다 방해가 되지 않도록 **프리뷰 평면 표시**Show Preview Plane 옵션을 비활성화한다(위치: 플레이너 리플렉션 액터의 **Planar Reflection** 메뉴).

9. **Planar Reflection** 메뉴에서 **고급** 메뉴를 확장해 조정할 수 있는 몇 가지 추가 설정을 확인한다. **스크린 퍼센티지**Screen Percentage 값을 **100**으로 변경하면 리플렉션의 품질이 향상된다.

이전 단계들까지 작업을 진행하면 거울에 멋진 플레이너 리플렉션을 나타낼 수 있다. 스크린 스페이스 리플렉션 기법을 통해 얻은 결과와 비교해보자.

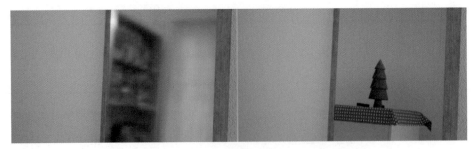

그림 4.14 스크린 스페이스 리플렉션과 플레이너 리플렉션의 비교

사실적인 리플렉션을 구현할 수 있는 안정적인 방법이 있지만, 이 방법은 기본적으로 씬을 두 번 그리기 때문에 렌더링 비용이 상당히 많이 들 수 있다. 이를 염두에 두고, 더 저렴한 방법으로 멋지고 디테일한 리플렉션을 생성할 수 있는 다른 시스템인 씬 캡처 기법을 살펴보자.

두 번째로 살펴볼 이 시스템은 몇 가지 장점과 함께 몇 가지 잠재적인 불편함을 야기할 수 있으므로 주의가 필요하다! 그럼 장점들은 무엇일까? 반사를 캡처하는 이 새로운 기술은 씬을 텍스처로 구운 후 반사가 표시되길 원하는 오브젝트에 공급하는 것으로 구성되므로, 원하는 결과를 얻기 위해 매번 두 번 렌더링할 필요가 없다. 단, 구운 환경이 씬과 잘 어우러지도록 수동으로 조정하고 위치를 조정해야 하므로 약간의 문제가 발생할 수 있다.

10. 이전 플레이너 리플렉션 액터를 삭제해 더 이상 씬에 영향을 미치지 않도록 한다.

11. **프로젝트에 빠르게 추가하기** 메뉴에서 씬 캡처 큐브^{Scene Capture Cube} 액터를 검색하고 씬에 배치한다.

12. 이전 씬 캡처 큐브 액터를 씬의 거울 가까이에 배치한다. 다음 스크린샷을 참고하자.

그림 4.15 기존 거울에 대한 씬 캡처 큐브 액터의 위치

씬 캡처 큐브 액터는 액터의 뷰를 저장할 텍스처인 렌더 타깃^{Render Target}과 함께 작동한다. 씬에 카메라를 배치하기만 하면 반사값으로 사용할 레벨 사진을 생성한다.

13. 콘텐츠 브라우저의 빈 공간을 우클릭하고 **텍스처**^{Textures} 항목에서 큐브 렌더 타깃 Cube Render Target 텍스처를 생성한다.

14. 기억하기 쉬운 이름으로 지정하고 더블 클릭해 디테일 패널을 확인한다. **텍스처 렌더 타깃**^{Texture Render Target Cube} 항목에서 **X 크기**^{Size X}라는 항목을 확인할 수 있다. 값을 **2048 (2K)**로 지정한다.

15. 메인 뷰포트로 돌아가 12번 단계에서 배치한 씬 캡처 큐브 액터를 선택한다. 또한 디테일 패널에서 이전에 생성한 큐브 렌더 타깃 텍스처를 **텍스처 타깃**에 할당한다.

16. 좀 더 아래에는 **모든 프레임 캡처**^{Capture Every Frame}라는 또 다른 설정이 있다. 성능을 높이려면 이 설정을 비활성화한다.

17. 카메라를 약간 움직인다. 그러면 렌더 타깃 텍스처가 업데이트되고, 다시 더블 클릭하면 확인할 수 있다.

이제 텍스처를 만들었으니 거울 머티리얼에서 사용할 수 있다. 이 목표를 염두에 두고 텍스처를 움직일 수 있는 새로운 머티리얼을 만들어보자.

18. 새로운 머티리얼을 만들고 씬의 거울에 적용한다. 이름을 **M_WoodenMirror_ ReflectionCapture**로 지정하고, 머티리얼 에디터에서 이 새로운 에셋을 연다.

19. **Texture Sample** 노드를 추가하고 이전에 생성한 렌더 타깃 텍스처를 값으로 설정한다.

이제 새 머티리얼에 텍스처를 넣었지만, 카메라의 위치에 따라 텍스처를 보는 방식에 영향을 줘야 한다. 이렇게 하면 거울을 들여다볼 때 반사가 업데이트되는 듯한 느낌을 줄 수 있다. 다행히도 언리얼에는 이 작업을 수행할 수 있는 편리한 노드가 있다.

20. 머티리얼 그래프 내에서 우클릭하고 Reflection Vector WS를 입력한다. 이렇게 하면 렌더 타깃 텍스처가 의도한 대로 작동하는 데 필요한 정보를 얻을 수 있다.

Reflection Vector WS를 Texture Sample 노드의 UVs에 연결한다.

21. Texture Sample 노드를 지금 만들 Multiply 노드에 연결하고 B 값을 5로 설정한다. 이렇게 하면 머티리얼을 적용하고 저장할 때 리플렉션이 더 밝아지므로, 나중에 만족할 때까지 이 값을 갖고 놀아보자.

    앞의 모든 단계를 통해 거울의 어느 위치에 있든 볼 수 있는 리플렉션 텍스처를 만들었다. 이제 이 텍스처를 거울을 구성하는 다른 부분인 나무 프레임과 블렌딩해야 한다.

22. Texture Sample 노드 3개를 추가하고 T_WoodenBedroomMirror_AORM, T_WoodenBedroomMirror_UVMask, T_WoodenBedroomMirror_BaseColor 텍스처를 할당한다. 이 모든 텍스처는 다음 단계에서 필요하다.

23. 그런 다음, 반사 역할을 할 텍스처와 나무의 색상을 혼합하는 데 사용할 Lerp 노드를 만든다.

24. 21번 단계에서 생성한 Multiply 노드의 결과를 새 Lerp 노드의 A에 연결한다.

25. T_WoodenBedroomMirror_BaseColor 텍스처를 B에 연결한다.

26. Alpha를 T_WoodenBedroomMirror_UVMask의 초록색 채널에 연결한다. Lerp 노드를 머티리얼의 **베이스 컬러**에 연결하는 것을 잊지 말자.

    이전 단계를 수행해 색상을 만들었다. 이제 **러프니스** 값을 다루자.

27. T_WoodenBedroomMirror_AORM의 빨간색 채널을 메인 머티리얼의 **앰비언트 오클루전**에 연결한다.

28. 색상 값을 구동하는 데 사용한 것과 비슷한 방식으로 사용할 또 다른 Lerp 노드를 생성한다. 단, 이 노드는 지금 조정할 **러프니스** 파라미터가 될 것이다.

29. T_WoodenBedroomMirror_UVMask 텍스처의 초록색 채널을 Alpha에 연결하고 A에 값 1을 할당한다. B에는 T_WoodenBedroomMmirror_AORM 에셋의 초록색 채널을 연결한다.

30. 이전 **Lerp** 노드를 머티리얼의 **러프니스**에 연결한다.

모든 것을 고려한 머티리얼 그래프의 모습은 다음과 같다.

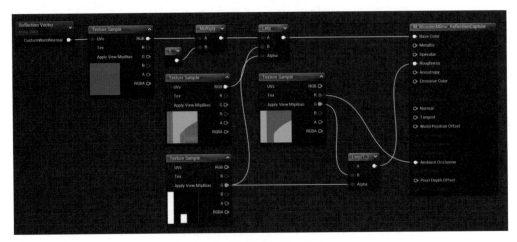

그림 4.16 새로 생성한 머티리얼 그래프

이러한 마지막 변경 사항을 적용하면 머티리얼 조정을 효과적으로 마쳤으므로 이제 메인 뷰포트로 돌아가면 결과를 확인할 수 있다. 이 효과가 완벽하지는 않지만, 이와 같은 특정 사용 사례에서는 꽤 잘 작동한다는 것을 알 수 있다.

16번 단계에서 조정한 속성을 기본값으로 재설정해 이 기법으로 동적 효과를 만들 수도 있다. 이 방법은 거울보다 큰 오브젝트에서 가장 잘 작동하는 경향이 있으므로 다른 표면에서 효과를 테스트해 결과를 확인하는 것이 좋다. 하지만 장면에 생동감을 더하고 다른 방법이 성능에 미칠 수 있는 영향을 제한하는 강력한 기술이다. 다양한 유형의 표면과 재질에서 테스트해보자!

그림 4.17 큐브 렌더 타깃 텍스처를 사용해 거울에 반사된 모습

예제 분석

잠시 시간을 내서 플레이너 리플렉션과 씬 캡처 큐브의 작동 방식을 자세히 알아보자.

플레이너 리플렉션

레벨의 모든 모델은 플레이너 리플렉션 액터의 영향을 받을 수 있지만, 그 효과는 러프니스 값이 낮은 머티리얼에서 가장 분명하게 나타난다. 이 레시피에서 본 것처럼 우리 씬의 거울이 그런 경우다. 벽이나 레벨 내부의 나머지 소품과 같은 다른 표면은 러프니스 값이 허용하지 않으므로 그다지 영향을 받지 않는다.

플레이너 리플렉션 액터가 씬에 영향을 미치는 방식은 디테일 패널에서 지정한 세팅과 직접적으로 연관돼 있다. 그중 첫 번째 세팅인 노멀 디스토션 강도는 영향을 받는 표면의 노멀이 최종 리플렉션을 얼마나 왜곡할지를 결정한다. 이는 동시에 영향을 주고자 하는 여러 액터가 정확히 같은 방향을 향하지 않을 때 특히 유용하다. 회전된 각 오브젝트에 평행한 플레이너 리플렉션을 여러 개 만드는 대신 노멀 디스토션 강도를 조정해 다양한 회전 각도를 허용할 수 있다.

기억해야 할 다른 유용한 설정으로는 효과가 발생하는 영역을 제어하는 플레이너 페이드아웃 시작점과 그 쌍둥이인 끝점과의 거리가 있다. 그러나 가장 중요한 설정 중 하나는 전체 효과의 품질과 효과의 렌더링 비용을 제어한 **스크린 퍼센티지**^{Screen Percentage}라고 표시된 설정이다.

씬 캡처 큐브

씬 캡처 큐브 액터는 이 레시피에서 사용한 실시간 리플렉션부터 라이브 카메라 피드까지 매우 다양한 이펙트를 만드는 데 사용할 수 있는 멋진 에셋이다(두 가지 예만 들어보자). 이 레시피에서 거울과 같은 이미지를 만드는 방법을 이미 살펴봤지만, 같은 방법으로 어떤 다른 작업을 할 수 있는지 상상해보자. 고려해야 할 중요한 점은 카메라가 보는 것을 선택한 렌더링 대상에 공급하는 카메라를 통해 씬을 렌더링한다는 것이므로 약간의 설정이 필요하다는 사실이다. 또한 지금까지 살펴본 큐빅 렌더링 타깃 외에도 표준 렌더링 타깃(간단히 '렌더링 타깃'이라고도 함)과 좀 더 구체적인 캔버스 유형이 있다는 것을 알려주고 싶었다. '참고 사항' 절에서 제공된 링크를 통해 자세한 내용을 확인할 수 있으므로, 이 시스템의 사용 가능성에 대해 궁금한 점이 있다면 꼭 확인해보자.

참고 사항

플레이너 리플렉션과 렌더 타깃에 관한 공식 문서 링크는 다음과 같다.

- https://docs.unrealengine.com/5.1/en-US/planar-reflections-in-unreal-engine/[4]

- https://docs.unrealengine.com/4.27/en-US/RenderingAndGraphics/RenderTargets/[5]

---

4   한국어 버전은 https://docs.unrealengine.com/5.1/ko/planar-reflections-in-unreal-engine/에서 확인할 수 있다.
     – 옮긴이

5   한국어 버전은 https://docs.unrealengine.com/4.27/ko/RenderingAndGraphics/RenderTargets/에서 확인할 수 있다. – 옮긴이

⁂ 사실적인 유리와 버추얼 텍스처를 사용한 건축 시각화 장면 만들기

언리얼 엔진 5 개발 팀은 특히 렌더링 부문에서 엔진의 기능을 확장하기 위해 많은 노력을 기울여왔다. 루멘과 나나이트 등 새롭게 추가된 기능 중 일부는 이미 살펴봤지만, 사용자가 상상할 수 있는 모든 것을 렌더링할 수 있도록 하기 위한 노력은 이 두 시스템에서 멈추지 않고 계속되고 있다.

이 레시피에서는 버추얼 텍스처와 얇은 반투명 셰이딩 모델^{Thin Translucent Shading Model}이라는 두 가지 새로운 기능을 살펴보자. 첫 번째 기능은 고해상도 텍스처를 사용하면서 컴퓨터 메모리 사용량을 줄일 수 있는 방법이다. 두 번째 기능은 다름 아닌 사실적으로 보이는 건축용 유리를 제작하는 새로운 방법이다.

보다시피 언리얼은 아티스트의 삶을 더 편리하게 만들어주고자 모든 방면에서 계속 노력하고 있으니 이를 활용해보자!

준비

이 레시피에서 버추얼 텍스처와 얇은 반투명 셰이딩 모델을 사용하는 방법을 고려할 때, 이러한 기능을 빛나게 할 수 있는 씬으로 작업하고 싶다. 이 책에서 제공하는 언리얼 엔진 프로젝트에 포함된 씬은 간단한 인테리어로, 이러한 기법을 활용하는 다양한 머티리얼을 적용할 수 있는 여러 오브젝트가 포함돼 있다(예를 들어, 새로 만들 유리 머티리얼을 선보일 창문과 고해상도 텍스처를 적용할 의자가 있다). 이번에 사용할 레벨은 `04_04_Start`이므로 다음 몇 페이지에서 사용하는 동일한 머티리얼을 계속 사용하려면 해당 레벨을 연다. 자체 에셋으로 작업하는 경우 모델을 만들기 전에 묘사하고자 하는 씬의 유형을 염두에 두길 바란다.

고려해야 할 또 다른 사항은 레이 트레이싱 하드웨어의 사용이다. 이 레시피는 하드웨어 없이도 완료할 수 있지만, 특히 레시피의 한 지점에서 레이 트레이싱 반투명을 살펴보려는 경우 RTX 그래픽카드가 있으면 보너스 효과를 얻을 수 있다.

예제 구현

우리가 작업할 씬에는 바다를 바라보는 작은 방안에 있는 듯한 느낌을 주기 위해 여러 개의 3D 모델이 포함돼 있다. 이 레시피에서는 창문과 의자라는 두 가지 특정 에셋을 중점적으로 다룬다. 둘 중 하나부터 시작해야 하므로 먼저 창문용 머티리얼 작업을 시작하자.

1. 새 머티리얼을 생성하고 **M_WindowGlass**와 같은 이름을 지정한다.

2. 생성한 새 에셋을 열고 디테일 패널을 확인한다. 여기서 몇 가지를 조정해야 한다. 먼저 **블렌드 모드**를 Translucent로 설정한다.

3. 다음으로 조정해야 할 설정은 셰이딩 모델이다. 기본값을 **Thin Translucent** 옵션으로 변경한다.

4. 디테일 패널에서 **Translucency** 항목 아래로 스크롤해 **스크린 스페이스 리플렉션** Screen Space Reflections 항목을 체크한다. 레이 트레이싱 옵션을 사용할 수 없는 경우 이 옵션은 필수다.

5. 그런 다음, **라이팅 모드**를 Surface Forward Shading으로 변경한다.

> **TIP**
>
> 반투명 표면으로 작업할 때 디테일 패널에서 다시 살펴볼 수 있는 또 다른 옵션이 있는데, 바로 **양면** (Two Sided) 속성이다. 이 설정을 활성화하면 특히 뒷면이 최종 모양에 기여해야 하는 오브젝트를 다룰 때 유용하게 사용할 수 있다.

앞서 언급한 부분을 처리하는 것이 새로운 셰이딩 모델을 올바르게 활용할 수 있도록 머티리얼을 설정하는 데 필요한 전부라고 할 수 있다. 이제 우리가 다루는 일반적인 프로퍼티의 관점에서 머티리얼이 어떻게 작동할지 실제로 정의해야 하므로, 지금부터는 이 문제를 해결해보자.

6. **벡터** 파라미터를 생성하고 이름을 Transmittance Color로 지정한다. 파란색 또는 목적에 맞는 값으로 설정한다.

7. 이전 노드를 지금 생성해야 할 새로운 노드, 즉 **Thin Translucent Material**에 연결한다.

8. **메탈릭**^{Metallic}, **러프니스**^{Roughness}, **불투명도**^{Opacity}, **굴절 지수**^{Index of Refraction}를 조절하는 스칼라 파라미터 4개를 생성한다.

9. **메탈릭** 파라미터 값을 **0.1**로 설정하고 **메인 머티리얼** 노드의 **Metallic**에 연결한다. 이 값은 마음에 들 때까지 자유롭게 조정할 수 있지만, 값이 1이면 반사가 표시되지 않는다는 점에 유의하자.

10. **러프니스** 프로퍼티에 **0.05**와 같이 낮은 값을 지정한다. 유리는 표면 전체에 걸쳐 반사가 매우 선명하게 나타나는 경향이 있으므로, 이 수치에 가까운 값을 선호하는 경향이 있다. 이 새 노드를 머티리얼 러프니스에 연결하는 것을 잊지 말자.

11. **불투명도** 속성을 **0.5**와 같이 낮은 값으로 설정하고 메인 머티리얼의 **불투명도**에 연결한다. 예상보다 높은 값일 수 있지만, 이 값으로 설정하면 유리의 반사가 더 선명하게 표시되므로 데모용으로 가장 적합하다.

12. **굴절 지수** 값을 **0.8**로 설정하고 머티리얼의 **스페큘러**^{Specular}에 연결한다(다소 이상하게 느껴지겠지만, 이와 관련된 내용은 잠시 후 자세히 설명하겠다).

대체로 다음과 같은 머티리얼 그래프를 볼 수 있다.

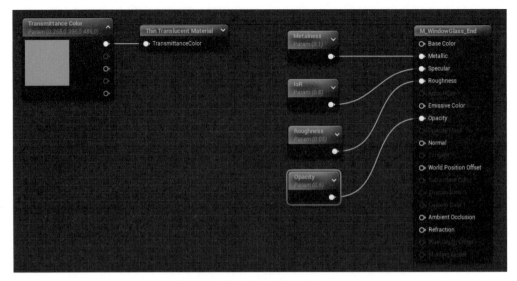

그림 4.18 머티리얼 그래프 현재 상태

다음으로 해야 할 일은 창문 모델의 적절한 슬롯에 머티리얼을 적용하는 것이다. 내가 작업 중인 씬에는 창틀용과 유리용인 2개의 서로 다른 머티리얼 슬롯이 있다. 해당 슬롯에 새 머티리얼을 적용한다.

이제 머티리얼이 준비돼서 렌더링되고 있으므로, 씬에 어떻게 배치되는지 살펴보자. 언뜻 보기에는 일반적인 반투명 머티리얼처럼 보이지만, 그렇게 하면 우리가 만든 결과물에 큰 해가 될 수 있다. 미묘한 차이가 있기는 하지만, **Thin Translucent** 셰이딩 모델을 사용하는 머티리얼에서는 실내 조명이 유리에 반사되는 데 더 크게 기여하고 씬의 반사가 희미하게 나타나는 것을 볼 수 있다. 그럼에도 불구하고 레이 트레이스 반투명을 활성화하면 언제나 더 선명하고 사실적인 효과를 만들 수 있다. 이제 그 방법을 살펴보자.

13. 씬에 있는 **Post Process Volume** 액터를 선택하고 **렌더링 기능**^{Rendering Features}까지 스크롤한다. **Translucency** 하위 메뉴에서 타입을 **Ray Tracing**으로 변경한다.

해당 설정을 활성화한 후 결과를 다시 살펴보자.

그림 4.19 레이 트레이스 반투명 기능을 비활성화했을 때(왼쪽)와 활성화했을 때(오른쪽)

이번에는 레이 트레이싱 반투명 덕분에 가상 환경을 더욱 사실적으로 표현할 수 있어 차이점을 더 쉽게 알아차릴 수 있다. 우선, 유리에 비친 씬의 반사는 화면 공간에 비친 씬보다 더 분명하고 물리적으로 정확하며, 해당 기술은 실내 환경을 사실적으로 묘사하는 데 필요한 모든 정보를 갖고 있지 않기 때문이다. 사실적인 장면을 작업해야 할 때 이 기능은 그 자체로 훌륭한 기능이다. 하지만 머티리얼에 존재하는 한 가지 특이한 점을 알아둘 필요가 있다. 적절한 **Refraction** 항목 대신 **Specular**를 통해 굴절 지수를 구동하고 있다는 점을 기억할 것이다. 직관적이지 않을 수 있지만, 굴절 머티리얼 입력은 래스터화된 렌더링 파이프라인, 즉 레이 트레이싱이 발생하지 않을 때 사용하기 위한 것이다. 하드웨어 가속 기능을 켜면 스페큘러 머티리얼 입력 자체를 사용해야 한다. 자세한 내용은 '참고 사항' 절을 확인하자.

앞의 모든 단계를 완료해 사실적인 건축용 유리를 만들었다. 이는 많은 건축 시각화 장면에서 매우 중요한 기능이다. 이러한 유형의 환경에는 고품질 표준이 있으며, 일반적으로 성능은 그다지 중요한 요소가 아니므로 씬의 이미지 품질을 향상시킬 수 있다면 고가의 렌더링 기술을 사용할 수 있다.

이러한 유형의 환경에서도 고해상도 텍스처는 고품질 머티리얼을 구현하는 데 가장 중요한 요소다. 4K 이상의 이미지에서는 씬을 가장 멋지게 보이도록 하는 것이 목표다. 이러한 에셋은 메모리 공간을 많이 차지하고 GPU를 빠르게 복잡하게 만들 수 있으므로, 렌더링 비용의 균형을 맞추는 데 있어서 상당히 부담스러운 경우가 많았다. 이러한 에셋의 크기는 오늘날에도 여전히 문제가 되고 있지만, 버추얼 텍스처링 방법의 도입으로 상황이 많이 개선됐다. '예제 분석' 절에서 어떻게 작동하는지 자세히 살펴보겠지만, 엔진이 화면에 그려지는 이미지와 관련된 텍스처 데이터만 보유할 수 있다는 점을 우선 알아두자. 다음으로는 이러한 유형의 에셋으로 작업하는 방법을 살펴본다.

14. 프로젝트 세팅 메뉴를 열고 엔진 카테고리에 있는 **렌더링**^{Rendering} 메뉴로 이동한다.

15. **Virtual Textures** 항목 아래에서 **버추얼 텍스처 지원 활성화**^{Enable virtual texture support} 체크박스를 체크한다. 이 설정은 프로젝트에서 이 유형의 에셋이 지원되는지 여부를 제어하며, 이 설정을 활성화하면 에디터를 다시 시작해야 한다. 동일한 항목에서 **텍스처 임포트 시 가상 텍스처 활성화**^{Enable virtual texture on texture import} 옵션도 활성화한다. 이렇게 하면 사후에 수동으로 할당하는 대신 임포트 프로세스 중에 일반 텍스처를 버추얼 텍스처로 변환할 수 있다.

이 두 가지 항목을 조정하고 나면 엔진을 다시 시작하라는 메시지가 표시된다. 재시작 작업이 완료되는 동안 커피를 마시면서 기다리고, 이 작업이 완료된 후 중단했던 부분을 계속 진행하자. 엔진이 재시작되면 가장 먼저 할 일은 몇 가지 표준 텍스처를 버추얼 텍스처로 변환하는 것이므로, 자체 이미지로 작업하는 경우 어떤 에셋을 사용할지 미리 알아둬야 한다.

16. 버추얼 텍스처로 변환하려는 텍스처를 선택하고 마우스로 우클릭한다. 이제 콘텍스트 메뉴가 나타나면 **버추얼 텍스처로 변환**^{Convert to Virtual Texture} 항목을 선택한다. 이

예제에서는 **T_Chair_BaseColor**, **T_Chair_AORM**, **T_Chair_Normals** 텍스처를 선택했다.

17. 새 머티리얼을 만들고 **M_Chair**로 이름을 지정한다.

18. 머티리얼 에디터를 열고 **Texture Sample** 노드 3개를 생성한 다음, 이전 텍스처들을 값으로 할당한다.

19. **T_Chair_BaseColor**가 할당된 **Texture Sample**을 메인 머티리얼의 **베이스 컬러**에 연결한다. **노멀** 맵에 대해서도 동일한 작업을 수행하되 메인 머티리얼의 **Normal**에 연결한다.

20. **AORM** 텍스처의 빨간색 채널을 메인 머티리얼의 **앰비언트 오클루전**에 연결한 다음, 초록색 채널을 **러프니스**에 연결하고 파란색을 **메탈릭**에 연결한다. 다음 스크린샷은 지금까지의 머티리얼 그래프가 어떤 모습인지 보여준다.

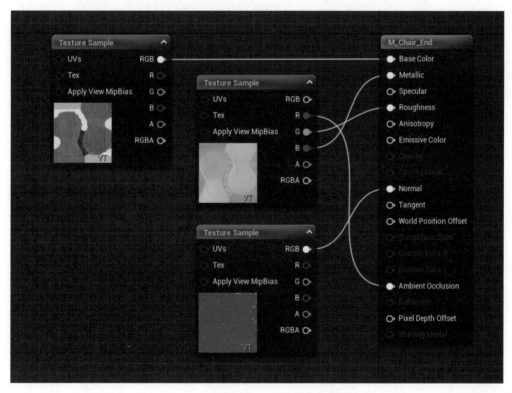

그림 4.20 의자 머티리얼 그래프

준비가 완료되면, 씬의 의자에 머티리얼을 적용해 표시되는 것을 반드시 확인하자. 머티리얼 내에서 버추얼 텍스처를 사용할 때 표준 텍스처와 비교해 아무런 차이가 없음을 알 수 있다.

예제 분석

이 레시피에서 몇 가지 새로운 개념을 알아봤는데, 계속 진행하기 전에 기술적인 관점에서 간략히 살펴본다.

가장 먼저 작업한 **Thin Translucent** 셰이딩 모델부터 시작해보자. 이 새로운 유형의 셰이딩 모델을 사용하면 반투명 오브젝트와 상호작용할 때 빛의 동작을 사실적으로 묘사할 수 있으며, 레벨에서 물리적으로 정확한 결과가 필요할 때 필수적이다. 창문 유리와 같이 우리 눈에 익숙한 실제 오브젝트로 작업할 때 이 셰이딩 모델의 유용성은 더욱 두드러진다. 즉, 눈앞에 있는 것이 가짜인지 아닌지를 판단하는 데 매우 능숙하지만, 이전의 셰이딩 모델은 이러한 유형의 오브젝트를 제대로 표현하지 못했기 때문이다.

Thin Translucent를 사용하려면, 이 레시피에서 살펴본 것처럼 **Surface Forward Shading** 라이팅 모드를 사용해야 한다. 이 옵션을 사용하면 언리얼의 공식 문서에 명시된 대로 '여러 라이트의 하이라이트와 시차 보정 리플렉션 캡처의 이미지 기반 리플렉션'을 통해 스페큘러를 얻을 수 있으며, 궁극적으로 앞서 언급한 물리적으로 정확한 결과물을 얻을 수 있다. 이 라이팅 모드는 언리얼이 씬을 구현하는 데 사용할 수 있는 두 가지 방법 중 하나이자 기본이 아닌 디퍼드 렌더러^{Deferred Renderer} 옵션인 포워드 렌더러의 덕을 많이 봤다. 이에 대한 자세한 내용은 '참고 사항' 절에서 확인할 수 있다.

이 레시피에서 다룬 또 다른 중요한 주제는 엔진이 이미지를 처리하는 다른 방식인 버추얼 텍스처 시스템이다. 텍스처는 작은 아이콘부터 큰 모델을 덮을 수 있는 고해상도의 대형 에셋까지 다양한 모양과 크기로 제공된다. 이러한 큰 이미지를 처리하는 데 필요한 메모리 양이 너무 많기 때문에 앱을 실행하는 하드웨어에 문제가 될 수 있다.

이러한 점을 고려해 많은 렌더링 엔진은 텍스처가 화면에서 차지하는 공간과 텍스처가 적용되는 오브젝트와의 거리에 따라 원본 텍스처 대신 사용할 수 있는 작은 버전의 대형 에셋(밉^{mip}이라고 함)을 생성하는 데 의존해왔다. 이 방법은 신뢰할 수 있는 기법으로 입증됐지만, 작은 버전을 추가로 만들려면 디스크 공간이 더 많이 필요하고 동일한 밉을 처리하는 하드웨어에서 저장, 액세스, 로드해야 한다는 단점도 있다. 또한 화면에 부분적으로만 표시되는 오브젝트는 여전히 보이지 않는 부분에 사용되는 텍스처의 전체 양을 로드하므로, 이 부분에서는 여전히 개선의 여지가 있음을 알 수 있다. 버추얼 텍스처는 엔진에서 요청하는 적절한 양의 데이터만 로드해 이러한 문제를 극복하고 더 효율적이고 쉽게 렌더링할 수 있도록 한다.

참고 사항

항상 그렇듯이 이 레시피에서 다룬 다양한 주제와 관련된 몇 가지 유용한 링크를 소개한다.

- https://docs.unrealengine.com/4.26/en-US/RenderingAndGraphics/Virtual Texturing

- https://docs.unrealengine.com/5.1/en-US/shading-models-in-unreal-engine/[6]

- https://docs.unrealengine.com/5.1/en-US/lit-translucency-in-unreal-engine/[7]

- https://www.artstation.com/blogs/sethperlstein/pdBz/ray-traced-translucency-with-index-of-refraction-in-unreal-engine

---

6 한국어 버전은 https://docs.unrealengine.com/5.1/ko/shading-models-in-unreal-engine/에서 확인할 수 있다.
  – 옮긴이

7 한국어 버전은 https://docs.unrealengine.com/5.1/ko/lit-translucency-in-unreal-engine/에서 확인할 수 있다.
  – 옮긴이

- https://docs.unrealengine.com/5.1/en-US/forward-shading-renderer-in-unreal-engine/[8]

투명 코팅 셰이딩 모델을 통한 목재 니스 칠하기

지금까지 나무, 금속, 유리 등 수많은 머티리얼을 만들어왔고, 그 덕분에 이미 많은 머티리얼을 다루는 방법을 알고 있다고 말할 수 있다. 그럼에도 불구하고 실생활에서 볼 수 있는 모든 것을 하나의 재료로 설명할 수 있는 것은 아니며, 이것이 바로 지금까지 우리가 집중해온 부분이다.

표면이 여러 개의 머티리얼이 서로 겹쳐진 것처럼 동작하는 특별한 경우가 있다. 이 레시피의 주제인 니스 칠을 한 목재가 그 예다. 이 재료는 나무 표면과 그 위에 칠해진 얇은 니스 층의 조합으로 설명할 수 있다. 이 두 가지 재료의 특성은 서로 다르며, 이는 빛이 상호작용하는 방식에 있어서도 나타난다. 따라서 해당 머티리얼이 적용된 표면의 최종 모습은 지금까지 사용해온 표준 셰이딩 모델로는 설명할 수 없으며, 투명 코팅 셰이딩 모델의 도움이 필요하다.

준비

시작용 콘텐츠 에셋 팩에는 기본 목재와 머티리얼의 니스 마감 처리에 사용할 수 있는 고퀄리티 텍스처가 이미 포함돼 있으므로, 니스 처리된 목재를 만드는 것은 큰 문제가 되지 않는다. 이 레시피에서는 이러한 에셋을 그대로 사용하며, 동일한 리소스를 사용해 따라 하고 싶다면 `04_05_Start` 레벨을 열면 된다.

자체 에셋을 사용하는 경우 기본 머티리얼의 노멀과 러프니스 그리고 그 위에 만들고자 하는 투명 코팅 마감을 모두 설명하는 텍스처가 필요하다는 점에 유의하자. 우리가 작

---

8 한국어 버전은 https://docs.unrealengine.com/5.1/ko/forward-shading-renderer-in-unreal-engine/에서 확인할 수 있다. - 옮긴이

업할 레벨의 메이크업과 관련해서는 매우 간단한 작업이 될 것이다. 이 책에서 작업한 첫 번째 레벨의 복사본을 사용하자. 광원과 니스 칠을 한 목재 머티리얼을 적용할 수 있는 바닥 역할을 할 간단한 평면만 있으면 되기 때문이다. 또한 지난 레시피에서 작업한 의자 중 하나를 넣어서 씬을 좀 더 돋보이게 할 수 있도록 했다.

예제 구현

새로운 렌더링 기법을 사용하려고 하므로 가장 먼저 해야 할 일은 프로젝트 세팅으로 이동해 이전의 많은 레시피에서 했던 것처럼 특정 기능을 활성화하는 것이다. 투명 코팅 셰이딩 모델은 언리얼의 표준 기능이지만, 2개의 노멀 맵을 함께 사용하는 것은 그렇지 않다. 먼저 이 기능을 활성화해보자.

1. 프로젝트 세팅 메뉴를 열어 **엔진** 항목에서 **렌더링** 항목으로 이동한다.

2. **머티리얼** 항목에서 **투명 코팅 2차 노멀 활성화**^{Clear Coat Enable Second Normal}(클리어 코트 2차 노멀 활성화) 항목을 활성화한다. 이 작업을 수행한 후에는 엔진을 재시작해야 하므로 셰이더가 리컴파일을 완료할 때까지 기다릴 준비를 한다.

3. 새 머티리얼을 만들고 작업할 내용을 나타내는 이름을 지정한다. 이번에는 **M_VarnishedWoodFloor_ClearCoat**로 지정한다. 작업을 시작할 수 있도록 머티리얼 에디터를 실행한다.

   투명 코팅 머티리얼을 만들 때는 주의해야 할 사항이 많다. 아래쪽 레이어에서 위쪽 레이어까지 머티리얼의 순서를 정하려고 하면 기본 머티리얼의 베이스 컬러 정보, 러프니스 및 노멀 값뿐 아니라 잠재적으로는 **메탈릭** 프로퍼티도 제공해야 한다는 것을 알 수 있다. 또한 기본 셰이더 위에 있는 투명 코팅 레이어의 러프니스와 노멀을 정의해야 한다. 처음부터 시작하자.

4. **Texture Coordinate** 노드를 생성한다. 노드 이름을 우클릭하고 입력하는 일반적인 방법도 있지만, 키보드의 **U** 키를 누른 채 머티리얼 에디터 그래프 내 아무 곳이나 클릭할 수도 있다.

5. 스칼라 파라미터 노드를 추가하고 이름을 **Base Texture Scale**로 지정한다. 이 노드를 사용해 새 머티리얼의 베이스 레이어^{base layer} 모양을 구동하는 데 사용되는 모든 텍스처의 타일링을 제어한다.

6. 앞서 만든 두 노드 바로 뒤에 **Multiply** 노드를 추가하고 A와 B에 이전 노드들을 연결한다. 교환 특성 덕분에 특별한 순서가 필요하지는 않다!

   방금 만든 3개의 노드를 사용해 기본 레이어 텍스처의 타일링을 구동하자. 다음은 이미지를 추가하는 것이다! **베이스 컬러**와 **러프니스** 프로퍼티를 설정해보자.

7. **Texture Sample** 노드를 생성하고 **T_Wood_Floor_Walnut_D** 텍스처를 기본값으로 할당한다. 그리고 **UVs**에 이전 단계에서 만든 **Multiply** 노드를 연결한다.

8. 이전 **Texture Sample** 노드의 **RGB** 핀에서 와이어를 드래그해 머티리얼의 **베이스 컬러**에 연결한다. 이렇게 하면 베이스 컬러가 처리된다.

9. **러프니스**로 이동해서 다른 **Texture Sample** 노드를 생성하고 **T_Wood_Floor_Walnut_M** 텍스처를 기본값으로 사용한다.

10. **베이스 컬러** 텍스처로 작업할 때와 마찬가지로 새 **Texture Sample** 노드의 **UVs**에 6번 단계에서 만든 **Multiply** 노드를 연결한다.

11. 러프니스 값으로 작업하기 위해 선택한 텍스처는 마스크로 디자인됐기 때문에 실제로 마스크로 사용하기에는 적합하지 않다. 그래도 목적에 맞게 조정할 수는 있다. CheapContrast 노드를 만들어 이전 **Texture Sample** 노드 바로 뒤에 배치한다.

12. **러프니스** 텍스처를 새로운 CheapContrast 노드의 **In (S)**에 연결한다.

13. **Constant** 노드를 추가하고 값을 -0.2로 설정한다. 그리고 CheapContrast 노드에 있는 **Contrast (S)**에 연결한다.

14. **Multiply** 노드를 생성하고 그 입력 핀 중 하나를 CheapContrast 함수로 연결한다. 다른 입력의 값을 2로 설정하고 출력을 **메인 머티리얼** 노드의 **러프니스** 입력에 연결한다. 다음 그래프가 우리가 봐야 할 그래프다.

그림 4.21 머티리얼 그래프의 현재 상태

이렇게 해서 새로운 투명 코팅 머티리얼의 베이스 레이어에 대한 **베이스 컬러**와 **러프니스** 프로퍼티를 모두 처리했다. 이제 노멀에 집중해보자.

15. 다른 **Texture Sample** 노드를 생성하고 **T_Wood_Floor_Walnut_N** 텍스처를 기본 값으로 할당한다. **UVs**에 6번 단계에서 만든 **Multiply** 노드를 다시 한번 연결한다.

16. 투명 코팅 프로퍼티를 정의하면 노멀이 약간 흐려질 수 있기 때문에 노멀의 강도를 수정해 노멀을 더 선명하게 만들고 싶으므로, **Flatten Normal** 노드를 만들고 **Normal (V3)**에 이전 **Texture Sample** 노드를 연결한다. **Flatten Normal** 함수는 제공된 노멀의 강도를 낮추는 것이 목적이라고 생각할 수 있지만, 또 다른 방법으로 정반대의 효과를 얻을 수 있다.

17. **Constant** 노드를 생성하고 값 **10**을 할당한다. 그리고 이전 **Flatten Normal** 노드의 **Flatness (S)**에 연결한다.

18. **Clear Coat Normal Custom Output** 노드를 추가하고 이전 **Flatten Normal** 노드와 연결한다. `Clear Coat Normal Custom Output`으로 검색해야 하지만, 실제로 노드에 표시되는 이름은 **Clear Coat Bottom Normal**이다.

그래프의 해당 부분은 이렇게 표시돼야 한다.

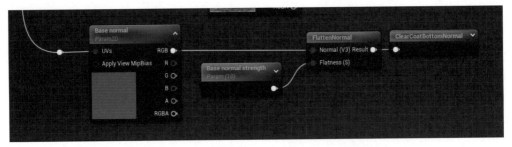

그림 4.22 머티리얼 하단 레이어의 노멀에 영향을 미치는 노드들

마지막으로 사용한 노드인 **Clear Coat Normal Custom Output**은 투명 코팅 머티리얼의 하단 레이어에 대한 노멀을 계산하는 노드다. 노멀이라는 표준 머티리얼 입력은 투명 코팅 레이어에 대한 설정을 구동하는 데 사용되며, 이어서 살펴볼 것이다.

19. 두 번째 **Texture Coordinate** 노드를 만든다. 이 노드를 사용해 투명 코팅 레이어에 정의할 노멀의 타일링을 제어한다.

20. 타일링을 제어할 다른 스칼라 파라미터 노드를 추가한다. 기본값을 **10**으로 설정한다.

21. 앞의 두 노드를 곱해 타일링을 완전히 제어할 수 있다.

22. 새 **Texture Sample** 노드를 생성하고 시작용 콘텐츠 에셋 팩에 포함된 텍스처인 **T_Ground_Moss_N** 에셋을 기본값으로 설정한다. 이 에셋을 사용해 투명 코팅 레이어의 노멀을 구동한다.

23. 노멀의 강도를 제어할 수 있길 원하므로, 베이스 레이어를 다룰 때와 같은 방식으로 이 작업에 접근하자. 먼저 새로운 **Flatten Normal** 함수를 추가하고 그 **Normal (V3)**에 이전 **Texture Sample** 노드를 연결한다.

24. 노멀의 강도를 제어하는 새 스칼라 파라미터 노드를 추가하고 그 값을 **0.9**로 설정한다. 이번에는 노멀의 강도를 낮추기 때문에 실제로 이 노드를 의도대로 사용하고 있다!

25. **Flatten Normal** 노드를 머티리얼의 **노멀**에 연결한다. 이것이 우리가 지금 봐야 하는 그래프다.

그림 4.23 머티리얼의 투명 코팅 레이어 노멀에 영향을 미치는 노드들

투명 코팅 레이어의 노멀을 정의했으므로, 이제 머티리얼의 해당 부분을 활성화하고 러프니스 설정을 정의할 차례다. 지금부터는 이 작업을 처리해 해당 머티리얼을 완성해보자.

26. 스칼라 파라미터 노드 2개를 생성하고 기본값을 각각 **0.2**와 **0.1**로 설정한다.

27. 첫 번째 값을 **투명 코팅**^{Clear Coat}에 연결하고, 두 번째 값을 **Clear Coat Roughness**에 연결한다.

앞의 두 값은 투명 코팅 레이어의 퍼짐과 엔진이 머티리얼에 적용해야 하는 러프니스(거칠기)를 제어한다. 두 곳 모두에서 낮은 수치를 선택해 확산이 매우 미묘하고 리플렉션이 더 뚜렷해지도록 했다. 이 작업이 완료되면 씬의 해당 위치에 머티리얼을 적용하고 결과를 검토한다.

그림 4.24 투명 코팅 머티리얼의 최종 모습

이 씬을 마지막으로 살펴보면 두 머티리얼 레이어에 도달하는 빛과 두 머티리얼 레이어의 상호 작용이 드러나는데, 투명 코팅 레이어의 노멀이 바닥 표면에 닿는 빛을 조절하는 동시에 나무 판자를 분리하는 이음새를 볼 수 있다. 2개의 서로 다른 지오메트리를 만들 필요 없이 이 모든 것이 가능하다.

예제 분석

투명 코팅 머티리얼은 특히 언리얼 엔진 4의 개발 주기가 끝날 무렵에 두 번째 일반 채널이 출시되고 나서 엔진에 추가된 좋은 기능이다. 이 머티리얼은 매우 특정한 용도로 사용되지만, 실제 머티리얼의 일부에 국한돼 있으므로 동일한 효과를 얻으려면 다른 수단을 사용해 좀 더 복잡한 설정이 필요하다. 첫 번째 오브젝트 바로 위에 두 번째 반투명 오브젝트를 배치하거나 언리얼의 머티리얼 레이어 시스템을 사용할 수도 있지만, 기본적으로 투명 코팅 옵션을 사용하면 더 쉽게 작업할 수 있다.

이제 이 셰이딩 모델의 작동 방식에 초점을 맞추면서, 하나의 그래프에서 두 가지 머티리얼의 머티리얼 속성을 정의하는 것과 거의 비슷하다는 점을 관찰할 수 있었다. 2개의 셰이더를 따로 만들 때와 마찬가지로, 베이스 머티리얼과 투명 코팅 레이어의 **러프니스** 및 **노멀** 값을 서로 독립적으로 지정했다. 그럼에도 불구하고, 머티리얼 그래프를 보면 베이스 패스에만 영향을 미치는 특정 설정이 있으므로 하나의 머티리얼을 다루고 있다는 것을 알 수 있다. 예를 들어 **베이스 컬러** 프로퍼티는 기본 레이어에만 영향을 준다.

투명 코팅은 베이스 오브젝트 위에 놓인 작은 얇은 필름처럼 취급되며, 이러한 유형의 에셋으로 작업할 때는 이 점을 염두에 둬야 한다.

참고 사항

투명 코팅 셰이딩 모델에 대해 더 자세히 알고 싶은 경우에 유용한 두 가지 링크를 소개한다.

- https://docs.unrealengine.com/5.1/en-US/shading-models-in-unreal-engine/[9]

- https://docs.unrealengine.com/5.0/en-US/using-dual-normals-with-clear-coat-in-unreal-engine/[10]

---

9 한국어 버전은 https://docs.unrealengine.com/5.1/ko/shading-models-in-unreal-engine/에서 확인할 수 있다. – 옮긴이

10 한국어 버전은 https://docs.unrealengine.com/5.0/ko/using-dual-normals-with-clear-coat-in-unreal-engine/에서 확인할 수 있다. – 옮긴이

05

고급 머티리얼 기법으로 작업하기

다섯 번째 장에 온 것을 환영한다. 지금까지는 나무 표면, 금속, 천, 고무, 왁스, 유리 등 다양한 종류의 셰이더를 만드는 방법을 알아보는 데 대부분의 시간을 보냈다. 빛이 묘사하고자 하는 오브젝트에 도달했을 때 빛이 작동하는 다양한 방식을 정의하는 데 중점을 둔 조합을 많이 봤는데, 이것이 바로 머티리얼 에디터를 사용하는 한 가지 방법이다!

하지만 그 외에도 다양한 기능이 있다. 머티리얼 그래프는 작업 중인 모델에 추가할 수 있는 기하학적 디테일을 설명하거나 다른 모델 위에 적용할 수 있는 데칼을 제작하는 데도 사용할 수 있다. 또한 아티스트가 버텍스 컬러 기법을 사용해 단일 모델에서 서로 다른 텍스처를 블렌딩하거나 이미시브 머티리얼을 사용해 레벨에 조명을 비추는 방법도 살펴볼 수 있다. 이는 머티리얼 에디터가 제공하는 다양한 기능의 예시일 뿐이며, 다음 레시피에서 자세히 살펴보자.

- 버텍스 컬러를 사용해 머티리얼 모양 조정하기
- 씬에 데칼 추가하기

- 패럴랙스 오클루전 매핑^{Parallax Occlusion Mapping}으로 벽돌 벽 만들기

- 머티리얼에서 메시 디스턴스 필드 활용하기

- 이미시브 머티리얼로 씬 밝히기

- 나침반으로 방향 잡기

- 블루프린트 로직을 통해 미니맵 모양 구현하기

항상 그렇듯이, 여러분의 호기심을 자극하기 위한 작은 티저를 소개한다.

그림 5.1 앞으로 작업할 내용에 대한 간략한 소개

⁞⁞ 기술적인 요구 사항

항상 그렇듯이 이 책과 함께 제공하는 언리얼 엔진 프로젝트 링크(https://packt.link/A6PL9)로 시작해보자.

그럼 이 장에서 레시피를 만드는 데 사용한 모델, 텍스처, 레벨 머티리얼 등 모든 에셋을 사용할 수 있다. 다른 리소스에 액세스할 수 없는 경우라면 반드시 사용하자!

⁞⁞ 버텍스 컬러를 사용해 머티리얼의 모양 조정하기

이 장의 도입부에서 말했듯이 머티리얼 그래프 내에서 다양한 머티리얼 속성을 설명하는 것 이상의 특정 효과를 구현하기 위해 작업해본다. 먼저 모델을 구성하는 버텍스에

특정 색상 값을 할당할 수 있는 버텍스 페인팅^{vertex painting}이라는 중요하고 유용한 기법을 살펴보자. 머티리얼 그래프 내에서 해당 정보를 재사용해 머티리얼의 외관을 좌우할 수 있는 마스크를 만들 수 있다.

이 기법을 사용하면 뷰포트 내에서 특정 머티리얼 효과를 마치 3D 모델을 직접 칠하는 것처럼 수동으로 칠할 수 있으므로, 대형 소품을 텍스처링할 때 매우 유용할 수 있다. 이 기법을 제대로 살펴보고 나면 매우 유용하다는 사실을 알게 될 것이므로 더 이상 지체하지 말자.

준비

버텍스 페인팅은 3D 모델과 머티리얼만 있으면 되는 그리 복잡하지 않은 기법이다. 이러한 것들은 시작용 콘텐츠를 통해 얻을 수 있지만, '기술적인 요구 사항' 절에서 제공된 링크를 통해 이 책을 만드는 데 사용된 언리얼 엔진 프로젝트를 언제든지 다운로드할 수 있다는 점을 기억하자. 다음 페이지들에서 사용할 에셋과 동일한 에셋을 찾을 수 있으므로, 해당 리소스를 사용해 따라 하고 싶다면 반드시 복사본을 가져가자. 그렇지 않다면, 자신만의 3D 모델을 만들어 가져와도 된다. UV 매핑만 올바르게 돼 있다면 작업할 수 있다.

이 책과 함께 제공된 언리얼 엔진 프로젝트로 작업하는 경우에는 **05_01_Start** 레벨을 실행한다.

예제 구현

버텍스 페인팅에는 이 기법과 함께 사용할 수 있는 머티리얼과 작업할 메시에 칠할 버텍스 값 등 최소 두 가지 이상의 요소를 설정해야 한다. 이 두 가지 요소는 순서대로 처리할 것이므로 새 머티리얼을 만드는 것부터 시작해보자.

1. 콘텐츠 브라우저에서 원하는 곳에 새 머티리얼을 생성하고 적절한 이름을 지정한다. 이 예제에서는 **M_VertexPaintingExample_End**라는 이름을 사용했다.

2. 그다음, 작업하려는 모델에 방금 만든 머티리얼을 할당한다. 이 책과 함께 제공된 레벨을 열었다면 레벨 중앙에 있는 램프가 될 것이다.

3. 마지막으로, 새로 생성한 머티리얼을 더블 클릭해 머티리얼 에디터를 연다.

   버텍스 페인팅 기법을 사용해서 달성하려는 목표에 대해 간단히 설명하면 다음 단계들을 더 쉽게 이해할 수 있을 것이다. 이는 간단하다. 모델의 버텍스들에 인터랙티브하게 페인팅해서 모델의 특정 부분에 다양한 텍스처와 효과를 할당하는 것이다. 레벨 중앙에 있는 램프를 예로 들어, 오브젝트의 베이스 부분을 나머지 몸체와 다르게 보이도록 만들어보자. 다양한 텍스처를 적용하고 싶기 때문에 가장 먼저 해야 할 일은 버텍스를 칠할 때 사용할 에셋을 선택할 수 있도록 필요한 모든 에셋을 머티리얼 자체에 가져오는 것이다. 지금 한번 해보자.

4. 먼저 머티리얼 그래프 에디터에서 **Texture Sample** 노드 2개를 생성한다.

5. 그중 첫 번째 노드에 **T_Lamp_Color** 텍스처를 할당한다. 그런 다음, 해당 노드를 선택하고 디테일 패널에서 샘플러 타입을 **Linear Color**로 변경한다.

6. 두 번째는 **T_Lamp_Base** 에셋을 사용하게 한다. 이전과 마찬가지로 이 **Texture Sample**의 샘플러 타입이 **Linear Color**로 설정돼 있는지 확인한다.

7. 다음으로, **Lerp** 노드를 추가한 후 앞의 두 **Texture Sample** 뒤에 배치하고 첫 번째 노드를 A에 연결한다. 두 번째는 B에 연결한다.

8. 새 **Lerp** 노드를 배치한 후, **메인 머티리얼** 노드의 **베이스 컬러**에 연결한다.

   이렇게 하면 두 텍스처 사이를 보간하는 것을 볼 수 있으며, 램프의 바닥과 본체의 모양을 정의하는 데 사용할 것이다. 그렇기는 하지만 보간 값으로 작용할 수 있는 무언가를 할당해야 하는데, 이 레시피의 핵심 요소인 **Vertex Color** 노드가 바로 그것이다.

9. 머티리얼 그래프 내 아무 곳에나 마우스 우클릭을 하고 같은 이름을 입력해 **Vertex Color** 노드를 생성한다.

10. 빨간색 채널에서 와이어를 드래그해 7번 단계에서 만든 **Lerp** 노드의 **Alpha**에 연

결한다. 지금까지의 머티리얼 그래프는 다음과 같이 보인다.

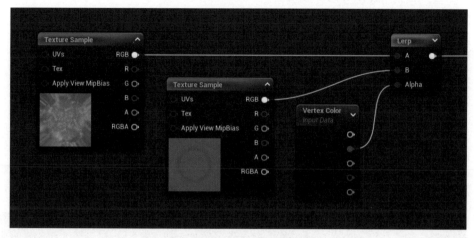

그림 5.2 현재까지의 머티리얼 그래프

Vertex Color 노드는 머티리얼이 적용되고 있는 메시의 버텍스 컬러 값에 액세스할 수 있게 해준다. 버텍스를 칠한 것은 버텍스에 특정 값을 할당하는 것으로 생각할 수 있으며, 이를 이전 단계에서 했던 것처럼 **Lerp** 노드의 **Alpha**를 구동하는 등 다른 용도로 사용할 수 있다. 여기서는 **Vertex Color** 노드의 빨간색 채널을 사용해 **Lerp** 노드의 **Alpha** 파라미터를 구동했다. 이 채널을 사용하는 이유는 나중에 버텍스 값을 칠할 것이기 때문이지만, 원한다면 다른 채널을 사용할 수도 있다. 이제 머티리얼의 러프니스와 메탈릭 프로퍼티를 설정해 머티리얼을 좀 더 재미있게 만들어보자.

11. 그래프에 상수 4개를 추가한다. 2개는 머티리얼의 **메탈릭** 프로퍼티를 구동하는 데 사용하고, 나머지 2개는 **러프니스** 속성을 조정하는 데 사용한다.

12. 상수가 준비됐으면 2개의 상수에 **0**과 **1**의 값을 할당하고, 이를 사용해 머티리얼의 **메탈릭** 속성을 구동한다. 기억하겠지만, 0 값은 비금속 물체와 같고 1 값은 그 반대의 효과를 나타낸다. 이것이 바로 우리가 모델의 몸체와 베이스에서 보고자 하는 것이다.

13. 두 번째 상수 세트는 원하는 값을 입력하면 된다. 나는 몸체와 베이스에 각각 사용할 값인 **0.5**와 **0.25**를 선택했다.

14. 다음으로, 이전 상수들 사이의 보간을 가능하게 하는 2개의 **Lerp** 노드를 만든다.

15. **Vertex Color** 노드의 빨간색 채널을 2개의 새로운 **Lerp** 노드의 **Alpha**에 연결한다.

16. 그런 다음, **베이스 컬러**에 했던 것처럼 이전 상수 노드 각각을 새 **Lerp** 노드의 **A**와 **B**에 연결한다.

17. 마지막으로, **Lerp** 노드를 메인 머티리얼에 있는 **메탈릭** 및 **러프니스**에 연결한다. 지금 시점에서 볼 수 있는 그래프는 다음과 같다.

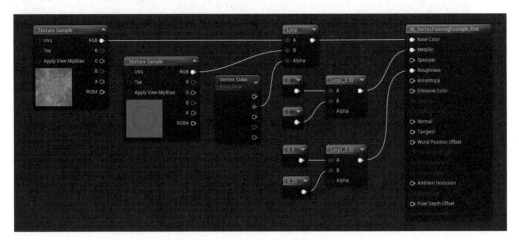

그림 5.3 완성된 머티리얼 그래프 전체 보기

보다시피 이것은 매우 간단한 머티리얼이지만 버텍스 페인팅 기법을 실제로 보여준다. 이전 단계들을 통해 씬의 모델에 적용할 수 있는 머티리얼을 만들었지만, 이것만으로는 이 레시피에서 시연하는 기법을 보여주기에 충분하지 않다. 또한 모델의 어느 영역에 앞서 포함시킨 텍스처를 칠할지 지정해야 하는데, 지금부터 그 부분을 처리해보자!

18. 작업할 모델을 선택한다. 이 경우, 레벨 중앙에 있는 구형 오브젝트인 **SM_Lamp_Simplified**를 선택한다.

19. 방금 만든 머티리얼을 선택한 구체에 할당한다.

20. 다음으로, **모드**^{Modes} 패널(뷰포트의 왼쪽 상단으로 이동하거나 Shift + 4 키보드 단축키를 사용한다)로 이동해서 **메시 페인트**^{Mesh Paint} 옵션을 선택한다. 다음 스크린샷은 이 새 영역의 위치와 이후 단계에서 사용할 몇 가지 값을 보여준다.

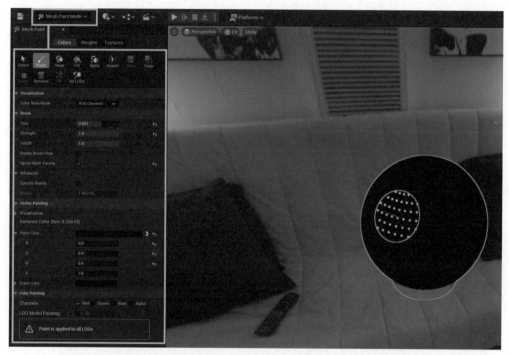

그림 5.4 메시 페인트 모드 패널과 모델의 버텍스를 칠하는 데 사용하는 설정

21. 해당 패널에 있는 동안 **컬러**^{Colors} 항목에서 **페인트**^{Paint} 옵션을 클릭한다. 이 모드를 사용하면 모델의 버텍스에 색상을 실시간으로 할당할 수 있다.

22. 눈앞에 있는 페인팅 작업을 돕기 위해 조정할 수 있는 특정 설정이 있다. 가장 먼저 할 수 있는 일은 **시각화**^{Visualization} 항목을 살펴보고 기본적으로 선택된 것과 다른 **컬러 뷰 모드**^{Color View Mode}를 선택하는 것이다. **Red Channel** 옵션을 선택하면 해당 텍스처 채널에 칠할 값을 볼 수 있다.

23. 그런 다음, 페인팅에 사용할 브러시의 동작을 제어하는 다양한 설정을 자유롭게

사용해보자. **크기**^{Size}, **세기**^{Strength}, **감쇠**^{Falloff}와 같은 설정은 이 도구로 작업하는 방식에 영향을 미치므로 원하는 대로 조정한다.

24. 이제 **컬러 페인팅**$^{Color\ Painting}$ 항목에서 다른 채널이 선택되지 않았는지 확인하면서 빨간색 채널을 선택한다. 10번 단계에서는 빨간색 채널에서 출력되는 정보를 사용하기로 선택했으므로, 이제 이 채널에 색을 칠해야 한다는 것을 기억하자.

25. **페인트 컬러**$^{Paint\ Color}$가 흰색으로 설정돼 있고 **컬러 지우기**$^{Erase\ Color}$가 검은색으로 설정돼 있는지 확인한다. 이러한 설정은 앞서 살펴본 **컬러 페인팅** 항목 위의 **버텍스 페인팅**$^{Vertex\ Painting}$ 항목에서 찾을 수 있다. 그림 5.4에서 내가 사용한 설정을 살펴볼 수 있다.

이제 모델의 버텍스를 칠할 차례다. 이 작업은 마우스나 펜 장치로 할 수 있다. 머티리얼에 설정한 다양한 텍스처를 블렌딩하면서 다양한 스트로크^{stroke}를 적용해 머티리얼의 모양이 어떻게 변하는지 자유롭게 실험해보길 바란다. 여기서 사용할 아이디어는 모델의 밑면에 위치한 버텍스에 다른 색상을 할당하는 것이므로, 구의 윗부분은 검은색으로 남겨두고 흰색으로 칠한다. 이 프로세스가 끝나고 **컬러 뷰 모드**를 **Off**로 되돌리거나 **메시 페인트** 모드를 종료하면 다음 스크린샷과 같은 모습을 확인할 수 있다.

그림 5.5 머티리얼 최종 결과물

마지막으로, 모드 패널에서 사용할 수 있는 다른 모드 중 하나를 선택하면 **메시 페인트 모드**를 종료할 수 있다(예: 일반적으로 작업하는 기본 모드를 선택한다). 여러 채널에서 칠하고 그 정보를 사용해 머티리얼의 모양을 조정하고 도구의 강도를 조절해 여러 에셋 간에 흥미로운 혼합을 만들어 이 기법을 확장할 수 있다. 이 방법을 사용하면, 다양한 텍스처를 만들고 그 사이에 블렌딩해서 큰 표면의 모양을 약간 조정할 수 있다는 점이 매우 유용할 수 있다. 여러 가지 가능성이 있으며 대체로 편리한 기능이다.

예제 분석

잠시 시간을 내서 메시 페인트 패널과 여기서 사용할 수 있는 다양한 옵션을 살펴보자. 레시피에서 조정이 필요한 옵션을 사용했지만, 미처 다루지 못한 일부 설정에 익숙해지는 것이 좋다. 처음에 사용할 수 있었던 몇 가지 옵션은 **브러시**Brush 메뉴에 포함된 옵션으로, 버텍스를 칠할 때 사용하는 브러시를 조정할 수 있다. 이 옵션의 기능을 좀 더 자세히 살펴보자.

- 가장 중요한 설정 중 하나는 브러시의 영향을 받는 영역에 영향을 주는 **크기**Size 매개변수로, 한 번에 얼마나 많은 모델을 커버할지 조정할 수 있다.

- **세기**Strength 설정은 칠하는 강도를 나타내며, **감쇠**Falloff 옵션은 도구의 강도가 선택한 강도와 0 사이에서 희미해지는 영역의 크기를 제어해 인접한 영역 사이를 매끄럽게 혼합할 수 있도록 한다. 예를 들어 **강도**Intensity를 1로 설정하면 영향을 받는 버텍스에 선택한 색상이 완전히 할당되고, **0.5**로 설정하면 선택한 음영의 절반이 할당된다.

- 이 항목의 마지막 두 설정은 **브러시 흐름 활성화**Enable Brush Flow와 **뒷면 무시**Ignore Back-Facing다. 첫 번째 설정은 표면 전체에 연속적으로 칠할 수 있도록 하고(각 틱마다 스트로크를 업데이트), 두 번째 설정은 뒷면을 향한 삼각형 위에 칠할 수 있는지 여부를 제어한다. 이 기능은 현재 보고 있지 않은 영역을 실수로 칠하고 싶지 않은 상황에서 유용하게 사용할 수 있다.

브러시 메뉴를 넘어가면 **버텍스 페인팅**, **컬러 페인팅**, **시각화** 메뉴를 확인할 수 있다. 첫 번째 메뉴에서는 칠할 색상을 선택할 수 있으며, 두 번째 메뉴에서는 영향을 줄 RGB 채널을 결정할 수 있고 동시에 여러 LOD를 칠할 수 있다. 마지막으로, 세 번째 메뉴에서는 뷰포트에 표시할 채널을 선택해서 무턱대고 칠하는 것이 아니라 무엇을 칠하고 있는지 확인할 수 있다.

이전 파라미터를 유리하게 조정하면 버텍스에 색을 할당할 때 더 쉬워진다. 이 데이터는 이 레시피에서 만든 머티리얼에 사용한 **Vertex Color** 노드 덕분에 머티리얼 에디터 내에서 액세스할 수 있다. 이 노드는 머티리얼이 적용되고 있는 모델의 버텍스에 할당된 색을 읽을 수 있으므로, 이 레시피에서와 같이 다양한 효과를 적용할 수 있다.

참고 사항

이 레시피에서 버텍스 페인팅 기법을 살펴봤지만, 이 주제에 대해 몇 가지 더 이야기할 것이 있다. 다른 레시피로 넘어가기 전에 적어도 두 가지, 즉 이 기법을 사용하면 이점을 얻을 수 있는 다양한 시나리오와 버텍스뿐만 아니라 텍스처도 페인팅할 수 있다는 가능성에 대해 이야기하고 싶다.

첫 번째 시나리오는 이 기법을 사용해 대규모 표면에서 가끔 나타나는 타일링 패턴을 제거하는 경우다. 매우 유사하지만 서로 다른 두 텍스처를 블렌딩하면 이 작업을 수행할 수 있다. 머티리얼 그래프 내에서 여러 가지 다른 노이즈 패턴과 이미지를 블렌딩할 필요 없이 실시간 방식으로 레벨에 변형을 추가하는 방법이라고 생각하면 된다.

두 번째는 버텍스 컬러 페인팅과 유사하게 작동하는 **메시 페인트**^{Mesh Paint} 탭에서 찾을 수 있다. 또 다른 툴, 즉 텍스처 페인팅과 관련된 것이다. 이 툴을 사용하면 레벨에서 선택한 메시에 이미 적용된 텍스처를 수정할 수 있다. **텍스처 페인팅**^{Paint Texture} 드롭다운 메뉴에서 작업할 텍스처를 선택한 다음, 원하는 대로 모델 위에 페인팅을 시작하기만 하면 된다! 단색으로만 칠하도록 선택할 수 있는데, 사실적인 텍스처 에셋의 **베이스 컬러** 프로퍼티에서는 잘 작동하지 않을 수 있지만 **러프니스** 및 **메탈릭** 프로퍼티와 같은 특정 값을 수정할 때 놀라운 효과를 낼 수 있으므로 꼭 시도해보자!

⠶ 씬에 데칼 추가하기

데칼은 특정 머티리얼을 월드에 투영할 수 있다는 점에서 훌륭한 기능이며, 특정 텍스처를 배치하는 위치를 더 잘 제어하거나 머티리얼 그래프를 복잡하게 만들지 않고도 여러 표면에 다양성을 추가할 수 있는 등 많은 가능성을 열어준다. 또한 머티리얼 에디터와 메인 씬 사이를 오갈 필요 없이 특정 변경 사항을 확인할 수 있어 시각적인 측면에서도 유용하다.

또한 언리얼은 최근 평면 투영planar projection뿐만 아니라 메시 기반 투영도 가능한 새로운 유형의 데칼을 도입했는데, 이는 곧 살펴볼 것처럼 비평면 표면에 무언가를 투영하고 싶을 때 유용하게 사용할 수 있다.

그러니 더 이상 고민할 필요 없이 이 레시피로 바로 들어가서 데칼이 무엇인지 알아보자!

준비

이 레시피의 서두에서 언급했듯이, 언리얼이 출시된 이래로 계속 포함돼온 표준 데칼과 가장 최근의 메시 기반 데칼을 모두 살펴보려고 한다. 즉, 바닥이나 벽 같은 평면 표면과 평면 투영이 작동하지 않는 구체 같은 더 복잡한 표면을 포함해서 이 두 가지 기법을 모두 보여줄 수 있는 씬을 구성해야 한다. 나만의 레벨을 설정하려면 이러한 조건을 염두에 두길 바란다.

바로 작업하고 싶다면, 항상 그랬던 것처럼 작업 레벨을 추가했다는 사실을 알아두자. 작업 레벨 이름은 05_02_Start이며, 이 책에 포함된 언리얼 엔진 프로젝트에서 찾을 수 있다.

예제 구현

이 레시피를 시작하면서 언급했듯이 여기서는 두 가지 기술을 살펴볼 것이다. 디퍼드 데칼Deferred Decal과 메시 데칼Mesh Decal이다. 먼저 해당 에셋을 강화하는 데 사용할 머티리얼을 만드는 데 집중하자. 이 기법을 두 부분으로 나눠 생각할 수 있는데, 첫 번째는 투사할 셰이더를 정의하는 것이고 두 번째는 투사하는 데 사용할 메서드를 정의하는 것이다. 먼저 머티리얼을 만들어보자.

1. 먼저 새 머티리얼을 만들고 적절하다고 생각되는 이름을 지정한다. 하키 경기장의 경계를 만들 것이므로 **M_DeferredDecal_HockeyLines**를 사용했다.

2. 새 에셋의 머티리얼 에디터를 열고 **메인 머티리얼** 노드를 선택한다.

3. 디테일 패널에서 **머티리얼 도메인**을 **Deferred Decal**로 변경하고 **블렌드 모드**를 **Translucent**로 변경한다.

   이전 단계들에서는 새 머티리얼을 어떻게 사용해야 하는지를 엔진에게 알려줬는데, 앞서 말했듯이 데칼로 사용한다. 다음 단계는 레벨에 하키 라인을 표시할 머티리얼 기능을 만드는 것이다.

   가장 먼저 할 일은 **Texture Sample** 노드 몇 개를 만드는 것이다. 지금 만들어보자.

4. 계속해서 앞의 두 노드에 **T_HockeyLines_Color** 및 **T_HockeyLines_Normal** 텍스처를 할당한다. 이 텍스처는 결국 새 머티리얼의 **베이스 컬러**와 **노멀** 프로퍼티를 구동하는 데 사용할 텍스처다.

5. 이제 노멀 맵이 준비됐으니 노멀 맵이 포함된 **Texture Sample** 노드를 메인 머티리얼의 노멀에 연결한다.

6. 다음으로, **T_HockeyLines_Color** 에셋의 **Alpha** 채널을 메인 **머티리얼** 노드의 **오파시티**에 연결한다. 이렇게 하면 데칼의 불투명도가 구현된다.

7. 계속해서 **Multiply** 노드를 추가하고 이전 **Texture Sample** 노드(T_HockeyLines_Color를 사용하는 노드)의 **RGB**를 A에 연결한다. B에는 값 **500**을 사용하도록 설정한다(Multiply 노드를 선택한 상태로 디테일 패널에서 값을 조정하면 된다). 최종 이미지를 좀 더 밝게 하기 위해 해당 작업을 수행한다.

8. 그런 다음, 이전 **Multiply** 노드를 메인 머티리얼의 **베이스 컬러**에 연결한다.

   머티리얼 그래프의 현재 상태는 다음과 같다.

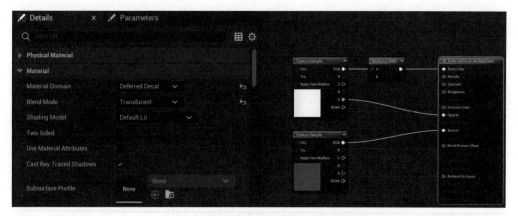

그림 5.6 머티리얼 그래프의 현재 상태

이것이 첫 번째 데칼에 필요한 모든 것이다. 이제 데칼 머티리얼로 사용할 두 번째 머티리얼을 만들 것인데, 나중에 보게 될 메시 데칼 기법에 따라 사용한다. 이제 그 작업을 해보자.

9. 다른 머티리얼을 만들고 이름을 지정한다. 이번에는 레벨에 있는 하키 골대 모델에 사용할 것이므로 **M_MeshDecal_HockeyGoal**로 지정했다.

10. 이어서 머티리얼을 더블 클릭해 머티리얼 에디터를 열고 **메인 머티리얼** 노드를 선택한다. 그런 다음, 디테일 패널로 이동해 이전 머티리얼에서 했던 것처럼 일부 프로퍼티를 변경한다.

11. 계속해서 **머티리얼 도메인**을 Deferred Decal로 설정하고 **블렌드 모드**를 Translucent로 설정한다. 이는 머티리얼이 데칼로 작동하도록 할 때마다 설정해야 하는 기본 파라미터들이다.

12. 그다음에는 **Texture Sample** 노드 3개를 생성한다. 하나는 **T_HockeyGoal_Mesh Decal_Color**, 다른 하나는 **T_HockeyGoal_MeshDecal_AORM**, 마지막 하나는 **T_HockeyGoal_MeshDecal_Normal** 텍스처를 할당한다.

13. 이전 머티리얼에서 했던 것처럼 노멀 텍스처를 메인 머티리얼의 **노멀**에 연결한다. 그리고 **T_HockeyGoal_MeshDecal_AORM** 텍스처의 초록색 채널을 메인 머티리얼

의 **러프니스**에 연결하고 **T_HockeyGoal_MeshDecal_Color**는 메인 머티리얼의 **베이스 컬러**에 연결한다.

14. 다음으로, 컬러 텍스처의 초록색 채널에서 와이어를 드래그하고 그 끝에 **CheapContrast** 노드를 만든다. 이 채널을 사용해 데칼의 불투명도를 조정한다.

15. 계속해서 상수를 생성하고 **CheapContrast** 노드의 **Contrast**에 연결한다. 이 예제에서는 잘 작동하는 값인 **2**를 지정하지만, 이 값은 불투명도에 직접적인 영향을 미치므로 이 데칼 생성을 완료한 후에 이 값을 갖고 놀아야 한다(곧 확인할 수 있다!).

16. **CheapContrast** 노드를 메인 머티리얼의 **오파시티**에 연결한다.

이 두 번째 머티리얼 제작은 거의 완료됐지만, 이 시점에서 조정해야 할 것은 **메인 머티리얼** 노드의 일부인 **월드 포지션 오프셋**^(World Position Offset)이다. 이 파라미터를 활성화하면 머티리얼이 구현되는 모델에 적용되는 오프셋을 제어한다.

이전 레시피에서 만든 셰이더 중 이 설정을 사용한 셰이더는 없었지만, 이 시점에서 살펴볼 필요가 있다. 그 이유는 메시 기반 데칼은 3D 모델에서 투영되므로 캐스팅에 사용되는 모델이 데칼의 효과를 받아야 하는 모델과 겹칠 수 있기 때문이다. 이 경우 월드 포지션 오프셋을 활성화해서 이펙트가 항상 표시되도록 하고, 이 기법과 관련된 여러 지오메트리의 위치로 인해 이펙트가 가려지지 않도록 해야 한다. 즉, 머티리얼을 투영하는 지오메트리가 이펙트가 투영되는 오브젝트보다 카메라에 더 가깝도록 해야 한다. 그러기 위해서는 몇 개의 새로운 노드를 통해 카메라의 위치와 방향을 가져와야 하며, 이를 통해 카메라를 향한 투영을 오프셋해서 데칼이 항상 보이도록 할 수 있다. 아래에서 해당 방법을 알아보자.

17. **Camera Direction Vector** 노드를 우클릭하고 이름을 입력해 생성한다.

18. 그런 다음, 이전에 만든 **Camera Direction Vector** 노드 바로 뒤에 **Multiply** 노드를 생성하고 **Camera Direction Vector**를 **A**에 연결한다.

19. **상수**^(Constant)를 추가하고 **-0.5**와 같은 음수 값을 지정한다. 이렇게 하면 모델이 카메라 방향으로 오프셋된다. 이전 **Multiply** 노드의 **B**에 연결한다.

20. **Multiply** 노드를 메인 머티리얼의 **월드 포지션 오프셋**에 연결한다.

다음 스크린샷에서 머티리얼 그래프를 구성하는 모든 노드를 확인할 수 있다.

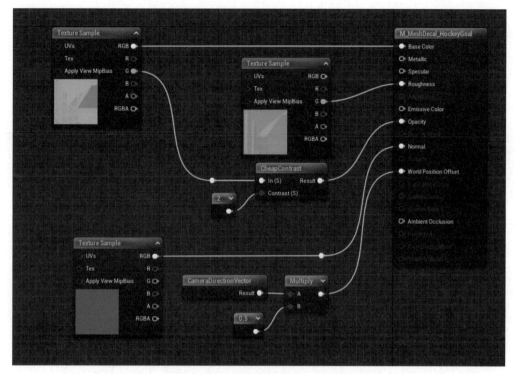

그림 5.7 메시 기반 데칼 머티리얼의 머티리얼 그래프

적용^{Apply} 및 **저장**^{Save} 버튼을 클릭하면 테스트할 수 있는 머티리얼이 준비된다. 이 제 메인 에디터로 돌아가서 데칼을 직접 만들어보자.

21. **프로젝트에 빠르게 추가하기**^{Quickly Add to the Project} 메뉴로 가서 검색창에 해당 이름을 검색함으로써 데칼 액터를 생성한다. 직접 입력하지 않으려면 **비주얼 이펙트**^{Visual Effects} 메뉴에서 찾을 수 있다. 메인 뷰포트에 드래그해서 데칼 액터를 생성한다.

22. 새 액터를 선택한 상태에서 디테일 패널에 초점을 맞추고 데칼 머티리얼로 사용할 에셋으로 **M_DeferredDecal_HockeyLines** 머티리얼을 할당한다.

23. 선이 월드에 표시되고 정렬될 때까지 데칼의 스케일과 위치를 조정한다^{그림 5.8을 참고}

첫 번째 데칼 투영은 이미 처리했으므로 다음으로 메시 데칼을 설정해보자. 이 단계는 곧 볼 수 있듯이 이전보다 훨씬 간단하다.

24. 하키 골대 역할을 하는 모델을 복제한다. 이 작업은 모델을 선택한 상태에서 **Ctrl +
    D**를 누르면 된다.

25. 새 액터를 선택한 상태로 디테일 패널에서 적용 중인 머티리얼을 변경한다. 방금
    만든 **메시 데칼**^{Mesh Decal} 머티리얼로 설정해서 실제로 작동하는지 확인하고 다음 스
    크린샷에서 결과를 확인하자.

그림 5.8 방금 생성한 데칼 결과

앞의 두 가지 예시에서 봤듯이 데칼은 씬에 디테일을 더할 수 있는 좋은 방법이다. 데칼은 대규모 표면에서 나타나는 명백한 반복을 깨뜨리는 것부터 시작해 비디오 게임의 총알 구멍과 같은 다이내믹한 실시간 효과에 이르기까지 다양한 효과를 사용할 수 있는 문을 열어준다. 따라서 이러한 유형의 과제에 직면했을 때는 데칼을 반드시 기억해내자!

예제 분석

메시 데칼은 이상하게 들릴지 모르지만, 언리얼 엔진에서 내가 가장 좋아하는 기능 중하나다. 오랫동안 언리얼 엔진에 포함되길 바랐던 기능을 제공하기 때문인데, 언리얼엔진 4의 최신 버전에서 마침내 해당 기능에 대한 지원이 추가됐을 때 이보다 더 기쁠수 없었다. 평면뿐만 아니라 선택한 모든 메시를 기반으로 텍스처를 자유롭게 투영할

수 있어 곡면 지오메트리에 데칼을 사용할 수 있는 길이 열렸고, 이는 이전의 평면 솔루션보다 훨씬 더 멋지게 보였다.

3D 모델에 의존해서 데칼을 투영하는 방식을 고려할 때, 텍스처가 항상 카메라와 투영되는 표면 사이에 위치하도록 하려면 **Camera Direction Vector** 노드를 추가하는 것이 중요하다. 이름에서 알 수 있듯이 **Camera Direction Vector** 노드는 카메라가 향하고 있는 각도를 제공하며, 이는 머티리얼의 위치를 오프셋하는 데 사용할 수 있는 중요한 정보다. 이 레시피에서는 **Multiply** 노드와 단일 상수를 통해 이를 수행했다. 표준 데칼 액터로 작업할 때는 크기와 위치를 제어해서 선택한 데칼 머티리얼이 항상 보이도록 할 수 있는 옵션이 있기 때문에 이 작업을 할 필요가 없다.

참고 사항

항상 그래 왔듯이 에픽게임즈의 데칼 관련 문서는 웹 사이트(https://docs.unrealengine.com/5.0/en-US/decal-actors-in-unreal-engine/)에서 확인할 수 있다.[1]

⫸ 패럴랙스 오클루전 매핑으로 벽돌 벽 만들기

좀 더 디테일한 레벨을 만들려면 일반적으로 레벨을 채우는 데 사용되는 오브젝트에 더 많은 기하학적 디테일을 추가해야 하며, 이는 여러 가지 방법으로 달성할 수 있다. 우리는 이미 빛이 특정 오브젝트의 표면에 도달했을 때 작동하는 방식을 수정하는 특수한 유형의 텍스처인 노멀 맵을 사용했다. 또한 이전 장에서는 씬에 더 많은 트라이앵글을 가져오는 새로운 방법인 나나이트 메시를 사용했다. 이제 3D 오브젝트에 디테일을 더하기 위한 텍스처 기반 접근 방식인 패럴랙스 오클루전 매핑(POM, Parallax Occlusion Mapping)에 대해 알아보자.

이 기법은 텍스처를 사용해 노멀 맵을 사용하는 것과 비슷하게 느껴질 수 있는 프로세

---

1 한국어 버전은 https://docs.unrealengine.com/5.0/ko/decal-actors-in-unreal-engine/에서 확인할 수 있다. – 옮긴이

스에서 더 많은 기하학적 디테일을 만든다. 이러한 텍스처와 달리 POM은 모델을 나타내는 픽셀을 실제로 바깥쪽이나 안쪽으로 밀어내서 노멀 맵으로는 얻을 수 없는 실제 3D 효과를 만들어낸다. 이러한 종류의 작업을 이미지에 의존하면 CPU가 더 복잡한 메시를 처리하지 않아도 되므로 특정 하드웨어의 부담을 줄일 수 있다. 다음 몇 페이지에서는 이 기술을 구현하는 방법을 알아보자.

준비

이 레시피에서 필요한 것은 뎁스^{depth} 정보가 포함된 텍스처다. 이제부터 살펴볼 POM 기법을 구동하려면 이러한 유형의 데이터가 필요하기 때문이다. 이 책에는 언리얼 엔진 프로젝트가 번들로 제공되므로, 다음 몇 페이지에서 보게 될 것과 동일한 에셋을 사용하려면 **05_03_Start** 레벨을 열어보자.

이 기법을 커스텀 모델에 적용하려면 언제나 그렇듯이 자신만의 텍스처를 자유롭게 가져와도 된다. 또는 시작용 콘텐츠에 번들로 제공되는 **T_CobbleStone_Pebble_M**과 같이 사용 가능한 리소스 중 일부를 사용해도 된다.

예제 구현

이 레시피의 첫 번째 단계는 이전에 새 레슨을 시작할 때 여러 번 했던 것과 동일하다. 곧 시연할 기술을 적용할 수 있는 머티리얼을 만들어야 한다. 너무 오래 고민하지 말고 빨리 시작하자.

1. 새 머티리얼을 만들고 이름을 지정한다. 나는 **M_Walls_Parallax**로 지정했다.

2. 자신만의 레벨에서 작업하는 경우에는 원하는 모델에 머티리얼을 적용하고, 내가 사용할 레벨과 동일한 레벨을 연 경우에는 벽 모델의 **머티리얼 엘리먼트 1**^{Material} $^{Element\ 1}$ 슬롯에 적용한다.

   이제 새 에셋의 머티리얼 에디터를 열고 그래프에 패럴랙스 효과를 구현할 노드를 채우기 시작하자. 가장 먼저 만들어야 하는 노드는 **Parallax Occlusion Mapping**

노드로, 이후 생성할 많은 노드의 허브 역할을 한다. 다음 스크린샷에서 볼 수 있듯이 여러 가지 입력이 제대로 작동하길 기대하는 함수다.

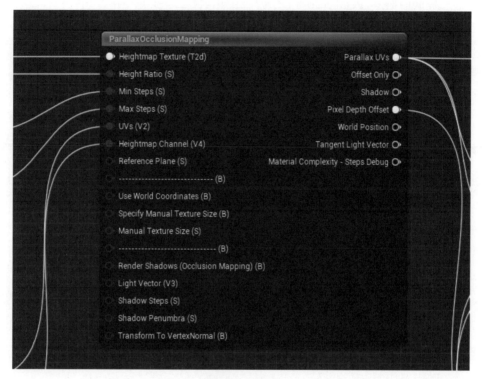

그림 5.9 POM 함수

3. 머티리얼 그래프 내 아무 곳이나 마우스로 우클릭하고 Parallax Occlusion Mapping 을 입력한 다음, 해당 옵션을 선택하고 머티리얼에 노드를 추가해본다. 나중에 참조할 수 있도록 이 노드를 POM이라고 부르자.

4. **POM** 함수가 예상하는 첫 번째 파라미터는 **Heightmap Texture**이다. 그렇다면 **Texture Object**를 생성하고 **POM** 노드의 **Heightmap Texture (T2d)**에 연결한다.

5. **Texture Object**를 선택하고 디테일 패널에서 사용하려는 텍스처를 설정한다. 이번 예제에서는 **T_Walls_Depth**를 사용한다.

다음에서 추가해야 할 노드들은 모두 상수이며, 원하는 경우 스칼라 파라미터로 바꿀 수 있다. 이렇게 하면 머티리얼 인스턴스를 생성한 후 실시간으로 조정할 수 있다. 여기서는 간략히 다루겠지만, 이 레시피의 '예제 분석' 절에서 상수에 대한 자세한 내용과 POM 노드의 다양한 프로퍼티를 조정할 때 상수가 어떤 역할을 하는지 알아볼 수 있다.

6. 가장 먼저 만들 노드는 스칼라 파라미터다. 생성 후, **Height Ratio**와 같은 이름을 지정한다. 이 값을 사용해서 머티리얼을 적용하는 모델과 관련해 텍스처가 얼마나 튀어나오고 들어오는지에 영향을 준다. 값을 **0.02**로 설정하되, 나중에 전체 효과에 어떤 영향을 미치는지 확인하려면 이 값을 갖고 놀아보자. POM 노드의 **Height Ratio (S)**에 연결한다.

7. 다음으로, 또 다른 스칼라 파라미터를 생성하고 POM 노드의 **Min Steps (S)**에 연결한다. 해당 입력 핀과 비슷한 이름을 지정하고 **8**과 같은 값을 설정한다. 이 파라미터와 다음 단계에서 생성할 파라미터 모두 이 레시피에서 다루는 최종 효과의 퀄리티에 기여하므로, 머티리얼 설정을 완료한 후 필요에 따라 이 설정을 조정해서 결과가 어떻게 바뀌는지 확인하자.

8. 다른 스칼라 파라미터를 추가하고 **Max Steps**와 같은 이름을 지정하되, 아직 **Parallax Occlusion Mapping** 노드에 연결하지는 말고 다음 몇 단계에서 이 파라미터를 조정한 후 연결하자.

9. 네 번째 스칼라 파라미터는 **Temporal AA Multiplier**와 같은 이름을 붙이고, 값을 **2**로 지정하면 된다. 이 파라미터를 사용해 이어서 생성할 몇 개의 노드와 함께 안티 앨리어싱 효과의 부드러움을 제어한다.

10. 계속해서 **Lerp** 노드를 생성하고 B에 이전에 생성한 스칼라 파라미터를 연결한 다음, A는 **0**으로 남겨둔다.

11. 머티리얼 그래프 내에서 우클릭하고 **Dither Temporal AA**라는 노드를 찾는다. 이를 **Lerp** 노드의 **Alpha**에 연결한다.

12. 그리고 **Multiply** 노드를 생성한 다음, 8번 단계에서 생성한 **Max Steps** 스칼라 파라

미터와 이전 **Lerp** 노드를 모두 **Multiply**에 연결한다.

13. 마지막으로, **Multiply** 노드를 **POM** 노드의 **Max Steps**에 연결한다.

앞서 언급했듯이, 이 레시피의 '예제 분석' 절에서는 마지막 단계가 이론적인 관점에서 어떻게 작동하는지 자세히 알아보자. 그때까지 기다릴 필요가 없도록 지금까지 한 작업은 머티리얼이 돌출된 것처럼 보이는 양과 돌출의 퀄리티에 영향을 미치며, 이는 우리가 만든 **Min Steps** 및 **Max Steps** 스칼라 파라미터를 통해 제어된다. **Max Steps** 스칼라 파라미터를 **POM** 노드에 직접 연결하지 않은 이유는 **Dither Temporal AA** 노드를 사용해 효과를 부드럽게 하고 싶었기 때문이며, 그렇지 않으면 결과가 다소 뭉툭해 보일 수 있다.

이 문제를 해결했으니 다음으로 처리할 설정은 **Heightmap** 채널과 텍스처 자체의 타일링이다. 타일링은 이전에 이미 다뤄본 적이 있으므로 매우 간단하게 처리할 수 있다. 하지만 하이트맵에 어떤 텍스처 채널을 사용할지 지정해야 하는 것이 이상하게 느껴질 수 있다. 그 이유는 **POM** 노드가 작동하도록 설정된 방식 때문이다. **POM** 함수는 우리가 연결한 **Texture Object** 파라미터를 통해 뎁스 데이터를 제공할 것으로 예상하지만, 그 뎁스 정보가 결합된 **RGBA** 출력을 통해 제공되는지 아니면 특정 채널 중 하나에 저장되는지 알 수 없다. 해당 **Texture Object**에서 어떤 채널을 사용할지 함수에 알려주는 방법은 지금부터 할 것처럼 채널을 수동으로 지정하는 것이다.

14. 벡터 파라미터를 생성하고 **Channel** 같은 이름을 지정해 머티리얼 작업을 계속 진행하자. 해당 파라미터의 값은 **빨간색**^{Red} 또는 **(1, 0, 0, 0)**을 RGBA 형식으로 지정한다.

15. 다음으로, **Append** 노드를 추가하고 이전 노드의 **빨간색**과 **Alpha** 채널을 해당 노드에 연결한다.

16. 이를 **POM** 노드의 **Height Map (V4)**에 연결한다.

벡터 파라미터의 RGB에 Alpha를 추가하는 이유는 POM 노드가 Constant4Vector를 입력으로 받기 때문이다. RGB 자체에는 3개의 채널만 포함돼 있으므로, 여기에 Alpha를 추가하면 필요한 4채널 벡터를 얻을 수 있다.

17. **Texture Coordinate** 노드를 생성하고 기본값을 1로 둔다.

18. 그런 다음, 스칼라 파라미터를 추가하고 7로 설정한다. 머티리얼 인스턴스를 생성할 때 머티리얼의 타일링을 제어하는 데 사용한다.

19. 텍스처의 타일링을 제어하고 싶으므로, 마지막 두 노드 뒤에 **Multiply** 노드를 추가하고 연결한다. 그리고 **Multiply** 노드를 POM 노드의 **UVs (V2)**에 연결한다.

이전 단계들을 완료했으므로 조정하려는 **POM** 함수의 여러 핀을 공급하는 데 필요한 모든 파라미터가 남았다. 지금까지 꽤 많은 노드를 다뤘으므로, 잠시 시간을 내서 머티리얼 그래프의 상태를 확인하자.

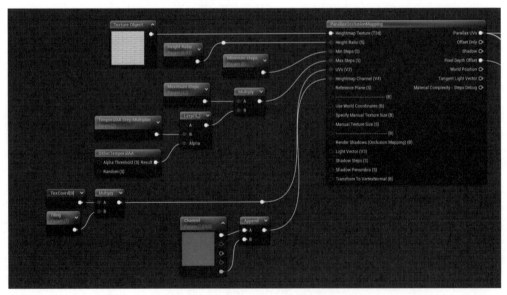

그림 5.10 지금까지 생성한 노드들

이제 **POM** 함수가 모두 연결됐으므로 이 함수가 제공하는 다양한 정보를 다음 텍스처 세트의 기초로 사용할 수 있다. 이제 텍스처를 만들어보자!

20. 3개의 **Texture Sample** 노드를 만들고 각각 **T_Walls_Depth**, **T_Walls_AORM**, **T_Walls_Normal**을 할당한다. 해당 텍스처들의 **UVs**들을 **POM** 노드의 **Parallax UV**와 연결한다.

21. 첫 번째 텍스처를 메인 머티리얼의 **베이스 컬러**에 연결한다. 그런 다음, 두 번째 텍스처의 빨간색 채널을 **앰비언트 오클루전**에 연결하고 초록색 채널을 **러프니스**에 연결한다. **노멀** 맵은 메인 머티리얼의 **노멀**에 연결한다.

22. 마지막으로, **POM** 함수의 **Pixel Depth Offset**을 메인 머티리얼의 **픽셀 뎁스 오프셋** Pixel Depth Offset에 연결한다. 다 끝났다!

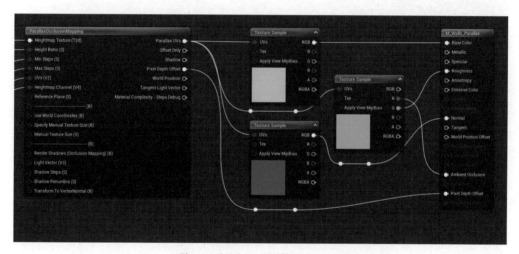

그림 5.11 마지막으로 생성한 Texture Sample 노드들

이제 작업을 저장하고 레벨의 적절한 모델에 머티리얼을 적용하기만 하면 된다. 원래 적용된 평면에서 돌출된 흰색 벽돌 벽을 확인할 수 있으며, 이 효과는 어느 각도에서 보더라도 계속 표시된다. 이 모든 것이 별도의 지오메트리를 사용하지 않고도 달성됐다는 점을 기억하자!

그림 5.12 방금 만든 벽돌 벽 머티리얼의 최종 모습

예제 분석

지금까지 살펴본 바와 같이 POM 기능은 이펙트가 제대로 작동하기 위해 적절하게 설정해야 하는 여러 가지 입력을 포함하므로 상당히 복잡한 기능이다. 다소 어렵게 느껴질 수 있지만, 각 설정이 어떤 기능을 하고 조절한 각 설정들이 최종 이펙트를 만드는 데 어떻게 기여하는지를 좀 더 자세히 살펴보고 나면 이해되기 시작한다.

가장 먼저 알아야 할 것은 이펙트의 작동 방법이다. POM은 레벨을 구성하는 메시를 래스터화(래스터라이징rasterizing)해서 씬의 각 픽셀에 월드 포지션 값을 할당하는 언리얼의 표준 렌더링 파이프라인 위에서 작동한다. 다시 말해, 화면에 표시되는 각 픽셀은 엔진이 모델의 위치와 적용 중인 다른 이펙트 또는 머티리얼을 고려해 계산한 결과다.

POM은 엔진에서 계산한 특정 픽셀의 월드 위치를 가져와 **POM** 함수에서 지정한 다양한 설정에 따라 변환 값을 수정한다. 가정 먼저 조정해야 했던 설정은 **Heightmap Texture**로, 기본 모델에 대한 특정 픽셀의 위치 차이를 결정하는 에셋이다. 벽돌 벽 머티리얼 예시에서 뎁스 텍스처의 흰색 부분은 렌더러가 해당 영역을 바깥쪽으로 돌출시키고, 어두운 톤은 픽셀을 안쪽으로 밀어 넣도록 지시한다.

두 번째로 조정할 설정은 **Height Ratio**로, 이전 하이트맵의 값을 높이거나 낮추는 수정자 역할을 해서 효과를 어느 정도 눈에 띄게 만들었다.

또한 이펙트의 **Min Steps**와 **Max Steps** 스칼라 파라미터에 영향을 주는 몇 가지 상수를 추가해서 최종적으로 표시되는 퀄리티를 결정했다. 샘플이 많을수록 이펙트가 더 사실적으로 보이고, 적을수록 그 반대가 된다. '스텝^{step}'이라고 부르는 이유는 이 효과가 3D 패키지의 스플라인^{spline}이나 곡면에서 볼 수 있는 것과 유사하기 때문이며, 세분화할수록 더 둥글게 나타난다.

바로 이러한 이유로 **Dither Temporal AA** 노드를 사용해 열 단계 사이의 부드러움을 높였다. 이를 통해 더 매끄럽게 블렌딩할 수 있다.

마지막으로 조정해야 할 두 가지 설정은 **UV**와 **Heightmap** 채널이다. 전자는 머티리얼을 얼마나 타일링할지 지정하기만 하면 되므로 매우 간단한 작업이다. 후자는 꽤 신기한데, 우리가 만든 원본 하이트맵 텍스처에 어떤 텍스처 채널을 사용할지 지정하는 대신 여기서 지정해야 한다. 이는 **Texture Sample**이 아닌 **Texture Object**를 텍스처 입력으로 받는 **POM** 노드의 특이한 점이다. 강제로 사용해야 하는 유형은 사용하려는 채널을 지정할 수 없으므로 이 마지막 설정이 필요하다.

참고 사항

앞서 언급했듯이 POM은 GPU 기반 효과다. 즉, CPU는 거기서 생성되는 내용에 액세스할 수 없다는 것을 의미하며, 이는 명심해야 할 중요한 사항이다. 다른 게임 엔진과 마찬가지로 다양한 프로세스가 동시에 진행되며, 그중 일부는 CPU가 처리하고 일부는 그래픽 장치에 의존한다. 이 사례에서 영향을 미치는 것이 바로 충돌 시스템이다. POM 기법을 사용할 때는 보통 디테일을 추가하고 이펙트를 투사하는 표면을 변형하려는 의도로 적용한다. 그 결과 다른 표면이나 모델, 즉 보이는 경계가 원래 모델의 경계와 다른 표면이나 모델을 만들게 된다. 이는 동일한 모델에서 충돌을 활성화해야 할 때 고려해야 할 중요한 사항으로, 충돌은 CPU에서 계산되고 GPU 측에서 일어나는 일에 대해 전혀 알지 못하기 때문이다. 이로 인해 두 오브젝트 간의 충돌이 발생해야 하는 위치와 실제 충돌이 발생하는 위치 간에 인식 가능한 차이가 발생할 수 있다.

이 문제에 대한 가능한 해결 방법은 앞서 언급한 기법을 적용한 후 표시되는 새로운 시각적 영역을 제공하는 콜리전 볼륨collision volume을 추가해 POM 기법의 결과를 고려하는 커스텀 콜리전 메시를 생성하는 것이다. 최종적으로 무엇을 하기로 결정하든, 이 효과의 특성을 염두에 둬야 CPU로 구동되는 다른 시스템에서 작업할 때 발생 가능한 문제를 방지할 수 있다.

마지막으로, POM 기법에 대한 추가 문서를 남겨뒀다. POM은 기술적 관점에서 볼 때 매우 흥미로운 주제이며, 이에 대해 자세히 알아두면 컴퓨터 그래픽의 작동 원리를 더 깊이 이해하는 통찰력을 얻을 수 있다. 웹 사이트(https://online.ts2009.com/mediaWiki/index.php/Parallax_Occlusion_Map)에서 이와 관련해 더 자세한 내용을 제공한다.

❖ 머티리얼에서 메시 디스턴스 필드 활용하기

이 책에서 다룬 각 레시피는 언리얼의 머티리얼 생성 파이프라인에서 새로운 것을 탐구했다고 말할 수 있다. 새로운 머티리얼 기능, 유용한 노드, 스마트 셰이더 생성 기법 등을 살펴봤으며, 이번 레시피도 그 점에서 크게 다르지 않을 것이다. 하지만 이제 머티리얼 에디터 외부로 눈을 돌려 다음 기법을 살펴보자.

메시 디스턴스 필드Mesh Distance Field라는 특정 기능에 초점을 맞출 것인데, 이는 우리가 작업하는 3D 모델의 속성으로서 모델과 얼마나 가깝거나 멀리 떨어져 있는지 알 수 있게 해주고, 이 정보를 바탕으로 머티리얼의 모양을 변경할 수 있게 해준다. 모델 주변에 배치된 볼륨에서 3D 메시의 표면까지의 거리를 시각적으로 표현한 것이라고 생각하면 된다. 이 데이터는 볼륨 텍스처로 저장되며, 거리 기반 마스크나 앰비언트 오클루전 기반 효과와 같은 동적 효과를 생성할 때 매우 유용하게 사용할 수 있다.

이 정보를 사용해서 교차하는 물체 주위에 거품이 나타나는 간단한 만화 같은 바다 머티리얼을 만들어본다. 어떻게 하는지 살펴보자!

준비

우리가 작업할 레벨은 매우 간단한 레벨로, 사실 평면과 구라는 두 가지 3D 모델만 포함돼 있다. `05_04_Start` 레벨을 열어 작업을 시작하거나 앞서 언급한 것과 유사한 에셋을 사용해 자신만의 레벨을 만들어보자.

이 레시피를 완성하는 데 중요한 것은 작업 중인 프로젝트에서 메시 디스턴스 필드 세팅이 활성화됐는지 확인하는 것이다. **편집**^{Edit} ➤ **프로젝트 세팅**^{Project Settings}으로 이동해 **엔진**^{Engine} ➤ **렌더링**^{Rendering} ➤ **소프트웨어 레이 트레이싱**^{Software Ray Tracing} 아래에서 확인할 수 있다. **메시 디스턴스 필드 생성**^{Generate Mesh Distance Fields}이라는 항목이 있는데, 이 프로퍼티가 활성화돼 있는지 확인해야 하므로 다음으로 넘어가기 전에 해당 항목의 활성화 여부를 확인하자.

예제 구현

우리 앞에 있는 레벨을 살펴보면서 이 레시피를 시작하자. 이 책과 함께 제공된 레벨로 작업하는 경우, 현재 서로 교차하는 평면과 구라는 2개의 3D 모델을 찾을 수 있다. 메시 디스턴스 필드 기법을 적절하게 사용하려면 어떤 모델을 다른 모델과 다르게 처리해야 할 수 있으므로, 어떤 모델이 이 기법의 영향을 받는지 아는 것이 유용하다. 이 예제에서는 다른 오브젝트의 디스턴스 필드를 고려한 머티리얼을 평면에 적용하고 싶다. 먼저 해당 모델을 조정해보자.

1. 레벨 중앙에 있는 평면을 선택하고 스태틱 메시 에디터를 실행한다. 디테일 패널에서 썸네일을 더블 클릭하면 된다는 점을 기억하자.

2. 새 에디터의 디테일 패널에서 **일반 세팅**^{General Settings} 메뉴까지 스크롤한다. **메시 디스턴스 필드 생성** 옵션을 찾아 비활성화돼 있는지 확인한다.

3. 메인 뷰포트로 돌아가 평면을 선택한 상태에서 디테일 패널을 확인한다. **라이팅**
   Lighting 메뉴까지 아래로 스크롤해서 **디스턴스 필드 라이팅 영향**Affect Distance Field Lighting
   을 비활성화한다.

4. 그런 다음, 구를 선택하고 평면에서 했던 것처럼 스태틱 메시 에디터를 연다.

5. 에디터에 들어가면 다시 한번 **메시 디스턴스 필드 생성** 항목을 찾아서 활성화한다.

6. 디테일 패널 위쪽으로 조금 스크롤해서 **LOD0** 메뉴 아래에 있는 **디스턴스 필드 해상**
   도 스케일 Distance Field Resolution Scale 설정을 찾는다. **10**으로 설정하고 바로 아래에 있는
   변경 내용 적용 Apply Changes 버튼을 클릭한다.

   다음은 해당 설정의 위치를 나타내는 스크린샷이다.

그림 5.13 디스턴스 필드 해상도 스케일 위치

앞의 몇 단계를 통해 레벨의 구체에는 **메시 디스턴스 필드** 표현이 있는 반면, 평면에
는 없는 것을 확인했다. 구의 디스턴스 필드가 주변에 있는 다른 오브젝트의 디스
턴스 필드와 충돌할 수 있으므로 작업할 모델에서 이 기능을 비활성화하는 것이
중요하다. 다른 오브젝트의 메시 디스턴스 필드는 인식하지만 적용 중인 오브젝트
는 인식하지 못하는 머티리얼을 적용하려고 하면, 어떤 필드를 읽어야 하는지 혼
동할 수 있으므로 제거해야 한다!

이 문제를 해결했으니 이제 엔진의 이 기능을 활용할 머티리얼을 제작하는 데 집
중할 수 있다.

7. 새 머티리얼을 만들고 이름을 지정한다. 나는 이 레시피에서 만들 머티리얼의 이름을 **M_SimpleOcean_End**로 정했다.

8. 새로 만든 머티리얼의 그래프를 열고, 첫 번째 노드인 **Distance to Nearest Surface**를 그래프에 추가한다. 이 노드는 이 함수를 사용하는 머티리얼의 영향을 받는 픽셀과 가장 가까운 표면 사이의 거리를 제공하며, 이 거리는 작업 중인 스태틱 메시 모델에 있는 디스턴스 필드 덕분에 결정된다. 이 함수가 던지는 값은 언리얼의 표준 단위인 센티미터다. 나중에 **Lerp** 노드에서 결과를 마스킹 머티리얼로 사용할 것이므로, 이 함수의 예상 범위인 0에서 1에 가깝게 가져와야 한다.

9. 스칼라 파라미터를 추가한 후 이름을 **Distance Offset** 같은 이름으로 지정하고 값을 **0.015**로 설정한다. 이 노드를 사용해 이전 **Distance to Nearest Surface** 값을 조정한다.

10. **Multiply** 노드를 생성하고 이전 두 노드를 해당 노드에 연결한다.

    새로 생성한 스칼라 파라미터에서 선택한 값은 마스킹 목적으로 사용할 영역의 범위를 제어한다. 앞서 언급했듯이 **Distance to Nearest Surface** 함수는 영향을 받는 오브젝트의 각 픽셀에서 디스턴스 필드가 활성화된 가장 가까운 모델까지의 거리를 제공한다. 이 값은 센티미터 단위이므로 **Lerp** 노드에서 예상하는 0~1 범위에 더 가깝도록 조정해야 한다. 해당 노드를 수정하기 위해 선택한 값은 0에서 1 범위가 포함하는 거리에 직접적인 영향을 미치며, 값이 낮을수록 영역이 넓어진다. 예를 들어 픽셀이 특정 모델에서 50 단위 떨어져 있는데, 이 픽셀에 대해 0.02의 계수를 적용하면 1이라는 값이 나오고 이를 이펙트의 한계로 표시한다. 0.01과 같이 더 낮은 값을 계수로 선택하면, 새 한계가 100픽셀 표시로 이동해서 효과적으로 커버하는 영역을 확장할 수 있다.

    이제 그 문제를 해결했고 단순한 머티리얼이 될 것이므로, 할 수 있는 한 가지는 이전에 만든 그라데이션을 중단하고 툰 셰이더와 좀 더 유사하게 만드는 것이다. 그래디언트를 더 작은 단계로 세분화해 지금부터 그렇게 할 것이다.

11. 스칼라 파라미터를 만들고 **Number of Steps**와 비슷한 이름을 지정한다. 이 값을

사용해 지금까지의 그래디언트를 조각화할 것이다. 숫자가 클수록 조각화가 더 많이 이뤄진다.

12. **Multiply** 노드를 추가하고 이를 사용해 이전 스칼라 파라미터와 10번 단계의 **Multiply** 노드를 연결한다.

13. **Floor** 노드를 추가한다. 예를 들어 값이 **0.6**인 경우, 노드 생성 후 결과는 **0**이 된다. 이 노드를 이전 **Multiply** 노드 바로 뒤에 배치하고 연결한다.

14. 이전 노드 뒤에 **Divide** 노드를 배치하고 **Floor**를 **A**에 연결한다. 그런 다음, **B**에 11번 단계에서 만든 스칼라 파라미터를 연결한다. 자세한 내용은 다음 스크린샷을 참고하자.

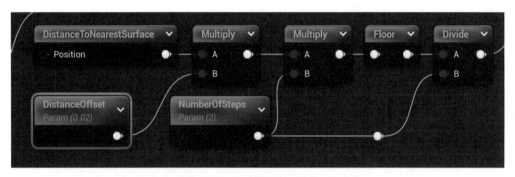

그림 5.14 지금까지 작업한 노드들

이전 노드 세트에서는 만화 같은 툰 셰이딩 기법에 잘 어울리는 띠 모양의 그래데이션을 만들었다. **Floor** 노드가 이러한 유형의 그래데이션을 만들 수 있는 주된 이유는 실수 값을 취하고 소수점 부분을 버리기 때문이다. 그래데이션이 있어 각 픽셀의 값이 다르기 때문에 **Floor** 노드는 중간 값(정수 사이의 값)을 제거해 끊김 없는 변화를 없애고 단계적인 변화를 만든다.

이제 이전 단계까지 만든 결과물을 마스크로 사용해 머티리얼을 다시 만들어보자.

15. 머티리얼 그래프에 **Constant4Vector** 노드 2개를 배치하고 서로 다른 값을 할당해 두 가지 색상을 만든다. 나는 파란색과 흰색을 사용했다.

16. **Lerp** 노드를 추가하고 이전 **Constant4Vector** 노드를 해당 노드의 **A**와 **B**에 연결한다. **Alpha**는 14번 단계에서 만든 **Divide** 노드와 연결한다.

17. **Lerp** 노드를 메인 머티리얼의 **베이스 컬러**에 연결한다.

18. 간단한 **상수**를 추가해 **러프니스** 값을 수정한다. 예를 들어 이번 예제 같은 경우, **0.6**이 잘 작동한다.

19. 마지막으로, 머티리얼에 적용한 변경 사항을 저장하고 레벨의 평면에 할당한다.

지금까지의 단계를 완료하면 머티리얼은 다음과 같이 나온다.

그림 5.15 렌더링된 머티리얼 최종 결과물

짜잔! 이제 우리가 가진 것을 보자! 모델의 **메시 디스턴스 필드** 프로퍼티와 함께 사용되는 이 간단한 머티리얼은 모든 종류의 거리 기반 효과에 매우 잘 어울린다. 앰비언트 오클루전 기반 먼지나 방금 본 것과 같은 물 이펙트가 그 좋은 예다. 또한 이 기술은 동적이므로 레벨에서 사물이 움직이면 이펙트가 실시간으로 업데이트된다. 가능성이 무궁무진하니 한동안 이 기법을 갖고 놀면서 어디까지 응용할 수 있는지 확인해보자!

예제 분석

메시 디스턴스 필드는 특히 많은 아티스트가 자주 접하는 것이 아니므로 처음에는 다소 어렵게 느껴질 수 있다. 따라서 여기서는 디스턴스 필드의 작동 원리를 살펴보고, (이보다 더 중요하게 여겨지는) 필요할 때마다 퀄리티를 높이는 방법을 소개한다.

너무 많은 기술적 세부 사항을 다루지 않고 최대한 개념을 단순화하기 위해 메시 디스턴스 필드는 엔진이 모델의 여러 부분이 볼륨 텍스처로부터 떨어져 있는 거리를 저장하는 방식이라고 생각할 수 있다. 다음 스크린샷을 살펴보자.

그림 5.16 레벨의 구체에 대한 메시 디스턴스 필드 시각화

이전 스크린샷은 레벨 중앙에 위치한 구체에 대한 **메시 디스턴스 필드** 프로퍼티의 시각적 표현을 보여준다. 이 보기 모드는 **표시**^{Show} ➤ **시각화**^{Visualize} ➤ **메시 디스턴스 필드**^{Mesh Distance Fields}를 활성화할 수 있다. 디스턴스 필드는 모델을 가져오거나 6번 단계에서 한 것처럼 디스턴스 필드 해상도를 조정할 때 오프라인으로 계산된다. 이렇게 미리 계산된 데이터를 활용하면, 이 레시피에서 살펴본 것과 같은 이펙트부터 다이내믹 플로우 맵^{dynamic flow map}까지 다양한 효과를 구현할 수 있다.

우리가 알아야 할 것은 우리가 만드는 필드의 최종 품질에 영향을 줄 수 있는 방법이다. 이 레시피의 시작 부분에서 살펴본 설정인 **디스턴스 필드 해상도**^{Distance Field Resolution} 배수를 통해 이를 수행할 수 있다. 기본값인 1을 초과하면 볼륨 텍스처의 무게가 증가하지만, 매우 디테일한 오브젝트나 얇은 요소가 포함된 모델에서 추가 퀄리티가 필요할 때가 있다. 필요할 때마다 조정하는 것을 잊지 말자!

참고 사항

지금까지 메시 디스턴스 필드의 작동 방법을 실용적인 관점에서 알아보고 메시가 어떻게 생성되는지에 대한 기술적인 세부 사항도 조금 살펴봤다. 이 중요한 기술을 좀 더 알고 싶다면 웹 사이트(https://docs.unrealengine.com/5.1/en-US/mesh-distance-fields-in-unreal-engine/)에서 관련 내용을 확인해보자.[2]

이미시브 머티리얼로 씬 밝히기

이전 레시피들에서는 레벨에 조명을 비춰야 할 때마다 라이트를 사용했다. 1장에서 이미지 기반 라이팅IBL, Image Based Lighting 기법을 살펴본 것을 기억할 것이다. 라이트는 언리얼의 주요 액터 유형 중 하나로, 렌더링 파이프라인에서 매우 중요하다. 라이트가 없었다면, 우리는 많은 것을 볼 수 없었을 것이다!

하지만 엔진은 레벨에 조명을 비춰야 할 때마다 이미시브 머티리얼emissive material이라는 또 다른 흥미로운 옵션을 사용할 수 있다. 이름에서 알 수 있듯이, 이 유형의 셰이더는 오브젝트가 빛을 방출해서 제작 중인 레벨에 다양한 셰이딩을 적용할 수 있도록 한다.

물론 이미시브 머티리얼에는 장단점이 있다. 한편으로는 커스텀 3D 모델을 사용해 다양한 영역에 조명을 비출 수 있으므로, 표준 라이팅 기법으로는 구현하기 어려운 네온 불빛이나 TV 화면에서 나오는 빛과 같은 흥미로운 효과를 구현할 수 있다. 반면에 이미시브 머티리얼은 노이즈 아티팩트를 유발할 수 있으므로, 언제 어떻게 사용하는 것이

안전한지 잘 알고 있어야 한다.

이 레시피에서는 소금 램프를 사용해 이러한 시나리오를 살펴본다.

준비

이 레시피에서는 커스텀 3D 모델과 텍스처를 사용하지만, 이는 단지 보기에 예쁜 것을 만들기 위한 것이다. 따라서 자체 에셋을 사용하려는 경우, 제작에 따르는 요구 사항이 많지 않다는 점을 알아두자. 앞으로 만들 이미시브 머티리얼을 적용할 수 있는 간단한 메시와 앞으로 다룰 라이트 베이킹 프로세스의 결과를 테스트할 수 있는 작은 씬만 있으면 된다. 엔진의 일부로 제공되는 에셋을 사용해도 된다.

한 가지 원하는 것은 다소 어두운 장면이다. 이 레시피의 특성상 빛을 발산하는 머티리얼을 만들어야 하므로 레벨이 어두울 때 결과가 더 분명해지기 때문이다. 다이내믹 라이팅이 있는 경우와 없는 경우에 해당하는 두 가지 시나리오로 작업할 예정이지만, 레시피 자체에서 다룰 것이므로 아직은 걱정하지 말자.

이제 이 책과 함께 제공되는 프로젝트를 사용하려면 05_05_Start 레벨을 자유롭게 열어본다. 레시피를 시작할 준비가 됐으니 지금 시작해보자!

예제 구현

이 레시피를 시작할 때 가장 먼저 해야 할 일은 작업할 레벨에 현재 배치된 라이트의 강도를 조정하는 것이다. 내가 사용한 레벨을 열었든 독자가 직접 만든 레벨을 열었든 상관없이, 이제 만들려는 것의 효과를 확인할 수 있도록 눈앞에 상당히 어두운 레벨이 있는지 확인해야 한다. 제공한 레벨을 열었다면 다음을 수행한다.

1. 월드 아웃라이너에서 **BP_LightStudio** 블루프린트 에셋을 선택하고 디테일 패널을 확인한다. 세 번째로 보이는 카테고리인 **HDRI**에는 **Use HDRI** 옵션이 있다. 활성화할 다음 단계들의 결과를 더 잘 이해할 수 있도록 해당 옵션을 비활성화한다.

이 과정이 끝나면 작업할 머티리얼을 만들어보자.

2. 콘텐츠 브라우저에서 라이트 캐스터로 사용할 새 머티리얼을 생성하고, 원하는 대로 이름을 지정한다. 나는 **M_LightBulb**로 정했다.

3. **메인 머티리얼** 노드를 선택하고 셰이딩 모델을 **Unlit**으로 변경한다.

앞의 두 단계를 수행하면 머티리얼 로직을 만들 준비가 된 것이다. 이미시브 라이팅을 만드는 것은 간단하므로, 그 과정에서 약간의 변화를 주도록 하자. 가장 먼저 알려주고 싶은 부분은 레벨을 처음 열었을 때 레벨에 있는 램프를 보면 알 수 있듯이 램프의 원래 모양에 가깝게 유지하려고 노력할 것이라는 점이다. 이를 위해 동일한 텍스처를 사용한다.

4. **Texture Sample** 노드를 생성하고 **T_Lamp_Color** 텍스처를 할당한다. 해당 에셋은 이 책과 함께 제공되는 언리얼 엔진 프로젝트의 **콘텐츠 ➤ Assets ➤ Chapter05 ➤ 05_05**에 있다.

5. 다음으로, 이전 **Texture Sample** 노드 뒤에 **CheapContrast** 노드를 추가하고 **In (S)**를 이전 **Texture Sample** 노드와 연결한다.

6. 그런 다음, 스칼라 파라미터를 추가하고 제어할 대상이므로 **Contrast Intensity**와 같은 이름을 지정한다. **CheapContrast** 노드의 **Contrast (S)**와 연결하되 값을 할당하기 전에는 연결하지 말자(여기서는 기본값으로 2가 적당하다).

이전 노드 세트는 일반 텍스처를 가져와서 흑백 버전으로 만들었다. 이렇게 하면 램프의 특정 영역을 마스킹해 일부 영역이 다른 영역보다 더 많은 빛을 방출하도록 할 수 있다. 다음 스크린샷을 확인한다.

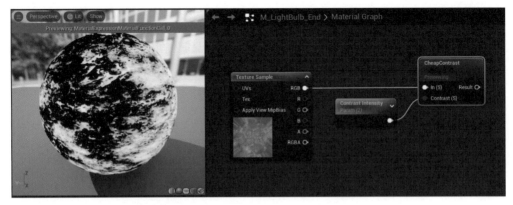

그림 5.17 램프에 대한 색상 텍스처의 마스크 버전

7. Multiply 노드를 추가하고 Texture Sample 노드를 A에 연결한다.

8. 다음으로, 이전 Multiply 노드의 B에 연결할 스칼라 파라미터를 생성한다. 밝은 영역의 밝기를 제어할 것이므로 Light Area Brightness와 같이 적절하게 이름을 지정한다. 기본값으로 500 같은 값을 할당하는 것도 잊지 말자.

   앞의 두 노드를 사용해서 CheapContrast 노드 덕분에 만든 마스크의 밝은 영역의 강도를 제어하자. 다음은 어두운 부분을 처리하는 것이다!

9. 원본 Texture Sample 노드에서 케이블을 끌어다 놓고 새 Multiply 노드를 만든다.

10. 그런 다음, 새 스칼라 파라미터를 추가하고 Dark Area Brightness와 비슷한 이름을 지정해 해당 영역의 발광 강도를 제어하는 데 사용하자. 기본값은 2로 설정한다.

11. 이제 기존 그래프의 오른쪽 어딘가에 Lerp 노드를 추가한다. 7번 단계에서 생성한 Multiply 노드를 새 Lerp 노드의 B에 연결하고, 9번 단계에서 생성한 Multiply 노드를 Lerp의 A에 연결한다.

12. 이어서 CheapContrast 노드를 Lerp 노드의 Alpha에 연결한다.

13. 마지막으로, Lerp 노드를 메인 머티리얼의 **이미시브 컬러**에 연결하고 작업물을 저장한다. 다음 스크린샷은 이 시점에서 만들어져야 할 머티리얼 그래프를 보여준다.

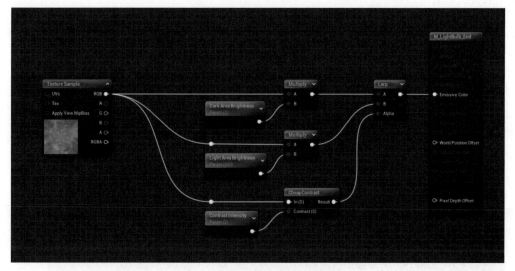

그림 5.18 머티리얼 그래프

마지막 단계가 완료됐으므로, 적어도 머티리얼 설정 측면에서는 레시피가 거의 완료됐다고 할 수 있다! 그럼에도 불구하고 램프의 3D 모델에 새 셰이더를 할당한 후에도 메인 뷰포트에서 아무것도 변경되지 않았음을 알 수 있다. 화면이 1번 단계에서 **Use HDRI** 옵션을 비활성화했을 때처럼 여전히 어둡게 보일 가능성이 있다. 머티리얼이 가시광선을 방출하는지 여부는 카메라에서 메시까지의 거리에 따라 달라지며, 현재 이미시브 모델이 씬의 라이팅에 더 이상 기여하지 않는 컷오프 지점이 있다. 이 효과를 직접 확인하려면 램프에서 더 가까이 또는 더 멀리 이동해보자. 이는 우리가 원치 않는 현상이므로 다음에서 처리해보자.

14. 램프의 3D 모델을 선택하고 디테일 패널을 확인한다. **라이팅**^{Lighting} 메뉴까지 아래로 스크롤한 후 **고급**^{Advanced} 메뉴를 펼치면, **이미시브 라이트 소스**^{Emissive Light Source}라는 옵션을 찾을 수 있다. 해당 옵션을 활성화해 이전 작업을 수정한다.

마지막으로, 이미시브 머티리얼이 루멘과 함께 작동하는 모습을 확인할 수 있다.

그림 5.19 레벨을 비추는 이미시브 머티리얼

꽤 멋지지 않은가? 결과는 흥미롭지만 이전 그림은 레벨을 정적으로 표현한 것이므로 화면에서 이펙트의 퀄리티가 동일하지 않다는 사실을 알 수 있다. 루멘은 이미시브 머티리얼에서 생성되는 조명을 포착할 수 있지만 결과물이 약간 노이즈가 있는 경향이 있으므로, 이 기법에 전적으로 의존하지 않는 것이 가장 좋다. 따라서 처음에 사용했던 원본 HDRI와 함께 사용하면 이전 레벨이 훨씬 더 멋지게 보일 수 있으므로, 다시 활성화하고 강도를 조정해서 노이즈 없는 효과를 얻을 수 있다.

이제 우리는 루멘을 사용해 이미시브 머티리얼과 다이내믹 라이팅으로 작업하는 방법을 알았다고 말할 수 있다. 하지만 스태틱 라이팅static lighting은 어떨까? 이러한 유형의 셰이더는 라이트 베이킹 프로세스가 루멘에서 흔히 볼 수 있는 아티팩트를 제거할 수 있기 때문에 그 자체로도 잘 작동할 수 있다. 다음으로는 이를 활성화하는 방법을 살펴보자.

15. 램프의 3D 모델을 선택하고 디테일 패널을 확인한다. **라이팅** 메뉴로 이동해서 **라이팅매스 세팅**Lightmass Settings 메뉴를 펼친다. **스태틱 라이팅에 이미시브 사용**Use Emissive for Static Lighting 옵션을 확인해야 한다.

16. 다음으로, 레벨에 있는 **포스트 프로세스 볼륨**을 선택하고 글로벌 일루미네이션 메뉴에서 메서드를 **None**으로 설정한다. 이렇게 하면 루멘이 글로벌 라이팅을 처리하지 않게 되는데, 이는 1장의 '프로젝트에서 스태틱 라이트 사용' 레시피에서 이미 살펴본 내용이다.

17. 언리얼 엔진 5가 스태틱 라이팅을 지원하려면 프로젝트 세팅의 **엔진**^{Engine} ➤ **렌더링** ^{Rendering}에 있는 **스태틱 라이팅 허용**^{Allow Static Ligthing} 옵션이 활성화돼 있는지 확인해야 한다. 이 옵션은 기본적으로 활성화돼 있어야 하지만, 이 과정에서 해당 속성을 확인하고 알아두는 것도 나쁘지 않다!

18. 마지막으로, 메인 뷰포트로 돌아가 에디터 상단의 **빌드**^{Build} 메뉴에서 **라이팅만 빌드** ^{Build Lighting Only}를 클릭한다. 프로세스가 완료될 때까지 기다렸다가 결과를 앞서 얻은 결과와 비교한다.

결과 이미지는 앞서 본 이미지와 매우 유사할 것이며, 이번에는 라이팅의 퀄리티를 더 잘 제어할 수 있다는 이점이 있다. 이를 위해서는 스태틱 모델에 사용되는 라이트맵의 해상도를 높이거나 언리얼의 스태틱 라이팅 솔버^{static lighting solver}인 라이트매스^{Lightmass} 세팅을 조정하기만 하면 된다. 각 모델의 스태틱 메시 에디터로 이동해서 **최소 라이트맵 해상도**^{Min Lightmap Resolution} 프로퍼티를 조정하면 각 모델의 해상도를 조정할 수 있다는 점을 기억하자. 라이트매스 세팅은 에디터 상단의 **창**^{Window} ➤ **월드 세팅**^{World Settings} 메뉴에서 **라이트매스 설정**^{Lightmass settings}으로 이동해 조정할 수 있다. 이에 대한 자세한 내용을 알고 싶다면 '프로젝트에서 스태틱 라이트 사용' 레시피를 다시 한번 살펴보자.

예제 분석

그렇다면 이 모든 것이 어떻게 작동할까? 이미시브 머티리얼의 이미시브 특성을 지배하는 원리는 무엇일까? 큰 질문처럼 보일 수 있지만, 대답하기는 그리 어렵지 않다. 하지만 스태틱 라이팅인지 다이내믹 라이팅인지에 따라 답변이 달라지므로 각 유형을 개별적으로 살펴보자.

스태틱 라이팅의 경우, 이미시브 머티리얼을 사용하는 것은 스태틱 라이트를 사용하는 것으로 생각할 수 있다. 엔진은 결과를 표시하기 위해 라이팅 패스를 계산해야 하며, 원하는 결과를 얻으려면 특정 라이트매스 세팅에 주의를 기울여야 한다.

이 방법을 사용하면 컴퓨터 비용이 상당히 저렴해진다. 이 머티리얼은 **Unlit** 셰이딩 모델을 사용하기 때문에 지금까지 살펴본 다른 대부분의 머티리얼보다 렌더링이 가볍다. 라이팅 자체도 매우 단순하며, 스태틱 유형이기 때문에 컴퓨터의 리소스를 소모하지 않는다. 즉, 다이내믹 섀도를 사용하지 않으므로 이를 사용하려면 레벨의 라이팅을 직접 빌드해야 한다는 뜻이기도 하다. 레벨의 크기와 복잡도에 따라 시간이 오래 걸릴 수 있으므로, 라이팅을 빌드할 때 가장 주의해야 할 부분은 라이트매스 세팅이다. 그 외에는 씬에 라이팅 복잡도를 추가하는 저렴한 방법이 될 수 있으므로, 원하는 만큼 이 방법을 자유롭게 사용하자. 많은 아티스트가 이 기법을 사용해 레벨의 전체적인 모양을 정의하는 실제 조명 대신에 이 굽는 방법을 사용해 특정 영역을 강조하는 페이크 디테일 조명을 만든다.

루멘을 사용하는 경우 이미시브 머티리얼의 동작이 여기에 설명된 것과 달라진다. 이는 모든 이미시브 표면을 성능 비용 없이 다이내믹 이미터로 전환하는 다이내믹 기법의 특성 때문이다. 단점은 앞서 살펴본 바와 같이 머티리얼 자체의 크기와 밝기에 따라 노이즈 아티팩트가 발생할 수 있다는 것이다. 이 경우 스태틱 라이팅과 달리 퀄리티를 제어하기가 더 어렵지만, 이 동작을 제어할 수 있는 세팅을 찾아보면 **포스트 프로세스 볼륨**에 있는 **Lumen Global Illumination**이 있다.

루멘 씬 라이팅 퀄리티 Lumen Scene Lighting Quality, **루멘 씬 디테일**Lumen Scene Detail, **파이널 개더 퀄리티**Final Gather Quality는 모두 루멘에서 제공하는 퀄리티를 제어하는 세팅이므로, 렌더링 퀄리티를 높이려면 반드시 조정해야 한다.

참고 사항

이미시브 머티리얼과 라이팅은 스태틱(사전 계산) 방식이든 다이내믹(루멘) 방식이든 상관없이 언리얼에서 사용되는 글로벌 일루미네이션 시스템과 연결돼 있다. 자세한 내용이 궁금하다면 웹 사이트(https://docs.unrealengine.com/5.0/en-US/global-illumination-in-unreal-engine/)에서 확인할 수 있다.[3]

나침반으로 방향 잡기

우리는 3D 모델에 머티리얼을 적용하는 데 익숙하며, 이 책에 수록된 대부분의 레시피에서 그렇게 했다. 하지만 머티리얼과 셰이더가 흔적을 남길 수 있는 다른 영역도 있으며, 그중 일부는 이미 살펴본 바 있다. 예를 들어 이번 장의 '씬에 데칼 추가하기' 레시피에서 작업했던 데칼을 기억할 텐데, 데칼은 3D 모델이 아니므로 가장 먼저 조정해야 할 사항 중 하나는 이 레시피에서 만든 새 머티리얼의 **머티리얼 도메인** 프로퍼티다.

머티리얼을 사용할 수 있는 또 다른 분야는 게임의 사용자 인터페이스이며, 앞으로 몇 페이지 동안 이 부분에 집중한다. 게임 세계 내에서 방향을 잡는 데 사용할 수 있는 나침반을 만드는 방법을 배우게 되는데, 이러한 요소는 일반적으로 사용자 인터페이스의 일부다. 따라서 사용자 인터페이스와 이러한 UI에서 작동할 수 있는 머티리얼이라는 두 가지 새로운 주제를 살펴볼 것이다. 흥미로운 시간이 기다리고 있다!

준비

이 레시피에서는 나침반으로 작업할 것이므로, 새 머티리얼의 모양을 만드는 데 사용할 텍스처 외에 다른 것은 필요하지 않다. 우리가 향하고 있는 기본 방향을 알리는 마커를 표시하는 데 사용할 이미지와 방향 자체를 표시하는 다른 텍스처가 있다. 마커가 방향을 변경할 수 있도록 두 가지가 서로 독립적으로 움직이도록 하려면 이 둘을 분리해야 한다. 또한 이미지를 겹쳐 쌓았을 때 뒤에 있는 이미지를 볼 수 있도록 이미지의 배경이 투명해야 한다. 참고로 내가 사용할 텍스처는 다음과 같다.

---

3 한국어 버전은 https://docs.unrealengine.com/5.0/ko/global-illumination-in-unreal-engine/에서 확인할 수 있다.
   – 옮긴이

그림 5.20 나침반을 만드는 데 사용된 두 가지 텍스처

그 외에 다음 몇 페이지에서 다뤄야 할 다른 내용은 없다. 기술적으로는 맞지만, 빈 공간에서 방향을 잡는 것은 다소 어려울 수 있다. 방향을 잡기 쉽도록 주변에 소품이 흩어져 있는 레벨이 있는지 확인하자. 또한 이 책과 함께 제공되는 **05_06_Start** 레벨을 열어보면, 바로 사용할 수 있는 레벨이 준비돼 있는 것을 확인할 수 있다.

예제 구현

이 레시피를 소개할 때 언급했듯이 지금부터 만들 머티리얼은 UI 요소로 작동한다. 그렇기 때문에 첫 번째 단계는 첫 번째 UI를 만드는 것이다! 이전에 UI를 다뤄본 적이 없다면, 이 레시피의 마지막에 있는 '참고 사항' 절을 확인해 UI 에디터의 설정을 살펴본다. 이제 바로 만들어보자.

1. 먼저 콘텐츠 브라우저에서 새로운 위젯 블루프린트를 생성한다. 위젯 블루프린트는 언리얼에서 UI 작업을 할 때마다 생성할 수 있는 에셋 유형 중 하나다. 위젯 블루프린트를 생성하려면, 콘텐츠 브라우저 내에서 아무 곳이나 우클릭한 후 **유저 인터페이스**^{User Interface} 메뉴에서 **위젯 블루프린트**^{Widget Blueprint} 옵션을 선택한다.

2. 콘텐츠 브라우저에서 새로 생성한 에셋을 선택하고 **F2** 키를 눌러 이름을 지정하는 것을 잊지 말자. 나는 **Game Compass**라고 지정했다.

3. 새 위젯을 열고 **팔레트**^{Palette} 탭에서 **캔버스 패널**^{Canvas Panel}을 선택한다. 패널 하위 섹션을 살펴보거나 팔레트 검색 상자에 이름을 입력해 찾을 수 있다. 패널을 찾으면 메인 뷰포트로 끌어다 놓는다.

4. 이전과 마찬가지로 이번에는 스케일 박스를 선택하고 메인 뷰포트에 드래그한다.

5. 그런 다음, UI 에디터의 **팔레트** 탭에서 **이미지**^{Image}를 선택하고 메인 뷰포트로 끌어다 놓는다. 이 변수를 더 쉽게 기억하려면 **T_Compass**와 같은 이름을 지정한다.

6. 이어서 현재 UI를 구성하는 모든 요소가 표시되는 계층구조 패널을 확인한다. 이미지를 스케일 박스로 끌어다 놓고 스케일 박스가 **이미지**의 부모인지 확인한다.

7. 완료했으면, 스케일 박스를 선택하고 디테일 패널을 확인한다. **앵커**Anchors 드롭다운 메뉴에서 가운데 위 앵커를 선택한다.

8. 스케일 박스에 다음과 같이 설정을 입력한다. **위치 X**Position X는 기본값인 0으로 두고 **위치 Y**Position Y는 **75.0**으로 변경하며, **콘텐츠 크기에 맞춤**Size to Content 옵션을 활성화하고 **정렬**Alignment을 X는 0.5, Y는 0으로 설정한다. 여기서 우리의 목표는 화면 중앙 상단에 있는 스케일 박스를 중앙에 배치하는 것이다. 사용할 값에 대해 의문이 있는 경우, 다음 스크린샷을 참조하자.

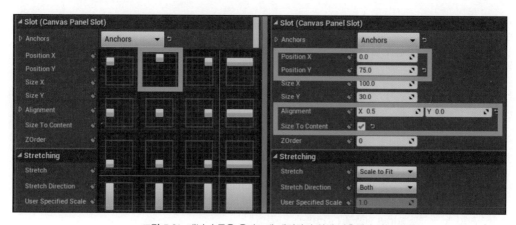

그림 5.21 패널 슬롯을 올바르게 배치하기 위해 사용해야 하는 설정

다시 한번 말하지만, UI 에디터를 사용해본 적이 없는 경우 '참고 사항' 절에서 반드시 확인하자. 이전 단계들을 모두 완료하면 UI 자체 내에서 조정해야 하는 거의 모든 설정을 처리할 수 있지만, 나침반 역할을 하려면 이미지에 머티리얼을 할당해야 한다. 이제 그 작업을 해보자.

9. 콘텐츠 브라우저에서 새 머티리얼을 생성하고 **M_Compass**와 같은 적절한 이름을 지정한다. 머티리얼 에디터를 열어 조정해보자!

10. 먼저 **메인 머티리얼** 노드를 선택하고 디테일 패널을 확인하자. 거기서 **머티리얼 도메**

인 프로퍼티를 기본 **Surface** 옵션에서 **User Interface**로 변경한다. 머티리얼이 UI 요소에서도 작동하도록 하기 위해 필요한 작업은 이것뿐이다!

11. 디테일 패널에서 **블렌드 모드**를 Opaque에서 **Masked**로 변경한다. 이렇게 하면 UI 머티리얼에 있는 이미지의 알파 채널을 사용해 표시되는 항목을 제어할 수 있다.

    UI 요소로 작동하도록 머티리얼을 이미 구성했으므로, 셰이더 내에서 실제 로직을 계속 만들어보자. 플레이어가 회전할 때 기본 방향을 표시하는 애니메이션 텍스처와 마커로 작동하는 또 다른 고정 이미지가 있다. '준비' 절에서 이 두 가지 텍스처를 모두 살펴봤으니 이제 구현해보자.

12. 이 프로세스를 시작하려면 **Texture Coordinate** 노드를 생성하고 그래프에 추가한다.

13. 이어서 **Panner** 노드를 생성하고 이전 **Texture Coordinate** 노드를 **Coordinate**에 연결한다.

14. 그런 다음, 스칼라 파라미터를 추가하고 플레이어의 현재 회전을 가져오는 데 사용할 것이므로 **Player Rotation**과 비슷한 이름을 지정한다.

15. 이전 스칼라 파라미터 바로 뒤에 **Add** 노드를 추가하고 후자의 출력을 전자의 A에 연결한다. B에는 기본값으로 **0.25**를 입력한다.

16. **Add** 노드를 **Panner** 노드의 **Time**에 연결한다.

NOTE

> **Add** 노드의 B에 **0.25** 값을 지정한 이유는 나중에 사용할 이미지가 생성되는 방식에 따라 초기 오프셋이 필요하기 때문이다. 이 이미지에서 북쪽 표시자는 이미지 중앙에 있으며, 언리얼의 실제 북쪽 위치와 일치하도록 약간 오프셋해야 한다.

17. 이제 **Constant** 노드 2개를 추가하고 **1**과 **0**의 값으로 지정한다.

18. 그런 다음, **MakeFloat2** 노드를 추가하고 앞의 두 **Constant** 노드들을 여기에 연결한다. **1** 값을 가진 노드가 **X**에 연결되고 **0** 값을 가진 노드가 **Y**에 연결됐는지 확인하자.

19. 이전 노드를 **Panner** 노드의 **Speed**에 연결한다.

    텍스처가 *Y*축이 아닌 *X*축을 따라 일정한 속도로 패닝되도록 하기 위해 상수 **1**과 **0**을 사용하고 있다. 패닝 연산을 수행할 실제 양은 **Player Rotation** 스칼라 파라미터에 의해 구동되며, 나중에 플레이어에게 동적으로 연결한다.

20. 계속해서 **Texture Sample** 노드를 생성하고 **UVs**에 이전 **Panner** 노드를 연결한다. 그리고 여기에 **T_Compass_Direction** 텍스처를 할당한다.

21. 벡터 파라미터를 생성하고, 이 머티리얼의 움직이는 부분의 틴트tint에 영향을 주는 데 사용할 것이므로 **Directions Color**와 비슷한 이름을 지정한다.

22. **Multiply** 노드를 생성하고 이전 **Texture Sample**과 벡터 파라미터를 연결해 이전 두 결과값을 곱한다.

    이미 애니메이션 나침반으로 사용할 수 있는 것이 있지만, 플레이어가 향하고 있는 방향을 나타내는 데 도움이 되는 마커를 추가해야 한다. 다음으로는 이 작업을 하겠지만, 먼저 머티리얼 그래프의 상태를 살펴보고 모두 같은 결과물을 갖고 있는지 확인해보자.

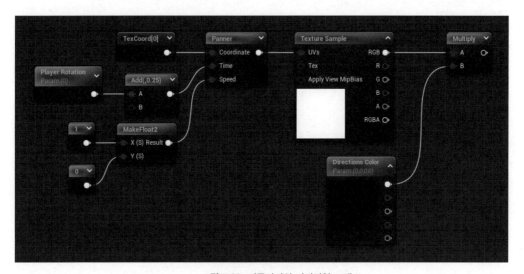

그림 5.22 지금까지의 머티리얼 그래프

23. 그다음에는 **Texture Sample** 노드를 추가하고 **T_Compass_Fixed** 텍스처를 할당한다.

24. 이어서 다른 벡터 파라미터를 추가하고, 나침반에서 북쪽 위치를 나타내는 마커의 색상을 제어하므로 **Marker Color**와 같은 이름으로 지정한다.

25. **Mulitply** 노드를 생성하고 이전 **Texture Sample** 노드와 벡터 파라미터를 연결한다.

    이전까지의 단계들을 통해 머티리얼 인스턴스를 생성할 때 나침반 머티리얼의 고정된 부분에 쉽게 색을 입힐 수 있다. 이제 두 부분을 함께 추가하고 머티리얼의 **오파시티 마스크**^{Opacity Mask} 프로퍼티를 정의해보자.

26. 계속해서 이전 **Multiply** 노드 뒤에 **Lerp** 노드를 추가하고 **Multiply** 노드를 **Lerp**의 **A**에 연결한다.

27. 다음으로, 22번 단계에서 생성한 **Multiply** 노드를 **Lerp**의 **B**에 연결한다.

28. 새 **Lerp** 노드의 **Alpha**는 20번 단계에서 만든 **Texture Sample** 노드의 **Alpha** 채널을 연결한다.

29. **Lerp** 노드를 메인 머티리얼의 **최종 색**^{Final Color}에 연결한다.

30. 그런 다음, **Add** 노드를 생성하고 메인 머티리얼의 **오파시티 마스크** 바로 앞에 배치한다. 그리고 **Add** 노드를 메인 머티리얼의 **오파시티 마스크**와 연결한다.

31. 머티리얼에 있는 두 **Texture Sample** 노드의 **알파** 채널을 이전 **Add** 노드의 **A**와 **B**에 연결한다. 이제 머티리얼이 준비됐다!

    앞의 모든 단계를 마친 후, 이 레시피의 마지막 부분을 다루기 전에 머티리얼 그래프를 살펴보자.

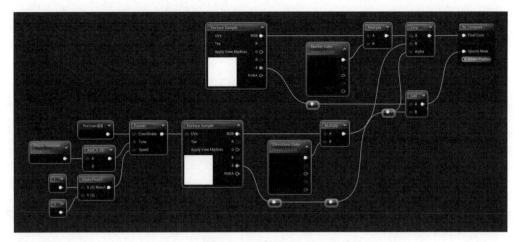

그림 5.23 지금까지 만든 머티리얼 로직

이제 작동하는 머티리얼이 생겼으니 머티리얼 인스턴스를 생성하고 UI에 적용해보자!

32. 콘텐츠 브라우저에서 생성한 머티리얼을 우클릭하고 **머티리얼 인스턴스 생성**Create Material Instance 옵션을 선택한다.

33. 새 인스턴스를 두 번 클릭해 편집 가능한 다양한 설정, 특히 **방향**Directions 및 **마커 색상**Marker Color을 원하는 대로 조정함으로써 사용자 입장에서 보기 좋게 만들 수 있다.

34. 생성한 UI로 돌아가 **계층구조**Hierarchy에서 이미지를 선택한다. 이미지의 디테일 패널에서 **브러시** 메뉴를 확장하고 머티리얼 인스턴스를 이미지 값으로 할당한다.

35. **이미지 크기**Image Size의 경우, **X**는 **1532**, **Y**는 **24**로 설정하거나 화면 상단에 나침반이 선명하게 표시되도록 설정한다. 이 값은 화면 해상도에 따라 달라질 수 있으므로 자신에게 적합한 값을 선택해야 한다.

이제 머티리얼에 설정한 스칼라 파라미터에 플레이어의 회전을 전달하고 이를 통해 나침반의 모양을 구동할 수 있는 단계에 도달했다. 이를 위해 이벤트 그래프로 이동해보자!

36. UI 에디터에 있는 동안 **그래프**Graph 탭으로 전환하고 이미지 변수를 기본 이벤트 그

래프에 끌어다 놓는다.

37. 이어서 **Get Dynamic Material** 함수를 생성하고 **틱 이벤트**^{Event Tick}에 연결한다.

38. 그런 다음, **Get Player Controller** 노드를 생성한다.

39. 이전 노드에서 와이어를 드래그해 **Get Control Rotation** 노드를 생성한다.

40. 이 작업이 완료되면, **Get Control Rotation** 노드에서 와이어를 드래그해 **Break Rotator** 노드를 찾는다.

41. 이제 **Divide** 노드를 생성하고 A에 이전 **Break Rotator**의 **Z (Yaw)**를 연결한다. B의 값을 **360**으로 한다.

42. 그다음에는 **Get Dynamic Material** 노드의 **Return Value**에서 와이어를 드래그하고 Set Scalar Parameter Value를 입력해 해당 노드를 추가한다.

43. 14번 단계에서 생성한 스칼라 파라미터의 이름을 입력한다. 같은 이름인지 확인하자. 그렇지 않으면 모든 것이 작동하지 않는다! 계속 진행하기 전에 잠시 시간을 내서 코드를 검토해보자.

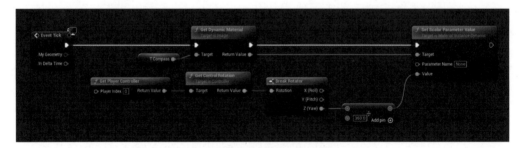

그림 5.24 위젯 블루프린트의 이벤트 그래프

이제 레벨 블루프린트에 로직을 추가해서 화면에 UI를 표시해보자.

44. 레벨 블루프린트(툴바 탭^{Toolbar tab} › 블루프린트^{Blueprints} › 레벨 블루프린트 열기^{Open Level Blueprint})를 열고 **BeginPlay** 이벤트에서 와이어를 끌어 **Create Widget** 노드를 생성한다.

45. 다음으로, **Get Player Controller** 노드를 생성하고 이전 **Create Widget** 노드의

Owning Player에 연결한다.

46. **Create Widget** 드롭다운 메뉴에서 1번 단계에서 만든 위젯 중 적합한 위젯을 선택한다.

47. **Create Widget** 노드의 **Return Value**에서 와이어를 드래그해 **Add to Viewport** 노드를 추가한다.

이제 **플레이** 버튼을 누르면 결과를 직접 확인할 수 있다! 특히 특정 유형의 게임과 앱에서 북쪽이 어디인지 알 수 있는 능력은 매우 유용할 수 있다. 예를 들어, 지도와 나침반 같은 특정 내비게이션 툴이 거의 필수적인 세계를 제공하는 〈포트나이트Fortnite〉와 같은 비디오 게임 업계의 최근 인기 게임들을 생각해보자. 이 새로운 툴을 마음대로 사용할 수 있으므로 이러한 문제를 해결하는 방법은 이미 알고 있다. 따라서 잘 활용해보자! **플레이**Play를 누르면 화면에 표시되는 내용을 마지막으로 살펴보면서 이 레시피를 마무리해본다.

그림 5.25 뷰포트 상단에 있는 나침반의 모습

예제 분석

평소와 같이 모든 것이 이해되는지 확인하기 위해 이 레시피에서 수행한 작업을 요약해본다. 이 레시피 기능의 핵심은 나침반의 머티리얼 그래프 내에서 만든 로직에 있으므로, 이를 주의 깊게 살펴보자.

머티리얼 그래프에서 가장 중요한 첫 번째 구성 요소는 아마도 **Panner** 노드와 이 노드에 공급되는 모든 노드일 것이다. 이 노드들은 텍스처를 얼마나 많이 패닝할지 지정하는 영역으로, 머티리얼이 제대로 설정되면 북쪽으로 보이는 것에 영향을 미친다. 텍스처를 얼마나 패닝할지 알기 위해 **Player Rotation**이라는 스칼라 파라미터에 의존하고 있지만, 이 노드가 제공하는 실제 양은 UI의 이벤트 그래프 내에서 기능을 구현할 때까지 알 수 없다. **Texture Sample** 노드와 속도에 영향을 주는 노드 등 **Panner** 노드에 공급되는 다른 노드는 커스텀 값을 제공하기 위한 것으로, **X**축을 따라 패닝만 할 계획이므로 **Y** 방향 값은 0이고 나머지는 전부 1이다.

머티리얼 그래프의 나머지 부분은 변수로 설정한 색상에 곱해 특정 텍스처의 색상을 설정하거나 **Add** 및 **Lerp** 노드를 사용해 계산 결과를 합산하는 등 과거에 이미 수행했던 작업을 수행하므로 더 익숙할 것이다. 다음으로 흥미로운 코드는 UI의 일부로 설정한 이벤트 그래프의 형태로, 머티리얼 내에서 정의한 스칼라 파라미터의 값을 수정하는 것이다. 이전에 생성한 머티리얼 인스턴스인 이미지에 적용 중인 다이내믹 머티리얼에 대한 참조를 가져와서 **Player Rotation** 스칼라 파라미터에 대한 참조를 전달하면 된다. 전송하는 값은 플레이어가 월드에서 어디를 보고 있는지 알려주는 플레이어 회전의 **Z** 값에 따라 계산된다. 이렇게 간단하다!

참고 사항

이전에 UI를 다뤄본 적이 없다면, UI를 사용하는 방법을 지금부터 간단히 살펴보자. 이 레시피에서 특히 유용할 것이므로, 작동 방법에 익숙하지 않다면 다음의 유용한 팁을 읽어보자!

가장 먼저 알아야 할 것은 위젯을 생성하는 방법이다. 콘텐츠 브라우저의 해당 폴더 내 아무 곳이나 우클릭하고 **사용자 인터페이스** 메뉴에서 찾을 수 있는 **위젯 블루프린트** 옵션을 선택하기만 하면 된다.

다음으로 이야기할 부분은 UI 에디터 자체다. 에디터는 **디자이너**^{Designer}와 **그래프**^{Graph} 탭, 두 부분으로 구성돼 있다. 두 번째는 이미 익숙한 블루프린트 그래프와 비슷하지만, 디자이너 패널은 조금 다르다. 이 에디터는 언리얼 내에서 원하는 모든 UI를 만들 수 있는 에디터로, 여러분의 삶을 더 수월하게 만들어줄 여러 패널이 포함돼 있다. 다음에서 살펴보자.

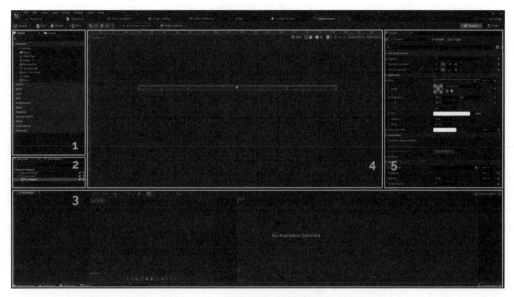

그림 5.26 UI 에디터 분석

이 기능들을 확인해보자.

1. **팔레트**^{Palette}: 팔레트에서는 다양한 요소 중에서 선택해 UI를 만들 수 있다. 버튼, 이미지, 세로 박스 또는 세이프 존은 사용 가능한 요소의 몇 가지 예시일 뿐이며, 각 요소는 특정 상황에 더 적합한 고유한 기능을 갖고 있어 다른 요소보다 더 적합하다. 이 메뉴에 익숙해지면 위젯에 추가할 다양한 에셋을 모두 선택할 수 있으므로 매우 유용하다.

2. **계층구조**^{Hierarchy}: 계층구조 패널은 우리가 만들 수 있는 다양한 요소가 특정 구조를 기대하는 경향이 있으므로 매우 중요한 패널이다. 예를 들어 **팔레트** 탭의 에셋마다 허용하는 자식 수가 다르므로 UI를 올바르게 구성하려면 이를 알아야 한다. 예를 들어 버튼은 하나의 자식만 허용하는 반면, 세로 박스는 여러 개의 자식을 허용한다. 이곳에서 서로 다른 컴포넌트를 부모와 자식으로 만들어 원하는 기능을 얻을

수 있다.

3. **애니메이션**^{Animations}: UI에 작은 애니메이션을 만들고 싶다면 이곳이 적합하다. 앱을 로드할 때 UI가 갑자기 로드되지 않도록 멋진 페이드인 효과를 만들고 싶다고 상상해보자. 여기서 다양한 애니메이션을 만들고 편집할 수 있다.

4. **디자이너**^{Designer}: 디자이너에서는 생성한 다양한 요소를 정렬하고 확인할 수 있다. 모든 요소가 여기에 표시되며, 작업 중인 내용을 실시간으로 시각화할 수 있다.

5. **디테일**^{Details}: 선택한 항목이 있는 경우 디테일 패널에서 특정 요소의 모양 또는 작동 방식을 확인하거나 변경할 수 있다.

주목할 점은 여기에 표시되는 패널이 화면 해상도 또는 선택한 패널에 따라 위치가 변경될 수 있다는 것이다. 특정 패널을 추가하거나 제거하려면 상단 바의 **창**^{Window} 메뉴에서 필요한 패널을 모두 선택하면 된다!

이제 UI 에디터에서 각 요소의 위치를 알았으니 이 레시피를 완성할 수 있다. 에디터 자체에서 잠시 놀면서 다양한 패널에 익숙해지면 곧바로 사용할 수 있다.

⁑ 블루프린트 로직을 통해 미니맵의 모양 구현하기

이제 동적 UI 요소에 익숙해졌으니 미니맵을 만들어서 이 주제를 계속 살펴보자! 미니맵은 게임과 앱에서 두 요소가 나란히 표시되는 경우가 많으므로 방금 만든 나침반을 확장하는 데 유용할 수 있다. 또한 게임에서 일어나는 일과 UI의 시각적 표현 사이에 새로운 상호작용 레이어를 추가할 수 있다. 이 모든 것이 무엇인지 살펴보자!

준비

이 레시피를 다루려면 레벨의 맵 역할을 할 텍스처와 플레이어의 위치를 나타내는 아이콘 등 두 가지가 필요하다. 이 두 요소는 이 책과 함께 배포된 언리얼 엔진 프로젝트에 포함돼 있지만, 엔진에 번들로 제공되는 콘텐츠를 사용해 제작하는 방법도 보여주겠다. 관심이 있다면 '참고 사항' 절을 꼭 확인해보자!

다음 몇 페이지에서 사용할 에셋과 동일한 에셋으로 작업하고 싶다면 **콘텐츠 > Levels > Chapter05** 폴더에 있는 **05_07_Start** 레벨을 열어보길 바란다. 그럼 다음 절에서 만나자!

예제 구현

늘 그렇듯이 여정의 처음 몇 단계는 다음 몇 페이지에서 작업할 에셋을 만드는 것이다. 그중 첫 번째는 이 레시피에서 만들려는 미니맵을 호스팅하는 요소인 UI이다. 시작해보자.

1. 먼저 콘텐츠 브라우저 내 아무 곳이나 우클릭하고 콘텍스트 메뉴의 **유저 인터페이스** 메뉴에서 **위젯 블루프린트** 옵션을 검색해 새 UI 요소를 생성한다. 새 위젯을 생성할 때 이름을 지정하는 것을 잊지 말자. 이번에는 이름으로 **UI_Minimap**을 선택했다.

2. 새로 만든 위젯을 더블 클릭해 UI 에디터를 실행하고 캔버스와 스케일 박스를 추가한다. 마지막 요소의 앵커 포인트를 화면 중앙으로 설정한다.

3. 정렬은 **X** 및 **Y** 모두 **0.5**로 설정하고, **콘텐츠 크기에 맞춤**^{Size To Content} 옵션을 활성화한다.

4. **위치 X**^{Position X}와 **위치 Y**^{Position Y}를 **0**으로 설정하면 스케일 박스가 캔버스 영역의 중앙에 위치하게 된다. 다음 스크린샷은 현재 설정을 보여준다.

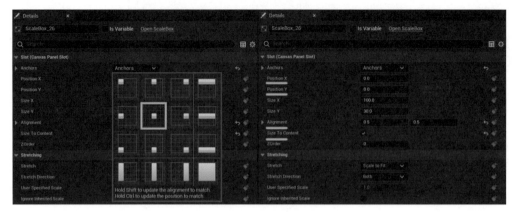

그림 5.27 스케일 박스 설정

지금까지 새 UI를 만들고 위젯 내에서 미니맵의 위치를 제한하는 스케일 박스를 추가하는 작업을 완료했다. 다음 단계에서는 미니맵 자체의 모양을 좌우하는 텍스처를 만든다.

5. 먼저 오버레이^{Overlay} 패널을 생성하고 이전 스케일 박스의 자식으로 지정한다. 이렇게 하면 여러 위젯을 쌓을 수 있다. 따라서 미니맵에 기본 맵과 플레이어의 위치를 표시하는 두 번째 레이어 등 여러 개의 레이어가 필요하므로 적합하다.

6. 다음으로, 오버레이 패널을 선택한 상태에서 디테일 패널 상단에 있는 **변수 여부**^{Is Variable} 옆의 체크박스를 체크한다. 런타임에 해당 프로퍼티에 액세스하려면 이 옵션이 필요하다.

7. 2개의 이미지를 만들어서 이전 오버레이 패널의 자식으로 만든다.

8. 그중 첫 번째 이름을 I_Minimap과 같은 이름으로 바꾸고 미니맵 텍스처를 할당한다. 이 책과 함께 제공되는 언리얼 프로젝트에서 제공한 에셋을 사용하는 경우 해당 텍스처의 이름은 **T_Minimap**이다.

   UI 내에서 잘 보이도록 이전 텍스처의 크기를 약간 조정할 수 있다. 이 경우 기본 값인 1024×1024 대신 800×800이 적합하다.

9. 두 번째 이미지는 플레이어 위치 아이콘이므로, 이름을 적절히 변경하고^{(I_PlayerLoca}

^{tion으로 변경해도 된다)} 가장 마음에 드는 아이콘을 선택한다. 나는 **T_Minimap_Location**
이라는 텍스처를 사용했다.

이전 단계들에서 오버레이 패널과 같은 몇 가지 새로운 요소를 어떻게 포함시켰는
지 살펴봤으므로 이제 그 설정을 간단히 살펴보자.

그림 5.28 새 오버레이 패널과 자식들을 모두 표시하는 계층구조

앞의 모든 요소를 UI에 추가했으니 이제 미니맵의 동작을 구동하는 로직을 구현
할 수 있다. 머티리얼 그래프 내에서 로직을 구축했던 이전 레시피들과 달리 이번
에는 대부분의 로직을 UI 자체의 그래프 에디터에서 유지한다. 이번에는 미니맵
을 나타내는 텍스처 위에 위치 지정자로 사용할 이미지에 애니메이션만 적용하면
되므로 머티리얼로 작업할 필요가 없기 때문이다. 이를 염두에 두고, UI의 그래프
에디터를 열어 거기서부터 시작해보자.

10. 계속해서 **벡터**^{Vector} 유형의 파라미터를 몇 개 새로 만들어보자. 내 블루프린트^{My}
    ^{Blueprint} 패널의 변수^{Variables} 패널에서 + 아이콘을 클릭하면 된다.

11. 2개의 새 에셋 중 첫 번째 에셋은 **Lower Right World Position**, 두 번째 에셋은
    Upper Left World Position과 같은 이름으로 지정한다. 이는 미니맵에 표시되는 텍
    스처 모서리의 물리적 좌표가 될 것이므로, 해당 데이터를 기록해둬야 한다.

12. 다음으로, 이전 단계에서 만든 벡터 변수에 데이터를 공급할 수 있도록 오른쪽 아
    래 및 왼쪽 위 맵 경계선의 위치를 기록해야 한다. 이를 위해 임시 액터를 생성하

고, 앞서 언급한 월드의 해당 위치에 배치한 다음, 좌표를 기록하면 된다. 나와 같은 레벨에서 작업하는 경우, **Lower Right World Position** 값은 X = 350, Y = 180, Z = 0이고 **Upper Left World Position** 값은 X = -15, Y = -180, Z = 0이다. 이 값을 10번 단계에서 만든 파라미터에 할당한다.

좌표를 기록하고 이전 벡터 파라미터에 할당했으니 이제 이벤트 그래프에서 로직을 계속 확장할 수 있다.

13. 계속해서 2개의 월드 위치를 설명하는 이전 벡터 파라미터를 모두 UI 그래프로 드래그한다.

14. 그런 다음, **Vectot - Vector** 노드를 추가하고 **Lower Right World Position**을 위쪽 입력에 연결하고 다른 벡터를 아래 입력에 연결한다.

15. 다음으로는 **Vector - Vector** 노드의 벡터 결과물의 **X** 좌표 및 **Y** 좌표를 개별적으로 액세스해야 하므로, 마우스로 우클릭해서 **구조체 핀 분할**Split Struct Pin 옵션을 선택한다.

16. 이 작업이 완료되면 2개의 **Float/Float** 노드를 만들어 이전 노드의 오른쪽에 배치한다. 하나를 다른 하나 위에 배치한다.

17. 이전 **Vector - Vector** 노드의 **X** 및 **Y** 값을 나누는 값으로 각각 연결한다.

18. 오버레이 패널의 6번 단계에서 **변수 여부**Is Variable를 체크했으니 이제 **내 블루프린트**My Blueprint 탭의 **변수**Variables 메뉴를 통해 액세스할 수 있다. UI 그래프에서 해당 변수에 대한 레퍼런스를 가져온다.

19. 오버레이에서 와이어를 드래그한 다음, **Get Desired Size** 노드를 생성한다. **Return Value**를 우클릭해 **Vector - Vector** 노드에서 했던 것처럼 **구조체 핀 분할** 옵션을 선택한다.

20. 그런 다음, 이전 **Get Desired Size** 노드의 **Return Value X**를 **Vector - Vector** 노드의 **X** 값을 나누는 값으로 사용하는 **Float/Float** 노드에 연결한다. **Result Value Y**도 동일하게 다른 **Float/Float** 노드에 연결한다.

모든 노드를 배치한 뒤에 지금까지 작업한 그래프를 확인하면 다음과 같다.

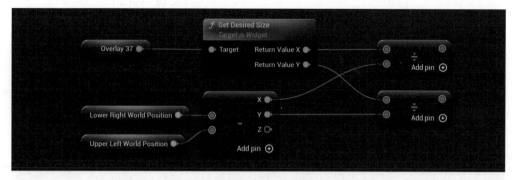

그림 5.29 지금까지 생성한 노드들

더 지저분해지기 전에 한 가지 말해두고 싶은 사실은 이 레시피에서 수행할 모든 Float 연산에는 하나의 축만 사용한다는 것이다. 앞의 예시를 보면 **Return Value X** 를 Vector - Vector 노드의 **X** 값으로 나누는 것을 확인할 수 있다. 마찬가지로 다른 **Float/Float** 노드의 **Y** 값에 대한 연산도 하고 있다. 이 예제에서와 같이 다음에서 생성할 모든 노드도 이 규칙을 따른다. 이 단계에서는 많은 수의 노드를 생성할 예정이며 무엇이 어디로 가는지 혼동할 수 있으므로, 이 설명이 적절하다고 생각한다. 확실하지 않은 경우 그래프에 **X**와 **Y** 값이 섞여 있지는 않은지 확인하자.

21. 계속해서 **Upper Left World Position** 벡터를 복제해 그래프 아래쪽에 배치한다.

22. **Upper Left World Position** 벡터 아래의 어딘가를 우클릭해 **Get Player Camera Manager** 노드를 찾는다.

23. 그런 다음, 마지막 노드에서 와이어를 드래그해 끝에 **Get Actor Location** 노드를 생성한다.

24. **Vector - Vector** 노드를 생성하고 적절히 배선함으로써 **Upper Left World Position** 벡터에서 **Get Actor Location** 노드의 **Return Value**를 뺀다.

25. 14번 단계의 **Vector - Vector** 노드에서 했던 것처럼, 출력 핀에 우클릭한 후 **구조체 핀 분할** 옵션을 클릭한다.

26. 그런 다음, **Float - Float** 노드를 2개 만들어 마지막 노드 뒤에 추가한다. 두 노드의 피감수^{minuend}를 0으로 남겨두고 감수^{subtrahend}에는 이전 **Vector - Vector** 노드의 **X**와 **Y** 값을 각각 연결한다.

이 시점에서 우리 모두 동일한 그래프를 갖고 있는지 확인하기 위해 빠르게 그래프를 살펴보자.

그림 5.30 마지막으로 생성한 노드들

이 노드 세트는 플레이어의 위치를 제공해 미니맵 위에 플레이어 위치 텍스처 아이콘을 배치할 위치를 계산할 수 있게 해준다.

27. 계속해서 **Multiply** 노드를 생성하고, 첫 번째 입력 핀을 16번 단계의 **Vector - Vector** 연산의 Float 값 **X**에서 **Get Desired Size** 노드의 **Return Value X**를 나눈 값인 **Float/Float** 노드의 결과에 연결한다. 두 번째 입력 핀은 26번 단계에서 만든 **Float - Float** 노드 중 하나, 즉 0에서 **X**의 결과를 빼는 노드와 연결한다.

28. 이제 두 번째 **Multiply** 노드를 만들고, 앞서 한 것과 비슷한 방식으로 위쪽에는 **Get Desired Size** 노드의 **Return Value Y**를 **Vector - Vector** 연산에서 **Y** Float 값으로 나누는 **Float/Float** 노드와 연결한다. 아래쪽에는 26번 단계에서 만든 다른 **Float - Float** 노드, 즉 **Y**의 결과를 0에서 빼는 노드와 연결해야 한다.

29. 그런 다음, **Float - Float** 노드 2개를 생성하고 앞의 **Multiply** 노드 2개 뒤에 배치한다.

30. **X**와 **Y** 경로를 섞지 않는 규칙에 따라 각 이전 **Multiply** 노드의 결과를 마지막 **Float - Float** 노드의 피감수에 연결한다. 감수를 플레이어 아이콘의 해상도의 절반으로

설정한다(나와 동일한 에셋을 사용하는 경우 64가 돼야 한다).

31. 그런 다음, 2개의 **Clamp (Float)** 노드를 만든다. **Value**는 이전 **Multiply** 노드 값으로 설정한다. 하나는 **X**에 연결된 와이어에, 다른 하나는 **Y**에 연결한다.

32. **Min** 값은 연결하지 말자. 대신 해당 필드에 숫자 **-64**를 사용한다. 실제 사용해야 하는 수치는 아이콘으로 사용 중인 텍스처 해상도의 절반이며 앞에 음수 기호가 있다. 지금 사용하는 텍스처는 128픽셀이므로 –64가 된다.

지금까지 작업한 노드들을 잠시 확인해보자.

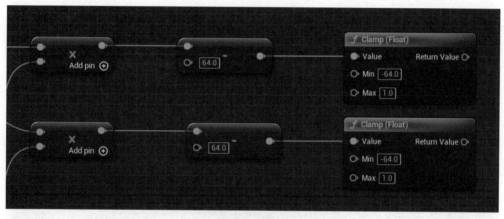

그림 5.31 이후로 생성한 노드들

지금까지 한 모든 작업은 레벨의 실제 경계와 위젯의 크기를 비교한 것이다. 이를 통해 위젯 공간에서 플레이어 아이콘이 플레이어의 위치와 일치하도록 어디에 배치돼야 하는지를 알 수 있었다. 이제 마지막 값을 이전 **Clamp** 노드에 연결해 이 로직을 완성해야 한다.

33. 계속해서 2개의 **Float - Float** 노드를 더 추가해 19번 단계에서 생성한 **Get Desired Size** 노드 뒤 어딘가에 배치한다.

34. 이어서 **Get Desired Size** 노드의 **Return Value X**와 **Return Value Y**를 앞의 두 **Float - Float** 노드들의 피감수에 연결한다.

35. **Float - Float** 노드의 감수 값을 플레이어 아이콘 해상도의 절반으로 설정한다. 이 프로젝트에서 제공하는 에셋을 사용하는 경우, 이 수치는 64가 돼야 한다.

36. 다음으로는 이전 **Float - Float** 노드를 31번 단계에서 생성한 **Clamp** 노드의 **Max**에 연결한다.

37. 그런 다음, UI를 구성하는 이미지 중 하나를 갖고 와서 조금 놀아보자. **Player Location** 이미지에 대한 참조를 이벤트 그래프로 가져와 해당 노드에서 와이어를 드래그한다. Set Render Transform을 입력해 노드를 생성한다.

38. **In Transform**을 우클릭해 **구조체 핀 분할** 옵션을 선택한 다음, 이전 **Clamp** 노드를 **In Transform Translation X**와 **In Transform Translation Y**에 연결한다.

39. 그런 다음, **틱 이벤트**^{Event Tick} 노드에 **Set Render Transform** 노드를 연결한다.

이전에 했던 것처럼, 앞서 생성한 노드들을 다시 한번 확인해보자.

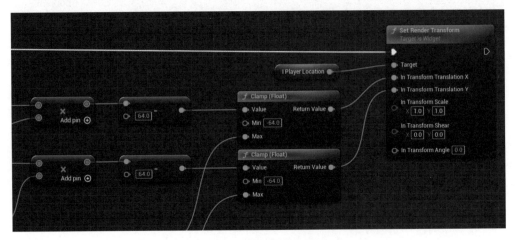

그림 5.32 이벤트 그래프의 마지막 부분

이제 위젯이 설정됐으므로 화면에 추가해 표시되도록 해야 한다. 이 작업은 이전 레시피에서 나침반을 만들 때 이미 수행한 작업이므로, 다시 작업해보자.

40. 작업 중인 레벨로 돌아가서 레벨 블루프린트를 연다.

41. **BeginPlay** 이벤트에서 와이어를 드래그해 **Create Widget** 노드를 추가한다. 마지막 노드를 선택한 상태에서 미니맵에 대해 이 레시피에서 만든 위젯을 **Class** 드롭다운 메뉴에 할당한다.

42. 다음으로는 **Get Player Controller** 노드를 **Create Widget** 노드의 **Owning Player**에 연결한다.

43. 마지막으로, **Add to Viewport** 노드를 추가하고 실행 핀과 타깃을 모두 이전에 생성한 **Create Widget** 노드의 **Return Value** 및 실행 핀에 연결한다.

이제 **플레이**를 누르면 플레이어의 위치를 표시하기 전에 위젯이 팝업되는 것을 확인할 수 있다. 레벨을 돌아다니면서 아이콘의 위치가 어떻게 바뀌는지 확인해보자. 계속하기 전에 화면에 표시되는 내용을 마지막으로 살펴보자.

그림 5.33 화면에 표시되는 미니맵

예제 분석

이 레시피에는 여러 단계가 포함돼 있지만, 그 이면의 로직은 매우 간단하다. 미니맵과 미니맵을 작동시키는 기능을 만드는 데 집중했으며, 작업을 실행하는 데 다소 시간이 걸렸지만 기본 원칙은 간단했다.

첫 번째 단계는 언제나 그렇듯이 작업할 에셋을 만드는 것이다. 이 단계에서는 미니맵 이미지와 플레이어의 위치를 나타내는 아이콘이라는 두 가지 요소에 대해 이야기하고 있다. 위젯 에디터의 오버레이 패널을 사용하면 두 요소를 서로 겹쳐서 배치할 수 있다.

프로세스의 두 번째이자 마지막 단계는 해당 기능을 이벤트 그래프에 코딩하는 것이었는데, 플레이 영역의 실제 좌표와 사용 중인 위젯의 좌표를 비교해 이를 수행했다. 월드 스페이스 좌표에서 일어나는 일을 UI에서 사용되는 좌표로 변환할 수 있는 방법이 있었으므로, 플레이어의 위치를 업데이트하고 미니맵 내에서 위치를 표시할 수 있었다. 덕분에 전체 시스템이 작동할 수 있었다!

참고 사항

이 레시피를 시작하면서 언급했듯이 미니맵에 사용할 텍스처를 직접 구하는 방법은 다음과 같다. 여기서는 레벨을 위해 캡처한 것과 같은 씬의 톱다운$^{top-down}$ 렌더링에 대해 이야기할 것이며, 나중에 미니맵 자체로 사용할 수 있다. 이미지 편집 프로그램으로 가져가서 더 멋지게 만들거나 단순히 다른 모양으로 만들 수도 있다. 어쨌든 이 작업을 시작하는 방법은 다음과 같다.

1. 카메라를 레벨로 드래그해 위에서 바라보도록 설정한다.

2. 카메라 회전이 올바른지 확인한다. 즉, 카메라가 생성하는 이미지의 상단 부분이 사실상 레벨의 북쪽이 되는지 확인한다.

3. 이 작업을 완료했으면, 뷰포트 드롭다운 메뉴 왼쪽에 있는 작은 메뉴 아이콘으로 이동한다. 아래쪽을 보면 **고해상도 스크린샷**$^{High Resolution Screenshot}$이라는 옵션을 찾을 수 있다.

버튼을 누르기 전에 카메라 뷰를 통해 보고 있는지 확인한다. 최종 이미지는 레벨을 톱다운으로 투영한 것처럼 보여야 하므로, 그런지 확인한다. 미니맵으로 사용할 영역을 카메라의 위치에서 바라본 이미지를 스크린에 인쇄할 수도 있는데, 이는 빠르고 간편한 옵션이다. 요점은 이러한 유형의 텍스처를 얻기가 어렵지 않아야 한다는 것이다! 계속 진행하기 전에 명심해야 할 한 가지는 이미지의 가장자리가 플레이 가능한 영역과 일치해야 하므로 레벨의 경계에 매우 가깝게 유지되도록 노력해야 한다는 것이다.

06

모바일 플랫폼을 위한 머티리얼 최적화

가장 강력한 게임 및 컴퓨팅 플랫폼에서 벗어나면, 개발자는 성능이 떨어지는 디바이스에 적응해야 하고 성능을 유지하기 위해 셰이더와 같은 까다로운 요소를 조정해야 한다.

이번 장에서는 언리얼에서 제공하는 다양한 빌트인 툴을 사용해 머티리얼을 모바일 환경으로 가져오는 방법과 최적화하는 방법을 배운다.

특히 이번 장에서는 다음 주제를 다룬다.

- 커스터마이즈드 UV를 통한 퍼포먼스 향상
- 모바일 플랫폼용 머티리얼 제작
- VR에서 사용할 포워드 셰이딩 렌더러
- 텍스처 아틀라스를 통한 머티리얼 최적화
- 복잡한 머티리얼을 더 단순한 텍스처로 굽기
- HLOD 툴로 여러 메시 결합하기

- 일반적인 머티리얼 최적화 기술 적용하기

그럼 앞으로 제작할 콘텐츠를 미리 살펴보자.

그림 6.1 이번 레시피에서 살펴볼 몇 가지 이펙트

기술적인 요구 사항

이 책과 함께 제공되는 언리얼 엔진 프로젝트는 웹 사이트(https://packt.link/A6PL9)에서 다운로드할 수 있다.

여기서 이번 레시피에서 작업할 모든 에셋을 찾을 수 있으며, 나중에 보게 될 동일한 씬들을 복제할 수 있다.

커스터마이즈드 UV를 통한 퍼포먼스 향상

게임은 일반적으로 연산 비용이 많이 들기 때문에 가능한 한 성능을 개선하는 것이 좋다. 컴퓨터의 GPU를 사용하면 모든 버텍스에 대해 버텍스 셰이더가 실행되고, 화면의 모든 픽셀에 대해 픽셀 셰이더가 실행된다. 픽셀보다 버텍스 수가 적은 경우, 언리얼에는 커스터마이즈드 UV^customized UV라는 기능이 있어 픽셀 셰이더를 사용하지 않고도 버텍스 셰이더만 실행해 퍼포먼스를 향상시킬 수 있다. 이 레시피에서는 텍스처를 좀 더 효율적으로 타일링해 이 기능을 활용하는 방법을 알아보자.

준비

UV의 차이를 쉽게 확인하려면 텍스처의 가장자리가 어디인지 쉽게 알 수 있는 텍스처가 있어야 한다. 여기서는 콘텐츠 브라우저의 **엔진 콘텐츠**^{Engine Content} ➤ **VREditor** ➤ **Devices** ➤ **Vive** 폴더에 포함된 UE4_Logo 텍스처를 사용한다.

> **TIP**
>
> **UE4_Logo** 텍스처는 엔진의 일부인 에셋으로, 사용하려고 할 때 프로젝트에 시작용 콘텐츠를 포함시킬 필요도 없다. 콘텐츠 브라우저에서 **엔진 콘텐츠 표시**(Show Engine Content) 옵션을 활성화해야 하며, 콘텐츠 브라우저 우상단 구석에 있는 톱니바퀴 모양의 세팅(Settings) 버튼을 통해 찾을 수 있다.

예제 구현

머티리얼 UV를 수정하려면 먼저 사용할 머티리얼을 만들어야 한다. 시작해보자.

1. 머티리얼을 생성하고 이름을 **M_CustomizedUVs**로 지정한다. 머티리얼을 더블 클릭해 머티리얼 에디터로 들어간다.

2. 에디터에서 **T**를 누른 상태로 **M_CustomizedUVs** 메인 머티리얼 노드 왼쪽을 클릭해 **Texture Sample**을 생성한다. RGB 채널을 메인 머티리얼의 **베이스 컬러**에 연결한다.

3. 그런 다음, **Texture Sample** 노드를 선택한 상태에서 **텍스처**^{Texture} 프로퍼티를 명확하게 인식할 수 있는 이미지, 즉 잔디나 콘크리트처럼 쉽게 식별할 수 없는 것이 아니라 표면에서 여러 번 반복되는지 명확하게 확인할 수 있는 이미지를 사용하도록 설정한다. 다음 스크린샷에서 볼 수 있듯이 **UE4_Logo** 텍스처를 사용했다.

그림 6.2 선택된 텍스처

4. 이어서 화면의 다른 곳을 클릭해 노드 선택을 해제한다. 그럼 디테일 패널에 머티리얼에 대한 일반적인 정보가 보인다. 이 정보는 **M_CustomizedUVs** 메인 머티리얼 노드를 선택해도 표시된다.

5. 디테일 탭에서 검색창을 클릭하고 Custom이라는 단어를 입력한다. **Num Customized UVs** 속성이 표시되는데, 이를 **1**로 설정하고 **Enter** 키를 눌러 변경 사항을 적용한다.

그림 6.3 메인 머티리얼 노드의 새로운 입력과 Num Customized UVs 프로퍼티

모든 것이 순조롭게 진행됐다면 메인 머티리얼 노드 하단에 새로운 프로퍼티인 **Customized UV0**가 추가된 것을 확인할 수 있다.

이제 머티리얼의 UV를 수정할 수 있게 됐으니 수정할 수 있는 UV를 만들어야 한다. 이 작업은 Texture Coordinate 노드를 통해 수행된다.

6. **Customized UV0** 프로퍼티 왼쪽 빈 공간에 마우스 우클릭을 하고 Tex를 입력한다. 그런 다음, 나오는 메뉴들 중에서 **Texture Coordinate**를 선택한다.

7. 데모를 위해 새로 추가된 **Texture Coordinate** 노드를 머티리얼의 **Customized UV0** 에 연결한다. 연결하고 나면, **Texture Coordinate** 노드를 선택하고 디테일 탭에서 **U 타일링** 및 **V 타일링** 값을 **4**로 설정한다. 마지막 수정을 한 다음, 머티리얼이 어떻게 변경됐는지 간단히 살펴보자.

그림 6.4 머티리얼 수정 전과 후

보다시피, 이렇게 하면 이미지가 X축과 Y축을 따라 네 번 타일링된다. 이 기능은 특정 표면에서 텍스처가 여러 번 반복되도록 해서 더 큰 이미지를 사용하지 않고도 인지되는 디테일을 높일 수 있는 경우에 유용하다.

이 개념을 더 발전시킨다는 것을 보여주기 위해 다른 방식으로 UV를 수정할 수도 있다.

8. **Alt** 키를 누른 상태에서 연결된 와이어를 클릭해 **Customized UV0**와의 연결을 끊는다.

9. 앞의 두 노드 사이에 **Panner** 노드를 생성한다. 그 후 Texture Coordinate 노드를 **Panner** 노드의 **Coordinate**에 연결한다. 그다음, **Panner** 노드를 **Customized UV0**

에 연결한다.

10. **Panner** 노드를 선택하고 디테일 패널에서 **Speed X** 값을 **1**로 설정한다. 그리고 **Speed Y** 값을 **2**로 설정한다.

모든 것이 잘됐다면, 다른 채널을 수정할 필요 없이 머티리얼이 오브젝트 주변에서 움직이는 것을 확인할 수 있다!

예제 분석

UV 매핑은 2D 텍스처를 가져와서 3D 오브젝트에 그리는 프로세스다. 일반적으로 모델에는 외부 모델링 프로그램에서 생성할 수 있는 자체 기본 UV가 있다. 이번 레시피에서는 언리얼 엔진 내에서 텍스처에 영향을 줘 특정 텍스처가 3D 오브젝트 표면에서 반복되는 횟수를 늘리는 방법을 배웠다. 이 기법을 보통 '텍스처 타일링'이라고 한다. 폭포나 용암과 같이 움직이는 유체를 처리하는 데도 사용할 수 있다. 이러한 경우 크기를 조정하는 대신 모델의 UV를 패닝해서 흐르는 이미지의 느낌을 줄 수 있다. 이를 염두에 두고 3장의 '홀로그램 표현' 레시피를 참조하면, 이 레시피에서 살펴본 커스터마이즈드 UV 기법을 사용하지 않고도 **Panner** 노드를 사용해 모델의 UV를 조정할 수 있다. 해당 레시피로 돌아가 방금 살펴본 **커스터마이즈드 UV** 프로퍼티와 함께 **Panner** 노드를 사용함으로써 한번 도전해보자!

참고 사항

커스터마이즈드 UV에 대한 자세한 내용은 웹 사이트(https://docs.unrealengine.com/5.1/en-US/customized-uvs-in-unreal-engine-materials/)에서 확인하자.[1]

---

1 한국어 버전은 https://docs.unrealengine.com/5.1/ko/customized-uvs-in-unreal-engine-materials/에서 확인할 수 있다. - 옮긴이

░ 모바일 플랫폼용 머티리얼 제작

모바일 플랫폼용 머티리얼을 개발할 때는 성능과 관련해 몇 가지 유의해야 할 사항이 있다. 하드웨어에는 여러 가지 한계가 있으므로 하드웨어를 위한 머티리얼을 제작할 때는 구현할 수 있는 효과와 그 안에서 사용할 수 있는 리소스 사용 측면에서 좀 더 소박함을 추구해야 한다. 모바일 디바이스용 머티리얼을 제작하는 데 더 많은 시간을 할애하다 보면, 애플리케이션 크기나 프레임 레이트를 위해 복잡성을 줄이는 등의 절충안이 필요하다는 사실을 알게 된다. 이 레시피에서는 이러한 디바이스에서 사용할 수 있는 간단한 머티리얼을 제작해 이러한 플랫폼에 내재된 몇 가지 제한 사항을 살펴보고, 활용할 수 있는 다양한 설정에 대해 이야기해본다.

준비

모바일 플랫폼에서 사용하려는 텍스처의 해상도는 2048×2048 이하여야 하며, 가급적이면 2의 거듭제곱(64, 128, 256, 512, 1028 또는 2048)에 해당하는 정사각형 텍스처를 사용해야 메모리를 가장 효율적으로 사용할 수 있다.

> **NOTE**
>
> 언리얼 엔진 5에서 모바일 플랫폼용 텍스처를 제작하는 방법에 대한 자세한 내용은 웹 사이트(https://docs.unrealengine.com/4.27/en-US/SharingAndReleasing/Mobile/Textures/)에서 확인할 수 있다.

예제 구현

이번 레시피에서는 두 가지 매우 구체적인 부분을 다룬다. 먼저 표준 머티리얼을 만든 다음, 이를 모바일 플랫폼에 맞게 조정하는 방법을 알아본다. 첫 번째 방법부터 시작하자.

1. 머티리얼을 생성하고 이름을 **M_MobileExample**로 지정한다. 머티리얼을 더블 클릭해 머티리얼 에디터를 실행한다.

2. 그런 다음, **T** 키를 누른 상태에서 메인 머티리얼 그래프의 빈 곳을 클릭해 **Texture**

Sample 노드를 생성한다. **Texture Sample**의 RGB 채널을 메인 머티리얼의 **베이스 컬러**에 연결한다.

3. **Texture Sample** 노드를 선택한 상태에서 디테일 탭으로 이동해 **텍스처** 프로퍼티를 노멀 맵이 존재하는 텍스처로 할당한다. 나는 시작용 콘텐츠의 **T_Brick_Cut_Stone_D** 텍스처를 사용했다.

4. 다음으로, 다른 **Texture Sample** 노드를 만들고 노멀 맵 텍스처를 할당한다(내 경우에는 T_Brick_Cut_Stone_N을 사용했다). 새로 생성한 **Texture Sample** 노드의 RGB 채널을 메인 머티리얼의 **노멀**에 연결한다. 아래 스크린샷에서 지금까지 만든 머티리얼 그래프를 확인해보자.

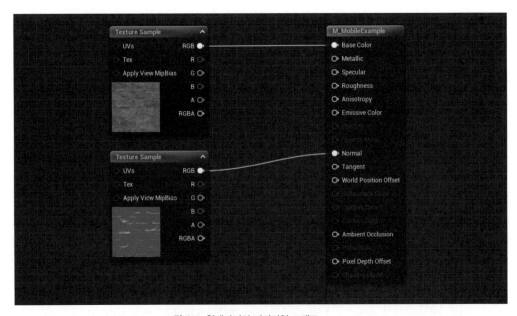

그림 6.5 현재까지의 머티리얼 그래프

모바일 플랫폼용으로 설계된 셰이더로 작업하고 있으므로 새로 만드는 머티리얼의 렌더링 비용에 특별히 주의를 기울이고 싶다. 머티리얼 그래프 에디터 상단에 있는 해당 버튼을 클릭해 액세스할 수 있는 두 가지 정보 디스플레이인 통계Stats 또는 플랫폼 통계Platform Stats 패널을 살펴봄으로써 이를 확인할 수 있다. 계속 진행하기 전에 플랫폼 통계 패널이 최소한 열려 있는지를 확인한다.

이제 기본 머티리얼 생성을 마쳤으니 머티리얼의 계산 비용을 줄이기 위해 사용할 수 있는 특정 설정을 알아보자.

5. M_MobileExample 메인 머티리얼 노드를 선택한다. 디테일 탭에서 **머티리얼**^{Material} 메뉴로 이동해 고급 옵션을 펼친다. 거기서 **완전 러프**^{Fully Rough} 프로퍼티를 활성화한다.

다음 스크린샷에서 볼 수 있듯이 이제 플랫폼 통계 창에 **픽셀 셰이더**^{Pixel Shader} 부분의 인스트럭션이 더 적게 표시된다.

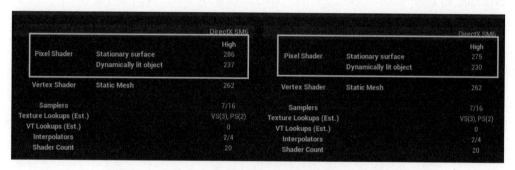

그림 6.6 마지막 조정 후 동일한 머티리얼에 대한 인스트럭션 수를 비교한 스크린샷
(왼쪽: 완전 러프 비활성화/오른쪽: 완전 러프 활성화)

완전 러프 설정을 활성화하면 머티리얼이 러프니스 채널을 무시하고 완전히 러프하게 만들어진다. 이렇게 하면 그림 6.6에서 볼 수 있듯이 많은 인스트럭션이 절약되고 텍스처 샘플러 하나가 줄어들어 다른 용도로 여분의 텍스처를 사용할 수 있다. 이와 같은 최적화는 모바일 기기에서 작업할 때 매우 흥미로운데, 앱과 게임을 실행하는 하드웨어의 부담을 덜어줘 더 매끄럽고 성능이 뛰어난 경험을 제공할 수 있기 때문이다.

그 외에도 디테일 패널에 있는 몇 가지 추가 설정을 통해 셰이더를 더 효율적으로 만들 수 있다. 이러한 설정은 이론적인 측면이 강하므로 '예제 분석' 절에서 살펴본다. 그럼 계속 진행해보자!

예제 분석

앞서 살펴본 바와 같이 모바일 플랫폼은 데스크톱 컴퓨터, 게임 콘솔, 서버 등과 같은 고정된 플랫폼보다 더 많은 제약이 따른다. 따라서 모바일 GPU에는 몇 가지 제한 사항이 있으므로 이를 고려해야 한다. 예를 들어 데스크톱 플랫폼보다 더 적은 수의 텍스처 샘플을 사용할 수 있으며, 머티리얼 그래프 내에서 적용하는 모든 수학 노드를 염두에 둬야 한다. 그럼에도 불구하고 계산 비용을 줄이기 위해 구현할 수 있는 몇 가지 조정 사항이 있다.

우선 머티리얼 에디터에는 **모바일**^{Mobile}이라는 메뉴가 있으며, 이 메뉴에는 **Use Full-precision for every float**과 **Use Lightmap Directionality**라는 두 가지 설정이 있다. 이는 머티리얼의 렌더링 비용을 줄이기 위한 것으로, 모바일 디바이스로 작업할 때 특히 유용하다. 첫 번째 세팅을 활성화하면 언리얼은 메모리와 계산 시간을 절약하고자 덜 정밀한 수학 계산을 사용하는데, **Use Full Precison** 프로퍼티를 활성화하면 모바일 디바이스에서 사용 가능한 최고 정밀도를 사용한다. 그러면 특정 렌더링 문제를 해결할 수 있지만 사용 비용이 더 많이 든다. 따라서 일반적으로 머티리얼의 모양에 문제가 없다면 이 프로퍼티는 비활성화 상태로 두는 것이 좋다.

Use Lightmap Directionality(라이트맵 방향성 사용)는 노멀 맵을 사용할 때 매우 분명한 효과가 있다. 기본적으로 라이트맵을 사용해서 노멀 맵의 위쪽에는 빛을, 아래쪽에는 그림자를 표시한다. 사용 중인 라이트맵 정보를 확인하려면 스태틱 라이팅을 사용하고 프로젝트를 빌드해야 한다. 비활성화하면 라이트맵의 조명이 평평해지지만 비용은 더 저렴해진다.

또 다른 흥미로운 메뉴는 **포워드 셰이딩**^{Forward Shading} 메뉴다. 이 메뉴에는 **고퀄리티 리플렉션**^{High Quality Reflections} 프로퍼티가 포함돼 있는데, 이 프로퍼티를 비활성화하면 사용할 수 있는 텍스처 샘플 수를 2개까지 늘릴 수 있다. 이 옵션을 비활성화하면 파이프라인에서 더 정밀한 리플렉션 계산이 제거되므로 큐브맵으로 대체돼 리플렉션을 표시한다.

이러한 프로퍼티 중 일부는 기존 모든 메뉴가 활성화된 머티리얼보다 퀄리티가 떨어지지만, 이 세팅으로 버텍스 셰이더의 인스트럭션과 사용되는 텍스처 샘플러의 수를 줄일 수 있다. 이는 머티리얼 에디터의 **통계** 툴바에서 확인할 수 있다.

또한 모바일 디바이스가 매우 다양하기 때문에 잠재적으로 지원할 수 있는 기능 수준이 다양하다는 점도 주목할 만하다. 호환성을 최대한 보장하기 위해 다음 채널은 변경 없이 사용할 수 있다.

- 베이스 컬러

- 러프니스

- 메탈릭

- 스페큘러

- 노멀

- 이미시브

- 리프랙션Refraction(굴절)

사용 가능한 세이딩 모델은 **Default**와 **Unlit**만 지원되며, 투명도나 마스크가 있는 머티리얼은 계산 비용이 많이 들기 때문에 개수를 제한해야 한다.

TIP

모바일 디바이스용 머티리얼 제작에 대한 자세한 정보는 웹 사이트(https://docs.unrealengine.com/4.26/en-US/SharingAndReleasing/Mobile/Materials/)에서 확인할 수 있다.

참고 사항

이 레시피에서 배운 기법과 프로퍼티뿐만 아니라 앞서 '커스터마이즈드 UV를 통한 퍼포먼스 향상' 레시피에서 설명한 커스터마이즈드 UV 기법도 잘 기억해두자. 그 외에 이후 살펴볼 '일반적인 머티리얼 최적화 기술 적용하기' 레시피에서는 렌더링 측면에서 빛을 유지하는 다른 일반적인 접근 방식을 다룰 것이다. 이 레시피는 머티리얼이 다양한 유형의 모바일 디바이스에서 작동할 수 있도록 하는 데 상당히 유용하다.

⠿ VR에서 사용할 포워드 셰이딩 렌더러

VR 작업은 아티스트와 디자이너에게 많은 흥미로운 과제를 안겨준다. VR 경험에는 일반적으로 고성능 컴퓨터가 필요하지만, 주로 큰 화면이 적용되므로 여전히 성능 문제가 발생할 수 있다. 언리얼 엔진 5는 포워드 렌더링^{forward rendering}이라는 다른 렌더링 시스템을 갖추고 있으므로, 특정 그래픽 기능을 제거하는 대신 성능을 크게 향상시킬 수 있다. 이번 레시피에서는 프로젝트에서 이 대체 렌더링 방법을 어떻게 활성화하는지 살펴보자.

준비

VR에서 게임을 플레이하려면, VR 헤드셋이 연결돼 있고 사용할 준비가 돼 있어야 한다. 언리얼은 연결된 헤드셋을 감지하면 VR 모드에서 레벨을 확인할 수 있는 옵션을 제공한다. 이는 에디터의 **플레이 모드 및 플레이 세팅 변경**^{Change Play Mode and Settings} 영역에 있는 **VR 프리뷰**^{VR preview} 버튼을 클릭할 때 나타나며, 레시피를 시작하면 정확한 위치를 확인할 수 있다. 헤드셋을 연결한 후에도 옵션이 여전히 회색으로 표시되면 언리얼 엔진 5 에디터를 닫고 다시 시작해보자.

또 하나 준비해야 할 것은 플레이할 준비가 된 모든 종류의 레벨이며, 가급적이면 스태틱 라이팅을 사용하는 레벨이 좋다. 이러한 유형의 라이팅은 렌더링 비용이 저렴하므로 VR 경험에 더 적합하며, 1장의 '프로젝트에서 스태틱 라이트 사용' 레시피에서 이미 설명한 유형이다.

예제 구현

포워드 셰이딩^{Forward Shading} 프로퍼티는 기본적으로 비활성화돼 있지만 쉽게 활성화할 수 있다. 지금부터 어떻게 하는지 알아보자.

1. 언리얼 에디터에서 **편집**^{Edit} ➤ **프로젝트 세팅**^{Project Settings}으로 이동한다.

2. 프로젝트 세팅에서는 왼쪽 메뉴에서 **렌더링** 카테고리까지 스크롤해 메뉴로 들어 간다.

3. 이제 **Forward Renderer**까지 스크롤해 **포워드 셰이딩**을 활성화한다.

4. 이 시점에서 에디터를 다시 시작하라는 메시지가 표시된다. **지금 재시작**^{Restart Now}을 클릭한다.

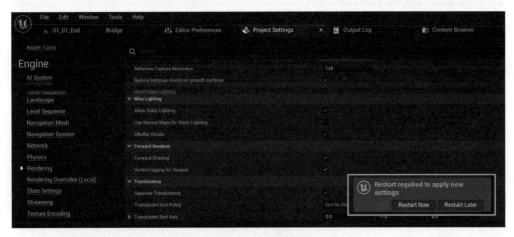

그림 6.7 포워드 셰이딩 옵션 위치

에디터가 재시작되면 다른 **Forward Renderer** 옵션과 기능을 사용할 수 있다. 언 리얼이 샘플 콘텐츠를 포함해 프로젝트의 모든 셰이더를 리빌드해야 하므로, 재시 작하는 데 상당한 시간이 걸릴 수 있다는 점에 유의하자.

5. **편집 ➤ 프로젝트 세팅**을 클릭해 프로젝트 세팅 창을 다시 연 다음, 프로젝트 세팅에 서 **렌더링**^{Rendering} 옵션을 클릭한다.

6. 메뉴를 아래로 스크롤해 **Default Settings** 항목까지 이동한다. 여기서 안티앨리어 싱 방법을 **Multisample Anti-Aliasing (MSAA)**로 변경한다.

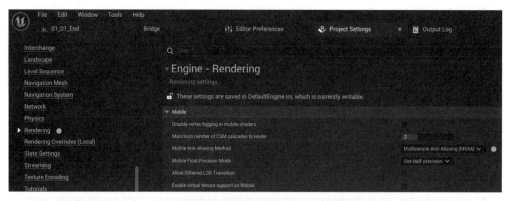

그림 6.8 MSAA 메뉴 위치

7. 스태틱 라이팅을 사용하는 레벨에 작업하는 경우 라이팅을 다시 빌드하라는 메시지가 표시될 수 있다. 필요한 경우 **플레이 모드 및 플레이 세팅 변경**Change Play Mode and Settings 메뉴에서 **VR 프리뷰**VR Preview를 선택한다.

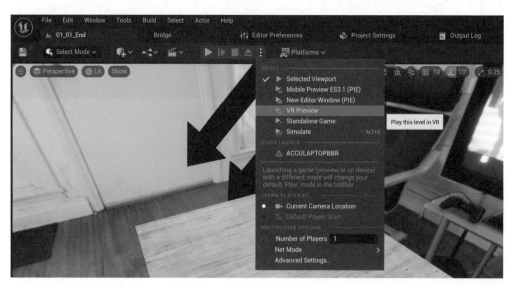

그림 6.9 VR 프리뷰 버튼 위치

이를 통해 **Forward Renderer**를 활용하면 VR에서 게임을 플레이할 수 있다.

예제 분석

언리얼 엔진 5는 기본적으로 디퍼드 렌더러^{Deferred Renderer}를 사용해 아티스트와 디자이너에게 여러 가지 흥미로운 렌더링 기능을 제공한다. 하지만 이러한 기능은 계산 비용이 많이 들고 VR 게임에서 제공하는 경험의 성능을 저하시킬 수 있다. 포워드 렌더러 ^{Forward Renderer}는 평균적으로 더 빠른 경험을 제공하므로 일부 기능이 손실되는 대신 성능이 향상되며, 안티앨리어싱 옵션이 추가돼 VR 프로젝트의 비주얼에 큰 도움이 된다.

> **NOTE**
>
> 포워드 셰이딩(Forward Shading) 렌더러는 아직 작업 중이며, 시간이 지남에 따라 사용 가능한 기능의 수가 늘어날 예정이다. 이 책을 쓰는 시점에 사용 가능한 모든 기능과 향후 추가될 기능에 대한 전체 리스트는 웹 사이트(https://docs.unrealengine.com/5.1/en-US/forward-shading-renderer-in-unreal-engine/)에서 확인하자.[2]

참고 사항

VR 경험은 컴퓨팅 요구 사항이 매우 높을 수 있으므로, VR 프로젝트의 성능을 개선해야 하는 경우 앞서 '모바일 플랫폼용 머티리얼 제작' 레시피에서 설명한 기능 중 하나를 구현해야 한다.

> **NOTE**
>
> 언리얼 엔진에서 VR로 아트(art)를 제작하는 방법을 더 자세히 알아보고 싶다면, 제시카 플로먼(Jessica Plowman)이 저술한 『Unreal Engine Virtual Reality Quick Start Guide』(Packt, 2019)를 읽어보길 바란다.

---

2 한국어 버전은 https://docs.unrealengine.com/5.1/ko/forward-shading-renderer-in-unreal-engine/에서 확인할 수 있다. – 옮긴이

⫸ 텍스처 아틀라스를 통한 머티리얼 최적화

게임 업계에서 '스프라이트 시트^{sprite sheet}'라고도 불리는 텍스처 아틀라스^{texture atlas}는 게임 프로젝트를 최적화하는 좋은 방법이다. 일반적인 개념은 작은 이미지 모음을 포함하는 하나의 큰 이미지를 갖는 것으로, 이 방법은 자주 사용되는 작은 텍스처가 있을 때 여러 텍스처 메모리 위치 사이를 전환해야 하는 그래픽카드의 오버헤드를 줄이고자 종종 사용된다. 이 레시피에서는 이 기법을 활용하는 방법, 머티리얼 내에서 텍스처 아틀라스를 사용하는 방법, 그 안에 포함된 다양한 텍스처에 액세스하는 방법 등을 알아보자.

준비

이 레시피를 완성하려면 내부에 여러 개의 작은 텍스처가 포함된 단일 텍스처가 있어야 한다. 텍스처가 없는 경우 **엔진 콘텐츠**^{Engine Content} **>** Functions **>** Engine_Material Functions02 **>** ExampleContent **>** Textures 폴더에 있는 플립북 텍스처^{flipbook texture}를 사용할 수 있다.

이번 장의 첫 번째 레시피에서 설명했듯이 플립북 텍스처를 찾을 수 있도록 콘텐츠 브라우저에서 **엔진 콘텐츠 표시**^{Show Engine Content} 옵션을 활성화해야 한다. 해당 옵션은 콘텐츠 브라우저의 오른쪽 상단에 있는 **설정**^{Settings} 버튼을 통해 찾을 수 있다.

예제 구현

텍스처 아틀라스를 사용할 수 있는 한 가지 방법은 오브젝트의 UV를 수정하는 것이다. 지금 바로 해보자!

1. **M_TextureAtlas**라는 머티리얼을 생성하고 더블 클릭해 머티리얼 에디터로 들어간다.

2. 에디터에서 **T** 키를 누른 상태로 머티리얼 그래프의 빈 곳을 클릭해 **Texture Sample**을 생성한다. 상단 **RGB** 채널을 **메인 머티리얼** 노드의 **베이스 컬러**에 연결한다.

3. **Texture Sample** 노드를 선택한 상태로 디테일 탭에서 **텍스처**[Texture] 프로퍼티를 선택한 것으로 설정하거나(자체 에셋을 사용하는 경우), 앞서 '준비' 절에서 언급한 폴더에 있는 플립북 텍스처를 찾는다.

이 특정 이미지를 더 쉽게 볼 수 있도록 프리뷰 메시를 평면으로 변경할 수 있다. 이렇게 하면 평평한 환경에서 텍스처를 작업할 수 있으므로, 전체 텍스처 아틀라스 개념을 더 쉽게 이해할 수 있다.

4. 머티리얼 에디터의 왼쪽에 있는 프리뷰 창에서 평면을 표시하는 버튼을 클릭한다. 다음 스크린샷에서 어떤 평면을 말하는지 확인할 수 있다.

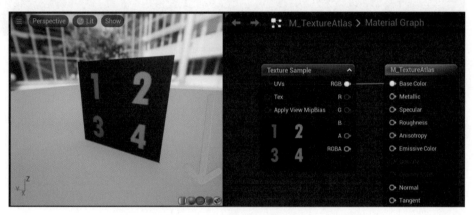

그림 6.10 머티리얼 프리뷰 뷰포트 내 평면 미리 보기 옵션 위치

5. 평면을 볼 수 있도록 카메라를 이동한다. 마우스 왼쪽 버튼을 길게 클릭해 카메라를 회전한 다음, 마우스 휠을 사용해 확대하거나 축소할 수 있다.

6. 다음으로는 이전에 만든 **Texture Sample** 노드 왼쪽에 **Texture Coordinate** 노드를 생성한다.

7. 이어서 **Texture Coordinate** 노드를 **Texture Sample** 노드의 **UVs**에 연결한다.

8. **Texture Coordinate** 노드를 선택한다. 디테일 탭에서 **U 타일링**과 **V 타일링**을 변경한다. 각각 값을 **0.5**로 설정한다. 이제 다음 이미지와 비슷한 그래프가 있어야 한다.

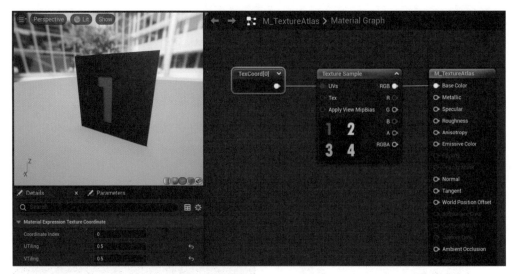

그림 6.11 지금까지의 머티리얼 그래프

셰이더가 컴파일된 후 머티리얼이 이미지의 왼쪽 상단 절반(플립북 텍스처의 1)만 표시하는 것을 볼 수 있다. 다른 이미지를 표시하려면 **Add** 노드를 사용해 사용 중인 UV를 오프셋할 수 있다.

9. **Alt** 키를 누른 상태에서 **Texture Coordinate** 노드와 **Texture Sample** 노드의 **UVs** 간 연결을 클릭해 연결을 끊는다. **Texture Coordinate** 노드를 약간 왼쪽으로 이동해서 노드 사이에 약간의 공간을 추가하고 새 공간에 **Add** 노드를 생성한다.

10. 다음으로, **2** 키를 누른 상태에서 머티리얼 그래프의 빈 공간을 클릭해 **Constant2 Vector** 노드를 생성한다. 새 노드를 **Add** 노드의 **B**에 연결한다.

11. **Constant2Vector**를 선택한다. 디테일 탭에서 **R** 값을 0.5로 변경한다.

셰이더가 컴파일되면 화면에 **2**가 표시된다!

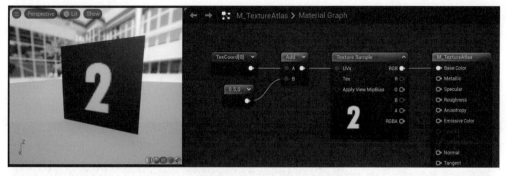

그림 6.12 Constant2Vector 최종 조정

예제 분석

텍스처 아틀라스의 다양한 측면에 액세스하려면 이미지의 크기를 조정한 다음, 보려는 항목에 맞게 오프셋을 적용하는 두 단계를 수행해야 한다.

먼저, 보고자 하는 부분을 표시하기 위해 이미지의 크기를 조정해야 한다. **Texture Coordinate** 노드에서는 **U 타일링** 및 **V 타일링** 프로퍼티를 사용해 이미지를 확대하거나 축소할 수 있다. 값이 **1**이면 이미지의 100%를 표시하고, **0.5**이면 50%를 표시하며, **2**이면 200%로 이미지를 효과적으로 복제한다. 이 예시에서는 한 번에 하나의 이미지만 표시하고 싶으므로 **0.5**를 사용하고자 한다. 각 이미지가 짝수인 경우, 표시하려는 부분 수를 전체 부분 수(이 경우 1/2 또는 0.5)로 나누면 수학적으로 이 값을 찾을 수 있다.

두 번째 측면은 어떤 타일을 사용할지 결정하는 것이다. 이 경우 기본적으로 첫 번째 타일이 표시되며, 다른 타일을 표시하려면 UV를 오프셋해야 한다. **Add** 노드 덕분에 이 작업을 수행할 수 있다. 지금 같은 경우 **Constant2Vector**를 추가해 X축과 Y축에서 이미지를 오프셋하고, X 오프셋에는 R 프로퍼티를, Y 오프셋에는 G 프로퍼티를 사용한다. 사용해야 하는 값은 **U 타일링** 및 **V 타일링**과 마찬가지로 백분율이다. R 속성에 **0.5**를 사용하면 이미지가 오른쪽 이미지 크기의 50%로 축소된다. 마찬가지로 G 값에 **0.5**를 사용하면 50% 아래로 이동한다. 이 방법에 따라 **(0.5, 0.5)** 값을 사용하면 숫자 4가 표시된다.

이미지를 점진적으로 표시하는 변수가 포함된 **FlipBook** 노드를 통해 이 개념을 확장하

고 더 자세히 사용하는 것을 볼 수 있다. 이 책과 함께 제공되는 언리얼 엔진 프로젝트의
콘텐츠 ➤ Assets ➤ Chapter06 ➤ 06_04 폴더에 포함된 **M_Flipbook** 머티리얼에서 해당
노드의 작동 예시를 확인할 수 있다. 다음 스크린샷에서 해당 노드의 프리뷰를 확인할
수 있다.

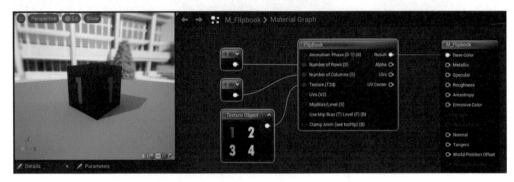

그림 6.13 FlipBook 머티리얼 함수

FlipBook 노드를 더블 클릭하면 해당 노드를 만드는 데 사용된 각 단계들을 볼 수 있다.
이러한 유형의 동작은 2D 게임의 스프라이트 시트에서 오브젝트의 UV를 패닝해 폭포
를 만드는 등 게임에서 자주 사용된다. 이는 낮은 퍼포먼스 비용으로 오브젝트에 애니
메이션을 적용할 수 있는 좋은 방법이다.

참고 사항

텍스처 아틀라스에 대한 자세한 내용은 위키피디아(https://en.wikipedia.org/wiki/Texture_atlas)를 참
고하자.

⁂ 복잡한 머티리얼을 더 단순한 텍스처로 굽기

이 책에서 다양한 머티리얼 기법을 배우면서 셰이더를 만들 때 다양한 툴을 사용할 수 있게 됐다. 이러한 툴 중 일부는 다른 툴보다 렌더링 비용이 더 많이 들기 때문에 이전 레시피에서 퍼포먼스를 유지하는 데 도움이 되는 몇 가지 최적화 기법도 살펴봤다. 그럼에도 불구하고 가장 좋은 최적화 방법은 우리가 만든 모든 복잡한 노드 그래프를 단순한 텍스처로 베이크 다운^{bake down}해서 계산 비용이 많이 드는 함수를 모두 제거하고 표준 스태틱 텍스처를 사용하는 것이다.

이 레시피에서는 머지^{Merge} 툴 패널을 사용해 모델에 적용되는 셰이더의 복잡성과 수를 모두 줄임으로써 렌더링 비용을 절감하는 방법을 배워보자.

준비

준비하려면, 사용하려는 레벨에 머티리얼 슬롯이 2개 이상 포함된 메시가 있어야 한다. 직접 만들고 싶지 않을 경우, 이 책과 함께 제공되는 언리얼 엔진 프로젝트의 **Levels ➤ Chapter06** 폴더에 있는 **06_05_Start** 레벨을 열면 된다. 이 맵에는 엔진 콘텐츠의 일부인 **SM_MatPreviewMesh_01**이라는 엔진 모델이 포함돼 있다.

예제 구현

머티리얼을 결합하는 가장 쉬운 방법 중 하나는 액터 병합 툴을 사용하는 것이다.

1. 언리얼 에디터에서 구우려는 오브젝트를 선택한다. 이 레시피의 경우, **SM_Mat PreviewMesh_01** 모델을 선택한다.

2. 이어서 **툴**^{Tools} ➤ **액터 병합**^{Merge Actors}으로 이동한다.

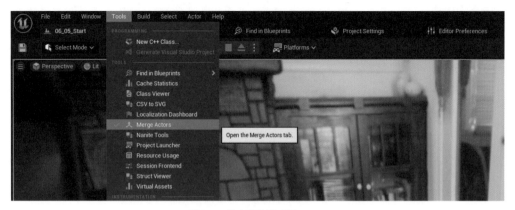

그림 6.14 액터 병합 툴 위치

3. 이제 **액터 병합** 메뉴가 열리면, 구우려는 메시가 선택돼 있는지 확인한다.

4. 그런 다음, 병합 메서드에서 현재 선택된 옵션을 확인한다. 기본값은 우리가 사용하려는 **병합**^Merge^으로 설정돼 있어야 한다.

5. 다음 단계는 **병합 세팅**^Merge Settings^ 메뉴 중심으로 진행되며, **Settings** 드롭다운 메뉴를 펼치면 사용 가능한 모든 옵션이 표시된다.

6. 이 작업이 완료되면, 가장 먼저 살펴볼 파라미터는 **Settings** 패널 중간 부분에 있는 **LOD 선택 타입**^LODSelection Type^ 세팅이다. 머티리얼 병합 작업이 작동하려면 기본값인 **Use all LOD Levels** 옵션에서 벗어나 **Use specific LOD level**을 선택해야 한다. 이전 설정 아래에 있는 **특정 LOD**^Specific LOD^ 필드에 계속 **0**이 표시돼 있는지 확인한다.

7. 이전 단계를 완료한 후 옵션 목록의 맨 위로 이동해서 **머티리얼 병합**^Merge Materials^ 옆의 체크박스를 체크한다. 이렇게 하면 **SM_MatPreviewMesh_01** 모델의 설정을 간소화할 수 있다.

8. 그런 다음, **머티리얼 설정** 메뉴를 펼치고 **텍스처 크기**^Texture Size^ 필드를 기본값인 **1024** 대신 모두 **512**로 변경한다. 이렇게 하면 생성되는 텍스처의 해상도가 기본 프리셋보다 낮아진다.

9. **액터 병합**^Merge Actors^ 버튼을 클릭한다. 그럼 새 메시와 머티리얼을 어디에 저장할지

묻는 메뉴가 표시된다. 내가 선택한 위치는 **Assets ❯ Chapter06 ❯ 06_05** 폴더이며, 새 에셋의 이름은 **SM_MERGED_MatPreviewMesh**로 지정했다. **저장**^{Save} 버튼을 클릭하고 언리얼이 모든 작업을 처리할 때까지 기다린다.

다음 스크린샷에서 액터 병합 툴과 일부 선택된 세팅을 확인할 수 있다.

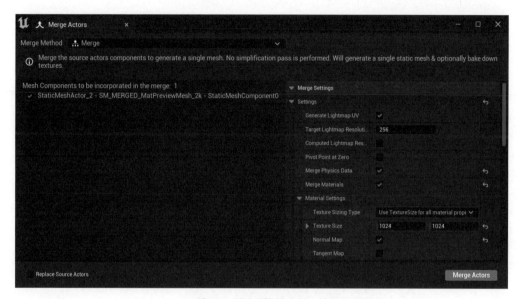

그림 6.15 액터 병합 툴과 일부 선택된 세팅들

10. 언리얼은 생성 프로세스가 완료되면 콘텐츠 브라우저 내 해당 폴더로 이동해서 생성된 콘텐츠를 보여준다. 거기서 새로 생성된 스태틱 메시를 레벨에 드래그 앤 드롭하고 결과를 확인해보자.

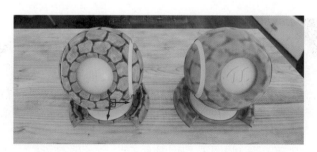

그림 6.16 원본 액터(왼쪽)와 단순화 버전이 나란히 있는 모습

보다시피 원래 모델을 구성하던 두 가지 머티리얼 대신 단일 머티리얼이 포함된 새로운 메시가 생겼지만, 품질도 약간 떨어진 것 같다. 이는 단순화된 에셋을 만들 때 사용된 기본 파라미터로 인해 최적화를 위해 사용된 텍스처 샘플과 프로퍼티의 수가 크게 감소했기 때문이다. 따라서 원본에 더 가까운 예시를 얻으려면 몇 가지 추가 옵션을 커스터마이즈하는 것을 고려해볼 수 있다.

11. 에디터에서 원본 **SM_MatPreviewMesh_01** 모델을 선택하고 **액터 병합** 메뉴로 돌아간다.

12. 그런 다음, **머티리얼 설정**을 펼치고 **텍스처 크기**를 모두 **2048**로 변경한다.

13. 계속 아래로 스크롤해서 **러프니스 맵**^{Roughness Map}, **스페큘러 맵**^{Specular Map}, **앰비언트 오 클루전 맵**^{Ambient Occlusion Map} 옆의 체크박스를 체크한다.

14. 병합할 모델의 뒷면은 표시되지 않으므로 **양면 머티리얼 허용**^{Allow Two Sided Material} 설정을 비활성화해도 된다. 이렇게 하면 퍼포먼스가 약간 향상되므로 나쁘지 않다!

15. 이어서 **액터 병합** 버튼을 클릭하고 파일을 넣을 폴더로 이동한다. 나는 이전과 동일한 폴더를 선택했고, 이름은 **SM_MERGED_MatPreviewMesh_2K**를 사용했다. 옵션을 선택했으면, **저장** 버튼을 클릭하고 언리얼이 병합 프로세스를 완료할 때까지 기다린다.

16. 이전과 마찬가지로 언리얼은 새 에셋을 저장한 폴더에 초점을 맞춘다. 새 스태틱 메시를 레벨에 드래그 앤 드롭하고, 다음 그림에서 볼 수 있듯이 다른 두 버전과 자유롭게 비교해보자.

그림 6.17 2K 병합된 에셋(왼쪽), 원본(가운데), 고도로 단순화된 에셋(오른쪽)의 비교

보다시피 원본 머티리얼과 훨씬 더 비슷해 보이지만 성능이 저하된다. 머티리얼 품질에 만족할 때까지 **머티리얼 세팅** 프로퍼티를 조정한다.

> **NOTE**
>
> 단순화된 버전을 만들 때 조약돌 머티리얼에 있는 뎁스 이펙트 계산이 사라진 것을 볼 수 있다. 이는 **머티리얼 세팅**에 있는 효과로만 제한되므로, 모델을 단순화할 때 유의하자.

예제 분석

액터 병합 툴은 일반적으로 여러 개의 스태틱 메시를 하나의 새로운 액터로 결합하는 데 사용된다. 이 작업은 일반적으로 게임이나 앱의 성능을 개선하기 위해 레벨을 플레이 테스트하고 오브젝트를 움직이거나 큰 변화를 주지 않는지 확인한 후 개발 후반부에 수행한다. 이 레시피에서 이 툴을 사용하는 이유는 메시를 결합하는 것 외에도 여러 머티리얼을 UV가 올바르게 설정된 단일 셰이더로 결합할 수 있기 때문이다.

이 툴은 비파괴적이므로, 변경해도 원본 에셋이 실제로 변경되지는 않는다. 병합이 발생하면, 액터 병합 툴의 **머티리얼 세팅** 영역에서 선택한 파라미터에 따라 텍스처와 머티리얼을 자동으로 생성한다. 첫 번째 시도에서는 툴이 2개의 텍스처(하나는 디퓨즈 컬러용, 다른 하나는 노멀 맵용), 이 두 이미지를 사용하는 머티리얼, 새로운 스태틱 메시를 만들었다. 두 번째로 메시를 만들 때는 텍스처 3개를 추가하고 해상도 크기를 4배로 늘려 현재 모바일 기기에서 사용할 수 있는 최고 해상도인 2048픽셀에 도달했다.

참고 사항

액터 병합 툴에 대한 자세한 내용은 에픽게임즈의 웹 사이트(https://docs.unrealengine.com/5.0/en-US/merging-actors-in-unreal-engine/)에서 확인할 수 있다.[3]

---

[3] 한국어 버전은 https://docs.unrealengine.com/5.0/ko/merging-actors-in-unreal-engine/에서 확인할 수 있다. – 옮긴이

⠿ HLOD 툴로 여러 메시 결합하기

레벨에 포함된 액터의 수는 제작하는 리얼타임 경험의 성능에 영향을 미친다. 레벨에 추가된 각각의 고유 모델은 엔진이 추적해야 하는 또 다른 엔티티를 나타내며, 나나이트와 같은 혁신으로 폴리곤이 점점 더 많아지는 것에 대한 부담이 줄어들었지만 수천 개의 서로 다른 고유 메시를 처리할 때 직면하는 문제는 여전히 해결해야 한다.

계층형 레벨 오브 디테일HLOD, Hierarchical Level Of Detail 시스템은 이러한 문제를 해결할 때 중요한 역할을 한다. 본질적으로 이 시스템의 기능은 서로 다른 모델을 거리에 따라 그룹화하고 개별 엔티티로 병합해서 이러한 개체를 표시하는 하드웨어의 부담을 줄이는 것이다. 다음 몇 페이지에서 이에 대해 배울 테니 안전벨트부터 매고 준비해보자!

준비

앞으로 배울 기법을 적용하려면 그 안에 여러 개의 스태틱 메시가 포함된 맵이 있어야 한다. 맵이 없는 경우, 이 책과 함께 제공되는 언리얼 프로젝트에서 06_06_Start 레벨을 열어도 된다. 해당 맵은 아래 그림처럼 생겼다.

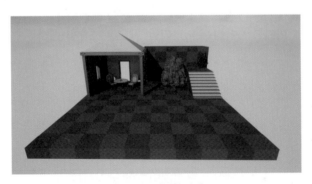

그림 6.18 작업할 레벨

340

예제 구현

HLOD 툴을 사용하려면 먼저 툴이 어디에 있는지 알아야 하는데, 주의해야 할 두 가지 주요 영역이 있다.

1. **창**Window 메뉴에서 **월드 세팅**World Settings 창이 활성화돼 있는지 확인한다.

2. 월드 세팅에서 아래로 스크롤해 **HLOD 시스템** 메뉴로 이동한다. 여기서 이 툴을 사용하는 데 사용되는 많은 설정을 찾을 수 있다.

   월드 세팅 패널의 **HLOD** 메뉴에는 HLOD 툴이 **계층형 LOD 구성**Hierarchical LOD Setup 파라미터 아래에서 작동하는 데 필요한 지침이 들어 있다. 해당 설정은 선택한 만큼 많은 항목을 포함할 수 있으므로 그 자체가 배열이다. 추가하는 각 항목에는 툴이 레벨에서 찾은 여러 오브젝트의 그룹화 및 병합을 완료하는 데 사용할 각기 다른 설정이 포함돼 있다. 항목이 여러 개 있으면 배열에 포함된 항목 수만큼 그룹화 및 병합 패스가 수행되므로, 해당 작업을 여러 번 수행하려는 경우 유용하다. 이는 넓은 영역에서 작업할 때 유용하며, 액터에서 점점 더 멀어져도 액터를 계속 그룹화할 수 있는 옵션을 제공한다.

   월드 세팅 패널의 **HLOD** 메뉴에서 조정할 수 있는 몇 가지 세팅이 있지만, 다른 패널인 **창**Window ➤ **계층형 LOD 아웃라이너**Hierarchical LOD Outliner에서만 조정할 수 있는 세팅도 있다. 다음 단계를 진행할 때는 두 패널을 모두 열어두자!

3. **계층형 LOD 아웃라이너** 버튼을 클릭하면 다양한 그룹('클러스터clusters'라는 이름의 그룹)을 생성하고, 프록시 메시를 생성하고, 월드 세팅의 **HLOD 시스템** 메뉴에서 다양한 세팅을 적용할 수 있는 창이 열린다. 두 메뉴 모두에서 작업할 것이므로 두 메뉴 모두 유지한다.

   이 스크린샷에서 우리가 작업할 두 가지 영역을 살펴볼 수 있다.

그림 6.19 계층형 LOD 아웃라이너(왼쪽)와 HLOD 시스템 메뉴(오른쪽)

이 두 영역을 중심으로 다양한 스태틱 메시 액터를 함께 그룹화하는 데 사용할 다양한 구성을 설정해보자.

4. 월드 세팅 패널의 **HLOD 시스템** 메뉴로 돌아가서 **계층형 LOD 구성**이라는 영역을 펼친다. 그럼 **HLOD 레벨 0**^{HLOD Level 0}라는 기본 메뉴가 표시돼 있다. 이를 확장하면 **Cluster generation settings**와 **Mesh generation settings**라는 2개의 그룹이 보이는데, 지금은 그중 첫 번째 그룹에 집중한다. 첫 번째 옵션에는 해당 HLOD 레벨에서 스태틱 메시를 함께 그룹화하는 방법을 정의하는 옵션이 포함돼 있으며, 두 번째 옵션은 출력 메시의 모양을 결정하는 데 사용된다.

5. 그런 다음, **Cluster generation settings** 영역을 확장해 그 안에 포함된 파라미터를 표시한다. **선호 바운드 반경**^{Desired Bound Radius} 값을 아래 그림처럼 250으로 설정한다.

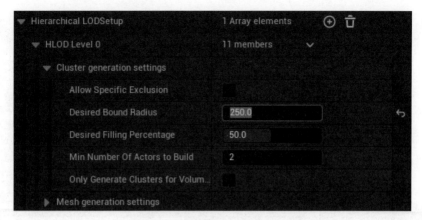

그림 6.20 HLOD 레벨 0에서 사용하는 세팅

NOTE

선호 바운드 반경 세팅은 툴이 오브젝트 병합을 시도할 거리를 결정하므로, 해당 범위 내에서 그룹화할
수 있는 스태틱 메시가 함께 그룹화돼 병합을 위해 표시된다. 언리얼의 기본 단위는 센티미터이므로
2000은 20미터, 즉 (대략) 65.5피트에 해당한다는 점을 기억하자.

6. 추가 데모를 위해 **계층적 LOD 구성** 영역의 오른쪽에 있는 + 아이콘을 클릭해 다른
   HLOD 레벨을 생성해보자. 그림 6.20에서 보듯이 + 아이콘은 오른쪽 상단의 쓰레
   기통 아이콘 옆에 있다. 새로 추가된 **HLOD 레벨 1**^{HLOD Level 1}을 열면, 엔진이 선호
   바운드 반경 파라미터를 **HLOD 레벨 0**보다 더 큰 값으로 자동으로 채운 것을 확인
   할 수 있다. 이는 새 레벨을 추가할 때마다 점점 더 큰 액터를 포함해야 하므로 당
   연한 결과다.

7. 이전 단계를 구현한 후 **계층형 LOD** 아웃라이너로 돌아가서 **클러스터 재생성**^{Regenerate}
   ^{Clusters} 버튼을 클릭한다. 이렇게 하면 엔진이 결합해야 한다고 생각하는 오브젝트
   들의 임시 클러스터가 생성되며, **계층적 LOD** 아웃라이너에서 이름을 선택하고 레
   벨을 보면 빨간색 와이어 프레임 구체가 표시되고 어떤 오브젝트인지 확인할 수
   있다. 아웃라이너 자체에서 이름을 확장하면 병합을 고려 중인 오브젝트들을 확인
   할 수 있다.

   다음 스크린샷에서 위 동작을 확인할 수 있다.

그림 6.21 LOD 액터 중 하나를 선택한 상태에서 작동 중인 HLOD 시스템

앞서 언급했듯이 LOD 액터 중 하나를 선택하면 사용 중인 오브젝트 주변에 구가 표시된다. LOD 레벨이 높을수록 더 많은 액터가 결합되고 구체가 커진다. 이렇게 하면 사용자가 멀리 떨어져 있을수록 사용되는 드로우 콜draw call 수가 줄어든다.

8. 다음으로는 **프록시 메시 생성**Generate Proxy Meshes 버튼을 클릭해 LOD 액터 빌드를 시작한다. 이 작업은 일반적으로 완료하는 데 시간이 걸리므로, 컴퓨터가 작업하는 동안 잠시 휴식을 취하는 것이 좋다.

9. 완료되면, 저장 아이콘을 클릭해 작업을 저장한다. 이 아이콘은 **모두 빌드**Build All 버튼의 오른쪽에 있다.

   저장하면, 레벨이 현재 저장된 위치 옆에 HLOD라는 새 폴더가 나타나는 것을 확인할 수 있다. 이 디렉터리에는 에셋에 대해 생성된 모든 모델, 머티리얼, 텍스처가 들어 있다. 이러한 에셋이 어떻게 생성됐는지는 알 수 없지만, 월드 세팅 패널에서 **HLOD 시스템** 메뉴의 다른 항목을 살펴보고 생성 파라미터를 조정할 수 있다.

10. 월드 세팅 패널의 **HLOD 시스템** 메뉴로 돌아가서 **HLOD 레벨 0** 영역에 포함된 **Mesh generation settings** 메뉴를 찾는다.

11. 첫 번째 옵션인 **트랜지션 화면 크기**Transition Screen Size를 사용하면, 원본 모델이 최적화

된 그룹화된 모델로 교체되는 지점을 제어할 수 있다. 이 지점은 해당 오브젝트가 차지하는 화면 공간의 양으로 표시되며, 값이 **1**이면 화면 전체를 차지하는 바운딩 박스를 나타낸다. 현재 값은 **0.315**로 화면의 31.5%를 차지하므로, 이를 **0.6**으로 변경해 대체 메시가 더 빨리 나타나도록 해보자.

12. 다음 옵션인 **Simplified Method**를 사용하면 원본 에셋의 축소 버전을 만들 수 있다. 즉, 원본을 결합한 결과 모델은 원본을 합친 것보다 적은 수의 트라이앵글을 포함하게 된다. 해당 박스를 활성화한다.

13. 이렇게 하면, 다음으로 살펴볼 수 있는 메뉴는 **프록시 세팅**^{Proxy Settings} 메뉴다. 이를 통해 병합하려는 원본 오브젝트를 대체할 메시의 생성을 제어하는 파라미터를 조정할 수 있으며, 새 모델의 삼각형 수가 원본보다 적어진다는 추가적인 이점이 있다. 결과 메시의 결과를 제어하는 매개변수는 간단히 **Screen Size**라고 하는 첫 번째 파라미터다. 엔진은 콘텐츠가 **Screen Size** 필드에 지정된 픽셀을 차지할 때 원본 머티리얼과 동일하게 보이는 단순화된 메시를 생성하려고 시도한다. **트랜지션 화면 크기** 매개변수를 상향 조정했으므로, 기본값인 **300**을 더 넉넉한 **600**으로 상향 조정해보자.

14. 다음으로 확장할 수 있는 영역은 **머티리얼 세팅**^{Material Settings}이다. 여기서 찾을 수 있는 파라미터는 앞서 '복잡한 머티리얼을 더 단순한 텍스처로 굽기' 레시피에서 살펴본 것과 매우 유사하다. 결합하는 모델 중 일부가 해당 속성을 표시하므로, 이번에는 **러프니스**^{Roughness} 및 **메탈릭**^{Metallic} 맵 옆의 확인란을 체크한다.

15. 정렬 작업이 완료되면 **HLOD 레벨 1**로 이동해 몇 가지 설정을 조정해보자. **Mesh generation settings**에서 Transition Screen Size를 0.33으로 늘리고 나머지는 그대로 둔다.

16. 이전 단계를 완료하면 **계층형 LOD** 아웃라이너로 돌아가서 **클러스터 재생성**^{Regenerate Clusters}을 클릭한다. 완료된 경우, **프록시 메시 생성**^{Generate Proxy Meshes}을 클릭하고 툴이 작업을 완료하면 결과를 저장한다.

엔진이 모델을 계산하고 나면, **뷰 모드**^{View Modes} 패널로 이동해 **레벨 오브 디테일 컬러**

Level of Detail Coloration 메뉴에 있는 **계층형 LOD 배색**Hierarchical LOD Coloration을 선택하면 위 작업의 결과를 확인할 수 있다. 그러면 다음과 같이 원본 모델과 병합된 버전 간의 전환이 발생하는 지점을 확인할 수 있다.

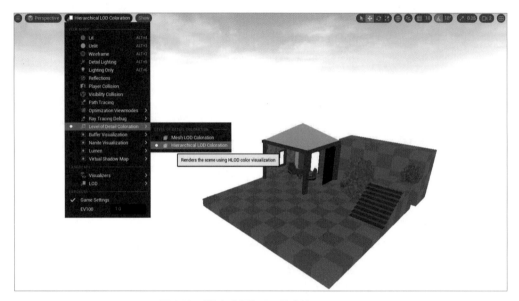

그림 6.22 레벨과 계층적 LOD 컬러 뷰 모드

콘텐츠 브라우저에서 레벨 옆에 있는 **HLOD** 폴더로 이동해 모델을 확인할 수도 있으며, 여기서 콜리전 복잡도 등을 조정할 수 있다.

예제 분석

이 레시피를 완성하기 전에 HLOD 툴의 일부인 몇 가지 세팅을 살펴봤다. 가장 먼저 살펴본 설정 중 하나는 결합할 액터를 얼마나 멀리서 찾을지 지정하는 파라미터인 **선호 바운드 반경**이다. 반경이 클수록 결합할 수 있는 오브젝트가 많아진다. 사막과 같이 스태틱 메시가 드문드문 있는 레벨에서는 반경을 크게 설정해야 하지만, 복잡하고 디테일한 영역에서는 반경을 작게 설정해야 할 수도 있다. 레벨이 많을수록 블렌딩할 수 있는 가능성도 많아진다.

기본적으로 모든 메시는 정확히 동일하지만, 오브젝트는 동일한 프로퍼티를 포함하는 단일 머티리얼을 공유하며 지난 레시피에서와 똑같이 작동한다. 그러나 레벨이 큰 경우 퍼포먼스 향상을 위해 멀리 떨어져 있는 메시를 단순화하는 것이 좋지만, 레벨의 적합한 느낌을 얻기 위해 프로퍼티를 조정하는 데 시간을 할애해야 하는 경우가 종종 있다.

한 가지 주의해야 할 점은 HLOD 오브젝트는 스태틱 메시에만 사용할 수 있으므로 움직이는 오브젝트에는 이 툴을 사용할 수 없다는 것이다. 프로퍼티를 변경할 때마다 프록시 메시를 생성해야 하는 이유는 시스템이 라이팅을 굽는 방식과 매우 유사한 방식으로 작동하기 때문이다. 이 책에서는 런타임에 성능을 개선하기 위해 미리 작업하고 있다.

참고 사항

이 툴에 대한 자세한 내용은 에픽의 공식 문서(https://docs.unrealengine.com/5.0/en-US/using-the-proxy-geometry-tool-with-hlods-in-unreal-engine/)를 참고한다.[4]

일반적인 머티리얼 최적화 기술 적용하기

저사양 및 고사양 디바이스 모두에서 작동하는 머티리얼을 개발할 수 있는 방법 중 하나는 머티리얼 퀄리티 레벨 시스템(material quality-level system)을 이용하는 것이다. 이 레시피에서는 다양한 디바이스에서 사용할 수 있는 하나의 머티리얼을 만들 수 있도록 퀄리티 설정을 염두에 두고 머티리얼을 제작하는 방법을 설명한다.

준비

이 레시피를 완료하려면 게임이 실행 중인 퀄리티 수준에 따라 다르게 보이도록 하려는 머티리얼이 필요하다. 아래에서는 하나의 머티리얼을 만들겠지만, 다른 퀄리티 설정이

4　한국어 버전은 https://docs.unrealengine.com/5.0/ko/using-the-proxy-geometry-tool-with-hlods-in-unreal-engine/에서 확인할 수 있다. – 옮긴이

도움이 될 것이라고 생각되면 자신만의 머티리얼을 자유롭게 사용해도 된다.

예제 구현

먼저 나중에 배울 머티리얼 최적화 기법을 시연하는 데 사용할 수 있는 간단한 머티리얼을 만들어보자.

1. 머티리얼을 생성하고 **M_QualitySettings**와 비슷한 이름을 지정한다. 머티리얼을 더블 클릭해 머티리얼 에디터를 실행한다.

2. 에디터에서 **T**를 누르고 있는 상태로 머티리얼 그래프의 빈 곳을 클릭해 **Texture Sample** 노드를 생성한다.

3. **Texture Sample** 노드가 선택돼 있는 상태로 디테일 탭에서 **텍스처**^{Texture} 프로퍼티를 노멀 맵이 있는 텍스처로 할당한다. 나는 샘플 콘텐츠의 **T_Brick_Cut_Stone_D** 텍스처를 사용했다.

4. 이어서 **Quality Switch** 노드를 생성하고 **Texture Sample**의 RGB 채널을 **Quality Switch** 노드의 **Default**에 연결한다.

5. 그런 다음, **Quality Switch**를 메인 **머티리얼** 노드의 **베이스 컬러**에 연결한다.

   머티리얼이 수정되고 있음을 명확하게 할 수 있도록 저화질 수준으로 전환할 때 색상을 사용한다.

6. **Texture Sample** 노드 아래에서 **4** 키를 누른 상태로 머티리얼 그래프의 빈 곳을 클릭해 **Constant4Vector**를 생성한 후 원하는 색상으로 설정한다^{나는 빨간색(1, 0, 0, 0)을 사용했다}. **Constant4Vector**를 **Quality Switch**의 **Low**에 연결한다.

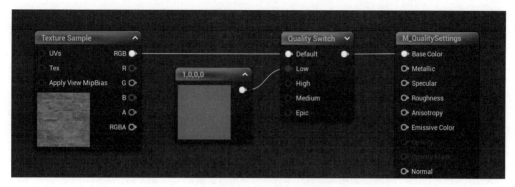

그림 6.23 지금까지 생성한 노드들

7. 이 작업이 완료되면 다른 **Texture Sample**을 만들고 노멀 맵 텍스처를 할당한다(내 경우 T_Brick_Cut_Stone_N을 사용했다).

8. 새로 생성된 **Texture Sample**의 RGB 채널을 메인 머티리얼의 **노멀**에 연결한다.

9. 그런 다음, 원하는 모델에 머티리얼을 적용한다. 뷰포트에서 **Quality Switch** 노드의 효과를 보여주기만 하면 되므로 모양이 좋든 나쁘든 상관없다. 마음에 드는 모델에 자유롭게 적용하거나, 새 레벨을 만들고 큐브를 드래그해 머티리얼을 적용할 수도 있다.

미리 변경하지 않았다면, 현재로서는 눈앞에 표시되는 머티리얼은 고품질 레벨 프리셋을 사용하고 있다. 다음은 지금 눈앞에 있는 결과물이다.

그림 6.24 고화질 프리셋을 사용하는 머티리얼의 기본 모습

Quality Switch 노드의 효과를 실제로 확인하려면 레벨의 머티리얼 퀄리티 레벨을 실제로 설정해야 한다.

10. 언리얼 에디터에서 **세팅**^{Settings(에디터 우측 상단)} ➤ **머티리얼 퀄리티 레벨**^{Material Quality Level}로 이동해 **낮음**^{Low}을 선택한다.

TIP

콘솔 명령어를 통해 플레이하는 동안에도 '(1 옆의 키) 키를 누르고 r.MaterialQualityLevel을 입력한 후 숫자를 입력해 게임의 퀄리티 수준을 조정할 수 있다. **0**은 **낮음**, **1**은 **높음**, **2**는 **중간**, **3**은 **에픽**(Epic) 품질 설정이다.

이 시점에서는 언리얼이 선택한 퀄리티 레벨에 맞는 모든 셰이더를 컴파일할 때까지 기다려야 한다. 완료되면, 다음 그림과 같이 머티리얼이 이제 **Quality Switch** 노드의 **Low** 채널을 사용하는 것을 확인할 수 있다.

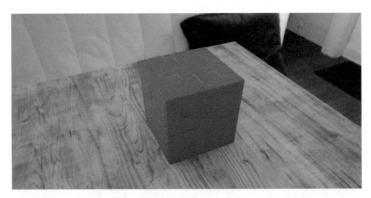

그림 6.25 저화질 프리셋으로 렌더링되는 동일한 머티리얼

예제 분석

머티리얼 퀄리티 레벨 프로퍼티를 사용하면 그래픽카드 성능이 낮은 디바이스를 대상으로 할 때 셰이더에 덜 집약적인 수학적 연산을 사용할 수 있다.

Quality Switch 노드는 프로그래밍에서 스위치^{switch} 문이 하는 것과 비슷하게 작동되며,

머티리얼 퀄리티 레벨 값에 따라 관련 코드를 실행한다. 핀에 아무것도 제공되지 않으면 기본값이 사용된다. **Default** 채널을 사용하지 않으면 오류가 발생하므로, 반드시 **Default** 채널을 사용해야 한다는 점에 유의하자.

Quality Switch 노드는 원하는 만큼 추가할 수 있다. 사실, 수행 중인 작업에 따라 다르게 작동하길 원하는 각 채널마다 하나씩 있어야 한다. 이제 거의 모든 종류의 디바이스를 지원하는 머티리얼을 제작하고 원하는 최적화를 달성할 수 있는 지식을 얻었다!

참고 사항

퍼포먼스에 대해 자세히 알아보려면 해당 주제를 다룬 에픽게임즈의 전용 페이지(https://docs.unrealengine.com/4.26/en-US/TestingAndOptimization/PerformanceAndProfiling/Guidelines/)를 확인해보자.[5]

---

[5] 한국어 버전은 https://docs.unrealengine.com/4.26/ko/TestingAndOptimization/PerformanceAndProfiling/Guidelines/에서 확인할 수 있다. - 옮긴이

07

유용한 노드 알아보기

언리얼에는 다양하고 유용한 노드가 많이 포함돼 있는데, 그중 일부는 이미 살펴봤고 일부는 아직 살펴보지 않았다. 손끝으로 사용할 수 있는 함수의 수가 엄청나게 많으므로 모든 노드를 다루는 것은 너무 큰 욕심일 수 있지만, 더 많은 예제를 볼수록 새로운 셰이더를 만들어야 할 때 더 잘 준비할 수 있는 것도 사실이다. 그러므로 이 책에서는 지금까지 살펴볼 기회가 없었던 유용한 노드 몇 가지를 계속 살펴볼 것이다.

따라서 이 장에서는 다음과 같은 레시피를 다룬다.

- 동일한 모델에 무작위성 추가하기
- 가려진 영역에 먼지 추가하기
- 여러 모델에서 텍스처 좌표 일치시키기
- 내부 큐브맵을 사용해 건물 내부 텍스처링하기
- 완전히 절차적인 노이즈 패턴 사용하기

- 세부 텍스처링^{Detail Texturing}으로 디테일 추가하기

항상 그랬듯이, 앞으로 다룰 내용을 살짝 소개하면 다음과 같다.

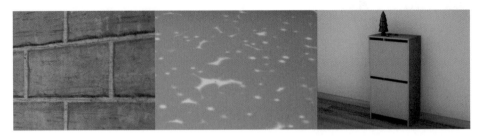

그림 7.1 이번 장에서 생성할 머티리얼의 일부

⫸ 기술적인 요구 사항

다음 몇 페이지에서 만들 머티리얼은 지금까지 사용한 일반적인 툴, 즉 모델, 텍스처, 표준 언리얼 엔진 에셋으로 제작할 수 있으며, 엔진에 액세스할 수 있는 한 사용할 수 있다. 따라서 여러분에게 필요한 것은 언리얼 엔진 작업에 사용하던 컴퓨터와 새로운 것을 배우고자 하는 열정뿐이다.

이 책을 제작하는 데 사용한 언리얼 엔진 프로젝트는 웹 사이트(https://packt.link/A6PL9)에서 다운로드할 수 있다.

내가 조정한 것과 동일한 레벨에서 작업하고 싶다면 프로젝트를 다운로드해 언리얼을 실행해보자!

⫸ 동일한 모델에 무작위성 추가하기

이 장에서 살펴볼 첫 번째 레시피는 3D 모델의 인스턴스를 다룬다. 이러한 유형의 에셋은 다양한 3D 콘텐츠 제작 패키지에서 흔히 볼 수 있는 기능이므로 한 번쯤은 들어봤을

것이다. '인스턴스^{instance}'라는 이름은 씬 전체에 흩어져 있는 에셋의 동일한 복사본을 지칭할 때 사용하며, 그래픽카드의 기능을 활용해 이러한 복사본을 고유한 개별 오브젝트를 처리할 때보다 훨씬 빠르게 렌더링할 수 있다. 이는 특히 식물, 소품, 모듈형 조각 또는 기타 유사한 에셋 등 한 레벨에 여러 번 등장하는 에셋으로 작업할 때 성능을 향상시키는 매우 강력한 기술이 될 수 있다. 하지만 동일한 모델을 다룬다고 해서 반드시 동일하게 보이길 바라는 것은 아니며, 때로는 레벨 전체에 걸쳐 시각적인 반복을 없애기 위해 특정 변형을 주고 싶을 때도 있다.

이 레시피에서는 각 개별 인스턴스의 모양을 조정할 수 있는 작고 간단한 노드를 살펴보고, 각 복사본에 임의의 값을 할당해 머티리얼 내에서 모양을 변경할 수 있다. 그럼 어떻게 하는지 살펴보자!

준비

자체 에셋을 사용하거나 이 책과 함께 제공되는 언리얼 엔진 프로젝트에 포함된 레벨을 열어 따라 할 수 있다. 이 레시피를 완성하는 데 필요한 것은 간단한 3D 모델과 그 모델에 적용할 수 있는 머티리얼뿐이다. 따라서 보유하고 있는 것을 임포트하거나, 제공된 것을 사용하길 원치 않는 경우 시작용 콘텐츠에서 제공하는 것을 사용해도 된다.

여기서는 장난감 탱크 모델과 2장의 '머티리얼 인스턴싱' 레시피와 '작은 오브젝트 텍스처링' 레시피에서 만든 **M_ToyTank** 및 **M_ToyTank_Textured** 머티리얼을 사용한다. 어쨌든 이번 레시피의 핵심은 머티리얼 에디터를 통해 액세스할 수 있는 몇 가지 새로운 노드이므로, 그 외에는 특별한 요구 사항이 없다.

다음 몇 페이지에서 살펴볼 것과 동일한 레벨을 사용하려면 **콘텐츠 ❯ Levels ❯ Chapter07** 폴더에 있는 **07_01_Start** 레벨을 실행한다.

예제 구현

동일한 모델의 여러 인스턴스에 시각적 다양성을 더하고 싶으므로, 이 레시피의 처음 몇 단계에서는 이러한 에셋을 만드는 방법을 다룬다. 그럼 다음 단계들을 수행해 이를 수행하는 방법을 살펴보자.

1. 먼저 콘텐츠 브라우저 내 어딘가에 블루프린트를 생성한다. 그러려면 콘텐츠 브라우저 내 아무 곳이나 우클릭한 다음, **기본 에셋 생성**^{Create Basic Asset} 메뉴에서 **블루프린트 클래스**^{Blueprint Class} 옵션을 선택한다.

2. 다음으로, **액터**^{Actor}를 부모 클래스로 선택하고 새 블루프린트에 이름을 지정한다. 나는 **BP_ToyTankInstances**로 지정했다. 에셋을 더블 클릭해 블루프린트 에디터를 실행한다.

3. 에디터에 들어가면, 뷰포트의 **컴포넌트**^{Components} 메뉴 왼쪽 상단에 있는 **추가**^{Add} 버튼을 클릭한다. 그러면 블루프린트에 새 컴포넌트를 추가할 수 있다.

4. **추가** 버튼을 클릭한 후 Instance를 입력하면 **인스턴스드 스태틱 메시**^{Instanced Static Mesh} 컴포넌트 옵션이 표시된다. 이를 선택해서 컴포넌트를 추가한다.

5. 그런 다음, 새 컴포넌트를 선택하고 드래그 앤 드롭 작업을 수행해 기존 **Default Scene Root** 컴포넌트 위에 새 **인스턴스드 스태틱 메시** 컴포넌트를 놓는다. 이렇게 하면 새 블루프린트의 기본 컴포넌트가 된다.

6. 새 컴포넌트를 선택한 상태로 디테일 패널에서 원하는 모델을 사용하도록 **스태틱 메시**^{Static Mesh} 프로퍼티를 설정한다. 여기서는 **SM_Tank** 모델을 사용했다.

7. 이어서 **머티리얼**^{Materials} 메뉴의 **엘리먼트 0**^{Element 0}에 머티리얼을 할당한다. 나중에 새로운 머티리얼을 만들 것이므로 어떤 것을 선택하든 상관없다. 여기서는 2장의 '머티리얼 인스턴싱' 레시피에서 만든 **M_ToyTank** 머티리얼을 선택한다.

8. 다음으로는 **인스턴스**^{Instances} 메뉴로 이동하고 **+** 버튼을 클릭해 다른 항목을 추가한다. 모델 간의 차이점을 제대로 파악하려면 여러 모델이 필요하므로 여기에 몇 개의 항목을 만든다. 나는 9개의 인스턴스를 배치했다.

9. 각 인스턴스의 **트랜스폼**^{Transform} 메뉴로 이동해 위치 값을 조정하지 않으면 서로의

위에 스폰되므로, 위치 값을 조정한다. 다음 스크린샷에서 해당 패널의 위치를 확인할 수 있다.

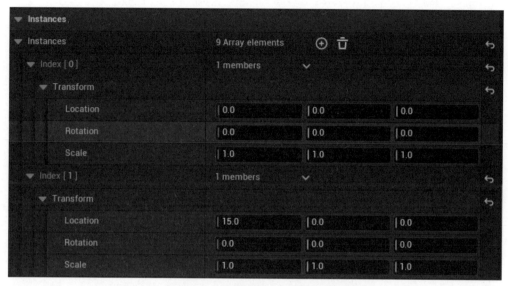

그림 7.2 스폰한 다양한 인스턴스의 트랜스폼 조정

10. **컴파일** 및 **저장** 버튼을 클릭해 변경 사항을 적용하고 블루프린트를 레벨에 끌어다 놓는다. 다음 스크린샷과 같은 모습이다.

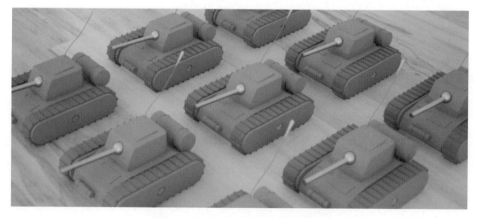

그림 7.3 블루프린트를 레벨에 드래그한 결과

위 스크린샷에 보이는 장난감 탱크의 배열은 내가 선택한 다양한 트랜스폼 값의 결과이며, 여러분이 사용하는 값에 따라 다르게 보일 수 있다. 앞의 모든 단계를 통해 이제 곧 만들 머티리얼의 효과를 테스트하는 데 사용할 수 있는 블루프린트가 생겼다. 이제 이를 염두에 두고 새 셰이더를 만들어보자.

11. 먼저 장난감 탱크 에셋을 위해 이전에 생성한 머티리얼 중 하나를 복제한다. **콘텐츠 > Assets > Chapter02 > 02_03** 폴더에 있는 **M_ToyTank_Textured**라는 머티리얼이 있는데, 이 머티리얼이 지금 작업할 목적에 잘 맞는다. 이 머티리얼은 2장의 '작은 오브젝트 텍스처링' 레시피에서 만들었다. 이미 적합한 텍스처를 구성했으므로, 그 폴더에서 작업하면 목적에 부합한다. 아직 준비되지 않았다면 해당 레시피를 다시 살펴보고 비슷한 것을 만들어보자!

NOTE

이전 머티리얼을 복제하든, 새 머티리얼을 만들든 그 안에서 할 작업은 매우 유사하다. 물론 기존 머티리얼을 사용하면 특정 파라미터를 설정할 때 시간을 절약할 수 있지만, 이를 무시하고 나중에 생성할 새 노드에만 집중할 수 있다.

여기서는 머티리얼의 특정 부분, 즉 탱크 본체의 색상을 다루는 부분에 초점을 맞춘다. 따라서 동일한 셰이더를 사용하든, 새 셰이더를 만들든 상관없이 여기서 소개하는 단계는 두 시나리오 모두에 적용할 수 있다.

12. **PerInstanceRandom** 노드를 생성하고 머티리얼 그래프 내 어딘가에 배치한다.

13. **Multiply** 노드를 추가하고 이전 **PerInstanceRandom** 노드를 **Multiply** 노드의 **A**에 연결한다.

14. **Multiply** 노드의 **B**에는 현재 장난감 탱크 몸체의 메인 컬러를 구동하고 있는 나무 **Texture Sample** 노드를 연결한다. 이 머티리얼의 베이스로 사용한 원본 머티리얼은 **Lerp** 노드의 **B**에 연결된 **Texture Sample** 노드다.

15. **Multiply** 노드를 이전 나무 텍스처로 구동됐던 **Lerp** 노드의 **B**에 다시 연결한다. 이제 그래프가 다음 스크린샷처럼 보인다.

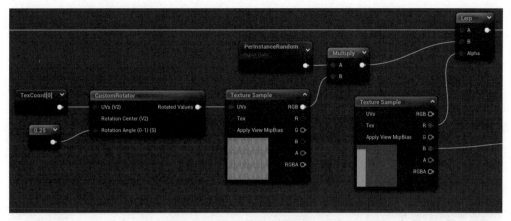

그림 7.4 그래프 내 PerInstanceRandom 노드 설정

머티리얼의 프리뷰 창에서는 이전에 나무 **Texture Sample** 노드의 영향을 받았던 셰이더 부분에 커다란 어두운 영역이 표시될 수 있다. 이는 3D 모델의 인스턴스로 작업할 때만 표시할 수 있는 새로운 노드인 **PerInstanceRandom** 노드의 특성 때문이며, 그렇지 않은 경우 프리뷰 창에서 볼 수 있듯이 단순히 검은색 값으로 표시된다.

PerInstanceRandom 노드는 이전처럼 사용하는 대신 머티리얼의 **베이스 컬러**에 직접 연결할 수 있다. 이전 단계에서 이미 보여준 복제본 대신 새 머티리얼을 사용하는 경우, 자유롭게 그렇게 해도 된다. 새 노드는 **Instanced Static Mesh**의 인스턴스 배열의 각 항목에 임의의 그레이스케일 색을 할당한다. 이것은 실제로는 색이 아니라 부동 소수점 값이며, 다른 용도로 사용할 수 있다(예: 이어서 살펴보겠지만, 머티리얼 내에서 적용하는 텍스처의 **UV** 좌표를 수정하는 데 사용할 수 있다).

16. **T_Wood_Pine_D** 텍스처를 구동하는 **Texture Coordinate** 노드의 위치로 이동해서 그 위에 **PerInstanceRandom** 노드를 새로 생성한다. 참고로, 이 노드는 그림 7.4의 맨 왼쪽에서 본 것과 동일한 **Texture Coordinate** 노드다.

17. 거기서 새 **PerInstanceRandom** 노드 뒤에 **Multiply** 노드를 추가하고, 방금 생성한 새 **Multiply** 노드의 **A**에 **PerInstanceRandom** 노드를 연결해 두 노드를 모두 연결한다.

18. **CustomRotator** 함수의 **UVs (V2)**에 **Texture Coordinate** 연결을 끊고 이전 **Multiply** 노드의 **B**에 연결한다.

19. **CustomRotator** 함수의 **UVs (V2)**를 새 **Multiply** 노드랑 다시 연결한다. 이제 그래 프가 다음 스크린샷과 같이 보인다.

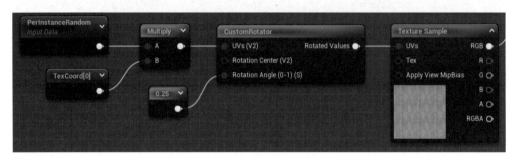

그림 7.5 수정된 머티리얼 그래프

머티리얼에 추가할 수 있는 또 다른 사항은 **Camera Depth Fade** 노드를 도입해 인 스턴스와의 거리에 따라 인스턴스를 숨기는 데 사용할 수 있다는 것이다. 이 노드 는 표시하고 싶지 않은 매우 가까운 인스턴스가 있을 때 유용하게 사용할 수 있다.

20. **메인 머티리얼** 노드를 선택하고 디테일 패널을 확인한다. 거기서 **블렌드 모드**를 기본 **Opaque** 옵션에서 **Masked** 옵션으로 변경한다.

21. 이어서 **Constant** 노드를 만들고 값을 **100**으로 지정한다.

22. 그런 다음, **Camera Depth Fade** 노드를 추가하고 이전 **Constant** 노드를 해당 **Fade Length (S)**에 연결한다.

23. 마지막으로, **Camera Depth Fade** 노드를 **오파시티 마스크**에 연결한다.

이제 모든 변경 사항을 구현했으니 마지막으로 해야 할 일은 **Instanced Static Mesh** 새 머티리얼을 적용하는 것이다.

24. 이 레시피를 시작할 때 만든 블루프린트로 돌아가서 새 머티리얼을 **Instanced Static Mesh** 컴포넌트에 할당한다. 이 작업은 7번 단계에서 수행한 작업과 동일하

므로, 의심스러운 점이 있으면 해당 지침을 참조하자!

이 레시피에서 해야 할 일은 이것뿐이니 이제 작업 결과를 확인해보자!

그림 7.6 씬의 최종 모습

보다시피 이 기법은 레벨에 존재하는 동일한 모델의 여러 인스턴스를 구분하고 싶을 때 매우 유용하며, 레벨 디자인 작업에 이상적이다. 즉, 이 컴포넌트를 사용함으로써 얻을 수 있는 성능 향상과 머티리얼 노드의 가변성을 결합한 것이다. 이러한 유형의 에셋으로 작업할 때마다 이 점을 염두에 두자.

예제 분석

앞서 살펴봤듯이, 동일한 모델에 약간의 무작위성을 추가하는 것은 복잡한 기술이 아니다. 이 작은 헬퍼는 **PerInstanceRandom** 노드로 시작해서 **Instanced Static Mesh** 컴포넌트에 임의의 값을 할당하고 노출하며, 이를 사용해 이 레시피에서 한 것처럼 **베이스 컬러** 프로퍼티의 값을 수정하는 등 다양한 유형의 흥미로운 기능을 구동할 수 있다. 이렇게 한 것처럼 **러프니스** 파라미터나 그 외 원하는 다른 파라미터도 수정할 수 있다. 우리가 연구한 또 다른 노드인 **Camera Depth Fade** 노드를 사용하면 특정 메시가 얼마나 멀리 떨어져 있는지에 따라 숨길 수 있다.

이 두 가지 노드 외에 비슷한 방식으로 작동하는 다른 노드도 유용할 수 있다. 예를 들어, 사용할 수 있는 또 다른 멋진 노드로 **Per Instance Fade Amount** 노드가 있다. 이 노드는 **PerInstanceRandom**과 매우 유사하지만, 이번에는 **Instanced Static Mesh** 컴포넌트의 각 인스턴스에 임의의 실수 값을 할당하는 대신 카메라에 대한 인스턴스 자체의 위치에 따라 주어진 숫자가 달라진다. 이를 사용하면 이 레시피에서와 같이 가까이 있는 모델 대신 멀리 있는 모델을 숨길 수 있다. 꼭 확인해보자!

참고 사항

메시 인스턴스에 적용될 때만 작동하는 노드를 사용했지만, 인스턴스드 스태틱 메시 컴포넌트만 이 노드를 활용할 수 있는 것은 아니라는 점을 알아두자. 이전 페이지들에서 살펴본 기술을 활용할 수 있는 또 다른 컴포넌트가 있는데, 바로 계층형 인스턴스드 스태틱 메시 컴포넌트^{HISM, Hierarchical Instanced Static Mesh}다. 두 컴포넌트 모두 게임 성능을 향상시키는 데 사용할 수 있으므로 둘 다 알아두는 것이 좋다. 컴퓨터는 하나의 정보만 저장하고 이를 월드 전체에 여러 번 반복하므로, 난간이나 나무와 같은 동일한 메시의 인스턴스를 여러 개 분산시켜야 할 때 특히 유용하다.

둘 다 매우 유사하지만, HISM 컴포넌트를 사용하면 인스턴싱 기능으로 인한 성능 향상과 계층적 디테일 레벨 생성을 결합할 수 있다. 이는 6장의 'HLOD 툴로 여러 메시 결합하기' 레시피에서 이미 다룬 내용이다. 이 기능에 대해 자세히 알아보려면 해당 레시피를 꼭 확인해보자!

가려진 영역에 먼지 추가하기

3D 모델을 위한 복잡한 머티리얼을 제작하려면 아티스트는 작업하는 오브젝트의 복잡성에 대해 알아야 한다. 예를 들어, 더러운 표면의 모양을 재현하려면 아티스트는 어느 부분에 먼지가 쌓일 가능성이 더 높은지 생각해야 한다. 이러한 유형의 작업을 지원하

기 위해 렌더 엔진에는 머티리얼 제작 워크플로를 더 쉽게 만들 수 있도록 아티스트에게 맞춤화된 기능이 포함돼 있는 경우가 많다.

그 예로 앰비언트 오클루전 렌더 패스^{ambient occlusion render pass}를 들 수 있는데, 엔진은 어느 영역이 서로 더 가까운지 쉽게 계산할 수 있으며 이 정보를 사용해 셰이더를 구동할 수 있다. 앞으로 몇 페이지에 걸쳐 살펴볼 내용이니 안전벨트를 단단히 매자!

준비

내가 사용할 것과 동일한 에셋으로 작업 과정을 따라 하길 원한다면 열 수 있는 레벨은 **07_02_Start**이며, **콘텐츠 ➤ Levels ➤ Chapter07**에서 찾을 수 있다.

항상 그렇듯이 자체 3D 모델을 사용할 수 있지만, 이때 고려해야 할 몇 가지 사항이 있다. 첫째, 작업하려는 레벨에 계산된 구워진 라이팅이 있어야 한다. 이 레시피에서 사용할 머티리얼 노드가 해당 정보를 활용해야 하고 그렇지 않으면 작동하지 않으므로, 이는 매우 중요하다.

둘째, 첫 번째 요점의 결과로, 구운 라이팅 데이터를 생성할 수 있는 조명 유형이므로 조명을 고정 또는 스태틱 라이팅으로 설정해야 한다.

마지막으로, 작업할 모델에 UV가 적절하게 배치돼 있어야 라이팅 정보가 제대로 저장될 수 있다. 이 책의 앞부분에서 이 모든 것을 살펴봤으므로, 스태틱 라이팅으로 작업하는 방법을 다시 한번 알아두고 싶다면 1장의 '프로젝트에서 스태틱 라이트 사용' 레시피를 다시 들여다보자. 작업을 계속 진행하기에 앞서 이 점을 명심하자!

예제 구현

이번 장에서 가장 먼저 해야 할 일은 레벨에 라이팅을 빌드하는 것이다. 앞서 말했듯이, 이번에 사용할 새 노드는 셰도 맵의 존재에 의존하므로 적용할 머티리얼을 만들기 전에 반드시 거쳐야 할 중요한 단계다. 따라서 지금부터 진행할 처음 몇 단계는 1장의 '프로젝트에서 스태틱 라이트 사용' 레시피에서 수행한 단계들과 매우 유사하다.

1. 먼저 프로젝트 세팅의 **렌더링**^{Rendering} 메뉴를 선택한 후 **글로벌 일루미네이션**^{Global Illumination} 메뉴로 이동한다.

2. 거기서 **다이내믹 글로벌 일루미네이션 메서드**^{Dynamic Global Illumination Method}를 **Lumen**에서 **None**으로 변경한다.

3. 그런 다음, 메인 뷰포트로 돌아가 월드 세팅 패널을 연다. 이전에 작업한 적이 있어서 아직 열려 있지 않은 경우, 창 메뉴에서 **월드 세팅** 옵션을 클릭해 활성화한다.

4. 월드 세팅 메뉴에서 **라이트매스**^{Lightmass} 메뉴까지 아래로 스크롤해 **라이트매스 세팅** ^{Lightmass Settings} 메뉴를 펼친다. 거기에는 **앰비언트 오클루전 사용**^{Use Ambient Occlusion}과 **앰비언트 오클루전 머티리얼 마스크 생성**^{Generate Ambient Occlusion Material Mask}이라는 두 가지 옵션이 있는데, 머티리얼에 해당 정보를 사용하려면 반드시 체크해야 한다.

5. 앞의 단계를 완료한 후 빌드 패널에서 **라이팅만 빌드**^{Build Lighting Only} 옵션을 선택한다. 이 과정은 완료하는 데 시간이 다소 걸릴 수 있으므로 완료될 때까지 기다린다.

   이전 단계들을 통해 레벨에 대한 섀도 맵을 계산하고 머티리얼 내에서 사용할 수 있는 적절한 앰비언트 오클루전 정보를 준비한다. 다음 단계는 이 사실을 활용할 수 있는 머티리얼을 만드는 것이다.

6. 먼저 새 머티리얼을 만들고 용도를 나타내는 적절한 이름을 지정해보자. 나는 이 머티리얼을 사용할 것이므로 **M_DirtyWalls**로 정했다. 새 에셋을 더블 클릭해 머티리얼 그래프를 연다.

7. 머티리얼 그래프 내 아무 곳이나 우클릭하고 **Precomputed AO Mask** 노드를 검색한다. 이를 선택해 그래프에 추가한다.

8. 그런 다음, **CheapContrast** 노드를 추가하고 **In (S)**에 이전 **Precomputed AO Mask** 노드를 연결한다.

9. 이어서 스칼라 파라미터를 생성하고 이전 **CheapContrast** 노드의 **Contrast (S)**에 연결한다. 이렇게 하면 머티리얼에서 가려진 부분과 가려지지 않은 부분의 대비를 제어할 수 있다. 값은 **5**로 설정한다.

10. 이 지점에 도달했으면, **CheapContrast** 노드를 메인 머티리얼의 **베이스 컬러**에 연결한다. 그러고 나서 레벨의 벽에 머티리얼을 적용하면 다음 스크린샷과 같이 레벨에서 이 노드의 이펙트를 확인할 수 있다.

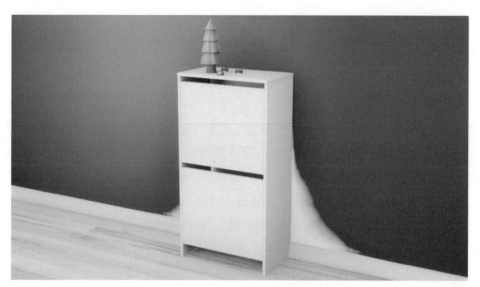

그림 7.7 레벨에서의 새로운 머티리얼 결과

이 레시피의 핵심은 **Precomputed AO Mask** 노드인데, 구운 앰비언트 오클루전 정보를 목적에 맞게 활용할 수 있도록 해주는 노드이기 때문이다. 이 노드로 작업할 때는 일반적으로 이 노드를 사용해 머티리얼의 기본 색상을 더 어둡거나 더 더러운 버전과 혼합함으로써 사용 중인 새 노드가 캡처한 틈새에 종종 가라앉는 먼지를 표시한다. 다음 단계로 넘어가자.

11. **Constant3Vector** 노드를 2개 생성하고 2개의 다른 값을 할당한다. 이 머티리얼을

레벨의 벽에 적용할 것이므로, 흰색 음영과 갈색 음영을 사용할 수 있으며 후자는 머티리얼의 더러운 부분의 모양을 연출한다.

12. **Lerp** 노드를 생성하고 이전 두 **Constant** 노드 뒤에 배치해 이전 두 노드 사이를 보간한다. 흰색 값을 **A**에 연결하고 갈색을 **B**에 연결한다.

13. 8번 단계에서 만든 **CheapContrast** 노드를 이전에 만든 **Lerp** 노드의 **Alpha**에 연결한다.

Precomputed AO Mask 노드가 가려진 영역에 더 밝은 값을 할당하는 것을 볼 수 있다. 직관적이지 않을 수도 있지만, **A**에는 가려지지 않은 영역에 원하는 값을 입력하고 **B**에는 가려진 영역에 사용할 값을 입력해야 한다. 이런 식으로 머티리얼을 설정하면 흰색과 갈색 표면이 남게 되는데, 그다지 미묘하지 않은 결과다. 이 단계에서 두 번째 마스크를 도입해 셰이더를 미세 조정할 수 있다.

14. **Texture Sample** 노드를 추가하고 그 값으로 **T_Water_M**이라는 텍스처를 선택한다(이 텍스처는 시작용 콘텐츠의 일부로, 자신의 프로젝트에도 사용하려는 경우 사용할 수 있다).

15. 이어서 **Texture Coordinate** 노드를 추가하고 이전 **Texture Sample** 노드와 연결한다. **U 타일링**과 **V 타일링** 값을 10으로 설정한다.

16. 다음으로, 새 **Lerp** 노드를 생성하고 그래프에 있던 이전 노드 뒤에 추가한다. 이전 **Texture Sample** 노드를 새 **Lerp** 노드의 **Alpha**에 연결한다.

17. **B**에는 12번 단계에서 만든 **Lerp**의 결과를 연결하고 **A**에는 흰색 **Constant3Vector**를 연결한다.

18. 마지막으로, 가장 마지막에 만든 **Lerp**를 메인 머티리얼의 **베이스 컬러**에 연결한다. 이제 그래프는 다음과 같이 된다.

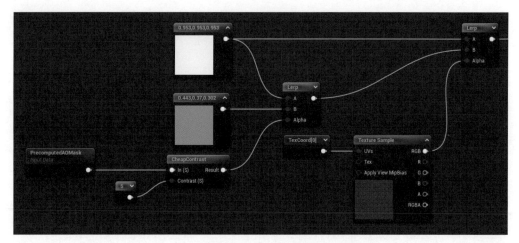

그림 7.8 머티리얼 그래프의 현재 상태

이제 변경 사항을 적용하고 머티리얼을 저장한 다음, 메인 뷰포트로 돌아가서 최근 조정이 머티리얼에 미친 효과를 확인할 수 있다.

그림 7.9 벽의 3D 모델에 적용했을 때 방금 만든 머티리얼의 모습

보다시피, 이제 벽은 표면에 여러 먼지 자국이 있는 등 과거에 어떤 일을 겪은 것처럼 보인다. 이러한 자국은 가려진 영역 주변에 집중돼 있으므로, 해당 영역에 특정 텍스처를

수동으로 배치하지 않아도 된다.

예제 분석

Precomputed AO Mask 노드의 작동 방식은 매우 간단한데, 레벨에 대해 계산된 라이트 맵을 가져와 머티리얼 에디터에서 활용할 수 있는 값으로 사용한다. 하지만 보통은 작업하는 정보에 어떤 종료의 수정을 적용하고 싶을 때가 있다. 제공되는 데이터는 일반적으로 매우 부드러운 그라데이션으로 나타나기 때문에 마스크로 사용하려는 경우 이상적이지 않을 수 있기 때문이다. 대부분의 경우 이 레시피에서 사용한 **CheapContrast** 노드와 같은 일종의 변환을 적용하길 원할 것이며, 두 노드 모두 대비를 강조하거나 각 픽셀의 값을 증가시켜 기본 정보를 변경할 수 있다. 이 프로세스를 통해 가려진 영역과 그렇지 않은 영역을 쉽게 구분할 수 있는 좀 더 명확한 이미지를 얻을 수 있으며, 이는 일반적으로 우리의 목적에 적합하다.

참고 사항

레벨의 벽에 머티리얼을 성공적으로 적용했다면, 이 효과를 사용하기 위해 매번 라이팅을 빌드해야 한다는 점을 명심하자. 노드 이름 자체에서 알 수 있듯이, 여기서는 미리 계산된 효과를 다루고 있으므로 다이내믹 라이팅으로 작업할 때는 이 효과를 활용할 수 없다. 이러한 경우 5장의 '머티리얼에서 메시 디스턴스 필드 활용하기' 레시피에서 설명한 기법을 확인하면 비슷한 효과를 만들 수 있다.

⁝⁝⁝ 여러 모델에서 텍스쳐 좌표 일치시키기

모델에 머티리얼과 텍스처를 적용하는 방법은 매우 다양하며 여러 가지 요소에 따라 달라지는데, 예를 들면 작은 소품을 작업하는지, 아니면 큰 표면을 텍스처링하는지 또는 실제 오브젝트를 정확하게 묘사해야 하는지, 아니면 워크플로에 절차적 생성 기법을 포함할 수 있는지 등을 고려하게 된다.

에셋 작업을 시작하기 전에 스스로에게 물어봐야 할 몇 가지 질문이 있으며, 이 책에 수록된 다양한 레시피를 통해 그중 일부에 대한 해답을 얻었다. 하지만 이 모든 강의의 공통점은 항상 개별 오브젝트를 살펴본다는 점이다. 이번에는 여러 오브젝트를 한 번에 처리해 개별 UV 레이아웃에 관계없이 모든 오브젝트에서 머티리얼이 멋지게 보이도록 하는 방법을 살펴본다.

방법을 알아보려면 계속 진행해보자!

준비

이 레시피를 해결하기 위한 핵심은 동일한 머티리얼을 적용했을 때 다르게 보이는 2개 이상의 서로 다른 모델을 만드는 것이다. 다음 스크린샷에서 이 동작을 확인할 수 있으며, 이 동작을 표시하는 2개의 장난감 탱크 트랙 메시를 보여준다.

그림 7.10 레벨 초기 상태

내가 작업한 레벨과 동일한 레벨에서 작업하고 싶다면 **07_03_Start**(콘텐츠 > Levels > Chapter07)에서 확인할 수 있다.

예제 구현

다음 몇 페이지에서 다룰 새 머티리얼을 만들고 작업하는 것으로 이 레시피를 시작해보자.

1. 새 머티리얼을 만들어 씬에 있는 2개의 장난감 서킷 트랙에 할당한다. 이번에는 **M_Wood_Track**이라는 이름을 사용했다.

2. 머티리얼 에디터로 바로 이동해 이 레시피의 핵심인 **World Position** 노드를 생성한다.

NOTE

이 노드를 검색할 때 입력해야 하는 이름은 앞서 언급한 월드 포지션(World Position)이라는 점에 유의해야 한다. 하지만 머티리얼 그래프에 추가하면 **Absolute World Position**이라는 다른 이름을 볼 수 있다. 이 접두사는 디테일 패널에 정의된 실제 프로퍼티에 따라 달라지며 변경할 수 있다.

---

3. 이어서 **Component Mask** 노드 3개를 생성하고 첫 번째는 빨간색과 초록색 채널, 두 번째는 초록색과 파란색 채널, 세 번째는 빨간색과 파란색 채널을 사용하도록 설정한다.

4. 이전 마스크의 모든 입력에 **World Position** 노드를 연결한다.

5. 그런 다음, 그래프에 **Lerp** 노드 2개를 추가해 이전 3개의 마스크 사이를 보간한다.

6. 빨간색과 초록색 마스크의 출력을 첫 번째 **Lerp** 노드의 **A**에 연결하고 초록색과 파란색 마스크를 같은 **Lerp** 노드의 **B**에 연결한다.

7. 연결이 끝나면, 이전 **Lerp** 노드를 두 번째 **Lerp** 노드의 **A**에 연결하고 빨간색과 파란색 마스크의 출력을 두 번째 **Lerp** 노드의 **B**에 연결한다.

다음 스크린샷에서 머티리얼 그래프의 현재 상태를 확인할 수 있다.

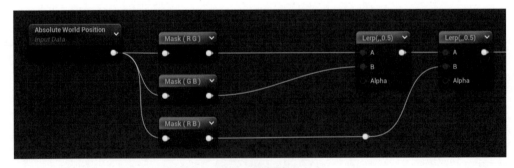

그림 7.11 머티리얼 그래프의 현재 상태

앞의 노드 세트를 사용하면 이 머티리얼을 적용할 모델의 여러 표면에서의 **World Position** 노드를 사용할 수 있다. 이 노드의 핵심은 평면 투영^{Planar Projection} 방법이며, 효과가 한 표면이 아닌 가능한 모든 표면에서 작동하려면 다른 투영면을 지정해야 한다. 이에 대한 자세한 내용은 이 레시피의 '예제 분석' 절에서 확인할 수 있다.

다음으로 구현해야 할 로직은 주어진 3D 모델을 구성하는 면의 방향을 식별하는 것이다. 이 정보가 있으면 해당 얼굴에 적절한 투영 방법을 구현할 수 있다.

8. 시작하려면 **Pixel Normal WS** 노드를 생성한다. 이 노드는 각 픽셀이 월드 스페이스 좌표에서 향하는 방향을 알려준다.

9. 그런 다음, 이전 노드 바로 뒤에 **Component Mask** 노드 2개를 추가한다. 그중 하나에서 빨간색 채널을 선택하고 다른 하나에서 초록색 채널을 선택한다.

10. 이어서 **Pixel Normal WS** 노드를 이전 두 마스크에 연결한다. 9번 단계에서 빨간색과 초록색 채널을 선택한 방법과 **Pixel Normal WS** 노드의 결과물이 벡터라는 점을 고려할 때 이는 X^(빨간색)와 Y^(초록색) 방향의 값을 얻는다는 것을 의미한다.

11. **Abs** 노드를 2개 생성하고 각각 이전 **Component Mask** 뒤에 배치한다.

   Abs 노드는 도달하는 수치의 절대값을 제공하므로 들어오는 값의 부호를 버린다. 픽셀이 양수 쪽 끝을 보고 있는지, 음수 쪽 끝을 보고 있는지가 아니라 픽셀이 향하고 있는 축에 관심이 있으므로 이 점이 중요하다.

12. 다음으로는 그래프에 **If** 노드를 추가한다.

13. **Constant** 3개를 추가하고 다음 **0.5, 0, 1** 값으로 지정한다. 첫 번째 상수^(0.5)는 **If** 노드의 A에, 두 번째 상수⁽⁰⁾는 A > B에, 세 번째 상수⁽¹⁾는 A == B와 A < B에 연결한다.

14. 앞의 단계들을 수행한 후 빨간색 채널 마스크로 구동되는 **Abs** 노드 옆에 **If** 노드와 3개의 상수를 배치하고 **Abs**를 **If** 노드의 B에 연결한다.

   이전 단계들에서는 주어진 픽셀이 분석하려는 방향으로 향하고 있는지 확인하는 연산을 수행했다. 이 경우 **Pixel Normal WS** 노드에서 빨간색 채널을 마스킹하면 해당 값을 얻을 수 있으므로 X축을 사용하기로 했다. 그런 다음, **If** 노드를 사용하면 픽셀이 주로 선택한 방향으로 향하고 있는지 여부에 따라 사용한 상수 0과 1의 형태로 참 또는 거짓 문을 출력할 수 있다. 입력값을 미리 설정된 0.5 부동 소수점 숫자와 비교해서 입력값이 더 크면 픽셀이 주로 해당 축을 향하고 있다는 것을 알 수 있다.

이제 다른 축 중 하나인 Y축을 분석하기 위해 이전 설정들을 복제해보자.

15. 이전 단계의 빨간색 마스크로 작업할 때와 마찬가지로, 이전 If 노드와 3개 상수의 복사본을 만들어 초록색 마스크로 구동되는 Abs 노드 뒤에 배치한다.

16. Abs를 If 노드의 B에 연결하는 것을 잊지 말자. 머티리얼 그래프의 이 부분은 참고 용으로 다음 스크린샷과 같은 모습이어야 한다.

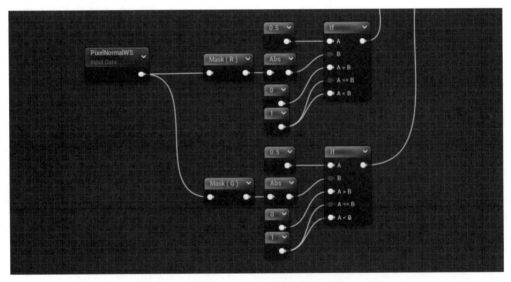

그림 7.12 8번 단계부터 16번 단계까지 생성한 노드들

그래프의 앞부분은 모델의 픽셀이 향하는 방향에 따라 특정 값을 할당하는 조건문을 생성하는데, 이는 5번 단계에서 생성한 이전 Lerp 노드의 Alpha 핀을 구동하는 데 유용하다.

17. 빨간색 마스크로 구동되는 If 노드를 두 Lerp 노드 중 첫 번째 노드, 즉 빨간색/초록색 및 초록색/파란색 마스크로 구동되는 노드에 연결한다.

18. 다른 **If** 노드를 나머지 **Lerp** 노드의 **Alpha**에 연결한다.

    이제 로직을 구현했으므로, 각 픽셀이 향하고 있는 방향을 감지하고 그에 따라 값을 할당할 수 있는 머티리얼이 생겼다. 다음으로는 그래프 내에서 몇 가지 추가 작업, 즉 텍스처를 할당하고 타일링을 조정하는 등의 작업을 해야 한다. 지금 바로 해보자.

19. **Divide** 노드를 포함해서 마지막 **Lerp** 노드 뒤에 배치하고, **A**에 해당 **Lerp** 노드를 연결한다.

20. 스칼라 파라미터 노드를 생성하고 이름과 값을 할당한다. 텍스처의 타일링을 제어하기 때문에 **UVing**을 이름으로 선택하고 기본값으로 **5**를 할당했다.

21. **Texture Sample** 노드를 추가하고 탱크 트랙에 표시할 텍스처를 선택한다. 그리고 **Texture Sample** 노드를 메인 머티리얼의 **베이스 컬러**에 연결한다. **Texture Sample** 노드에는 시작용 콘텐츠에서 **T_Concrete_Grime_D**라는 샘플 하나를 선택했다.

22. 이어서 이전 **Texture Sample** 노드를 조금 다르게 보이도록 조정해보자. **Multiply** 노드를 생성하면 된다. **B**에 **0.5**로 지정하고 이전 **Texture Sample** 노드를 **A**에 연결한다.

23. 그런 다음, 머티리얼에 러프니스를 제어하는 파라미터나 변경하려는 다른 프로퍼티 등 머티리얼을 좀 더 멋지게 꾸밀 수 있는 노드를 자유롭게 추가하자. **러프니스** 세팅을 구동하는 상수를 추가하고 그 값을 **0.7**로 설정했다.

    이제 머티리얼 그래프가 다음 스크린샷처럼 보인다.

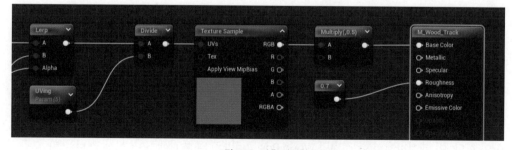

그림 7.13 이후 작업한 노드들

24. 마지막으로, 머티리얼을 저장하고 레벨의 장난감 트랙 모델에 적용하는 것을 잊지 말자.

보다시피 이 방법은 동일한 UV를 공유하지 않는 여러 모델의 텍스처 좌표를 일치시키고자 할 때 매우 유용하다. 일반 도로, 포장 도로, 방금 만든 장난감 트랙 등 다양한 모델에 이 방법을 적용할 수 있다. 또한 UV가 깔끔하게 배치되지 않은 모델을 다룰 때 사용하면 외부 소프트웨어에서 조정하거나 아예 생성해야 하는 시간을 절약할 수 있어 좋은 기술이다. 이제 실제 머티리얼을 마지막으로 살펴보자.

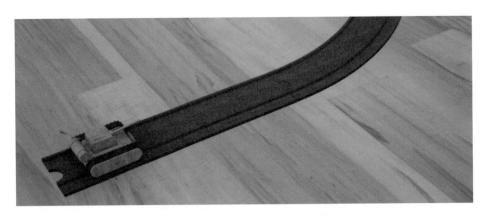

그림 7.14 렌더링된 머티리얼의 최종 모습

예제 분석

방금 만든 머티리얼의 작동 방법은 방금 배치한 노드 네트워크 뒤에 약간 숨겨져 있으므로, 잠시 시간을 내서 모든 것이 결합됐을 때 어떻게 작동하는지 설명한다. 이 문제를 해결하려면, 이 머티리얼에는 두 가지 기본 부분, 즉 투영이 작동하는 방식을 지정하는 부분과 모델의 픽셀이 향하는 방향을 결정하는 부분이 있다는 사실을 알아야 한다.

이 두 가지 중 첫 번째는 기본적으로 전역 좌표계에서 각 픽셀의 위치를 알려주는 **World Position** 노드에서 처리한다. 오브젝트의 UV 대신 이 정보를 사용하면 나중에 추가하는 텍스처를 평면 투영할 수 있지만, 투영을 원하는 특정 평면을 얻으려면 노드를 마스킹해야 한다. 이 레시피에서 한 것처럼 **World Position** 노드의 빨간색 및 초록색 채널을 마스킹하면 주어진 픽셀의 X 및 Y 좌표를 효과적으로 검색할 수 있으며, 이를 통해 해당 XY 평면을 따라 텍스처를 투영할 수 있고 이를 톱다운 평면 투영이라 할 수 있다. 각 채널은 좌표의 축 중 하나로 변환할 수 있는데, 빨간색은 X, 초록색은 Y, 파란색은 Z이다. 언리얼에서 이 정보를 표시할 때 사용하는 색상으로 구분된 기즈모^{gizmo}로 이를 표시할 수도 있다.

머티리얼의 두 번째 부분에서는 픽셀이 향하고 있는 방향을 식별하는 방법을 다룬다. 이 경우 서로 다른 투영 평면이 필요하므로, 픽셀이 X 방향을 향하고 있는지 아니면 Y 방향을 향하고 있는지를 확인했다. 대부분 Z축을 따라 정렬된 픽셀도 별도의 투영을 사용하지만, 기본 가정이므로 확인하지 않았다. 나머지 2개인 X와 Y(또는 머티리얼 용어로 빨간색과 초록색)의 경우, 배치한 If 노드에서 볼 수 있는 감지를 수행해야 한다. 이러한 노드에서 수행하는 작업은 기본적인 비교로, 픽셀이 특정 임계값 내에 있으면 픽셀이 특정 방향을 향하고 있는 것으로 가정하고 마스킹을 진행한다.

마지막 단계들은 모두 매우 간단하다. 지금까지 수집한 정보를 사용해 텍스처의 모양을 만들고, 이를 통해 머티리얼의 모양을 정의한다. **러프니스** 프로퍼티의 모양에 약간의 양념을 더하면 머티리얼이 완성된다.

참고 사항

3D 오브젝트에서 머티리얼을 사용했지만, 평면 투영은 평면 표면에서 사용되는 경우가 더 많다. 이 레시피에서 이미 일반 도로와 포장 도로를 언급했는데, 이 기법이 많이 사용되는 두 가지 예이기 때문이다. 이러한 경우, 일반적으로 하나의 평면만 고려하면 되므로 계산과 결과물의 복잡성은 지금까지 살펴본 것보다 훨씬 낮다. 다음 스크린샷은 해당 결과를 보여준다.

그림 7.15 톱다운 관점에서 텍스처를 투영할 때 필요한 머티리얼 그래프

보다시피 훨씬 더 간단하고 가벼우니 모든 축을 고려할 필요가 없을 때 이 옵션을 사용하자!

내부 큐브맵을 사용해 건물 내부 텍스처링하기

건물의 3D 모델 작업에는 여러 가지 어려움이 따른다. 그중 대부분은 메시가 크고 작은 조각으로 구성돼 있다는 사실에서 비롯된다. 이러한 이중적인 특성은 이를 처리해야 하는 아티스트들에게 혼란을 야기하는데, 창문을 보면 이와 같은 문제의 좋은 예를 확인할 수 있다. 아티스트로서 우리는 내부를 모델링해야 하는 번거로움을 감수하면서까지 사용자가 내부를 볼 수 있도록 해야 할까? 아니며 단순히 유리를 반사되고 불투명하게 만들어서 방의 시야를 제한해야 할까?

다음 페이지들에서는 건물 내부의 모든 방을 모델링하지 않고도 건물에 사실감을 더할 수 있는 인테리어 큐브맵^{interior cubemap}이라는 특수한 유형의 텍스처를 사용해 창문에 생동감을 불어넣는 좀 더 현대적인 기법을 살펴보자.

준비

보통 바로 사용할 수 있는 대부분의 이전 레시피들과 달리, 이 레시피를 사용하려면 특정 유형의 에셋이 필요하다. 일반적으로 '큐브맵^{cubemap}'이라고 알려진 텍스처로 작업할 예정인데, 언리얼 엔진에 일부 텍스처가 포함돼 있지만 인테리어 샷에 사용하기에는 적합하지 않다. 따라서 에픽게임즈에서 제공하는 텍스처를 다운로드했는데, 해당 텍스처는 웹 사이트(https://docs.unrealengine.com/4.26/Images/RenderingAndGraphics/Textures/Cubemaps/CreatingCubemaps/CubeMapNvidiaLayout.png)에서 받을 수 있다.

또한 이 책의 언리얼 엔진 프로젝트와 함께 제공된 **07_04_Start**라는 이름의 레벨을 **콘텐츠 > Levels > Chapter07** 폴더에서 확인할 수 있다.

예제 구현

이 레시피에서 가장 먼저 할 일은 우리 앞에 있는 맵을 살펴보는 것인데, 이는 우리가 달성하려는 목표와 자체 텍스처 및 에셋을 사용하려는 경우 어떤 요소가 필요한지 이해하는 데 도움이 된다. 다음 그림을 보자.

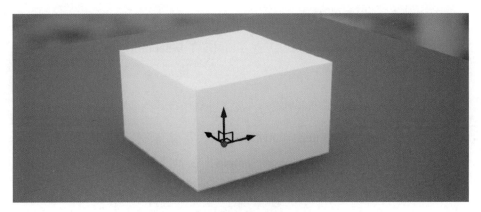

그림 7.16 레벨의 초기 상태

보다시피, 기본 블록을 사용해 일종의 집을 표현한다. 우리의 목표는 벽에 창문이 몇 개 있고 실제로 더 이상 지오메트리를 만들지 않으면서 내부에 무엇이 있는지 보여주는 것이다. 직접 모델을 가져오고 싶다면 내부가 없는 건물 같은 것이 좋다. 그럼 이 효과를 낼 수 있는 머티리얼에 대한 작업을 시작해보자.

1. 먼저 새 머티리얼을 생성하고 이름을 지정한다. **M_InteriorCubemap**과 같은 이름을 지정하는 것이 좋다!

2. 그런 다음, 새 에셋을 더블 클릭하고 머티리얼 그래프에 첫 번째 노드인 **Texture Sample** 노드를 추가한다. 이 책과 함께 제공되는 언리얼 엔진 프로젝트에서는 이 건물을 위해 만든 텍스처 중 하나인 **T_House_Color**를 할당한다.

이전 텍스처를 통해 모델의 외관에 적용할 모양을 만들었으며, 컴파일하고 저장한 후 모델에 머티리얼을 적용하면 바로 확인할 수 있다. 다음 단계는 내부의 모양을 만들고 이미 만든 외부와 블렌딩하는 것이다.

3. 계속해서 **Lerp** 노드를 생성하고 이전 **Texture Sample** 노드 뒤에 배치한다. **A**에는 **Texture Sample**을 연결한다.

4. 이어서 다른 **Texture Sample** 노드를 추가하고 **T_DefaultInteriorCubemap** 이미지를 사용하도록 한다.

5. 그런 다음, 이전 노드를 3번 단계에서 생성한 **Lerp** 노드의 **B**에 연결한다.

6. 마우스로 우클릭하고 **InteriorCubemap**이라는 특정 노드를 찾는다. 4번 단계에서 생성한 큐브맵을 저장하는 **Texture Sample** 노드 앞에 배치하고, 해당 노드의 **UVW** 채널을 **Texture Sample** 노드의 **UVs**에 연결한다.

7. **Constant2Vector** 노드를 추가하고 **InteriorCubemap** 노드의 **Tiling (V2)**에 연결한다. **R** 채널과 **G**채널에 각각 **2**와 **4**의 값을 할당한다.

8. 마스크로 사용할 다른 **Texture Sample** 노드를 추가하고 **T_House_Mask** 텍스처를 할당한다. 그리고 **Lerp** 노드의 **Alpha**에 연결한다.

9. **Lerp** 노드를 메인 머티리얼의 **베이스 컬러**에 연결한다. 이제 그래프가 다음 스크린샷처럼 보인다.

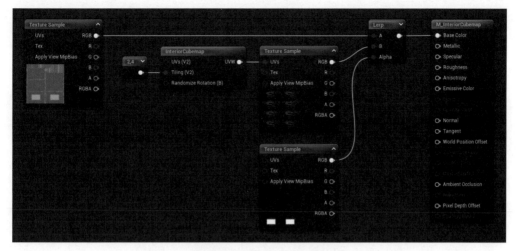

그림 7.17 머티리얼 그래프의 현재 작업 상태

이전 노드 세트는 머티리얼 내부의 큐브맵 로직을 구현한 것이다. 훨씬 더 큰 노드 세트를 내부에 담을 수 있는 편리한 함수인 **InteriorCubemap** 노드에 모든 것이 압축돼 있다. 노드 자체를 더블 클릭하면, 해당 로직이 어떻게 구성되는지 확인할 수 있거나 '예제 분석' 절에서 자세히 알아볼 수 있다. 어쨌든 큐브맵을 가져와서 마스킹한 특정 영역에 적용하고 해당 영역과 머티리얼의 다른 부분을 블렌딩해 머티리얼 내에서 이러한 유형의 에셋을 사용할 때 구현해야 하는 기본 로직은 이미 설정했다. 다음으로 해결해야 할 부분은 나머지 노드를 마스킹하고 생성하는 것이다.

10. 그래프에 **Texture Sample** 노드를 2개 더 추가한다. 머티리얼의 노멀 및 메탈릭 프로퍼티를 구동하는 데 필요하기 때문이다.

11. 첫 번째 **Texture Sample**에는 **T_House_AORM** 텍스처를 할당하고 두 번째 **Texture Sample**에는 **T_House_Normal**을 할당한다.

12. 노멀 맵 **Texture Sample**을 메인 머티리얼 노멀에 바로 연결한다.

13. 이어서 **Lerp** 노드를 생성하고 **T_House_AROM** 텍스처의 파란색 채널을 **A**에 연결한다.

14. 완료되면, 상수를 생성하고 여기에 **0** 값을 할당한 후 이전 **Lerp** 노드 **B**에 연결한다.

15. 마스크로 사용한 것과 동일한 텍스처를 새 **Lerp** 노드의 **Alpha** 채널에 연결한다. 해당 텍스처는 8번 단계에서 만든 **Texture Sample** 노드다.

16. 마지막으로, **Lerp** 노드를 메인 머티리얼의 **메탈릭**에 연결한다.

이전 단계들에서는 셰이더, 특히 **노멀** 및 **메탈릭** 채널에 몇 가지 추가 정보를 할당했을 뿐이다. 사용한 상수는 그래프의 **베이스 컬러**에 한 것처럼 텍스처를 통해 내부 큐브맵의 실제 러프니스 값으로 대체할 수 있다. 이는 이미시브 라이팅이나 반투명도와 같은 다른 정보를 추가할 때도 동일한 설정을 따라야 한다. **이미시브 컬러** Emissive Color 채널은 실내 큐브맵에서 자주 사용되는데, 특히 야간에는 실내에 조명이 있는 경우가 많기 때문이다. 마지막으로 해야 할 일은 머티리얼을 할당하고 어떻게 보이는지 확인하는 것이다.

그림 7.18 이번 레시피에서 만든 머티리얼의 최종 모습

예제 분석

이 레시피에서 살펴본 것처럼, 이 인테리어 큐브맵 기법은 건물 내부를 다룰 때 매우 유용할 수 있다. 그렇기 때문에 이 레시피에서 사용한 기본 큐브맵 대신 자체 큐브맵을 사용하게 된다. 그럼 어떻게 만들 수 있을까?

핵심은 큐브맵에 대한 언리얼의 예상 포맷에 맞는 텍스처를 만드는 것이며, 자세한 내용은 이 레시피의 마지막에서 소개하는 링크를 통해 확인할 수 있다. 기본적으로 알아야 할 점은 텍스처가 다음 스크린샷에서 볼 수 있는 특정 패턴에 맞게 조정돼야 한다는 것이다.

그림 7.19 내부 큐브맵이 작동하기 위해 각 텍스처가 배치돼야 하는 위치

보다시피 이 텍스처는 6개의 서로 다른 조각으로 구성돼 있으며, 각 조각은 특정 카메라 방향과 일치한다. 이것이 큐브맵 캡처의 핵심이며, 카메라를 적절하게 정렬하는 것이 중요하다. 이를 실제 시나리오에 대입하면 양수 X축, 음수 X축, 양수 Y축, 음수 Y축, 양수 Z축, 음수 Z축 등 가능한 각 축 방향으로 카메라를 향하게 하고 장면을 그렇게 렌더링해야 한다는 뜻이다. 그런 다음, 이 6개의 이미지를 포토샵과 같은 이미지 편집 프로그램으로 가져와 이전 스크린샷과 같이 언리얼에서 예상하는 순서에 따라 왼쪽에서 오른쪽으로 사진을 정렬한다.

해당 파일을 올바른 형식으로 저장하는 것은 또 다른 문제이며, 이를 위해서는 NVIDIA나 AMD 같은 여러 공급업체에서 제공하는 특정 도구가 필요하다. 이를 염두에 두고, 큐브맵을 직접 만들고 익스포트하고 임포트하고 사용하는 방법은 웹 사이트(https://docs.unrealengine.com/4.26/en-US/RenderingAndGraphics/Textures/Cubemaps/)에서 확인할 수 있다.[1]

---

1   한국어 버전은 https://docs.unrealengine.com/4.26/ko/RenderingAndGraphics/Textures/Cubemaps/에서 확인할 수 있다. – 옮긴이

완전히 절차적인 노이즈 패턴 사용하기

이 레시피에서는 강력하고 유연하지만 컴퓨팅 성능 측면에서 상당히 까다로운 기술에 대해 이야기해본다. 이 기술은 다른 에셋을 만드는 수단으로 사용하는 것이 가장 좋으며, 실시간 앱이나 게임에는 적합하지 않다. 이번 레시피에서는 **Noise** 노드를 다루는데, 이는 반복되지 않는 다양한 텍스처와 에셋을 만들 수 있는 완전 절차적 수학 시스템 fully procedural mathematical system 이다.

2장의 '준절차적 머티리얼 생성' 레시피의 기술과 유사하게 이 노드는 좀 더 나아가 오프라인 렌더러에서 매우 널리 쓰이는 효과를 사용해 반복이 걱정되지 않는 머티리얼을 만들 수 있게 해준다. 지금부터 어떻게 하는지 살펴보자.

준비

이전 레시피와 달리 이번 레시피에서는 엔진이 제공하는 것 외에 다른 것이 필요하지 않다. 하지만 원할 경우 사용할 수 있는 작은 레벨을 준비했다. 이름은 **07_05_Start**이며, **콘텐츠 › Levels › Chapter07** 폴더에서 찾을 수 있다. 여기에는 앞으로 만들 머티리얼을 적용할 단일 평면이 포함돼 있으므로, 자신만의 레벨을 만들려면 이 점을 염두에 두자.

예제 구현

항상 그렇듯이, 레벨의 평면에 적용할 머티리얼을 만드는 것부터 시작하자. 여기서는 만화 속 바다 머티리얼로 작동하는 머티리얼을 만들고, 여기서 소개할 **Noise** 노드로 애니메이션 파도를 구현한다. 시작하기 전에 알아두면 좋은 점은 이 머티리얼에는 바다 거품과 일반 바다 색이 적용될 뿐 아니라 마지막 파라미터를 약간 어둡게 변형해 분위기를 더하는 등 여러 가지 다른 부분이 있다는 사실이다. 이 레시피 전체에서 이러한 다양한 부분을 참조할 것이므로 기억해두면 좋다. 따라서 다음 단계에 따라 자료를 만들 수 있다.

1. 먼저 새 머티리얼을 만들고 적절한 이름(예: M_CartoonOcean)을 지정하자.

2. 그런 다음, 레벨의 평면에 할당하고 머티리얼을 더블 클릭해 머티리얼 에디터를 불러온다.

3. 첫 번째로는 다양한 바다 색의 변화를 다룬다. 먼저 2개의 **Constant3Vector** 노드를 생성하고 그래프에 추가한다.

4. 이어서 이전 **Constant3Vector** 노드에 서로 다른 두 가지 파란색을 할당하고, 이 색이 머티리얼의 **베이스 컬러** 프로퍼티를 구동한다는 점을 염두에 둔다.

5. 이전 두 노드가 준비된 상태에서 **Lerp** 노드를 생성하고 이전 **Constant3Vector** 노드 2개를 모두 **A**와 **B**에 연결한다.

   다음으로 만들어야 할 부분은 이전 **Lerp** 노드의 **Alpha**를 구동할 마스크다. 스태틱 텍스처에 의존하는 대신, 이 기회를 통해 새로운 절차적 친구인 **Noise** 노드를 소개한다!

6. 먼저 노드 그래프에 **Texture Coordinate** 노드와 **Append** 노드를 추가하고 **Texture Coordinate**를 **Add**에 연결한다.

7. 다음으로는 상수를 생성하고 이전 **Append** 노드의 **B**에 연결한다.

8. 이전 단계가 완료되면, 마우스 오른쪽 버튼으로 클릭하고 **Noise** 노드를 찾는다. 그래프에 추가하고 이전 **Append** 노드를 **Position**에 연결한다.

NOTE

Texture Coordinate 노드에 0 값의 상수를 추가하는 이유는 Noise 노드의 Position은 3차원 벡터를 기대하기 때문이다.

9. **Noise** 노드를 선택한 상태로 디테일 패널에서 다음 값을 설정한다. **Noise**의 함수는 **Fast Gradient - 3D Texture**로 설정하고 **최소 출력**Output Min은 -0.25로 설정한다. 다른 모든 프로퍼티는 기본값을 그대로 둬야 한다.

10. 모든 것이 완료되면 **Noise** 노드를 **Lerp** 노드의 **Alpha**에 연결한다.

지금까지 몇 개의 노드를 만들었으니 이제 머티리얼 그래프의 현재 상태를 살펴볼 차례다.

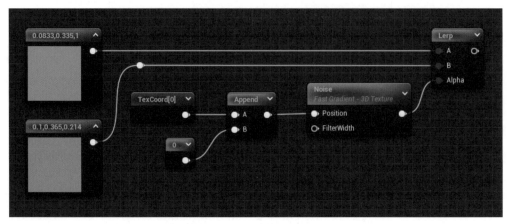

그림 7.20 머티리얼 그래프의 현재 상태

이전 단계들을 통해 두 가지 색상을 반복하지 않고 혼합할 수 있는 무작위 패턴을 만들었다. 물론 이 첫 번째 부분은 최종 셰이더의 모양을 무작위로 만드는 데 사용되는 미묘한 효과인 아주 작은 색상 변형을 소개했다. 계속해서 머티리얼의 다른 부분을 만들어보자.

11. 계속해서 세 번째 **Constant3Vector** 노드를 만들고 흰색에 가까운 값을 지정해 바다 거품을 색칠하는 데 사용했다.

12. 새 **Lerp** 노드를 추가하고 이전 **Constant3Vector** 노드를 B에 연결한다.

13. 그런 다음, 5번 단계에서 생성한 첫 번째 **Lerp** 노드를 새 **Lerp** 노드의 A에 연결한다.

    이제 바다의 일반 색상과 바다 거품을 혼합하는 데 사용할 노이즈 패턴을 만들기 시작할 수 있다. **Noise** 노드를 다시 사용하되, 움직일 때 더욱 멋지게 보이도록 애니메이션을 적용한다.

14. 먼저 **World Position** 노드를 생성한다.

15. 이어서 Panner 노드를 추가하고 Speed X는 5로, Speed Y는 15로 값을 변경한다.

16. 그런 다음, Append 노드와 Constant 노드를 모두 0으로 생성하고 이전 Panner 노드 뒤에 배치한다.

17. 앞의 상수 노드와 Panner 노드를 모두 Append에 연결한다. 상수 노드를 B에 연결하고 Panner 노드를 A에 연결한다.

18. 지금까지의 작업이 완료되고 나면, Add 노드를 생성하고 14번 단계의 World Position 노드를 Add의 A에 연결한다. B에는 이전 Append 노드를 연결한다.

19. 새 Noise 노드를 추가하고 디테일 패널에서 스케일을 0.015로, 함수를 Voronoi로, 레벨을 1로, 레벨 스케일을 4로 설정한다.

20. 마지막으로, 18번 단계에서 언급한 이전의 Add 노드를 새로운 Noise 노드의 Position에 연결한다.

계속하기 전에 가장 최근에 만든 노드 몇 가지를 살펴보는 것이 좋다. 앞서 언급했듯이 Noise 노드는 디테일 패널에 노출된 파라미터를 통해 조정할 수 있는 무작위 패턴을 생성한다. 여기서 찾을 수 있는 모든 설정 중에서 **함수**[Function] 옵션은 노이즈의 모양을 정의하기 때문에 가장 중요한 설정 중 하나라고 할 수 있다. 다른 설정을 통해 그 모양에 영향을 줄 수 있는데, 예를 들어 앞서 만든 Panner 노드 시퀀스로 애니메이션을 적용할 수 있다. 다음 단계에서 생성할 노드도 Noise 모양을 조정할 수 있으므로 노드에 주의를 기울이고, Noise 노드에 사용할 수 있는 다양한 옵션에 대해 자세히 설명하는 '예제 분석' 절을 참고하자.

21. 상수 노드를 만들고 0.3으로 설정해 계속 진행한다. 해당 노드를 Noise 노드의 FilterWidth에 연결한다.

22. 다음으로, Noise 노드 뒤에 Power 노드를 추가해 검은색과 흰색 값을 구분하는 데 사용한다. Noise 노드를 새로운 Power 노드의 Base에 연결한다.

23. 이전 Power 노드의 Exp를 구동하는 상수를 추가하고 4로 지정한다.

24. 그런 다음, Multiply 노드를 만들고 이 노드에 이전 Power를 연결한다. B를 3으로

설정하면, 마스크의 밝은 값이 증가된다.

25. 이전 **Multiply** 노드를 12번 단계에서 만든 **Lerp** 노드의 **Alpha**에 연결한다.

이 마지막 노드 세트는 바다 거품 색의 위치와 모양을 구동하기 위해 사용하는 **Noise** 노드를 정의하는 데 도움이 됐다. 이 작업을 마치면, 머티리얼 조정은 거의 끝났다. 하지만 아직 좀 더 조정할 수 있다. 우리가 만든 바다 거품 패턴은 한 방향으로만 애니메이션이 적용돼 최종적인 모양이 좋지 않다. 머티리얼 그래프의 상태를 먼저 확인하면서 여기에 좀 더 다양한 변형을 추가해보자.

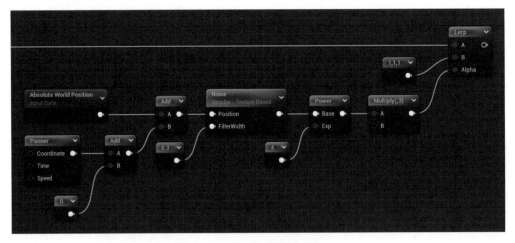

그림 7.21 11번 단계 이후 생성한 노드들

26. 앞서 언급한 베리에이션^{variation}을 추가하려면 14~25번 단계에서 만든 이전 노드 세트를 복사해 머티리얼 그래프의 다른 곳에 붙여넣고, 이를 기반으로 해서 바다 거품 전면에 약간의 베리에이션을 추가한다.

27. 그런 다음, 복제된 **Panner** 노드의 값을 변경한다. **Speed X**는 10으로 설정하고 **Speed Y**는 5로 설정한다.

28. 이어서 새 **Noise** 노드의 스케일을 0.0125로 설정한다.

29. **Power** 노드의 **Exp**를 구동하는 상수를 3으로 설정한다.

30. 복제된 **Lerp** 노드의 **A**를 12번 단계에서 생성한 이전 **Lerp** 노드에 연결한다.

31. 끝으로, 이 마지막 **Lerp** 노드를 머티리얼의 **베이스 컬러**에 연결하고 레벨의 모델에 셰이더를 적용한다. 이것이 우리가 살펴봐야 할 머티리얼의 최종 모습이다.

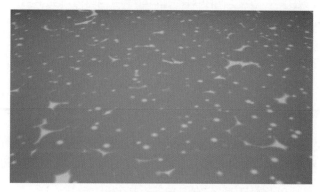

그림 7.22 레벨의 평면에 적용된 카툰 바다 머티리얼

이제 완성이다! 어디를 보든 반복되는 부분 없이 결국에는 머티리얼이 이렇게 생겼다. 렌더링 파이프라인에 비용이 발생한다는 것을 알고 있다면, 이 문제를 해결하는 데 사용할 수 있는 매우 강력한 기술이다. 이 비용은 셰이더 인스트럭션 수를 확인하거나 언리얼에서 제공하는 툴을 사용해 앱이나 게임의 성능을 테스트함으로써 확인할 수 있다. 항상 그렇듯이, 다음 두 절에서는 이 노드의 표면 너머에서 일어나는 일에 대해 좀 더 자세히 이야기할 것이니 기대해보자.

예제 분석

이미 **Noise** 노드를 몇 번 사용했지만, 다시 한번 살펴보고 디테일 패널에 노출된 다양한 파라미터를 조정해 어떤 효과를 낼 수 있는지 알아보는 것도 나쁘지 않다.

- 다양한 옵션을 순서대로 살펴보면 첫 번째는 **스케일**Scale 설정이다. 이것은 매우 간단한 파라미터로, 숫자가 클수록 노이즈 패턴이 작아진다. 노이즈를 작은 입자 효과가 아닌 마스킹 기법으로 사용하려면 일반적으로 매우 작은 값을 입력해야 하므

로 처음에는 약간 혼란스러울 수 있다. 일반적으로 **0.01** 이하의 값이 기본값인 **1**보다 더 잘 작동하므로, 혼자서 **Noise** 기능을 사용할 때 무슨 일이 일어나는지 알 수 없는 경우 이 점을 기억하자.

- 조정할 수 있는 두 번째 파라미터는 **퀄리티**^{Quality} 파라미터로, 주로 색상이 다른 영역 간의 부드러운 전환을 제공해서 미묘한 방식으로 최종 결과에 영향을 미친다.

- 세 번째 파라미터인 **함수**^{Function} 파라미터는 최종 패턴을 생성하는 로직을 제어하기 때문에 가장 중요한 파라미터다. 노드의 핵심이 여기에 있으므로 '참고 사항' 절에서 자세히 설명한다.

- **터뷸런스**^{Turbulence}는 다음으로 활성화할 수 있는 옵션으로, 생성하는 패턴의 지터^{jitter} 정도를 결정한다. 터뷸런스를 **Noise** 노드에 의해 생성된 이미 무작위 패턴^{already random pattern} 내의 변화로 보는 것이 좋다.

- 다음 설정인 **레벨**^{Levels} 역시 최종 결과물의 변화를 증가시켜 세밀한 디테일이 더욱 풍부해진다.

- 더 아래로 내려가면, 레벨의 크기를 조정할 수 있는 **레벨 스케일**^{Level Scale} 설정을 찾을 수 있다. 레벨 수가 적을 때 이 값을 높이면 더 많은 레벨을 사용할 때 얻을 수 있는 디테일을 가짜로 만들어 효과적으로 효율을 높일 수 있다.

- 이미 다룬 파라미터 외에도 **최소 출력**^{Output Min} 및 **최대 출력**^{Output Max} 설정을 제어할 수 있다. **최소 출력** 및 **최대 출력** 설정은 0은 검은색, 1은 흰색으로 최소 및 최대 출력 값을 제어한다. 기본값은 음수와 양수로 설정돼 있으며, 눈금처럼 조정하는 것이 유용하다. 최솟값을 **-6**, 최댓값을 **1**로 설정하면 밝은 톤보다 음의 어두운 톤에 더 많은 범위의 값이 표시된다.

- 마지막 설정은 **타일링**^{Tiling} 및 **반복 크기**^{Repeat Size}다. 첫 번째 옵션을 선택하면 지정한 크기만큼 패턴이 반복되므로, 훨씬 저렴한 렌더링 비용으로 노이즈 제너레이터^{noise generator}로 사용할 수 있는 텍스처를 구울 수 있다. 나만의 에셋을 만들고 싶을 때 유용한 기능이다!

참고 사항

Noise 노드에서 선택해야 할 가장 중요한 설정은 아마도 이 기능을 구동하는 함수에 대한 것이다. 이 함수는 여러 수준에서 다르지만, 주로 렌더링 비용과 최종 모양 측면에서 다르다. 다른 3D 패키지에서 구현된 것을 봤을 수도 있지만, 언리얼 내에서 다양한 유형 가운데 선택할 때 주의해야 할 중요한 사항 중 하나는 각 유형이 가진 한계와 그에 따른 비용이다.

예를 들어, 에픽의 문서에 따르면 특정 유형은 특정 상황에 더 적합하다고 한다. 한 가지 예로, Simplex 함수는 타일링이 불가능하고 Fast Gradient는 범프^{bump}에 적합하지 않다. 이는 특정 효과를 만들 때 어떤 것을 선택해야 하는지 사용자에게 이미 알려준다. 그 외에도 인스트럭션 수는 매우 중요한 요소로, 예를 들어 Gradient 함수는 타일링되지 않은 버전에서 레벨당 61개의 인스트럭션을 포함하지만 Fast Gradient 옵션은 약 16개의 정점을 찍는다.

그 외에도 엔진에 추가된 최신 기능 중 하나인 보로노이^{Voronoi}는 비싸지만 매우 유용한 기능이다. 보로노이는 자연에서 볼 수 있는 다양한 요소를 재현할 때 매우 유용하며, 예를 들면 돌이나 물을 재현하는 데 특화돼 있다. 이 셰이더를 사용해 바다 셰이더를 재현했지만, 다른 입력이 주어졌다면 금이 간 지형도 만들 수 있다. 이에 대한 예시는 웹 사이트(https://www.unrealengine.com/en-US/tech-blog/getting-the-most-out-of-noise-in-ue4/)에서 확인할 수 있다.[2]

⠿ 세부 텍스처링으로 디테일 추가하기

3D 모델의 머티리얼을 만드는 방법은 오브젝트 자체의 크기에 따라 달라지는 경우가 많다. 작은 메시를 렌더링하는 데 사용하는 기법은 일반적으로 큰 표면에서 사용하는 방법과 동일하지 않다. 실제로는 크기가 중요한 것이 아니라 카메라가 특정 모델에 대

---

2 한국어 버전은 https://www.unrealengine.com/ko/tech-blog/getting-the-most-out-of-noise-in-ue4/에서 확인할 수 있다. – 옮긴이

해 어떤 거리에 위치하는지에 따라 차이가 나는 경우가 더 많다. 예를 들어, 건물 바로 앞에 서 있을 수도 있고 10미터 떨어진 곳에 있을 수도 있는 등 큰 표면은 매우 다른 거리에서 보는 경향이 있다. 이러한 상황에서 가까이서 봤을 때와 멀리서 봤을 때 모두 잘 보이는 머티리얼을 설정해야 할 필요가 생긴다.

이 레시피에서는 머티리얼에 디테일을 매끄럽게 추가함으로써 자세히 살펴볼 때 멋지게 보이도록 하는 편리한 머티리얼 기능인 세부 텍스처링^{Detail Texturing} 기능에 대해 알아본다. 그럼 이 기능을 사용하는 방법을 살펴보자.

준비

이 레시피에서 제작할 머티리얼은 시작용 콘텐츠에서 찾을 수 있는 에셋을 전적으로 사용하므로, 레벨에 추가 리소스를 통합하는 것에 대해 걱정할 필요가 없다. 씬에 필요한 것은 가까이 다가갈 수 있는 상당히 큰 모델뿐이다. 설정하는 데 시간을 들이고 싶지 않다면 **콘텐츠 > Levels > Chapter07** 폴더에 있는 07_06_Start 레벨을 열어도 된다.

예제 구현

당면한 과제로 바로 들어가서 작업할 새 머티리얼을 만들어보자.

1. 먼저 새 머티리얼을 생성하고 이름을 지정한다. 사용할 새 노드를 고려할 때 **M_DetailTexturing**이 좋은 옵션이다. 머티리얼을 더블 클릭해 머티리얼 그래프를 연다.

2. 머티리얼 그래프에 들어가면, 그래프 내부를 우클릭하고 **DetailTexturing** 함수를 검색해 그래프에 추가한다.

   DetailTexturing 머티리얼 함수에는 조정해야 할 몇 가지 입력과 최종적으로 메인 머티리얼 노드에 연결할 2개의 출력이 포함돼 있다. 본질적으로, 머티리얼을 보통 거리에서 볼 때와 가까이서 관찰할 때 모두 사용할 텍스처를 함수에 제공해야 한다. 그 대가로 노드는 머티리얼에 직접 연결할 수 있는 2개의 출력 핀을 제공한다.

이제 표준 거리에서 보고자 하는 정보부터 설정해보자.

3. **Texture Sample** 노드를 2개 만들어서 이 머티리얼에 사용할 색상과 일반 텍스처에 할당한다. 나는 시작용 콘텐츠에 포함된 두 가지를 선택했는데, 이름은 **T_Brick_Clay_New_D**와 **T_Brick_Clay_N**이다.

4. 그런 다음, **Texture Coordinate** 노드를 추가하고 이전 두 **Texture Sample** 노드의 **UVs** 입력 핀에 연결한다. 새 노드가 머티리얼의 타일링을 구동할 것이므로, 레벨에 있는 벽 모델에 선택한 텍스처를 적용하면 잘 작동하는 값인 **U 타일링**과 **V 타일링** 프로퍼티를 모두 **10**으로 설정한다. 자체 에셋으로 작업하는 경우 이 값을 미세 조정해야 한다.

5. 앞의 단계를 완료한 후, 두 **Texture Sample** 노드의 **RGB** 채널을 **DetailTexturing** 함수에 연결한다. **T_Brick_Clay_New_D** 텍스처의 **RGB** 채널을 **DetailTexturing**의 **Diffuse (V3)**에 연결하고 노멀 맵의 출력은 **Normal (V3)**에 연결한다.

   이전에 만든 노드 세트(2개의 Texture Sample 노드와 Texture Coordinate 노드)는 **DetailTexturing** 노드 내에서 기본으로 적용되는 텍스처를 처리하는 작업을 한다. 그다음에는 머티리얼의 외관을 향상시키는 텍스처, 즉 사용 중인 머티리얼 함수에 이름을 부여하는 디테일을 추가하는 텍스처로 작업한다. 그 이후에 텍스처를 다룬다.

6. **Texture Object** 노드 2개를 만들고 추가 디테일에 사용할 텍스처를 할당한다. 내 경우에는 이전에 선택한 벽돌 텍스처의 모양을 향상시킬 때 잘 어울린다고 생각되는 각각의 **베이스 컬러** 텍스처와 **노멀** 맵인 **T_Rock_Sandstone_D**와 **T_Wood_Pine_N**이라는 에셋을 사용하려고 한다.

7. 디테일 베이스 컬러 정보가 들어 있는 **Texture Object** 노드의 출력을 **DetailTexturing** 노드의 **Detail Diffuse (T2d)**에 연결하고, 다른 한쪽의 출력을 **Detail Normal (T2d)**에 연결한다.

   DetailTexturing 머티리얼 함수의 기본 정보로 사용한 텍스처와 달리, 디테일을 추가하는 데 사용되는 텍스처는 **Texture Object** 노드로 제공해야 한다. 따라서

Texture Coordinate와 같은 노드를 사용해 스케일과 배치를 조정할 수 없다. 그 대신 DetailTexturing 머티리얼 함수에는 디테일링 효과의 스케일과 강도를 조정하기 위해 변경할 수 있는 3개의 입력 핀이 포함돼 있으며, 지금부터 살펴보자.

8. DetailTexturing 머티리얼 함수의 Scale (S), DiffuseIntensity (S), NormalIntensity (S)를 제어하는 데 사용할 스칼라 파라미터 노드를 3개 생성한다. 이 파라미터의 이름은 입력과 같은 이름으로 자유롭게 지정한다.

9. Scale에 50을 할당하고 Diffuse Intensity를 1.75로 설정한 다음, Normal Strength를 10으로 조정한다. 그런 다음, 각 파라미터의 출력을 DetailTexturing 노드의 적절한 프로퍼티에 연결한다.

10. 마지막으로, DetailTexturing 머티리얼 함수의 Diffuse를 메인 머티리얼의 베이스 컬러에 연결하고 Normal은 메인 머티리얼의 노멀에 연결한다.

이렇게 하면 머티리얼 그래프가 다음과 같은 모양이 된다.

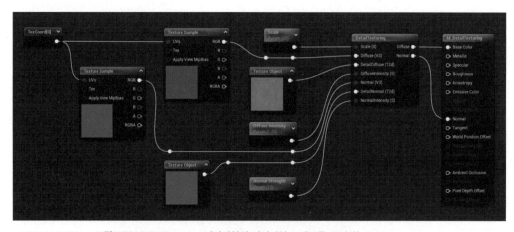

그림 7.23 DetailTexturing 머티리얼의 머티리얼 그래프를 구성하는 노드

이제 새 머티리얼에 대한 작업이 끝났다고 말할 수 있다! 마지막으로 보여주고 싶은 것은 노드가 작동할 때와 작동하지 않을 때 화면에 표시되는 결과다. 다음 스크린샷을 통해 실제 결과를 확인해보자.

그림 7.24 DetailTexturing 노드를 사용할 때(오른쪽)와 사용하지 않을 때(왼쪽)

DetailTexturing 노드가 머티리얼에 미치는 영향을 시각화하려면, **Diffuse** 및 **Normal Intensity** 파라미터를 모두 **0**으로 설정해 선택한 디테일 텍스처가 머티리얼에 미치는 효과를 효과적으로 비활성화할 수 있다. 미묘하지만, 멀리서 봤을 때나 가까이서 봤을 때 모두 멋지게 보여야 하는 오브젝트에 머티리얼을 적용해야 할 때 훨씬 더 유연한 결과를 얻을 수 있다. 이러한 에셋을 처리해야 할 때마다 꼭 한번 시도해보자!

예제 분석

레시피 내내 **DetailTexturing** 머티리얼 함수를 사용했지만, 잠시 멈춰서 어떻게 작동하는지 살펴보자. 이 함수는 기본적으로 네 가지 텍스처를 결합하는 간단한 방법으로, 베이스 레이어에 이미 선택된 텍스처에 디테일을 더하는 데 사용할 텍스처의 일반 값을 추가한다. 확산 색상 정보도 마찬가지이며, 머티리얼 기능에 노출된 **Diffuse** 및 **Normal Intensity** 설정 덕분에 블렌드의 강도를 제어할 수 있다. 마지막으로, 자체 전용 파라미터를 통해 배율을 조정할 수 있으므로 디테일링에 사용되는 텍스처의 타일링을 제어할 수 있다.

참고 사항

DetailTexturing 노드는 앞서 살펴본 것처럼 매우 편리한 노드이며, 머티리얼 함수이므로 내부 그래프 안을 들여다보고 그 이면에서 어떻게 작동하는지 배울 수 있다. 이 부분은 여러분이 알아볼 수 있도록 남겨두겠지만, 계속 진행하기 전에 한 가지 해보고 싶은 것은 내부 로직을 머티리얼 그래프 내에서 단순한 일반 노드로 복제하는 것이다. 다음으로는 이 작업을 해보자.

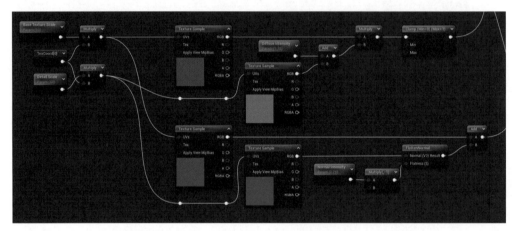

그림 7.25 DetailTexturing 함수를 구현하는 또 다른 방법

보다시피, **DetailTexturing** 함수에서 얻은 것과 동일한 기능을 복제하려면 노드가 몇 개더 필요하다. 또한 여러 머티리얼에서 반복할 수 있는 기법이므로, 함수로 압축하는 것이 코드를 깔끔하게 유지하는 데도 효과적이다. 이 노드들을 더 자세히 들여다보고 싶다면 이 레시피를 위해 만든 머티리얼 그래프 안에, 즉 **DetailTexturing** 노드가 있는 곳에서 좀 더 아래쪽에 해당 노드들을 남겨뒀다는 점을 기억하길 바란다. 따라서 좀 더 살펴보고 싶다면 꼭 확인하자!

08

전통적인 머티리얼을 넘어서

지금까지 살펴본 대부분의 머티리얼과 기법에는 한 가지 공통점이 있는데, 바로 3D 모델의 외관에 영향을 주기 위해 고안됐다는 점이다. 하지만 머티리얼을 사용해 게임 월드 내에서 인터랙티브 요소를 강조하거나 특정 시점의 장면을 캡처해 마치 CCTV 영상을 보듯 사용자에게 다시 표시하는 등 다른 흥미로운 효과를 구현할 수도 있다.

이번 장에서는 다음 사례들을 포함해 몇 가지 구체적인 사례를 살펴보자.

- 게임 내 TV에서 동영상 재생하기

- CCTV 카메라를 통해 장면 캡처하기

- 상호작용되는 오브젝트 강조하기

- 레이어드 머티리얼을 사용해 오브젝트 위에 눈 만들기

- 파라미터 컬렉션 에셋을 사용해 화창한 레벨을 눈 내리는 레벨로 변경하기

- 커브 아틀라스를 사용해 계절 바꾸기

- 랜드스케이프 머티리얼 블렌딩하기

보다시피, 게임이나 앱 개발에 도움이 될 수 있는 다른 흥미로운 소재의 머티리얼이 있다. 레시피를 통해 자세히 살펴보자!

그림 8.1 생성할 몇 가지 머티리얼 간단히 살펴보기

기술적인 요구 사항

이 레시피에서 살펴볼 대부분의 머티리얼은 시작용 콘텐츠나 이 책과 함께 제공되는 언리얼 엔진 프로젝트에서 찾을 수 있는 에셋을 사용해 다룰 수 있다. 웹 사이트(https://packt.link/A6PL9)를 통해 언리얼 엔진 프로젝트에 접속할 수 있다.

게임 내 TV에서 동영상 재생하기

내가 비디오 게임을 시작했을 때 한 가지 놀라웠던 점은 같은 게임 내에서 동영상을 표시할 수 있다는 사실이었다. 디자이너가 만든 세계를 진짜로 여기도록 우리의 두뇌를 속이기 위해 또 다른 상호작용을 만들어낸 것처럼 느껴졌다. 비디오 속의 비디오는 그 당시 나를 깜짝 놀라게 했던 기능이다!

그 기억을 되새기며, 이제 작동하는 텔레비전 디스플레이를 만드는 방법과 비디오를 텍스처로 사용할 수 있는 언리얼 엔진의 미디어 플레이어 기능을 사용해 표시하고 싶은 비디오를 재생하는 방법을 알아보자. 그럼 안전벨트를 매자!

준비

이 레시피의 주요 목표는 게임 내 TV에서 비디오를 스트리밍하는 것이므로, 필요한 두 가지는 화면의 3D 모델과 비디오 파일이다. 항상 그렇듯이 이 책에 번들로 제공되는 언리얼 엔진 프로젝트와 함께 제공되는 에셋을 사용할 수 있으며, 여기에는 이 레시피를 완성하는 데 필요한 모든 것이 포함돼 있다. 이 방법을 사용하려면 **08_01_Start**라는 레벨을 열어 작업을 시작하면 된다.

자체 에셋으로 작업하는 것을 선호하는 경우, 3D TV 모델 및 비디오 파일 형식과 관련해 고려해야 할 몇 가지 사항이 있다. 우선, 사용할 비디오 파일을 최대한 활용하려면 3D 모델의 UV를 매우 구체적인 방식으로 설정해야 하며, 설정에 대한 자세한 내용은 '참고 사항' 절에서 확인할 수 있다.

동영상 파일의 경우 AVI 파일도 허용되지만 MP4 형식을 사용하는 것이 좋다. 현재 언리얼 5, DirectX 12 및 비디오 파일에는 가끔 작동하지 않는 문제가 있으므로 파일 형식만 걱정할 필요는 없다. 이 문제를 해결하려면 다음 단계를 구현해야 한다.

1. 프로젝트 세팅에서 **플랫폼**^{Platforms} ➤ **Windows** 메뉴로 들어간다.
2. **타기팅된 RHIs**^{Targeted RHIs} 메뉴에서 **기본 RHI**^{Default RHI} 속성이 **Default**로 설정돼 있는지 확인한다.

비디오 파일을 게임이나 앱과 함께 패키징하려면 Movies라는 특정 폴더에 저장해야 한다. 이 이름으로 폴더를 생성하고 모든 언리얼 5 프로젝트에 있는 메인 콘텐츠 폴더에 넣어야 에디터 밖에서도 제대로 작동한다!

예제 구현

이 레시피에서 가장 먼저 할 일은 TV의 3D 모델과 나중에 비디오를 표시할 수 있는 로직을 모두 호스팅하는 데 사용할 수 있는 블루프린트를 설정하는 것이다. 그 과정을 시작해보자.

1. 먼저 콘텐츠 브라우저에 우클릭하고 **액터** 타입의 블루프린트를 생성한다. 이름을 지정하는 것도 잊지 말자. **BP_TVScreen**과 같은 이름을 지정해도 된다!

2. 다음으로, 이 새 에셋을 더블 클릭해 블루프린트 에디터를 실행한다. 여기서 레시피의 대부분 과정을 작업하게 된다.

3. 블루프린트 에디터에 들어가면, TV 디스플레이 모델에 대한 스태틱 메시를 블루프린트 액터에 끌어다 놓거나, 블루프린트 자체에서 **컴포넌트 추가**^{Add Component} 옵션을 선택하고 드롭다운 목록에서 **스태틱 메시 컴포넌트**^{Static Mesh Component}를 선택한다. 두 번째 방법을 따르는 경우, 디테일 패널에서 사용하려는 TV 모델을 사용하도록 새 컴포넌트를 설정해야 한다.

4. 그런 다음, 아래 그림과 같이 컴포넌트 패널의 스태틱 메시 컴포넌트 이름을 **Default Scene Root** 위에 끌어 놓아 새로 임포트한 TV 화면을 블루프린트의 Default SceneRoot로 만든다.

그림 8.2 스태틱 메시 컴포넌트를 블루프린트의 루트로 만들기

NOTE

이제 TV 화면 모델이 포함된 블루프린트가 생겼으니, '준비' 절에서 언급한 맵에서 작업하는 경우 메인 레벨에 있는 TV의 기존 스태틱 메시를 교체해야 한다.

블루프린트 에디터로 돌아가 다양한 기능 계층을 구현하기 전에 디스크에서 비디오를 스트리밍해 앱에서 재생할 수 있는 여러 에셋을 만들어야 한다. 지금 만들어 보자!

5. 먼저 미디어 플레이어 에셋을 생성한다. 콘텐츠 브라우저에서 마우스 우클릭을 하고 **미디어**^{Media} 탭 메뉴를 확인하면 된다.

6. 새 미디어 플레이어를 생성하자마자 언리얼은 미디어 텍스처 액터도 생성하라는 메시지를 표시한다. 나중에 다른 미디어 플레이어를 생성하고 싶을 때를 대비해, 이전 단계에서 했던 것처럼 콘텐츠 브라우저에서 우클릭하고 **미디어** 메뉴 안쪽을 살펴보는 것으로도 생성할 수 있다는 점을 기억하자.

7. 새 미디어 플레이어를 열고 디테일 패널을 확인한다. **루프**^{Loop} 옵션을 찾고 체크박스를 체크해 동영상을 재생하면 반복되도록 한다.

8. 다음으로, 미디어 플레이어와 동일한 패널에서 파일 미디어 소스 에셋을 생성할 수 있다. 이 새로운 유형의 에셋은 재생하려는 동영상을 저장하기 위한 것으로, 다음에 참조해야 한다.

9. 이제 파일 미디어 소스 에셋이 생겼으니 더블 클릭해 수정할 수 있다. 이 레시피에서 사용하려는 동영상이 있는 경로의 위치를 가리키도록 **파일 경로**^{File Path} 속성을 설정해야 한다.

   '준비' 절에서 이 레시피에 사용할 MP4 파일인 SampleVideo.mp4를 추가했다. 이 책과 함께 제공된 언리얼 엔진 프로젝트의 **콘텐츠 > Movies** 폴더에서 찾을 수 있으므로, 해당 비디오나 사용하려는 자체 비디오를 선택한다.

   이전 에셋들을 모두 생성하고 수정했으면 TV 블루프린트로 돌아가서 다양한 기능을 계속 구현할 수 있다.

10. TV 블루프린트의 이벤트 그래프 창으로 이동해 변수 패널에서 2개의 변수를 새로 생성한다.

    - 이 변수 중 첫 번째 변수는 **미디어 플레이어 오브젝트 레퍼런스**^{Media Player Object Reference} 유형이어야 한다. 이름을 **Media Player**로 지정한다.

    - 두 번째 변수는 **파일 미디어 소스 오브젝트 레퍼런스**^{File Media Source Object Reference} 유형이어야 하며, 이름은 **Media Source**로 지정할 수 있다. 언제 어디서나 이

벤트 그래프에서 이러한 변수를 사용할 때마다 인식 가능한 이름을 갖는 것이 요점이다!

이제 두 변수가 생성됐으므로, 5번 단계부터 9번 단계까지에서 생성한 이전 에셋들과 일치하는 기본값을 할당해야 한다.

11. **Media Source** 변수를 선택하고 8번 단계에서 만든 파일 미디어 소스 에셋을 할당한다. 디테일 패널에서 사용 가능한 드롭다운 메뉴에서 해당 요소를 선택한다.

12. 다음으로, **Video Player** 변수를 선택하고 5번 단계에서 만든 미디어 플레이어 에셋을 할당한다.

이제 블루프린트의 이벤트 그래프 내에서 기능을 구현하는 데 필요한 모든 기본 요소를 갖췄다. 이제 코딩을 시작해보자!

13. 먼저 그래프에서 **Video Player** 변수에 대한 레퍼런스를 가져온다. 변수 패널에서 변수를 끌어 기본 그래프에 놓으면 이 작업을 수행할 수 있다.

14. 그런 다음, 이전 레퍼런스에서 와이어를 드래그한 후 Open Source를 입력해 **Open Source** 노드를 생성한다.

15. 다음으로, 미디어 소스 변수에 대한 레퍼런스를 가져와서 이전 **Open Source** 노드의 **Media Source**에 연결한다.

16. 이제 **Video Player** 노드를 복제하고 이전에 만든 노드 뒤에, 즉 **Open Source** 함수 오른쪽에 위치시킨다.

17. 비디오 플레이어 변수의 새 복사본에서 와이어를 드래그하고 Play를 입력해 **Play** 노드를 생성한다. 노드를 호출하면 해당 변수에 자동으로 연결된다.

18. 앞의 모든 노드가 준비됐으면, **BeginPlay** 이벤트 노드의 실행 핀을 14번 단계에서 만든 **Open Source** 노드의 실행 핀에 연결한다.

19. 마지막으로, **Open Source** 노드를 **Play** 노드의 실행 핀에 연결한다.

이벤트 그래프가 어떻게 생겼는지 간단히 살펴보자.

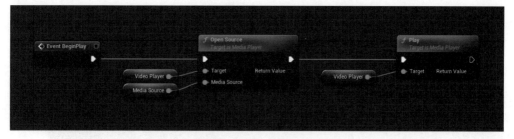

그림 8.3 이벤트 그래프 내에서 생성한 로직

이 시점에서 우리가 수행한 작업을 검토하는 것이 좋다. 기본적으로 두 가지 변수로 시작한다. 바로 **Video Player**와 **Media Source**인데, 동영상을 재생할 소프트웨어와 재생하고자 하는 동영상이라고 생각하면 된다. 이 시점에서는 **Open Source** 노드 덕분에 비디오 플레이어에 어떤 비디오를 재생해야 하는지 알려준 다음, **Play** 노드를 통해 재생하게 한다. 이 모든 단계를 거치면 선택한 비디오가 재생되지만, 화면에 표시하려면 머티리얼을 생성해 블루프린트에 있는 TV의 스태틱 메시에 적용해야 한다. 지금 바로 해보자.

20. 계속해서 새 머티리얼을 만들고 이름을 **M_TV_ImageDisplay**와 같이 지정해보자.

21. 다음으로, **Texture Sample** 노드를 생성하고 **메인 머티리얼** 노드의 **이미시브 컬러**에 연결한다.

22. 이어서 **Texture Sample**을 선택하고, 6번 단계에서 자동으로 생성한 미디어 텍스처 액터를 사용하도록 텍스처 파라미터를 설정한다.

23. 완료되면 머티리얼을 저장하며, **엘리먼트 0** 머티리얼 슬롯에 있는 스태틱 메시 컴포넌트는 우리가 작업한 블루프린트에서 TV 모델을 고정하는 데 사용됐다.

모든 것이 계획대로 진행됐을 경우, 이제 레벨을 플레이하기 시작하면 TV 화면에서 재생되는 비디오를 볼 수 있다! 다음 그림에서 어떤 모습일지 마지막으로 살펴보자.

그림 8.4 TV 화면 모델에 표시되는 머티리얼의 최종 모습

예제 분석

이 레시피에서는 동영상을 텍스처로 사용했는데, 파일을 열고 그 형식을 지정하고 재생할 수 있는 몇 가지 에셋 덕분에 그렇게 할 수 있었다. 이제 다음 레시피로 넘어가기 전에 잠시 둘러보고 어떻게 작동하는지 살펴보자.

우리가 사용한 새로운 에셋 중 첫 번째는 **Media Player**였다. 언리얼 엔진 내에서 엔진 외부의 비디오 플레이어를 사용할 때와 비슷한 방식으로 비디오를 재생할 수 있는 프로그램이라고 생각하면 된다.

비디오 플레이어는 방법의 일부분일 뿐이며, 다음으로 필요한 것은 실제로 시청하고자 하는 클립, 즉 파일 미디어 소스다. 해당 에셋을 통해 보고 싶은 파일을 지정할 수 있으므로, 보고 싶은 영화라고 생각하면 된다.

하지만 언리얼에서 동영상을 보는 것만이 목적이 아니라는 점을 명심해야 한다. 우리의 진정한 목표는 해당 파일을 텍스처로 사용하는 것이며, 그 방법은 비디오를 텍스처로

파싱해 다른 표준 2D 이미지처럼 머티리얼의 **Texture Sample** 노드에서 사용할 수 있도록 해주는 특수 리소스인 미디어 텍스처 에셋을 사용하는 것이다.

참고 사항

이 레시피에 사용할 화면의 3D 모델을 직접 만들려면, UV를 조정할 때 고려해야 할 한 가지 중요한 사항이 있다. 오브젝트의 모양과 일치하는 방식으로 배치하는 대신 0에서 1 UV 공간 전체를 차지하도록 해야 한다. 이렇게 하면 어떤 이미지가 나오든 디스플레이 전체에 표시되도록 할 수 있다. 다음 그림에서 UV를 설정하는 방법과 일반적으로 생성하는 방법의 예를 볼 수 있다.

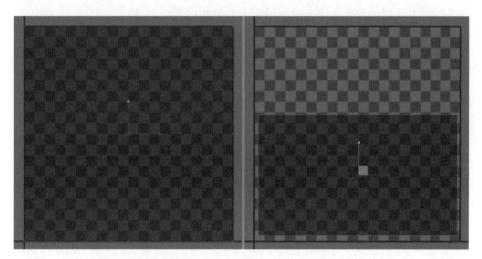

그림 8.5 모델의 UV를 설정하는 방식(왼쪽)과 일반적인 방식(오른쪽)의 비교

이런 식으로 UV를 배치하면 일반적으로 모델에 적용된 텍스처 전체에 왜곡이 발생하므로, 직관적이지 않아 보일 수 있다. 하지만 비디오 파일을 텍스처로 사용할 때는 그렇지 않다. 비디오 파일을 UV 공간 전체에 매핑해야 하기 때문이다. 모델을 만들 때 이 점을 염두에 두자!

CCTV 카메라를 통해 장면 캡처하기

지금까지 살펴본 것처럼, 머티리얼은 일반적으로 텍스처와 함께 작동해 특정 머티리얼 파라미터를 구동한다. 텍스처는 보통 다양한 모양과 크기로 제공되는 반면(때로는 모델의 외관을 구현하는 데 사용하는 스태틱 2D 이미지다), 지난 레시피에서 살펴본 것처럼 애니메이션 시퀀스 효과를 만들기 위해 비디오 파일에 의존하는 경우도 있다.

이 두 가지 예제 외에도 기존 데이터에 의존하지 않고 레벨 내부에서 일어나는 일을 캡처할 수 있는 또 다른 유형이 있다. 이를 씬 캡처^{Scene Capture} 컴포넌트라고 하며, 레벨 내부에 배치된 카메라가 볼 수 있는 것을 표시하는 등의 흥미로운 기능을 만들 수 있다(예: CCTV 카메라의 동작을 모방한 기능). 이 레시피에서는 씬 캡처라고 하는 이러한 유형의 에셋으로 작업하는 방법과 머티리얼 내에서 이를 잘 활용하는 방법에 대해 알아보자.

준비

우리가 사용할 대부분의 에셋은 엔진의 일부이며, 특히 레벨을 캡처하는 데 필요한 에셋이 포함돼 있다. 또한 소품 역할을 할 몇 가지 추가 에셋도 포함했는데, 항상 그렇듯이 제공될 프로젝트의 일부로 포함돼 있다. 이 소품으로 작업하려면 **콘텐츠 > Levels > Chapter08** 폴더에 있는 `008_02_Start`라는 이름의 레벨을 열기만 하면 된다.

예제 구현

레벨을 캡처하는 데는 여러 가지 이유가 있을 수 있지만, 우리는 CCTV 피드에 집중하기로 결정했다. 이러한 시스템에는 어떤 요소가 필요하다고 생각하는가? 여러 단계가 있을 것이므로, 이에 대한 아이디어가 있으면 전체 프로세스를 시각화하는 데 도움이 된다. 현실적인 측면에서 생각해보면 최소한 레벨을 캡처할 수 있는 카메라, 비디오를 재생할 수 있는 디스플레이, 카메라와 디스플레이 간에 데이터를 이동할 수 있는 일종의 저장 장치 또는 전송 메커니즘이 필요하다.

보다시피 언리얼에서도 동일한 액터가 필요하므로 액터 제작을 시작해보자.

1. 먼저 콘텐츠 브라우저 어딘가에 새 액터 블루프린트를 생성하고 캡처 디바이스로서의 성격을 나타내는 이름을 지정한다. 레벨의 테마에 따라 **BP_Webcam**과 같은 이름을 붙이면 된다. 참고로, 우리가 사용할 스태틱 메시의 모양도 이와 비슷하다!

2. 블루프린트 에디터를 열고 **컴포넌트 추가**^{Add Component} 드롭다운 메뉴에서 스태틱 메시 컴포넌트를 선택해 생성한다.

3. 이전과 같은 패널에서 다른 유형의 컴포넌트를 찾는다. 이번에는 **Scene Capture Component 2D**를 찾는다.

   에셋이 준비됐으면, 이제 에셋에 기본값을 지정할 차례다.

4. 계속해서 스태틱 메시 컴포넌트를 이 블루프린트의 루트로 만든다. 컴포넌트 패널의 **Default Scene Root**에 이름을 끌어다 놓으면 된다.

5. 스태틱 메시 컴포넌트를 계속 선택한 상태에서 디테일 패널을 살펴보자. **스태틱 메시**^{Static Mesh}라는 메뉴에서 이 에셋에 사용할 모델을 할당할 수 있다. 내가 사용할 모델을 사용하려면 프로젝트에 포함된 **SM_WebCam** 메시를 선택하면 된다.

6. 콘텐츠 브라우저로 돌아가서 원하는 경로에 우클릭하고 **렌더 타깃**^{Render Target} 유형의 에셋을 새로 생성한다. 콘텐츠 브라우저에서 우클릭하면 나타나는 드롭다운 메뉴의 **텍스처**^{Textures} 메뉴를 살펴봄으로써 생성할 수 있다.

7. 이전에 생성한 에셋에 **RT_Webcam**과 같은 이름을 지정한다.

8. 이전 에셋이 준비됐으면 웹캠의 블루프린트로 돌아가서 **Scene Capture Component 2D**를 선택한다. 디테일 패널을 살펴보고 **씬 캡처** 메뉴까지 아래로 스크롤해서 **RT_WebCam** 렌더 타깃을 **텍스처 타깃**^{Texture Target} 프로퍼티의 값으로 할당해야 한다.

9. **텍스처 타깃** 프로퍼티에서 조금 밑으로 내려 수정해야 하는 또 다른 설정이 있다. **모든 프레임 캡처**^{Capture Every Frame}라는 설정인데, 이 설정이 체크돼 있는지 확인해야 한다.

10. **SceneCaptureComponent2D**를 계속 선택한 상태에서 웹캠으로 사용 중인 스태틱 메시 앞에 위치하도록 위치와 회전을 조정한다. 이렇게 하면 컴포넌트를 움직이지

않을 경우 (카메라 내부에 있어) 검은색으로 보일 수 있으므로 레벨을 제대로 녹화할 수 있다. 다음 그림을 참고하자.

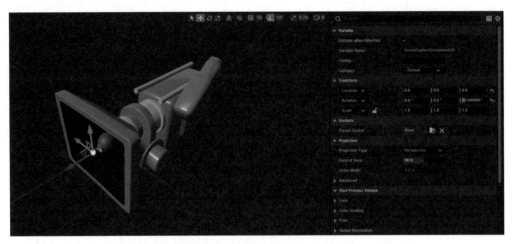

그림 8.6 웹캠에 대한 SceneCaptureComponent2D 위치

이제 이 블루프린트를 사용해 현장에서 일어나는 일을 녹화할 수 있는 설정이 이미 완료됐으므로, 이 블루프린트 작업을 마무리할 수 있는 시점에 도달했다. 그렇기는 하지만, 카메라를 마치 감시 장치처럼 회전하도록 만들어서 좀 더 멋지게 꾸밀 수 있을 것 같다. 카메라에 루핑 모션looping motion을 추가해 카메라가 2개의 정의된 각도 사이에서 회전하도록 함으로써 이를 처리해보자.

11. 카메라 회전을 허용하는 로직을 만들려면, 먼저 블루프린트의 이벤트 그래프 부분으로 이동한다.

12. 거기서 **BeginPlay** 이벤트 노드 바로 뒤에 타임라인 에셋을 생성한다. 그래프의 아무 곳이나 우클릭하고 **타임라인 추가**Add Timeline 옵션을 선택하면 된다.

13. 이 두 노드, 즉 **BeginPlay** 이벤트의 실행 핀과 타임라인 노드의 **Play** 핀에 연결한다.

14. 이어서 **타임라인** 노드를 두 번 클릭해 커브 에디터를 연다.

15. 커브 에디터에 들어가면, 새 창의 왼쪽 상단 모서리에 있는 **+ 트랙**+ Track 버튼을 클

릭해 **Float 트랙**을 추가한다. 이 과정에서 이름을 지정한다. **Camera Rotation**과 같은 이름을 붙여도 좋다.

16. 그런 다음, **+ 트랙** 버튼 오른쪽 몇 칸에 있는 **길이**^{Length} 입력 상자에 숫자를 입력해서 플레이 시간을 지정한다. **10**으로 설정하고 오른쪽에 있는 **루프**^{Loop} 버튼을 클릭한다.

17. **Float 트랙** 설정이 완료됐으므로 이제 커브를 구성하는 여러 점을 만들어보자. 그래프의 메인 메뉴를 우클릭하고 **CurveFloat_0에 키 추가**$^{Add key to CurveFloat0}$ 옵션을 선택한다. 그래프에 새로운 점이 나타난다.

18. **시간**을 **0**으로 설정하고 **값**을 **0.25**로 설정한다. 점을 선택하면 그래프의 왼쪽 상단에 편집 가능한 작은 박스 2개가 나타나므로 이 두 가지 설정을 수정할 수 있다.

19. 점을 2개 더 생성하고 다음 값을 지정한다. 첫 번째 점에는 **시간**을 **5**, **값**을 **-0.25**로 설정하고 마지막 점에는 **시간**을 **10**, **값**을 **0.25**로 설정한다.

20. 점을 배치한 상태에서 세 점을 선택하고 마우스 오른쪽 버튼으로 아무 점이나 클릭한 다음, 새 상황에 맞는 메뉴의 **키 보간**$^{Key Interpolation}$ 섹션에서 **자동**^{Auto} 옵션을 선택한다.

이 책에서 타임라인으로 작업하는 것은 이번이 처음이므로, 이에 대해 자세히 알아보려면 이 레시피의 '참고 사항' 절로 이동한다. 이전 단계에서 꽤 많은 작업을 수행했으므로 이제 Float 커브가 어떻게 생겼는지 살펴보자.

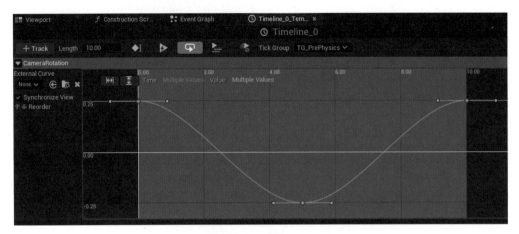

그림 8.7 Float 트랙

타임라인을 만들었으니 이제 이벤트 그래프로 돌아가서 웹캠에 애니메이션을 적용할 수 있는 로직을 만들어야 한다. 지금 바로 해보자.

21. 먼저 블루프린트에서 사용하는 스태틱 메시 컴포넌트에 대한 레퍼런스를 이벤트 그래프에 끌어 놓는다.

22. 그런 다음, 스태틱 메시 컴포넌트 레퍼런스에서 와이어를 끌어 새 노드의 이름을 입력함으로써 **Add Relative Rotation** 노드를 생성한다.

23. 다음으로는 **Delta Rotation** 핀에 마우스 우클릭을 하고 **구조체 핀 분할**^{Split Struct Pin} 옵션을 선택한다. 이렇게 하면 각 개별 축의 회전을 독립적으로 제어할 수 있다.

24. 타임라인의 Float 출력(15번 단계에서 생성한 Float 커브 에셋 이름이 있어야 함)을 **Add Relative Rotation** 노드의 **Delta Rotation Z (Yaw)**에 연결한다.

25. 마지막으로, 타임라인의 **Update**를 **Add Relative Rotation** 노드와 연결한다.

이제 그래프가 다음 그림과 같이 보여야 한다.

그림 8.8 블루프린트 이벤트 그래프 모습

지금까지 수행한 작업을 간단히 요약하면, 모델의 회전을 구동하는 애니메이션 값을 만들 수 있었다. 타임라인 에셋은 주어진 값(이 경우 실수)에 애니메이션을 적용하는 데 사용할 수 있는 툴로, 다양한 시간에 다른 값을 지정할 수 있다. **Add Relative Rotation** 노드의 **Yaw** 회전값에 연결하면 카메라가 고정된 주기로 양방향으로 회전한다. 커브를 정의한 방식에 따라 먼저 한 방향으로 회전하고 멈춘 다음, 다른 방향으로 회전한다. 또한 지속적으로 반복해 논스톱 모션처럼 보이게 한다.

이제 블루프린트가 준비됐으므로, 카메라의 뷰를 렌더 타깃에 저장하고 머티리얼 내에서 이를 사용해 레벨에 존재하는 TV 화면의 디스플레이 모양을 구동할 수 있다. 이 작업을 실현하기 위해 마지막으로 배치해야 하는 부분은 머티리얼 자체이며, 곧 보게 되겠지만 매우 간단하다!

26. 콘텐츠 브라우저에서 원하는 위치에 새 자료를 생성하고 적절한 이름을 지정한다. 나는 **M_TV_WebCamDisplay**를 사용했다.

27. 그런 다음, 머티리얼 에디터를 열고 이전에 생성한 **렌더 타깃**을 그래프에 끌어다 놓는다.

28. 이어서 **렌더 타깃**을 머티리얼의 **이미시브 컬러** 입력 핀에 연결한다.

29. 웹캠 블루프린트를 레벨에 끌어다 놓고 가장 적합하다고 생각되는 곳에 배치한다.

30. 마지막으로, 26번 단계에서 만든 머티리얼을 레벨에 있는 TV 화면 모델의 **엘리먼트 0** 머티리얼 슬롯에 적용한다.

이 작업을 완료한 후, 이 시점에서 레벨이 어떤 모습이어야 하는지를 잠시 검토해 보자(웹캠을 어디에 배치했는지에 따라 다소 차이가 있다).

그림 8.9 웹캠에서 캡처한 이미지가 화면에 표시된 레벨

이제 **플레이**를 누르면 웹캠이 회전하면서 TV 화면의 이미지가 업데이트되는 것을 볼 수 있다. 이 모든 과정이 완료됐으니, 이제 임무 완수라고 말할 수 있다!

예제 분석

이 레시피에서 구현한 로직을 잠시 살펴보자. 간단히 말해, 레벨을 캡처하는 웹캠을 설정하고 해당 정보를 텍스처로 전달한 후 머티리얼 내부에서 재사용할 수 있도록 했다. 이 머티리얼을 화면의 3D 모델에 적용하면 원하는 효과를 얻을 수 있었고 전체 설정이 마무리됐다. 이 조감도를 통해 문제를 파악했으므로, 이제 문제를 해결하는 데 사용한 각 에셋이 어떤 역할을 했는지 빠르게 살펴보자.

첫 번째는 스태틱 메시 컴포넌트와 **Scene Capture Component 2D**를 모두 통합한 블루프린트인 웹캠이다. 첫 번째는 사용자에게 실제 웹캠의 시각적 표현을 제공하고, 두 번째는 실제로 캡처 작업을 수행하기 위해 필요했다. 이 **Scene Capture Component 2D** 컴포넌트는 렌더 타깃과 함께 작동해서 캡처한 정보를 저장하므로, 컴포넌트를 비디오 레코더로 생각하고 렌더 타깃을 저장 매체로 생각할 수 있다. 마지막으로, 머티리얼은 텍스처에 저장된 정보를 가져와서 사용자에게 다시 표시하는 그릇에 불과하다. 이것이 전체 아이디어다!

참고 사항

약속한 대로 타임라인에 대한 자세한 정보를 통해 이 주제를 빠르게 이해할 수 있도록 도와주겠다. 먼저 타임라인 그래프를 볼 수 있는 다음 스크린샷을 간단히 살펴보자.

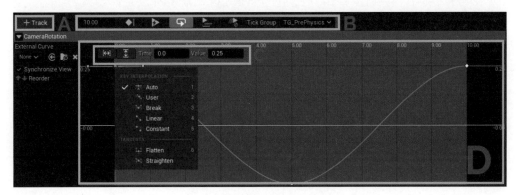

그림 8.10 타임라인 그래프

스크린샷은 다음과 같은 부분으로 나뉜다.

- **A: + 트랙** 버튼에는 다양한 유형의 타임라인을 만들 수 있는 일련의 옵션이 있다. 여기서는 여러 값과 시간을 지정할 수 있는 Float 유형을 기반으로 한 것을 사용했다. 다른 유형도 선택할 수 있으며, 프로젝트에 적합한 유형을 선택하면 된다. 예를 들어 오브젝트의 위치를 정의하는 데 유용한 벡터 트랙, 정의할 수 있는 특정 프레임에서 트리거되는 다른 실행 핀을 제공하는 이벤트 트랙, 색상을 애니메이션 하는 데 유용한 컬러 트랙을 사용할 수 있다. 또한 콘텐츠 브라우저에 있는 외부 커브를 선택해 대신 사용할 수도 있다.

- **B**: 에디터의 이 부분에서는 길이, 반복 여부, 네트워크를 통한 복제 여부 등 커브의 동작을 제어하는 몇 가지 중요한 프로퍼티에 액세스할 수 있다. 중요한 설정 중 하나는 **마지막 키프레임 사용**^{Use Last Keyframe} 버튼으로, 마지막으로 생성한 키의 위치에 맞게 타임라인의 길이를 자동으로 조정한다. 이 설정은 우리가 원하는 것과 일치하는 경우가 많으므로 필요한 경우 이 상자를 체크하자!

- **C**: 이 모서리에는 타임라인을 사용한 일상 업무에 중요한 버튼이 있다. 그래프의 내용을 시각화할 수 있도록 그래프의 프레임을 지정하거나 다른 키의 값을 조정하는 등의 작업을 이곳에서 할 수 있다. 시간 및 값 패널과 같이 특정 키가 선택된 경우에만 표시되는 특정 패널은 상황에 따라 달라진다는 점에 유의하자.

- **D**: 커브 에디터의 메인 창으로, 다양한 키를 생성하고 값을 지정할 수 있다. 키 프레임 자체를 마우스로 우클릭하면 키 프레임 사이의 보간을 수정할 수 있다.

이렇게 다양한 부분을 모두 살펴봤으니, 좀 더 익숙해지고 명확히 알 수 있도록 모든 기능을 조금씩 사용해보자! 그럼 처음에는 다소 혼란스러울 수 있는 타임라인 작업을 할 때 자신감을 높일 수 있다. 다시 한번 강조하고 싶은 중요한 설정은 **마지막 키프레임 사용**으로, 이 설정을 선택하지 않으면 애니메이션의 길이를 강제로 정의해야 한다. 이 설정은 잊어버리기 쉽기 때문에 머릿속에 깊이 새겨두자!

﹕ 상호작용되는 오브젝트 강조하기

지금까지 다양한 머티리얼로 작업할 수 있는 기회를 가졌는데, 그중에는 이전 장에서 살펴본 것처럼 전통적인 머티리얼도 있고, 지금부터 살펴볼 것처럼 파격적인 머티리얼도 있다. 이러한 추세에 따라 이제 이 책에서 아직 다루지 않은 다른 유형의 셰이더를 살펴보자.

포스트 프로세스 머티리얼은 언리얼의 포스트 프로세싱 파이프라인을 활용해 매우 멋지고 흥미로운 이펙트를 제작할 수 있는 에셋 유형이다. 다음 페이지들에서 게임과 앱의 인터랙티브 요소를 강조하기 위해 포스트 프로세스 머티리얼을 사용한 한 가지 예를 살펴본다. 그럼 시작해보자!

준비

이제부터 제작할 머티리얼은 대부분 수학 노드와 스크립팅에 의존하므로, 텍스처나 모델과 같은 커스텀 에셋이 많지 않다는 사실을 곧 알게 된다. 결과적으로 우리가 습득한 지식을 이미 갖고 있는 커스텀 레벨에 적용하는 것이 그 어느 때보다 쉬워진다.

그럼에도 불구하고 이러한 커스텀 수학 노드에 의존하는 이유는 적용 방법에만 초점을 맞추면 이해하기 어려울 수 있는 수학적 기법을 적용하기 때문이다. 레시피의 본론은 본질적으로 더 실용적이므로, 적용하려는 효과의 이론을 더 자세히 살펴볼 수 있는 '예제 분석' 절을 참조하자.

어쨌든, 언제나 그렇듯이 곧 소개할 기능을 테스트하는 데 사용할 수 있는 맵을 제공한다. 맵의 이름은 **08_03_Start**이며 **콘텐츠 > Levels > Chapter08** 폴더에서 찾을 수 있다.

예제 구현

앞서 언급했듯이, 특정 주요 게임플레이 요소를 강조할 수 있는 포스트 프로세스 유형의 새로운 머티리얼을 만들 것이다. 포스트 프로세스 머티리얼은 지금까지 사용했던 머티리얼과는 본질적으로 다르며, 그 배경이 되는 이론을 살펴보면 구현하려는 기술을 더 잘 이해할 수 있다. 다소 어렵게 들릴 수 있으니 두려워하지는 말자! 하지만 앞서 언급한 항목에 유용한 정보가 포함돼 있으니 꼭 읽어보길 바란다. 이제 바로 들어가보자.

1. 씬의 다양한 게임플레이 요소를 강조하는 데 사용할 머티리얼을 새로 만드는 것부터 시작하자. 이 셰이더는 모델의 가장자리를 강조하는 역할을 하므로, 이름은 **M_EdgeOutline**으로 지정한다. 더블 클릭해서 머티리얼 에디터로 들어간다.

2. **메인 머티리얼** 노드를 선택한 상태로 디테일 패널에서 변경해야 할 사항이 몇 가지

있으므로 디테일 패널을 확인한다. 첫 번째는 **머티리얼 도메인**^{Material Domain}이며, **Surface** 대신 **Post Process** 옵션을 선택한다.

3. 다음으로, 머티리얼의 **블렌더블 위치**^{Blendable Location} 설정을 조정한다. 이 옵션은 디테일 패널의 **포스트 프로세스 머티리얼** 메뉴에서 찾을 수 있고, 이전 프로퍼티 위치에서 좀 더 아래에 있다. 이 설정을 **After Tonemapping** 옵션에서 **Before Tonemapping** 옵션으로 변경한다. 확실하지 않은 경우 다음 스크린샷을 참고한다.

그림 8.11 새 머티리얼에서 조정해야 하는 처음 두 가지 설정

이전 옵션은 이러한 유형의 머티리얼에서 사용할 수 있는 옵션으로, 셰이더가 언리얼의 포스트 프로세싱 파이프라인에 삽입되는 시점을 결정할 수 있는 기능을 제공한다. 이 프로세스에 대한 자세한 내용은 '참고 사항' 절에서 확인하자!

이제 노드 그래프 내에서 로직을 만들기 시작할 수 있다. 특정 물체의 윤곽을 그려야 하므로 가장 먼저 계산해야 할 부분은 가장자리 감지를 처리하는 부분이다. 이 작업은 다른 이미지 편집 프로그램에서 수행하는 것과 유사한 방식으로 수행되며, '예제 분석' 절에서 살펴볼 컨볼루션 연산을 기반으로 한다.

4. 계속해서 서로 다른 **Constant2Vector** 노드 5개를 생성하고, 모델의 가장자리를 감지할 수 있도록 서로 다른 픽셀 사이를 샘플링하는 데 사용한다.

알려진 픽셀이 주어지면 그 픽셀의 위, 오른쪽, 왼쪽, 아래에 있는 이웃 픽셀과 비교하고 싶다. 이 사실에 따라 방금 만든 새로운 **Constant2Vector** 노드에 어떤 값을 사용해야 하는지 결정할 수 있다.

5. 이어서 **Constant2Vector** 노드에 (-1, 0), (1, 0), (0, -1), (0, 1), (0, 0) 값을 할당한다.

이렇게 하면 이전 단계에서 언급한 대로 왼쪽, 오른쪽, 아래쪽, 위쪽 및 중앙 픽셀을 각각 샘플링할 수 있다.

실제로 픽셀을 샘플링하기 위해 필요한 다음 코드는 여러 번 반복되고, 이를 머티리얼 함수를 사용하는 핑계로 삼을 수 있다. 이러한 에셋은 기본적으로 동일한 노드를 여러 번 복사해 붙여넣을 필요 없이 동일한 기능을 원하는 다른 머티리얼 내에서 재사용할 수 있는 머티리얼 그래프 덩어리다.

6. 콘텐츠 브라우저로 돌아가서 새 머티리얼 함수를 생성한다. 브라우저에서 우클릭하고 **머티리얼** 메뉴 아래를 보면 된다. 이름을 **MF_PixelDepthCalculation**이라고 지정한다.

7. 그런 다음, 새 함수를 두 번 클릭해 해당 머티리얼 그래프에 액세스한다. 거기서 마우스 우클릭을 하고 배치해야 하는 첫 번째 노드의 이름인 Function Input을 입력한다. 이렇게 하면 이전에 만든 메인 머티리얼 안에 함수를 배치할 경우 함수에 입력이 생긴다.

8. 새 노드를 선택한 상태에서 디테일 패널로 이동해 **입력 타입**^{Input Type}을 **Function Input Vector 2**로 변경한다. **입력 이름**^{Input Name}에서 해당 핀에 연결되는 값을 사용할 것이므로, **Offset**과 같은 이름을 지정할 수도 있다. 거기서 **프리뷰 값을 디폴트로 사용**^{Use Preview Value as Default} 체크박스도 체크한다. 메시 컴포넌트 레퍼런스에서 생성하려는 새 노드의 이름을 입력한다.

Function Input Vector 2 옵션을 사용하면 머티리얼 함수에 **Vector2** 유형 값을 입력받을 수 있으며, 이는 4번 단계에서 머티리얼에 추가한 것이다.

9. 다음으로, **Multiply** 노드를 추가하고 입력 핀 중 하나를 이전 **Function Input**과 연결한다.

10. **Scene Texel Size** 노드를 추가하고 이전 **Multiply** 노드의 다른 입력 핀에 연결한다.

Scene Texel Size는 앱이 실행될 수 있는 다양한 해상도를 고려할 수 있는 편리한 노드다. 이는 앱이나 게임을 실행하려는 해상도와 본질적으로 연관돼 있으므로,

만들려는 머티리얼에서 특히 중요하다. 렌더링하려는 윤곽선의 크기를 4픽셀 값으로 고정하는 경우, 4픽셀이 상대적인 공간을 덜 차지하는 고해상도 디스플레이와 달리 저해상도 디스플레이에서는 해당 효과의 상대적인 크기가 훨씬 더 명확하게 드러난다. **Scene Texel Size**를 사용하면 이를 고려할 수 있다.

11. 이제 앞서 만든 노드 위에 **Texture Coordinate**를 생성한다.

12. 그 뒤에 **Add** 노드를 추가하고 A에 이전 **Texture Coordinate** 노드를 연결한다. B에는 9번 단계에서 만든 **Multiply** 노드를 연결한다.

13. **Add** 노드 뒤에 **Scene Depth** 노드를 추가하고, 둘 다 연결한 다음, 그 출력을 **Output Result**에 연결한다. 머티리얼 함수의 그래프는 다음 이미지와 같은 모양이 된다.

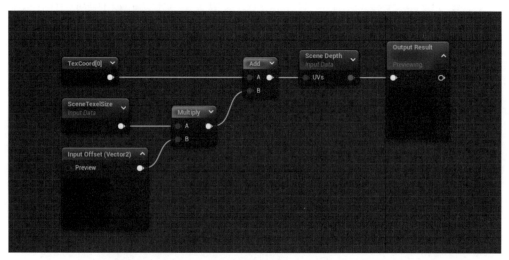

그림 8.12 방금 만든 머티리얼 함수에 대한 머티리얼 그래프

NOTE

> 투명 또는 포스트 프로세스 머티리얼만 **Scene Depth**에서 읽을 수 있다는 빨간색 경고가 표시되더라도 이 기능을 사용할 것이므로, 걱정하지 말자.

마지막 노드 배치를 마치면 머티리얼 함수에 대한 그래프를 닫아도 된다. 이제 이전에 만든 메인 머티리얼 내에서 모든 로직을 재사용할 수 있는 위치에 있다. 즉, 앞의 코드를 수행하기 위한 작은 함수 호출만 포함하면 되므로 그래프 전체에 여러 번 복사해서 붙여넣는 수고를 덜 수 있다. 더 좋은 점은 필요한 경우 다른 머티리얼에서 해당 코드를 재사용할 수 있다는 것이다. 정말 멋지다!

그렇기는 하지만, 이전 함수가 무엇을 하는 것인지 확실히 이해할 수 있도록 잠시 시간을 내서 설명해보겠다. 본질적으로 이 함수는 분석하고자 하는 픽셀의 뎁스값을 제공한다. 먼저 그래프에 추가한 **Function Input** 노드를 통해 분석하고자 하는 픽셀의 상대적 위치를 지정한다. 그런 다음, 화면 해상도를 고려해서 입력값을 조절하는 **Screen Texel Size** 노드를 통해 해당 값을 조정한다. 이어서 화면에서 픽셀을 찾을 수 있도록 **Texture Coordinate** 노드에 추가한 다음, **Scene Depth** 노드를 통해 뎁스 값을 읽으면 분석이 완료된다. 함수의 기능을 이해했으니 이제 구현해보자.

14. 이전 머티리얼 함수를 어떻게 구현해야 하는지 알게 된 상태에서 **M_EdgeOutline** 머티리얼 그래프로 돌아가 그 안에 **Material Function Call** 노드를 생성한다.

15. 새 노드를 선택한 상태에서 디테일 패널로 이동해 이전에 생성한 머티리얼 함수 (MF_PixelDepthCalculations)를 할당한다.

16. 그런 다음, **Material Function Call** 노드를 복사해 붙여넣는 과정을 네 번 반복하고 각 인스턴스를 4번 단계에서 만든 **Constant2Vector** 노드 옆에 배치한다.

17. 다음으로는 머티리얼 함수 호출Material Function Call을 다섯 번째로 복사해 다른 4개 아래에 배치한다. 이 함수를 5번 단계에서 (0, 0) 값을 할당했던 **Constant2Vector** 노드에 연결한다.

18. 스칼라 파라미터 노드를 생성하고 **Constant2Vector** 노드 앞에 배치한다. 이렇게 하면 윤곽선 효과의 너비를 제어할 수 있으므로 적절한 이름을 지정한다. 나는 **Line Width**라는 이름을 사용하고 초기값을 **5**로 설정했다.

19. **Multiply** 노드 4개를 생성하고 처음 4개의 **Constant2Vector** 노드와 **Material**

Function Call 사이에 배치한다. A를 Constant2Vector 노드에 연결하고, Material
Function Call 노드에 연결한다.

20. **Multiply** 노드의 모든 B 입력에 방금 생성한 선 너비를 제어하는 스칼라 파라미터
    를 연결한다.

    이제 꽤 많은 노드를 만들었으므로 그래프의 상태를 간단히 살펴보자.

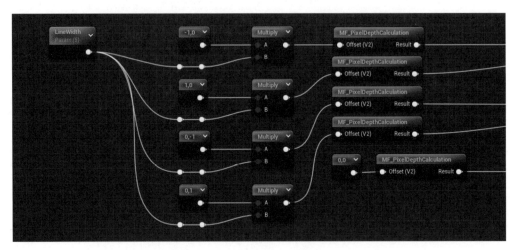

그림 8.13 이전에 생성한 노드 세트

지금까지 뎁스 계산 함수에 분석해야 하는 값을 제공했다. **Constant2Vector** 노드
를 사용해 픽셀의 왼쪽, 오른쪽, 아래, 위를 보도록 지시했지만, **Line Width**라는 스
칼라 파라미터 노드를 사용해 해당 방향에서 실제로 봐야 하는 거리를 조정했다.

마침내 그 정보를 머티리얼 함수에 전달했고, 이제 결과를 제공할 준비가 됐다. 다
음 단계들에서는 이러한 값으로 작업해야 한다. 그럼 바로 넘어가보자.

21. 계속해서 **Add** 노드를 생성해 처음 두 머티리얼 함수 뒤에 배치하고, 이를 입력으
    로 사용한다.

22. 다른 **Add** 노드를 생성해 이전 작업을 반복하되, 이번에는 나머지 머티리얼 함수를
    입력으로 사용한다.

23. 그런 다음, 다섯 번째 머티리얼 함수 바로 뒤에 **Multiply** 노드를 추가하고 머티리얼 함수를 A에 연결한다.

24. **B**에는 **Constant** 노드를 연결해야 하므로, 이를 생성하고 **-4** 값을 할당한다.

   상수^{Constant} 아래에 이 숫자를 사용하는 이유는 수행 중인 컨볼루션 연산과 직접 관련이 있으므로 '예제 분석' 절에서 자세히 알아보자.

25. 이어서 다른 **Add** 노드를 만들고 21번 단계와 22번 단계에 추가한 **Add** 노드에 전부 연결한다.

26. 그런 다음, 다른 **Add** 노드를 생성하고 해당 노드의 **A**에 25번 단계에서 생성한 이전 **Add** 노드의 출력을 연결한다. **B**에는 23번 단계에서 만든 **Multiply** 노드를 연결한다.

27. 이 작업이 완료되면, 여기에 연결하는 모든 값의 절대값을 제공하는 **Abs** 노드를 만든다. 이제부터 모든 값이 양수가 되도록 하려면 이 노드가 필요하다.

   동일한 노드를 꽤 많이 만들었으므로 그래프를 빠르게 검토해 길을 잃지 않도록 하자.

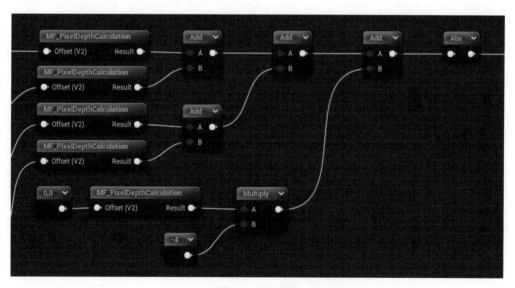

그림 8.14 방금 생성한 새 노드들

이렇게 많은 **Add** 노드를 사용한 이유는 현재 분석 중인 픽셀 주변에 있는 모든 픽셀의 뎁스 값을 합산하기 위해서다. 이렇게 하면 분석 중인 픽셀 주변의 픽셀이 뎁스 값에 큰 변화를 보이는지 여부를 알 수 있다. 모든 픽셀이 비슷한 뎁스 결과를 공유하면 계산의 합이 상쇄되거나 0에 가까워지고, 그 반대의 경우 특정 픽셀이 매우 다른 값이 된다. 이 정보를 사용해 다음 몇 단계에서는 이러한 비교를 수행한다.

28. 계속해서 **If** 노드를 생성하고, 이전 **Abs** 노드 뒤에 배치해 A에 해당 노드의 출력을 연결한다. 이렇게 하면 다음에서 채울 조건부 분기가 생성된다.

29. 다음으로, 스칼라 파라미터 노드를 생성하고 값 4를 할당한 후 그 출력을 이전 **If** 노드의 입력 핀 B에 연결한다. 이 값을 사용해 앞서 수행한 뎁스 계산의 값인 입력 핀 A의 데이터와 비교한다. 여기서 선택한 숫자에 따라 **If** 노드가 강조해야 할 영역과 그렇지 않은 영역을 구분하기 위해 사용할 뎁스 값의 점프가 결정된다. 따라서 스칼라 파라미터 노드의 이름을 **Threshold**와 같이 지정해보자.

30. 그런 다음, **상수**^{Constant} 노드 2개를 생성하고 첫 번째 노드를 If 노드의 A > B에 연결한다. 두 번째 노드는 A < B에 연결한다. 첫 번째 노드의 값은 **1**, 두 번째 노드의 값은 **0**으로 지정한다.

꽤 많은 작업을 했으므로, 잠시 멈추고 마지막으로 만든 노드 몇 개를 살펴본다. 또한 이 단계에서 이 머티리얼을 포스트 프로세스 이펙트로 적용하면 레벨이 어떻게 보일지도 간단히 살펴보자.

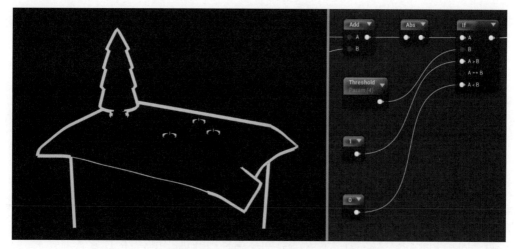

그림 8.15 마지막 몇 개 노드와 머티리얼의 현재 상태

이전 단계를 완료했으므로 이제 경계선 감지 시스템이 구축됐다고 말할 수 있다. 다음 단계인 레벨의 포스트 프로세스 볼륨에 머티리얼을 적용하면 이를 확인할 수 있다.

31. 머티리얼이 제대로 작동하게 하려면, **If** 노드의 출력을 **메인 머티리얼** 노드의 **이미시브 컬러**에 연결한다.

32. 그런 다음, 머티리얼 에디터를 잠시 종료하고 메인 레벨로 돌아가서 거기에 있는 포스트 프로세스 볼륨 액터를 선택한다. 디테일 패널의 **렌더링 기능**^{Rendering Features} 메뉴에서 **포스트 프로세스 머티리얼**^{Post Process Materials}이라는 카테고리를 펼친다.

33. **배열**^{Array} 단어 옆에 있는 + 아이콘을 클릭한다.

34. 버튼을 클릭하면 표시되는 드롭다운 메뉴에서 **에셋**^{Asset}을 선택한다.

35. 이전 단계를 구현한 상태에서 생생한 머티리얼을 선택해 레벨에 어떤 영향을 미치는지 확인한다.

이 시점에서는 그림 8.15에서 봤듯이 레벨에 있는 대부분의 가장자리를 표시하는 흑백 이미지가 눈앞에 보일 것이다. 이 바이너리 출력을 마스크로 사용해서 레벨의 일부 오브젝트에 하이라이트 효과를 만들어본다. 지금 시작해보자!

36. 포스트 프로세스 머티리얼로 돌아가서 **Lerp** 노드를 만든다. **Alpha**에 28번 단계에서 생성한 **If** 노드를 연결한다.

37. 그런 다음, **Scene Texture** 노드를 생성하고 **Lerp**의 A에 연결한다.

38. 이 새 에셋을 선택한 상태에서 디테일 패널을 보고 **씬 텍스처 ID**^{Scene Texture Id}로 **PostProcessInput0**를 선택한다. 이는 씬 컬러를 잡는 데 사용할 수 있는 패스로, 이 새로운 포스트 프로세스 머티리얼이 적용되지 않은 기본 레벨 모습을 의미한다.

39. 이어서 벡터 파라미터 노드를 추가하고, 이 노드가 사용될 용도이므로 이름을 **Outline Color**와 같은 것으로 지정한다. 여기서 원하는 색을 지정한다.

40. **Make Float 4** 노드를 추가하고 각 입력 핀을 이전 벡터 파라미터의 **R, G, B, A** 채널에 연결한다.

41. **Multiply** 노드를 가져와서 이전 **Make Float 4** 노드 바로 뒤에 배치하고, A에 **Make Float 4**를 연결한다.

42. 다음으로, 스칼라 파라미터 노드를 도입하고 선택한 윤곽선의 색상 강도에 대한 승수로 작동할 것이므로 이름을 **Outline Intensity**로 지정한다. **5**와 같은 값을 지정하고 이전 **Multiply** 노드의 사용 가능한 입력 핀에 연결한다.

43. 40번 단계의 **Multiply** 노드를 36번 단계에서 생성한 **Lerp** 노드의 B에 연결한다.

이전 노드 세트는 다음 이미지에서 볼 수 있다. **Outline Color** 벡터 파라미터는 이 펙트의 색상을 제어하고 **Outline Intensity**는 밝기를 제어한다.

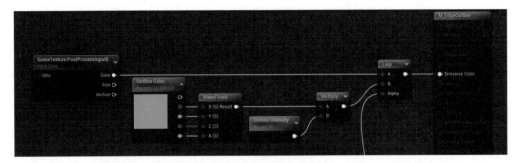

그림 8.16 마지막으로 생성한 몇 개의 노드

이 단계를 완료하고 이와 같은 머티리얼을 레벨에 적용하면 모든 오브젝트에 눈에 띄는 윤곽선 효과가 있는 레벨을 얻을 수 있다. 올바른 방향으로 나아가고 있는 것은 분명하지만, 우리가 원하는 바는 아니다. 즉, 어떤 오브젝트가 영향을 받고 어떤 오브젝트가 영향을 받지 않는지 제어할 방법이 필요하다. 이는 이 머티리얼에서 마지막으로 다룰 내용이므로, 지금부터 시작하자!

44. 새 **Lerp** 노드를 생성하고 이전에 수행한 모든 작업 뒤에 배치한다. **B**에 36번 단계에서 생성한 이전 **Lerp** 노드를 연결한다.

45. 37번 단계에서 생성한 **Scene Texture** 노드를 복사해 새 **Lerp** 노드의 **A** 근처(연결할 위치)에 다시 붙여넣는다. 이제 연결한다!

46. 그런 다음, 다른 **Scene Texture**를 생성하되 **씬 텍스처 ID**로 **Custom Depth**를 선택한다.

47. 이어서 이전 **Scene Texture**를 이제 생성할 수 있는 새 **Multiply** 노드에 연결하고, **B** 입력에 낮은 값을 선택한다(우리 레벨에서는 0.01이 좋다).

48. 이전 **Multiply** 노드 뒤에 **Frac** 노드를 추가한다. 이 에셋은 입력한 원본 값의 분수 부분을 출력하는데, 이 경우 매우 낮은 값이 필요하고 언리얼이 0으로 반올림하지 않으면 입력할 수 없기 때문에 유용하다.

49. 마지막으로, 이전 **Frac** 노드를 44번 단계에서 생성한 **Lerp** 노드의 **Alpha**에 연결하고 이를 머티리얼 이미시브 컬러에 연결한다.

이전 단계들에서는 원본 씬(Post Process Input 0 Scene Texture 노드를 통해 렌더 패스로 얻음)과 씬의 **Custom Depth**를 따라 아웃라인 이펙트를 블렌딩했다. **Custom Depth**는 레벨에 있는 각 모델에 대해 활성화해야 하는 프로퍼티로, 어떤 메시를 표시할지 결정할 수 있다. 이 작업은 다양한 방법으로 수행할 수 있으며, 블루프린트 명령을 통해 대화형으로 조정하는 데 적합하다. 마지막 단계는 강조하고 싶은 오브젝트를 실제로 설정하는 것이다!

50. 조정하려는 개체를 선택하고 디테일 패널의 **렌더링** 메뉴로 이동한다.

51. 거기서 **커스텀 뎁스 패스 렌더**^{Render Custom Depth Pass}라는 설정을 볼 수 있다. 옆에 있는 체크박스를 체크하면 마법이 일어날 것이다!

이 모든 작업이 완료되면 이제 씬은 다음 그림과 같아진다.

그림 8.17 레벨의 최종 모습

이것이 전부다! 예를 들어, 레벨 블루프린트에서 특정 오브젝트에 대한 레퍼런스를 호출함으로써 블루프린트 함수성을 통해 스태틱 메시 컴포넌트의 **Custom Depth** 프로퍼티를 제어할 수 있다. 프로젝트의 완성도를 높일 수 있는 기능이니 꼭 한번 사용해보자!

예제 분석

이 레시피에 적용된 에지 감지 로직^{edge-detection logic}은 컨볼루션^{convolution}이라는 수학적 연산을 기반으로 한다. 그렇기 때문에 레시피를 완성하는 동안 세부 사항에 얽매이지 말고 지금 이 시점에서 그 내용을 살펴보는 것이 좋다.

우선 컨볼루션은 하나의 세 번째 숫자를 생성하기 위해 2개의 숫자 그룹에 대해 수행되는 연산에 부여된 이름이다. 이미지 기반 연산에서 이 두 숫자 그룹은 다음과 같이 나눌 수 있다.

- 커널kernel이라고 하는 정의된 값의 그리드가 첫 번째 그룹 역할이다.

- 두 번째는 이전 그리드에 해당하는 픽셀의 실제 값이 된다. 이 그리드의 크기는 보통 3×3픽셀 매트릭스로, 가운데 픽셀이 주인공인 작은 크기다.

세 번째 값, 즉 결과를 계산하는 데 사용하는 방법은 커널의 값에 그 아래 픽셀의 값을 곱하고 모두 더해 중앙 픽셀에 할당되는 최종 숫자를 생성하는 것이다. 이 곱셈을 이미지 전체로 이동해서 적용하면, 커널 그리드의 값에 따라 가장자리를 선명하게 하거나, 흐리게 하거나, 혹은 이 레시피에서 수행한 것처럼 실제로 가장자리 감지를 수행하는 등 다양한 용도로 사용할 수 있는 최종 결과를 얻을 수 있다. 이 경우 사용할 수 있는 커널 값은 라플라시안 테두리 감지 시스템Laplacian edge-detection system을 따르는 이 레시피에서 본 것과 같은 값이며, 다음과 같다.

그림 8.18 보라색 매트릭스에서 볼 수 있듯이 이 레시피에 사용된 커널 값을 살펴본다.

이 레시피의 전체 콘셉트는 대략 4번 단계부터 30번 단계까지에 해당하는 초기 단계에서 수행됐다. 먼저 **Constant2Vector** 노드를 생성하고, 이를 머티리얼 함수의 입력으로 사용해 그리드의 왼쪽, 오른쪽, 위쪽, 아래쪽 픽셀을 얻은 다음 커널의 값에 아래쪽 픽셀을 곱하는 머티리얼 함수의 입력으로 사용했다. 그런 다음, 24번 단계에서 만든 **-4 Constant** 노드인 커널 값을 곱해 중심 픽셀의 값을 얻었다. 마지막으로는 모든 것을 합쳐서 올바른 결과를 얻었다. 커널이 해당 영역에서 0 값을 사용하므로 모서리에 있는 픽셀을 계산할 필요가 없었다.

참고 사항

마무리하기 전에 언리얼 엔진에서 포스트 프로세스 머티리얼과 포스트 프로세스 파이프라인의 작동 방식을 이해하는 데 도움이 될 수 있는 몇 가지 추가 생각을 덧붙인다. 지금까지 나무나 콘크리트 같은 불투명 셰이더, 유리나 물 같은 반투명 셰이더, 왁스 같은 그 중간 셰이더 등 다양한 유형의 셰이더에 대해 알아봤다. 이 모든 셰이더를 정의할 수 있는 방법 중 하나는 레벨의 라이팅과의 상호작용을 통해 그 방식에 따라 분류할 수 있어 가능하다. 이러한 유형의 머티리얼은 렌더러가 레벨의 최종 모습을 계산할 수 있도록 레벨 내에 있는 오브젝트에 적용하기 위한 것이기 때문이다.

포스트 프로세스 머티리얼은 3D 모델에 적용하기 위한 것이 아니므로 그렇지 않다. 포스트 프로세스 머티리얼은 엔진의 포스트 프로세스 파이프라인에 삽입돼 주로 다양한 렌더 패스 중 하나에서 작동함으로써 다른 방식으로 씬에 기여한다. 언리얼은 렌더링으로 씬의 정보를 뎁스 오브 필드depth of field, 템포럴 안티앨리어싱temporal anti-aliasing, 눈 적응, 톤 매퍼tone mapper 등 여러 레이어에 저장한다. 이러한 여러 렌더 패스에 액세스하면 현재 레시피에서와 같이 특정 효과를 얻기 위해 매우 유용하게 사용할 수 있다. 이는 엔진의 근본적인 작동 방식에 영향을 미치기 때문에 매우 강력하며, 다양한 시각적 스타일과 렌더링 효과를 만들 수 있는 기능을 제공한다. 그 가능성은 거의 무한하다!

⋮⋮ 레이어드 머티리얼을 사용해 오브젝트 위에 눈 만들기

언리얼 엔진 4 이후 버전에 도입된 머티리얼 레이어는 다양한 유형의 머티리얼을 사용하기 쉬운 인터페이스를 사용해 조합하는 기법이다. 이 레이어링 메커니즘layering mechanism은 별도의 픽셀 셰이더 지침 없이 제공되므로, 이 기법을 사용해도 앱이나 게임 성능에 지장을 주지 않는다.

이를 얼마나 쉽게 조합할 수 있는지 알아보기 위해 이 개념을 사용해 월드 기반 머티리얼 위에 눈을 추가하는 방법을 살펴보자.

준비

이 레시피에서 사용할 모든 것은 엔진의 일부이거나 시작용 콘텐츠의 일부로 제공되므로, 프로젝트에 해당 콘텐츠가 있는지 확인한다. 그리고 항상 그렇듯이, 내가 사용하는 에셋을 계속 사용하고 싶다면 **08_04_Start** 레벨을 열어보자.

예제 구현

머티리얼 레이어를 만드는 것은 매우 간단하므로, 다음 단계로 넘어가겠다.

1. 먼저 콘텐츠 브라우저 내 아무 곳이나 우클릭하고 **머티리얼**^{Materials} 메뉴 아래에 있는 **머티리얼 레이어**^{Material Layer} 옵션을 선택한다.

2. 이름은 가장 적합하다고 생각되는 것을 선택하면 된다. 이 특정 인스턴스에서는 **Layer_Base**를 사용한다. 새로 생성한 머티리얼을 더블 클릭해서 머티리얼 에디터를 연다.

   이 에디터는 머티리얼 함수를 사용해본 적이 있다면 꽤 익숙해 보일 것이다. 유일한 차이점은 오른쪽에 **출력 머티리얼 어트리뷰트**^{Output Material Attributes}라는 새 노드가 있다는 점이다. 이 결과는 나중에 머티리얼 내에서 사용될 것이다.

3. **입력 머티리얼 어트리뷰트**^{Input Material Attributes} 노드 왼쪽에서 마우스 오른쪽 버튼으로 클릭하고 이름을 검색해 **Make Material Attributes** 노드를 생성한다.

   이 노드는 이전에 만든 다른 머티리얼과 비슷하게 보일 것이다. 이 머티리얼은 이전에 만든 다른 머티리얼과 마찬가지로 만들 수 있지만, 단순화를 위해 **Base Color**와 **Normal** 채널만 사용한다.

4. 그런 다음, 콘텐츠 브라우저에서 **시작용 콘텐츠**^{Starter Content} ➤ **Textures** 폴더로 이동

한다. 거기서 머티리얼 레이어 에디터로 가져올 **Diffuse** 및 **Normal** 텍스처를 선택하고 드래그 앤 드롭한다. 이번 예제에서는 **T_Brick_Clay_New_D**와 **T_Brick_Clay_N**이라는 에셋을 사용했다.

5. 텍스처를 **Make Material Attributes** 노드의 **Base Color**와 **Normal**에 연결한다.

6. 이어서 **Make Material Attributes** 노드를 **Input Material Attributes (Material Attributes)** 노드의 **Preview**에 연결한다.

7. 다른 오브젝트를 눈으로 쉽게 덮을 수 있도록 지원하려면 두 **Texture Sample** 노드를 모두 우클릭하고 **파라미터로 변환**Convert to Parameter 옵션을 선택한다. **Diffuse** 텍스처의 이름을 **Base Diffuse**, 노멀 텍스처 이름을 **Base Normal**로 지정한다. 모든 것이 잘됐다면, 다음 그림과 같은 모양이 된다.

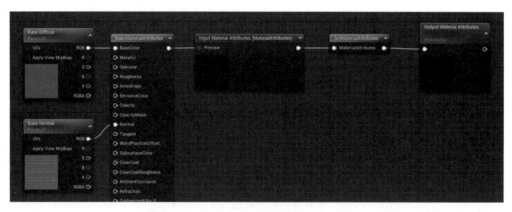

그림 8.19 Layer_Base 머티리얼 레이어 그래프

8. 에디터에서 **적용** 및 **저장** 버튼을 클릭하고 해당 레이어를 종료한다.

이제 베이스 레이어를 만들었으니 눈을 위한 또 다른 머티리얼 레이어가 필요하다.

9. **Layer_Base** 머티리얼 레이어와 같은 폴더에서 콘텐츠 브라우저를 우클릭하고 같은 에셋을 하나 더 생성한 다음, 이번에는 **Layer_Snow**로 이름을 지정한다. 해당 에셋을 더블 클릭해 머티리얼 레이어 에디터로 들어간다.

10. 이 머티리얼은 이전 머티리얼 레이어와 동일한 방식으로 제작되므로, 새 에셋에서

3~7번 단계를 반복한다. Quref 텍스처 대신 눈처럼 보이는 텍스처를 사용하자. 이 경우 시작용 콘텐츠에는 해당 머티리얼을 덮는 특정 텍스처가 포함돼 있지 않지만 **T_Concrete_Poured_D**라는 다른 텍스처가 있는데, 이 텍스처는 매우 유사하다. 이 머티리얼 레이어에 이 텍스처와 그 **노멀**^{Normal} 맵 컴패니언을 사용한다.

이제 2개의 머티리얼 레이어가 생겼으니 잘 활용할 차례다. 머티리얼 레이어는 오브젝트에 직접 적용할 수 없으므로, 대신 생성한 머티리얼 레이어를 사용하는 머티리얼을 만들어야 한다.

11. 머티리얼을 생성하고 **M_SnowLayeredMaterial**과 같은 이름을 지정한다. 해당 머티리얼을 더블 클릭해 머티리얼 에디터로 들어간다.

12. 기본 채널 왼쪽에 마우스 우클릭을 하고 **Material Attribute Layers** 노드를 추가한다. 이것이 우리가 만든 두 레이어를 결합하는 데 사용할 요소다.

이 머티리얼은 표준 머티리얼이므로, 메인 머티리얼 노드에는 이 책에서 사용한 모든 기존 채널(베이스 컬러, 러프니스, 노멀 채널, 이미시브 등)이 포함돼 있음을 알 수 있다. 머티리얼 레이어로 작업한다는 것은 머티리얼 레이어 에셋 자체에서 해당 프로퍼티를 정의한다는 것을 의미하므로, 이를 결합하는 데 사용되는 메인 머티리얼에서는 해당 프로퍼티를 사용할 수 없다. 따라서 메인 머티리얼 노드의 모양을 조정해야 하는데, 다음으로는 이 작업을 한다.

13. 머티리얼의 디테일 탭에서 아래로 스크롤해 **머티리얼 어트리뷰트 사용**^{Use Material Attributes} 프로퍼티를 확인한다. 모든 표준 입력이 **머티리얼 어트리뷰트**^{Material Attributes}라는 하나의 프로퍼티로 합쳐진 것을 확인할 수 있다.

14. 다음으로, **레이어 스택**^{Layer Stack}의 출력을 **M_SnowLayeredMaterial** 노드의 **머티리얼 어트리뷰트** 프로퍼티에 연결한다.

15. 이제 연결이 생성됐으므로 **머티리얼 어트리뷰트 레이어** 노드에 추가할 수 있다. 추가하려면, 디테일 탭에서 해당 노드를 선택하고 **Default Layer** 속성 옆의 화살표를 클릭한다. **백그라운드**^{Background} 메뉴를 확장하고 **레이어 에셋**^{Layer Asset} 드롭다운 메뉴에서 **Layer_Base** 머티리얼 레이어를 선택한다.

16. 그런 다음, **기본 레이어**Default Layers 옆의 + 아이콘을 클릭해 스택에 새 레이어를 추가한다. 새로 생성된 **레이어 1**Layer 1 항목을 선택하고 확장한 다음, **레이어 에셋** 프로퍼티를 Layer_Snow Material Function으로 설정한다.

이제 우리 앞에 이런 일이 벌어진다.

그림 8.20 Material Attribute Layers 노드 및 설정

이제 눈이 원래 배경을 덮고 있는 것을 볼 수 있다. 레이어는 포토샵과 같은 이미지 편집 소프트웨어 패키지에서 레이어를 처리하는 방식과 유사하게 작동하며, 새 레이어가 서로의 위에 그려진다.

블렌딩 프로세스를 제어하기 위해 배경 위에 **레이어 1**의 어떤 부분을 그릴지 정의하는 **블렌드 에셋** 프로퍼티에 액세스할 수 있으므로, 다음에서 구현해보자.

17. **적용** 및 **저장**을 누른다. 그런 다음, 에디터를 닫는다.

18. 콘텐츠 브라우저 내부를 우클릭해 콘텍스트 메뉴를 불러온 다음, 내부의 **머티리얼** 메뉴로 이동해 다음으로 생성할 항목인 **머티리얼 레이어 블렌드**Material Layer Blend 에셋을 찾는다.

19. 원하는 대로 이름을 지정한다. 이 특정 인스턴스에서는 **Snow_Blend**로 지정한다. 새 에셋을 더블 클릭해 해당 에셋의 머티리얼 에디터를 연다.

이전 스크린샷의 왼쪽에서 볼 수 있듯이 기본적으로 2개의 기본 노드가 있는데, **입력 상단 레이어**^{Input Top Layer}(눈에 사용할)와 **입력 하단 레이어**^{Input Bottom Layer}(벽돌)다. 이 노드의 출력은 **Blend Material Attributes**라는 세 번째 노드로 전달되고 있다. 여기서의 **Alpha** 프로퍼티는 **Lerp** 노드에서와 마찬가지로, 두 레이어가 어떻게 혼합돼야 하는지를 지정한다. 이 특정 레시피에서는 월드에 기반한 버텍스의 정렬을 기반으로 만든 두 머티리얼을 블렌딩해 눈이 맨 위에 나타나도록 하고 싶다. 다음 단계로 넘어가자.

20. 두 입력 노드 아래 어딘가에 **World Aligned Blend** 함수를 추가한다. 그런 다음, **w/Vertex Normals**를 BlendMaterialAttributes의 **Alpha**에 연결한다.

21. **World Aligned Blend** 노드 왼쪽에 **Constant** 노드를 생성하고 **Blend Sharpness (S)**에 연결한다. 해당 값으로는 **10**을 설정한다.

22. 그런 다음, 다른 **Constant**를 생성하고 **Blend Bias** 프로퍼티에 연결한다. 이 노드를 우클릭하고 **파라미터로 변환 옵션**^{Convert to Parameter}을 클릭해 파라미터로 바꾼 다음, 이름을 **Snow Bias**로 지정한다.

이제 몇 가지 노드를 만들었으므로, 계속 진행하기 전에 머티리얼 에디터를 살펴보자.

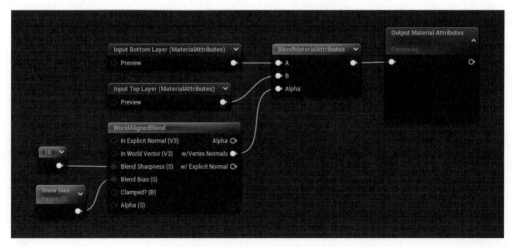

그림 8.21 머티리얼 레이어 블렌드 에셋의 그래프

23. 이어서 **Material Layered Blend** 에셋을 저장하고 에디터를 종료한다.

24. **M_SnowLayeredMaterial**에서 **Material Attribute Layer** 노드를 선택하고 **블렌드 에
셋** 프로퍼티를 방금 만든 **Snow_Blend**로 설정한다. 모든 것이 잘됐다면, 프리뷰
이미지의 상단 절반이 눈 레이어로 덮여 있다!

25. 기존 에셋으로 이를 더 쉽게 확인하려면 **SM_MatPreviewMesh_02**와 같이 더 복잡
한 메시가 있는 씬을 생성하고 머티리얼을 그 위에 끌어다 놓는다.

이러한 모든 변경 사항이 적용됐으므로, 이 머티리얼은 우리가 지금 보고 있어야
하는 모습이다.

그림 8.22 레벨의 모델에 머티리얼이 적용된 모습

이제 기본 머티리얼을 확보했으므로, 이어서 살펴보듯이 매우 쉽게 인스턴스화할
수 있다.

26. **M_SnowLayeredMaterial**에 우클릭하고 **머티리얼 인스턴스 생성**^{Create Material Instance}을
클릭한다. 이 새 에셋의 이름을 **MI_SnowLayeredGold**로 지정하고 더블 클릭해 에
디터를 실행한다.

27. 이전과 달리 메뉴가 간소화됐음을 알 수 있다. **레이어 파라미터**^{Layer Parameters} 탭으로
이동해서 **백그라운드** 메뉴를 펼친다.

28. 이어서 레이어 에셋 옆의 화살표를 클릭한 다음, **텍스처 파라미터**^{Texture Parameters}를 클릭한다. 그러면 이전에 생성한 파라미터가 표시된다.

29. **Base Diffuse** 및 **Base Normal** 파라미터 옆의 체크박스를 활성화한다. 이제 새 텍스처 값을 할당할 수 있으므로 금색 텍스처를 선택한다. 시작용 콘텐츠에는 잘 작동할 수 있는 에셋이 하나 포함돼 있으며, 이름은 **T_Metal_Gold_D**와 **T_Metal_Gold_N**이다.

30. 이전 단계를 완료한 후, 레벨에 존재하는 머티리얼 프리뷰 메시 액터의 복제본을 생성하고 생성한 새 머티리얼 인스턴스를 해당 모델에 할당한다.

31. 완료했으면, 머티리얼 에디터로 돌아가 **레이어 1**에서 **블렌드 에셋**^{Blend Asset} **> Scalar Parameter Values** 메뉴를 펼치면 **Snow Bias** 프로퍼티가 있다. 그럼 해당 프로퍼티를 갖고 놀아본다. 머티리얼 프리뷰 메시가 실시간으로 수정된다는 점에는 유의하자.

이제 다음 그림과 비슷한 머티리얼이 표시된다.

그림 8.23 새로 생성한 머티리얼 인스턴스

이 아이디어는 캐릭터 스킨 색 구성표와 같이 자주 수정하고 싶은 모든 머티리얼로 작업할 수 있도록 쉽게 확장할 수 있다.

예제 분석

머티리얼 레이어는 머티리얼 함수와 비슷한 방식으로 작동하지만, 머티리얼 인스턴스를 만들 때와 마찬가지로 자식을 생성할 수 있는 기능이 있다.

Material Layer Blend 노드는 머티리얼의 여러 레이어를 서로의 위에 그리는 방법에 대한 지침을 제공한다. 이 예제에서는 World Aligned Blend 노드의 결과를 사용해 눈 레이어를 그릴 위치, 즉 눈 레이어가 배치된 표면의 상단을 결정했다.

부모 머티리얼의 인스턴스를 만들면 머티리얼을 열었을 때 기본 에디터 대신 **레이어 파라미터** 메뉴가 표시되는 것을 볼 수 있다. 이 메뉴에는 머티리얼의 파라미터인 측면만 표시되는데, 이는 셰이더의 측면을 추가하거나 수정하는 것을 매우 간단하게 만들기 위해서다. 원하는 경우 디테일 탭에도 액세스할 수 있다는 점에 유의하자.

참고 사항

레이어드 머티리얼에 대한 자세한 내용은 웹 사이트(https://docs.unrealengine.com/5.1/en-US/layering-materials-in-unreal-engine/)에서 확인하자.[1]

⁑ 파라미터 컬렉션 에셋을 사용해 화창한 레벨을 눈 내리는 레벨로 변경하기

아티스트가 직면하는 일반적인 문제 중 하나는 여러 머티리얼을 동시에 변경하는 것이다. 5장의 '나침반으로 방향 잡기' 레시피를 통해 파라미터와 블루프린트를 사용해 런타임에 파라미터를 변경하는 방법은 이미 배웠다. 그럼에도 불구하고 각 머티리얼 파라미터를 개별적으로 변경해야 했기 때문에 많은 수의 머티리얼을 다룰 때는 이상적이지 않았다.

---

1 한국어 버전은 https://docs.unrealengine.com/5.1/ko/layering-materials-in-unreal-engine/에서 확인할 수 있다. – 옮긴이

머티리얼 파라미터 컬렉션^{Material Parameter Collection} 액터를 사용하면 여러 머티리얼에서 참조할 수 있는 특수 변수를 만든 다음, 에디터 안에서 또는 런타임에 블루프린트나 C++를 통해 수정할 수 있다. 이를 얼마나 쉽게 사용할 수 있는지 알아보고자 이번 레시피에서는 여러 머티리얼을 동시에 변경해 작업할 레벨에 눈이 내리는 듯한 느낌을 주는 방법을 살펴보자.

준비

머티리얼 파라미터 컬렉션은 이름에서 알 수 있듯이 그 안에서 생성하는 여러 가지 파라미터 또는 변수를 조정할 수 있는 에셋 유형이다. 결과적으로 이 레시피는 데이터 지향적인 레시피로, 이를 실행하기 위해 외부 에셋이 많이 필요하지 않으며 커스텀 텍스처나 모델도 필요하지 않다! 몇 가지 외부 레퍼런스는 시작용 콘텐츠 패키지에 있는 에셋에 고정되므로 다른 곳에서 찾을 필요가 없다.

제작할 머티리얼의 다양한 버전을 적용할 수 있는 몇 가지 모델이 포함된 레벨이 필요하다. 따라서 이 책과 함께 제공되는 프로젝트의 일부인 **08_05_Start**라는 이름의 레벨을 하나 만들었다.

예제 구현

간단하게 설명하기 위해 시연할 에셋인 머티리얼 파라미터 컬렉션을 생성하고 조정하는 것으로 레시피를 시작하자.

1. 먼저 콘텐츠 브라우저 내부에서 우클릭하고, **머티리얼** 섹션에서 **머티리얼 파라미터 컬렉션**^{Material Parameter Collection} 옵션을 선택한다. 이 새 에셋의 이름은 원하는 대로 지정할 수 있다. 나는 **RustCollection**이라는 간단한 이름을 사용했다.

2. 새 컬렉션 에셋을 더블 클릭하면 속성을 조정할 수 있는 창이 열린다. 두 가지 주요 항목이 표시되는데, 스칼라 파라미터와 벡터 파라미터다.

3. 그런 다음, **스칼라 파라미터**^{Scalar Parameters} 옵션 옆의 + 버튼을 클릭한다. 새 항목이 생성되면, **인덱스 [0]**^{Index [0]} 옵션을 확장해 **디폴트 값**^{Default Value}과 **파라미터 이름**^{Parameter Name}이라는 두 가지 속성을 찾는다. 파라미터 이름을 **Rust Amount**로 지정한다.

4. **저장** 버튼을 누르고 언리얼 에디터로 돌아간다.

   머티리얼 파라미터 컬렉션을 처음 다루는 것이므로 이전 옵션은 다음과 같아야 한다.

그림 8.24 방금 생성한 설정

이제 새 에셋을 머티리얼 내부 또는 이전 레시피에서 만든 **Material Layer Blend** 에셋 내부에서 사용할 수 있다. 간단하게 설명하기 위해 이번에는 머티리얼에 집중해보자.

5. 계속해서 이 이펙트를 보여줄 수 있는 새 머티리얼을 만들고 더블 클릭해 머티리얼 에디터를 실행한다. 새 에셋의 이름을 **M_BasicMetallicMaterial**이라고 하자.

6. 머티리얼 에디터에 들어가서 벡터 파라미터 노드를 생성하고 이름을 **Base Color**로 설정한다. 이것은 머티리얼의 해당 속성을 구동하는 프로퍼티 중 하나다.

7. 다음으로, **Texture Sample** 노드를 생성하고 **T_Metal_Rust_D** 텍스처를 할당한다. 이 에셋은 시작용 콘텐츠의 일부이므로, 아직 추가하지 않은 경우 프로젝트에 추가했는지 확인한다.

   이 두 노드가 준비됐으므로, 이제 다음과 같이 두 노드를 혼합하는 것을 고려해볼 수 있다. 머티리얼 파라미터 컬렉션 에셋에서 정의한 **Rust Amount** 값이다. 다음 작업으로 넘어가자.

8. 계속해서 **Lerp** 노드를 생성하고 앞의 두 노드를 **A**와 **B**에 연결한다. **A**는 **Base Color**라고 명명한 벡터 파라미터 노드에 연결하고, **B**는 **Texture Sample** 노드에 연결해야 한다.

9. 그런 다음, 머티리얼 그래프에서 우클릭하고 이름을 입력해 컬렉션 파라미터 노드를 생성한다. 노드가 생성되면, 노드를 선택하고 디테일 탭에서 **컬렉션**^{Collection} 프로퍼티를 1번 단계에서 생성한 **RustCollection** 에셋으로 설정한다.

10. 파라미터 노드를 배치한 후, 해당 노드를 이전 **Lerp**의 **Alpha** 입력 핀에 연결한다.

11. 마지막으로, **Lerp**를 메인 머티리얼의 **베이스 컬러**^{Base Color} 프로퍼티에 연결한다.

기본 메탈릭 머티리얼을 만들려고 하므로, 다음으로는 **메탈릭**^{Metallic} 프로퍼티도 조정해보자.

12. **상수**^{Constant} 노드 2개를 생성하고 1과 0 값을 할당한다. 하나는 머티리얼에 녹이 없을 때와 같이 머티리얼을 완전히 금속으로 만들고, 다른 하나는 머티리얼에 녹이 쌓일 때와 같이 비금속으로 만든다.

13. 새 **Lerp** 노드를 추가하고 값이 1인 상수 노드를 **A**에 연결한다. 다른 하나는 **B**에 연결한다.

14. **Alpha**의 경우, 10번 단계에서 했던 것처럼 **컬렉션 파라미터**^{Collection Parameter} 노드에 연결한다.

15. 그런 다음, 이 **Lerp** 노드를 메인 머티리얼의 **Metallic**에 연결한다.

이전 단계들을 완료하면, 파라미터 컬렉션 에셋을 인스턴스화해 데모에 사용할 수 있는 머티리얼이 남게 된다. 그 전에 잠시 시간을 내서 머티리얼 그래프를 검토해보자.

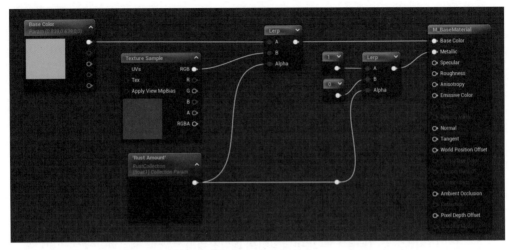

그림 8.25 지금까지의 머티리얼 그래프

이전 단락에서 언급했듯이, 이제 이 머티리얼의 여러 인스턴스를 만들어 효과를 시연해보자.

16. 콘텐츠 브라우저로 돌아가서 방금 만든 머티리얼을 마우스 오른쪽 버튼으로 클릭한다. 머티리얼에서 **머티리얼 인스턴스 생성**^{Create Material Instance} 옵션을 선택하고 4개의 인스턴스를 생성한다.

17. 이어서 **Base Color** 변수를 노출하고 기본값을 수정해 각각의 새 머티리얼 인스턴스를 조정한다. 인스턴스가 4개 있으므로, 각 인스턴스에 다른 색을 할당하고 레벨에 있어야 하는 다른 모델에 적용한다.

18. 그런 다음, 머티리얼 파라미터 컬렉션 에셋을 더블 클릭하고 **Rust Amount** 스칼라 파라미터 노드의 **기본값** 프로퍼티를 조정한다.

이전 파라미터에 다른 값을 할당하면, 다음 그림과 같이 레벨에 방금 적용한 모든 머티리얼이 동시에 변경돼 이 레시피에서 달성하고자 하는 효과를 확인할 수 있다. 레벨 전체에 이러한 유형의 변경을 적용해야 할 때는 이 효과를 꼭 활용하자!

그림 8.26 Rust Amount를 변경한 후 동일한 머티리얼을 확인한다(왼쪽: 0.5, 오른쪽: 1).

예제 분석

이 레시피에서 살펴본 것처럼 머티리얼 컬렉션을 사용하면 여러 머티리얼의 프로퍼티를 한 번에 수정할 수 있다. 여러 머티리얼 파라미터를 조정하는 것보다 하나의 머티리얼 파라미터 컬렉션 에셋을 조정하는 것이 훨씬 쉽고 효율적이므로 사용성과 성능 측면에서 모두 훌륭하다. 여러 개의 개별 아이템이 아닌 하나의 중앙 집중식 아이템을 다루면, 렌더링 오버헤드도 줄어들어 게임플레이 경험이 더 좋아진다.

이를 염두에 두고, 이 기술을 배포할 때 주의해야 할 몇 가지 제한 사항도 살펴보자. 예를 들어 머티리얼은 머티리얼 파라미터 컬렉션 에셋 2개를 참조하는 것으로 제한되므로, 이 임계값을 넘지 않도록 주의해야 한다. 또한 각 컬렉션은 최대 1024개의 **스칼라 파라미터**와 1024개의 **벡터 파라미터** 항목을 저장할 수 있다. 이는 매우 큰 숫자이므로 초과할 가능성은 낮지만, 그럼에도 불구하고 한계가 있다.

우리가 직면할 가능성이 높은 한 가지 문제는 수정된 파라미터 컬렉션의 영향을 받는 셰이더를 다시 컴파일해야 한다는 것이다. 이는 특정 컬렉션 내의 파라미터 수를 변경할 때마다 발생하는 문제로, 이렇게 하면 하드웨어와 영향을 받는 머티리얼 수에 따라 약간의 시간이 걸리는 리컴파일 프로세스가 트리거된다. 이를 고려할 때, 한 가지 해결책은 꼭 필요한 것보다 더 많은 파라미터를 생성함으로써 나중에 돌아가 설정을 더 추가할 경우를 대비한 약간의 여유 공간을 확보하는 것이다.

참고 사항

머티리얼 파라미터 컬렉션 에셋에 대한 자세한 정보는 웹 사이트(https://docs.unrealengine.com/5.1/en-US/using-material-parameter-collections-in-unreal-engine/)에서 확인할 수 있다.[2]

░ 커브 아틀라스를 사용해 계절 바꾸기

언리얼의 머티리얼 레퍼토리를 살펴보는 과정에서 다양한 유형의 파라미터를 사용하게 될 때가 있다. 지난 레시피에서는 머티리얼 파라미터 컬렉션 에셋을 사용해 스칼라 유형과 벡터 유형의 강점을 모두 활용하는 방법을 살펴봤다. 하지만 이 두 가지 유형의 변수는 셰이더에서 사용하는 러프니스 값이나 특정 머티리얼에 표시해야 하는 색상과 같은 특정 고정 프로퍼티를 구동하는 데 가장 적합하다.

언리얼에서는 커브^{curve}를 사용해 더 미묘한 유형의 데이터도 파라미터화할 수 있다. 커브는 다양한 값을 담을 수 있는 특수한 유형의 에셋으로, 단일 옵션이 아닌 다양한 옵션을 제공하기 위한 것이다. 이 레시피에서는 단일 커브에서 다양한 값을 샘플링할 수 있는 머티리얼을 만들어 그 특성을 활용하자. 이 기능을 사용해 사계절 내내 나뭇잎에 나타나는 가장 일반적인 색상을 표시할 수 있는 머티리얼을 만들어 계절 변화에 적응할 수 있는 셰이더의 효과를 만들어보자.

준비

이전 레시피와 마찬가지로 이 레시피도 언리얼 엔진 내에서 직접 생성할 수 있는 에셋을 사용한다. 시작용 콘텐츠를 통해 제공되는 다른 리소스도 사용할 예정이므로, 아직 포함하지 않았다면 프로젝트에 포함시키자.

---

2 한국어 버전은 https://docs.unrealengine.com/5.1/ko/using-material-parameter-collections-in-unreal-engine/에서 확인할 수 있다. - 옮긴이

이 책과 함께 제공되는 언리얼 엔진 프로젝트로 작업하는 경우, **08_06_Start**라는 레벨을 열고 내가 사용한 것과 동일한 예제를 사용해 따라 해본다. 이제 바로 본론으로 들어가자!

예제 구현

이 레시피의 핵심은 커브이므로, 먼저 이러한 에셋을 하나 만드는 것부터 시작하자.

1. 먼저 콘텐츠 브라우저로 이동해 커브^{Curve} 에셋을 생성한다. 마우스 오른쪽 버튼을 클릭하고 **기타**^{Miscellaneous} 카테고리에서 찾으면 된다.

2. 이전 단계를 완료한 직후에 생성할 커브 클래스를 선택하라는 메시지가 표시된다. **커브 클래스 선택**^{Pick Curve Class} 창에서 **CurveLinearColor** 유형을 선택한다.

3. 새로 만드는 모든 에셋과 마찬가지로 이름을 지정해야 한다. 이번에는 이후 여름철에 모델이 가져야 할 색상을 지정하는 데 사용할 것이므로 **Summer Curve**를 선택한다.

4. 이제 새 에셋을 더블 클릭해 에디터를 열고 계속 진행하자. 이 시점에서 해당 창은 다음과 같은 모습이어야 한다.

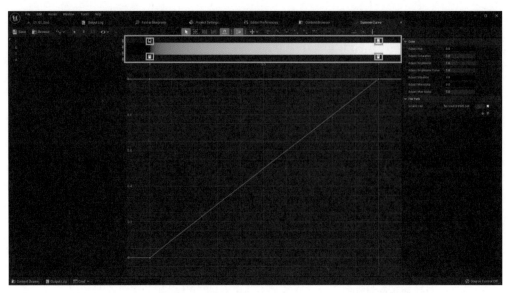

그림 8.27 커브 에디터 살펴보기

집중해야 할 영역은 그림 8.27에서 강조 표시한 커브 그래디언트 결과^{Curve Gradient}다. 이것은 에디터 상단에 나타나는 흑백 그라데이션으로, 현재 위쪽과 아래쪽에 2개씩 총 4개의 키가 표시된다. 아래쪽 키는 **알파** 값을 조정하고, 위쪽 키는 색상에 영향을 준다. 다음 작업은 이 곡선에 몇 가지 값을 만들어 북반구의 나뭇잎이 보여주는 여름 색조와 같이 더 푸르게 보이도록 만든다.

5. 검은색 키(현재 그라데이션의 왼쪽 상단에 있는 키)를 더블 클릭해 **색상 선택**^{Color Picker} 툴을 연다. 여기서 강렬한 초록색 값을 선택하고, 그라데이션이 어떻게 업데이트됐는지 확인한다.

6. 그런 다음, 그래프를 마우스 오른쪽 버튼으로 클릭하고 **키 추가**^{Add key} 옵션을 선택해 커브에 점을 더 추가한다. 다른 유사한 초록색 값을 지정해 곡선을 다음 그림과 같은 모양으로 만든다.

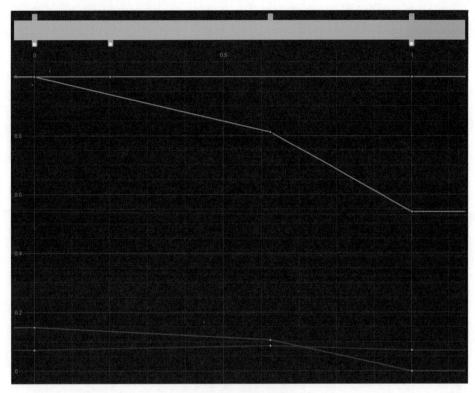

그림 8.28 방금 만든 곡선 보기

7. 이어서 **저장** 버튼을 클릭하고 언리얼 에디터로 돌아간다.

   이렇게 하면 여러 가지 색조를 포함하는 커브를 얻을 수 있으며, 북반구 초목에서 일반적으로 볼 수 있는 여름 색상을 표현하는 데 사용할 수 있다. 이 커브를 설정한 것처럼, 다른 세 계절에서 볼 수 있는 색조를 묘사하는 세 가지 커브를 더 만들자.

8. 계속해서 **CurveLinearColor**의 커브 3개를 새로 만들고 **SpringCurve**, **FallCurve**, **WinterCurve**와 같은 이름을 지정한다. 이 작업을 위해 1~3번 단계를 반복한다.

9. 그런 다음, 해당 계절에 보이는 톤을 반영하도록 내부 값을 조정한다. 가을 시즌을 제어하는 커브에는 따뜻한 색상을, 겨울을 제어하는 커브에는 흰색 톤을, 봄을 나타내는 커브에는 더 생생한 값을 사용한다.

   이 세 가지 커브를 만드는 대신, 이 책과 함께 제공된 언리얼 엔진 프로젝트의 **콘텐**

츠 ❯ Assets ❯ Chapter08 ❯ 08_06에 포함된 커브를 사용할 수 있다.

이제 커브가 준비됐으므로, 다음 몇 단계에서는 커브 사이를 샘플링하는 데 사용할 수 있는 에셋을 만든다. 그 이름은 커브 아틀라스^{Curve Atlas}다.

10. 커브 아틀라스 에셋을 생성하려면 콘텐츠 브라우저의 빈 영역에 우클릭하고 **기타**
Miscellaneous 메뉴에서 **커브 아틀라스**를 선택한다.

11. 그런 다음, 이름을 지정하고(이번에는 **Season Atlas**로 정했다) 더블 클릭해 에디터를 연다.

12. 에디터에서 디테일 탭을 살펴보고 **그라데이션 커브**^{Gradient Curves} 프로퍼티에 집중한다. 거기서 **+** 버튼을 클릭해 해당 배열에 요소를 추가하고, 해당 항목을 첫 번째 커브(SpringCurve)로 설정한다.

13. 계속해서 **+** 버튼을 클릭하고 다음 커브(SummerCurve)를 추가한 후, 몇 번 더 클릭해서 **FallCurve** 및 **WinterCurve** 에셋을 추가한다.

14. **스퀘어 해상도**^{Square Resolution}를 비활성화하고 **텍스처 높이**^{Texture Height}를 **4**로 설정한다.

15. **저장** 버튼을 누르고 언리얼 에디터로 돌아간다.

지금까지 살펴본 바와 같이 **텍스처 높이**를 아틀라스에 포함된 커브 수와 일치하는 값인 4로 설정하고, **텍스처 너비**^{Texture Width}는 기본값인 **256**으로 설정했다. 이는 수직 축에서 커브가 차지하지 않는 빈 공간을 제거하는 동시에 그라데이션이 올바르게 표현될 수 있도록 충분한 수평 해상도를 남겨둔다는 점에서 중요하다. 수평 해상도는 간단한 곡선을 더 적은 픽셀로 표현할 수 있지만 복잡한 곡선은 더 많은 픽셀이 필요할 수 있으므로 조정해야 할 수 있는 파라미터다. 어떤 경우든 높이와 너비가 모두 2의 배수인지 확인한다. 이러한 변경 사항을 모두 적용했으면 다음과 유사한 커브 아틀라스 에셋을 볼 수 있다.

그림 8.29 새 커브 아틀라스 에셋 설정

이제 커브 아틀라스 에셋이 생겼으니 이를 사용하는 머티리얼을 만들 수 있다.

16. 계속해서 새 머티리얼을 생성하고 이름을 **M_SeasonGround**와 비슷한 이름으로 지정한 다음, 더블 클릭해 머티리얼 에디터를 실행한다.

17. 에디터에서 새 **Texture Sample** 노드를 생성하고 **T_Ground_Moss_D** 텍스처를 할 당한다. 이 텍스처는 시작용 콘텐츠에서 사용할 수 있는 에셋이다.

18. 다음으로, 이전 **Texture Sample** 노드 바로 뒤에 **Desaturation** 노드를 생성한다.

19. 마지막 노드를 선택한 상태로 디테일 패널에서 **Luminance Factors** 프로퍼티를 찾 아 **R, G, B** 값을 **1**로 변경한다.

20. 그런 다음, **Texture Sample** 노드의 **RGB** 채널을 **Desaturation** 노드의 입력에 연결 하고 **Desaturation** 노드를 **메인 머티리얼** 노드의 **베이스 컬러**에 연결한다.

    이전 단계를 구현하면 사용하기로 선택한 텍스처에서 색상을 효과적으로 제거해 흑백 버전으로 만들 수 있다. 앞서 만든 커브 아틀라스 에셋에 저장된 색상을 사용 하기 위해 이 작업을 수행했으며, 이 작업은 이후에 진행한다.

21. 그래프를 우클릭하고 **CurveAtlasRowParameter** 노드를 추가한다.

22. 새 노드를 만들려고 하면 새 노드에 이름을 지정하라는 메시지가 표시된다. 이번 에는 **Season**이라는 단어를 사용했다.

23. 새 노드를 선택한 상태로 디테일 탭에서 **Atlas** 파라미터를 10번 단계에서 만든 커 브 아틀라스 에셋, 즉 **Season Atlas**라고 명명한 에셋으로 설정한다. **커브**^{Curve} 속성

은 **SpringCurve** 에셋으로 설정한다.

24. 이전 변경 사항을 그대로 유지한다. 이전에 배치한 노드의 오른쪽에 **Blend_ Overlay** 노드를 만든다.

25. 이어서 **Desaturation** 노드의 출력을 **Blend_Overlay** 노드의 **Base (V3)** 프로퍼티에 연결하고, **Season** 노드의 출력 핀을 **Blend_Overlay** 노드의 **Blend (V3)** 프로퍼티에 연결한다.

26. 마지막으로, **Blend_Overlay** 노드의 출력을 머티리얼의 **베이스 컬러** 입력에 연결한다. 이제 머티리얼 그래프는 다음과 같다.

그림 8.30 방금 생성한 머티리얼 그래프

이제 우리가 만든 커브 아틀라스 에셋에 액세스할 수 있는 머티리얼이 있지만, 현재 사용 중인 커브를 변경할 수 없는 위치에 있다. 이 부분을 변경하고 싶으므로, 이후에 살펴보겠지만 블루프린트를 사용해 변경한다.

27. 레벨의 레벨 블루프린트^{Level Blueprint}를 열어 계속해보자.

28. 그래프 안에 들어가면, 재질을 적용하려는 모델에 대한 참조를 가져온다. 아웃라이너^{Outliner} 패널에서 오브젝트의 이름을 끌어 그래프 안에 놓으면 된다.

29. 오브젝트에 대한 레퍼런스가 제자리에 있는 상태에서 와이어를 유일한 핀 밖으로 끌어다 놓고 `Create Dynamic Material Instance`를 입력해 그래프에 해당 노드 하나를 추가한다. 이 작업을 수행할 때 스태틱 메시 컴포넌트^{Static Mesh Component}라는 다른 노드도 자동으로 생성되므로, 이 노드만 생성되는 것은 아니다. 이 노드는 이 작업을 완료하는 데 필요한 중간 노드다.

30. 곧 보겠지만, 새 노드에는 조정할 수 있는 몇 가지 파라미터가 포함돼 있다. 가장 먼저 살펴볼 것은 **Source Material**이다. 이 프로퍼티를 이 레시피에서 만든 머티리 얼인 **M_SeasonGround**로 설정한다.

31. **Create Dynamic Material Instance** 노드 오른쪽에 **Set Scalar Parameter Value** 노 드를 생성한다. **Context Sensitive** 옵션이 비활성화돼 있는지 확인하고, 타깃이 **Material Instance Dynamic**으로 설정된 버전을 사용한다.

TIP

함수를 만들기 전에 이름에 마우스를 갖다 대면 해당 함수의 대상을 확인할 수 있다. 이름을 입력하기 시작하면 **Context Sensitive**에 따라 여러 함수가 표시되며, 마우스를 가져가면 해당 함수의 대상이 무 엇인지 확인할 수 있다.

32. **매개변수 이름**^{Parameter Name}에 21번 단계와 22번 단계에서 만든 매개변수의 이름을 입력한다(내가 사용한 것과 같은 이름을 사용했다면 이 이름은 Season이어야 한다). 값에 **0.5**를 입력한다.

33. 마지막으로, **Create Dynamic Material Instance** 노드의 반환 값을 **Set Scalar Parameter Value** 노드의 타깃에 연결한다. 이제 전체 로직이 구성됐으니 이벤트 그래프의 내용을 살펴보자.

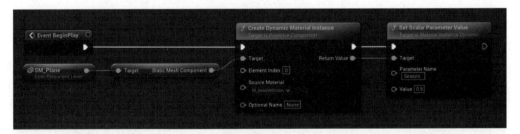

그림 8.31 이벤트 그래프 내용

메인 에디터 뷰포트로 돌아가서 **플레이**를 누르면 볼 수 있듯이, 이제 그라운드 평 면에 앞서 만든 커브로 수정된 새로운 머티리얼이 생겼다! 값을 **0**에서 **1** 사이로 변 경해 어떻게 변경되는지 확인해보자.

그림 8.32 작동 중인 머티리얼

예제 분석

계속 진행하기 전에 커브 에디터 내부에서 작동하는 방법을 잠시 살펴보자. 이를 위해
다음 스크린샷과 같이 에디터 자체에 잠시 집중해보자.

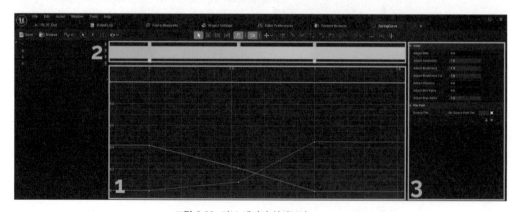

그림 8.33 커브 에디터 살펴보기

앞의 그림에서 볼 수 있듯이, 커브를 조정할 때 대부분의 작업을 수행하게 될 위치에 해당하는 세 가지 영역을 강조했다. 각각의 기능을 살펴보자.

- 첫 번째 영역이자 가장 큰 영역인 커브 그래프^{Curve Graph}는 새 키를 생성하고, 원하는 기존 키를 삭제하고, 값을 수정하고, 또는 해당 포인트와 관련된 데이터를 전반적으로 조정할 수 있는 에디터의 영역이다.

- 두 번째 영역은 커브 그라데이션 결과^{Curve Gradient Result}다. 커브에 추가한 모든 키의 결과를 볼 수 있는 영역이다.

- 세 번째 영역은 색상 패널^{Color Panel}이다. 커브의 모든 키에 영향을 주는 설정인 커브 전체 파라미터를 조정할 수 있는 곳이다.

앞서 언급했듯이, 대부분의 작업은 커브 에디터에서 대부분의 공간을 차지하는 커브 그래프에서 수행된다. 이 그래프에서 빈 공간을 마우스 오른쪽 버튼으로 클릭하면 모든 커브에 키를 추가할 수 있다. 또는 **Shift** 키를 누른 상태에서 개별 커브를 클릭해 단일 키를 추가할 수도 있다.

참고 사항

이 레시피에서 봤듯이, 최종 머티리얼은 우리가 만든 커브 아틀라스 애셋에 저장된 값 중 하나를 샘플링할 수 있게 했다. 이를 염두에 두고, 레벨 블루프린트 내에 약간의 추가 코드를 생성해 커브에 저장된 다른 값을 살펴보도록 할 수 있다.

기본 레시피를 사용하면 스칼라 파라미터 값 설정 노드를 통해 샘플링하는 값을 수정해서 이를 쉽게 확장할 수 있다. 고정된 숫자를 사용하는 대신, 0에서 시작해 점차적으로 값을 증가시켜 시간에 따른 변화를 확인할 수 있다. 이 작업은 변수를 생성하고 나서 **지연**^{Delay} 노드를 사용해 시간이 지남에 따라 값을 증가시킨 다음, **스칼라 파라미터 값 설정**^{Set Scalar Parameter Value} 노드를 다시 호출하는 방식으로 수행할 수 있다. 이 책의 언리얼 엔진 프로젝트와 함께 제공되는 **08_06_End** 레벨에서 실제로 작동하는 모습을 확인할 수 있으며, 다음 스니펫^{snippet}을 볼 수 있다.

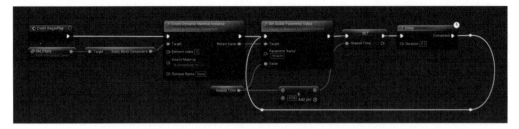

그림 8.34 머티리얼이 여러 커브를 반복하도록 하는 로직 조정

즉, Season 파라미터의 값을 조정하면 아틀라스에 저장된 여러 커브 사이를 이동할 수 있다. 기억하겠지만, Season 매개변수는 21번 단계에서 만든 **커브 아틀라스 행 매개변수** Curve Atlas Row Parameter 노드다. 이 값을 조정하면 아틀라스의 *Y*축을 따라 이동하고 텍스처 가 저장된 커브의 양만큼 커지므로, 파라미터 값을 조정하는 것은 기본적으로 한 커브 에서 다른 커브로 변경하는 것을 의미한다.

대신 아틀라스의 *X*축을 따라 이동해 아틀라스에 저장된 개별 커브의 내용을 횡단할 수 있는 다른 방법을 사용할 수 있다. 이렇게 하려면 다음을 수행한다.

1. **M_SeasonGround** 머티리얼로 돌아가서 **X Position** 같은 이름의 스칼라 파라미터 노드를 생성한다.

2. 이전 파라미터의 출력을 **Season Curve Atlas Row Parameter** 노드의 **Curve Time** 에 연결한다.

3. 그 대신 레벨 블루프린트로 돌아가서 해당 세팅을 조정한다. 이렇게 하면 원하는 커브의 위치를 제어할 수 있다.

콘텐츠 > Assets > Chapter08에서 내가 남긴 **M_SeasonGround** 머티리얼을 검토할 수 있다. **08_06**을 더 자세히 살펴보고 싶다면 꼭 한번 확인해보자!

ꙮ 랜드스케이프 머티리얼 블렌딩하기

이 책에서 살펴본 바와 같이 머티리얼은 3D 모델, UI 요소, 렌더링 패스 등 다양한 곳에서 사용할 수 있다. 머티리얼이 매우 유용한 또 다른 곳은 표준 3D 메시와 생성 방식이 다른 특수한 3D 모델 범주인 랜드스케이프^{landscape} 오브젝트다. 기존의 스태틱 메시와 달리, 랜드스케이프는 일반적으로 크기가 크므로 텍스처링 방식이 본질적으로 달라야 한다.

이 문제를 해결하기 위해 언리얼에는 랜드스케이프 레이어 블렌드^{Landscape Layer Blend} 노드를 사용해 다양한 텍스처를 블렌딩할 수 있는 단일 머티리얼을 만들어내는 매우 강력한 랜드스케이프 시스템이 번들로 제공된다. 이 레시피에서는 이러한 머티리얼을 만들고 적용하는 방법을 살펴보자.

준비

랜드스케이프 작업 방법을 살펴보기 전에 작업하려는 레벨에 해당 에셋이 포함돼 있는지 확인한다. 에셋을 만들지 않으려는 경우, 08_07_Start라는 레벨을 열면 이 레시피에서 설명할 기법을 적용하도록 이미 설정된 레벨을 찾을 수 있다.

예제 구현

랜드스케이프 액터에 머티리얼을 적용하고 싶으니 머티리얼을 생성하는 것으로 레시피를 시작해보자!

1. 머티리얼을 생성하고 **M_Landscape**와 유사한 이름을 지정한 다음, 더블 클릭해 머티리얼 에디터로 들어간다.

2. 그런 다음, 그래프의 빈 영역에서 우클릭하고 **Landscape Layer Blend** 노드를 추가해 계속 진행한다.

3. 이전 노드를 선택한 상태에서 디테일 패널에 초점을 맞추고 **레이어**^{Layers} 속성 아래

에서 + 버튼을 클릭해 첫 번째 레이어를 블렌드에 추가한다.

4. 새로 추가된 **인덱스 [0]**Index [0] 속성 옆의 화살표를 클릭하고 레이어에 대한 옵션을 펼친다. **레이어 이름**을 Grass로 변경한다.

5. 다음으로, 3번 단계에서 클릭한 것과 동일한 + 버튼을 클릭해 레이어를 추가한다. 새 **인덱스 [1]**Index [1] 항목 아래에서 레이어 이름의 값을 Rock으로 변경한다.

6. 이 작업이 완료되면, **레이어 블렌드**Layer Blend 노드의 출력 핀을 **메인 머티리얼** 노드의 **베이스 컬러** 프로퍼티에 연결한다.

7. 그런 다음, 2개의 **Texture Sample** 노드를 만들고 각각에 대한 텍스처를 설정한다. 이를 Landscape Layer Blend 노드에서 만든 2개의 레이어에 연결할 것이므로 **Grass**와 **Rock**을 표현할 적절한 이미지를 선택한다. 시작용 콘텐츠에 포함된 이미지의 이름은 각각 **T_Ground_Grass_D**와 **T_Rock_Slate_D**이다.

8. 새 **Texture Sample** 노드를 배치한 후, **Grass** 텍스처가 포함된 노드의 출력을 Landscape Layer Blend 노드의 **Layer Grass**에 연결하고, 바위가 포함된 노드의 출력을 **Layer Rock** 입력에 연결한다.

머티리얼 그래프는 다음 그림과 같은 모양이어야 한다.

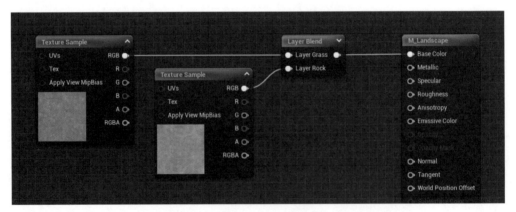

그림 8.35 머티리얼 그래프의 현재 상태

머티리얼의 **베이스 컬러** 프로퍼티를 처리했으므로 이제 **Normal** 속성에 집중하자.

9. 지금까지 만든 3개의 노드를 선택하고, 키보드에서 **Ctrl + C**와 **Ctrl + V**를 차례로 눌러 복사 및 붙여넣기를 한다.

10. 새로 복제된 노드를 배치한 후 새 **Layer Blend** 노드를 메인 머티리얼의 **Normal**에 연결한다.

11. 그런 다음, 방금 복제한 2개의 새 **Texture Sample** 노드를 선택하고 여기에 사용되는 텍스처를 변경한다. 이전에는 **Grass** 및 **Rock** 텍스처의 **Diffuse** 버전을 사용했으므로, 이번에는 **T_Ground_Grass_N**과 **T_Rock_Slate_N**을 선택한다.

12. 머티리얼 생성 과정의 마지막 단계로, **적용** 및 **저장** 버튼을 클릭하고 머티리얼 에디터를 종료한다.

이제 머티리얼이 준비됐으므로, 다음 단계에서는 새 머티리얼을 표시하는 데 사용할 수 있는 간단한 풍경 오브젝트를 만드는 데 집중한다. 이 부분은 다음에서 다루자.

13. 레벨을 생성하고 거기에 랜드스케이프 오브젝트를 추가한다. 메인 에디터 뷰포트의 **모드**^{Modes} 드롭다운 메뉴로 이동해서 **랜드스케이프 모드**^{Landscape Mode}를 선택하면 된다. 혹 이미 존재하는 랜드스케이프 액터로 작업하길 원할 경우, 이 레시피의 '준비' 절에서 언급된 **08_07_Start** 레벨을 열면 된다.

14. 그런 다음, 새 랜드스케이프에 **M_Landscape** 머티리얼을 할당한다.

15. 레벨에서 풍경을 선택하고 디테일 패널을 확인한다. 거기서 **랜드스케이프 머티리얼**^{Landscape Material}이라는 옵션을 찾아 앞서 만든 **M_Landscape** 셰이더를 할당한다.

16. 이어서 **페인트**^{Paint} 버튼을 클릭하고 **타깃 레이어**^{Target Layers} 메뉴까지 아래로 스크롤한다. 거기서 **레이어** 메뉴를 열고 각 레이어 옆에 있는 **+** 버튼을 클릭해 레이어에 대한 **Landscape Layer Info** 오브젝트 인스턴스를 추가한다. 표시되는 메뉴에서 다음과 같이 **Weight-Blended Layer (normal)**을 선택한다.

그림 8.36 랜드스케이프에 Weight-Blended Layer (normal) Info 오브젝트 추가

17. 정보를 저장할 폴더를 선택하고 나서 **확인**^{OK} 버튼을 누른다.

몇 초 정도 기다리면, 첫 번째 레이어를 사용해 전체 영역을 채우도록 풍경이 변경되는 것을 확인할 수 있다.

18. 랜드스케이프 머티리얼도 Rock 에셋을 사용하도록 구성했으므로, 이번에는 **Rock** 레이어에 대해 16번 단계와 17번 단계를 반복한다.

19. 이제 **Rock** 레이어를 선택한 상태로 장면 창에서 클릭하고 드래그한다. 다음 그림과 같이 마우스 커서가 그 위를 지나갈 때마다 **Rock** 레이어가 레벨에 그려지는 것을 볼 수 있다.

그림 8.37 새로운 머티리얼 실제 사용 사례

이를 통해 랜드스케이프 내에서 레이어 간에 블렌딩하는 방법을 살펴봤다!

예제 분석

Layer Blend 노드를 사용하면 여러 텍스처나 머티리얼을 블렌딩해 랜드스케이프 모드 내에서 레이어로 사용할 수 있다. 각 레이어에는 그리는 방식을 결정하는 여러 가지 프로퍼티가 있다. 여기서는 기본 블렌드 모드인 **LB Weight Blend**를 사용해 다른 레이어 위에 레이어를 칠할 수 있다.

랜드스케이프^Landscape 메뉴의 **페인트**^Paint 섹션에서 **브러시 크기 및 브러시 감쇠**^Brush Size and Brush Falloff 속성을 사용해 한 번에 칠하는 양을 변경할 수 있다. 또한 원하는 모양을 얻기 위해 원하는 만큼 레이어를 추가할 수도 있다.

참고 사항

LB Weight Blend 모드를 사용해 랜드스케이프 머티리얼에 포함된 두 레이어를 블렌딩 하고 있지만, 웹 사이트(https://docs.unrealengine.com/5.1/en-US/landscape-material-layer-blending-in-unrealengine/#landscapelayerblendtypes)에서 다른 블렌드 유형에 대해 확인할 수 있다.[3]

또한 웹 사이트(https://docs.unrealengine.com/5.1/en-US/creating-landscapes-in-unreal-engine/)에서 랜드스케이프의 개념과 랜드스케이프를 만들고 조각하고 편집하는 방법을 더 자세히 알아볼 수 있다.[4]

---

3 한국어 버전은 https://docs.unrealengine.com/5.1/ko/landscape-material-layer-blending-in-unreal-engine/#landscapelayerblendtypes에서 확인할 수 있다. − 옮긴이

4 한국어 버전은 https://docs.unrealengine.com/5.1/ko/creating-landscapes-in-unreal-engine/에서 확인할 수 있다. − 옮긴이

09

포스트 프로세스 이펙트 추가하기

마지막 장에 온 것을 환영한다! 언리얼 엔진 5의 셰이더에 대한 이야기는 계속 이어가겠지만, 이번에는 매우 구체적인 종류인 포스트 프로세스 머티리얼을 집중적으로 살펴보자. 포스트 프로세스 머티리얼은 이 책의 대부분을 통해 살펴본 것처럼 3D 오브젝트에 적용하는 것이 아니라 렌더링 파이프라인의 일부로 사용된다는 점에서 독특하다. 그렇다면 그것은 무엇일까?

언리얼에는 다른 렌더링 엔진과 마찬가지로 렌더러^{renderer}라고 하는 레벨에 배치한 것을 묘사하는 컴포넌트가 포함돼 있다. 이 시스템이 수행하는 작업에는 라이팅이 3D 모델과 상호작용하는 방식을 계산하고, 씬의 뎁스를 파악하고, 어떤 요소가 표시되고 어떤 요소가 가려지는지 분류하는 것 등이 포함된다. 이러한 작업을 총칭해 렌더링 파이프라인^{rendering pipeline}이라고 한다. 포스트 프로세스 머티리얼은 여기에 주입되는 셰이더로, 컬러 그레이딩이나 레벨의 커스텀 톤 설정과 같은 이미지 전체 효과를 만드는 데 사용할 수 있다.

이 장에서는 다음 레시피들을 살펴보면서 이 기능을 사용하는 방법과 레벨에 적용하는 방법을 배운다.

- 포스트 프로세스 볼륨 사용하기

- 컬러 그레이딩^{color grading}으로 씬의 분위기 변경하기

- 포스트 프로세스 머티리얼을 사용해 공포 영화 분위기 조성하기

- 시네마틱 카메라로 작업하기

- 시퀀서를 사용해 사실적인 장면 렌더링하기

- 카툰 셰이더 이펙트 만들기

흥미를 북돋우기 위해 앞으로 구현될 몇 가지 기능을 간략히 소개하면 다음과 같다.

그림 9.1 이번 장에서 만들 몇 가지 이펙트의 모습

⁘ 기술적인 요구 사항

앞으로 다룰 모든 머티리얼은 언리얼 엔진에 포함된 에셋을 사용하므로, 소프트웨어에 액세스하는 것 외에 필요한 것은 없다. 앞으로 사용할 언리얼 엔진 프로젝트는 웹 사이트(https://packt.link/A6PL9)에서 다운로드할 수 있다.

⁂ 포스트 프로세스 볼륨 사용하기

언리얼이 제공하는 다양한 포스트 프로세스 이펙트에 접근하려면 레벨에 특정 액터를 배치해야 한다. 이 액터는 영향력 영역을 지정하는 상자 모양의 컨테이너인 포스트 프로세스 볼륨Post Process Volume이라는 이름을 갖고 있다. 이 레시피에서는 레벨에서 이를 활성화하는 방법과 이 장의 뒷부분에서 살펴볼 많은 세팅에 액세스할 수 있도록 하는 작업 방법을 배운다.

준비

이 장의 다양한 레시피를 살펴보면서 사용할 수 있는 레벨을 준비했다. 매우 간단한 레벨이지만, 앞으로 몇 페이지에 걸쳐 배울 다양한 포스트 프로세스 이펙트를 시연하는데 도움이 된다. 이 책과 함께 제공되는 언리얼 프로젝트의 **콘텐츠 > Levels > Chapter09**로 이동해서 해당 레벨을 찾을 수 있다. 레벨의 이름은 **09_01_Start**이며, 레벨을 열면 다음 환경이 나타난다.

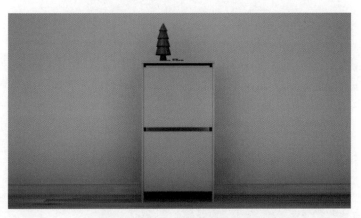

그림 9.2 이번 레시피의 데모 레벨 모습

이 작은 정물 레벨의 목적은 포스트 프로세스 볼륨 액터에 포함된 다양한 세팅을 시연할 수 있는 커스텀 레벨을 만드는 것이다. 이 시점에서는 살펴볼 콘텐츠만 있으면 되므로, 원하는 경우 자체 에셋을 사용하거나 시작용 콘텐츠의 일부로 제공된 에셋을 사용해도 된다. 어떤 것을 사용하든 다음 레시피를 통해 동일한 양의 지식을 얻을 수 있으니 안심하길 바란다.

예제 구현

함께 실험할 액터를 찾는 것으로 레시피를 시작한다.

1. **프로젝트에 빠르게 추가하기**^{Quickly Add to the Project} 메뉴의 **볼륨**^{Volumes} 카테고리에서 **포스트 프로세스 볼륨**^{Post Process Volume}을 선택한다.

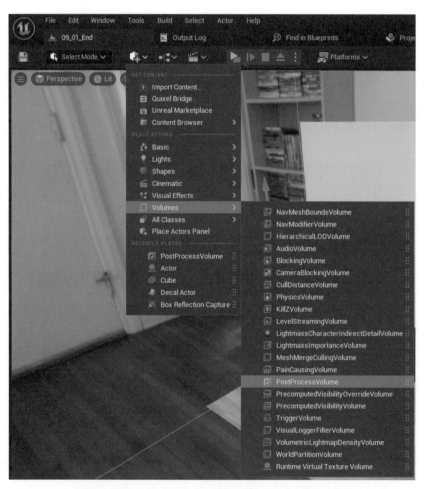

그림 9.3 레벨에 포스트 프로세스 볼륨 액터를 빠르게 추가하는 방법

2. 포스트 프로세스 볼륨 액터를 레벨에 끌어 놓는다. 이 새 액터의 이펙트를 항상 볼 수 있도록 하려면, 디테일 패널로 이동해 포스트 프로세스 볼륨 세팅에서 **활성화됨** Enabled 및 **무한 규모 (언바운드)**Infinite Extent (Unbound) 옵션을 모두 활성화한다. 그러면 이 액터 내에서 활성화한 이펙트를 씬 전체에서 확인할 수 있다.

이러한 초기 단계들을 거쳐, 대부분의 렌더링 프로그램에 포함된 가장 일반적인 포스트 프로세스 파라미터를 조정할 수 있는 액터를 배치할 수 있었다. 하지만 새 액터의 세팅을 실제로 변경하지 않았으므로, 이 단계에서는 볼륨의 경계 안쪽으로 들어가든, 바깥쪽으로 발을 내딛든 간에 아무런 차이가 없다. 이제 데모 목적으로 필름 그레인 효과를 활성화해 볼륨이 어떻게 작동하는지 살펴보자.

3. 포스트 프로세스 볼륨 액터를 선택한 상태에서 디테일 패널의 **필름 그레인**Film Grain 메뉴까지 아래로 스크롤한다. **필름 그레인 강도**Film Grain Intensity 파라미터를 체크하고 값을 **2**로 설정한다.

필름 그레인 효과를 활성화하거나 비활성화하는 것 외에도 다른 많은 **필름 그레인** 설정을 통해 그 동작을 조정할 수 있다. 예를 들어 그림자, 중간 톤, 하이라이트 등 이미지의 특정 영역에서 효과가 얼마나 잘 보이는지 또는 효과에 사용된 그레인은 얼마나 큰지에 영향을 주는 특정 옵션을 조정할 수 있다. 다음으로는 이러한 사항을 처리해보자.

4. 계속해서 **필름 그레인 강도 섀도**Film Grain Intensity Shadows 설정을 활성화하고 값을 **4**로 설정한다. 이렇게 하면 레벨의 어두운 영역에서 필름 그레인 효과가 좀 더 돋보이게 된다.

5. 그런 다음, **필름 그레인 텍셀 크기**Film Grain Texel Size 설정을 통해 그레인의 크기를 조정한다. 해당 옵션을 활성화하고 기본값인 **1**보다 큰 값(예: 1.5)으로 설정하면 된다. 이 모든 작업이 완료되면 포스트 프로세스 볼륨 액터의 **필름 그레인** 세팅은 다음과 같다.

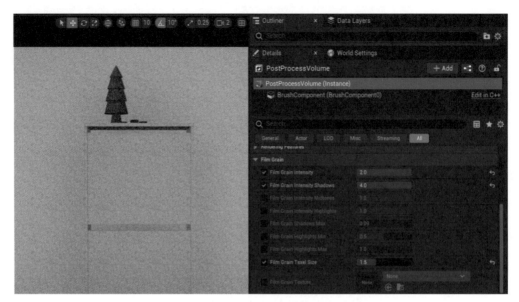

그림 9.4 포스트 프로세스 볼륨의 필름 그레인 메뉴에서 사용한 세팅

TIP

이전 단계들에서 수행한 것처럼 필름 그레인 효과의 기본 모양을 변경하는 것 외에, **필름 그레인 텍스처** 설정에서 자신만의 텍스처를 선택해 모양을 변경할 수도 있다.

앞의 모든 단계를 구현해서 씬의 모양이 처음의 모양과는 확실히 달라졌다. 2번 단계에서와 같이 포스트 프로세스 볼륨 액터를 활성화하거나 비활성화하면 다음과 같이 레벨의 이전과 이후 상태를 쉽게 비교할 수 있다.

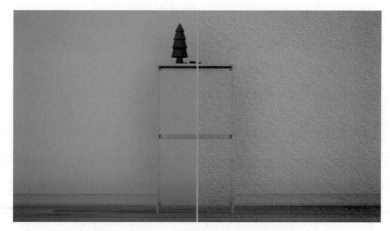

그림 9.5 필름 그레인 효과의 활성화와 비활성화의 차이

포스트 프로세스 볼륨 액터를 통해 할 수 있는 또 다른 작업은 볼륨 내부와 볼륨 외부 간 전환의 거칠기를 제어하는 것이다. 이 작업은 액터의 디테일 패널에 있는 **포스트 프로세스 볼륨 세팅**Post Process Volume Settings 섹션에서 할 수 있으며, 여기에는 전환의 부드러움을 제어할 수 있는 특정 파라미터가 포함돼 있다. 이 레시피의 '예제 분석' 절에서 좀 더 자세히 살펴보자. 이와 관련해 이론적인 부분이 많기 때문이다.

여기까지다! 이제 포스트 프로세스 볼륨 액터로 작업하고 작업하는 레벨 전체에 구현할 준비가 됐으니, 다음 레시피에서 다시 살펴보자. 방금 조정한 세팅에 대해 좀 더 자세히 알아보고 싶다면 다음 절을 좀 더 살펴보고, 포스트 프로세스 볼륨 액터로 구현할 수 있는 다른 효과에 대해 배우고 싶다면 다음 레시피로 넘어가자.

예제 분석

이 레시피에서 살펴본 것은 포스트 프로세스 볼륨 액터가 레벨 전체에 걸쳐 작동하도록 하는 방법이다. 일반적으로 액터 내에서 조정하는 세팅이 바운더리 박스를 넘어 확장되길 원하므로 매우 유용한 기능이다. 볼륨을 하나만 사용할 때 선택한 볼륨의 크기를 잊어버릴 수 있도록 종종 이 작업을 수행한다.

해당 액터의 인스턴스만 처리하면 되니 편리하겠지만, 방금 설명한 상황이 항상 발생하는 것은 아니라는 사실을 잊지 말자. 특히 복잡한 환경에서는 씬 전체에 포스트 프로세스 볼륨 액터를 여러 개 배치하고 싶을 때가 있다. 예를 들어 실외 공간과 실내 공간이 포함된 레벨을 생각해보면, 서로 다른 포스트 프로세스 이펙트를 적용해 두 환경의 차이를 강조하고 싶을 수 있다. 어떤 세팅을 사용해 동작을 조정할 수 있는지 살펴보자.

- 여러 포스트 프로세스 볼륨 액터로 작업할 때는 가장 먼저 **무한 규모 (언바운드)** 세팅이 비활성돼 있는지 확인해야 한다. 이 옵션을 비활성화하면 볼륨 내의 영역만 영향을 받는다. 그렇지 않으면 여러 개의 포스트 프로세스 볼륨 액터가 전체 월드에 영향을 미치게 돼 큰 혼란을 야기할 수 있다! 2번 단계에서 봤듯이, 이 옵션은 디테일 패널의 **포스트 프로세스 볼륨 세팅**^{Post Process Volume Settings} 섹션에서 찾을 수 있다.

- 이전 옵션을 조정하고 나면 각 포스트 프로세스 볼륨 액터가 더 이상 레벨 전체에 영향을 끼치지 않으므로, **Scale**^(스케일) 값을 통해 영향력 영역을 조정해서 각 개별 포스트 프로세스 볼륨 액터가 레벨의 영향을 끼치고자 하는 부분만 둘러싸도록 조정해야 한다.

- 앞의 옵션들에도 불구하고, 2개 이상의 포스트 프로세스 볼륨 액터가 부분적으로 겹치는 경우가 있을 수 있다. 특히 한 액터에서 다른 액터로 변경하는 영역에서 그렇다. 이러한 상황에서는 **우선순위**^{Priority} 세팅에 주의를 기울여 정확히 어떤 액터를 우선시할지 제어해야 한다. 이 설정은 디테일 패널의 **포스트 프로세스 볼륨 세팅** 섹션에서도 찾을 수 있다.

- 이전 프로퍼티 바로 뒤에 있는 **블렌드 반경**^{Blend Radius} 프로퍼티는 포스트 프로세스 볼륨 액터에 선택한 세팅이 레벨에 적용될 수 있는 다른 세팅^(기본 세팅이든, 다른 볼륨의 세팅 이든)과 블렌딩되는 바운딩 박스 주변 영역을 제어한다.

부연 설명

이 레시피에서 포스트 프로세스 볼륨 액터로 작업할 때 직접 봤지만, 이 유형의 액터에는 디테일 패널 안에서 조정할 수 있는 섹션이 많이 있다.

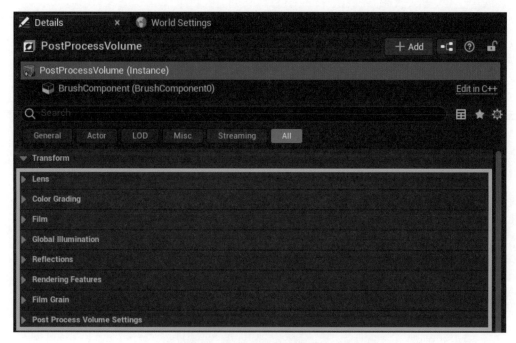

그림 9.6 포스트 프로세스 볼륨 액터 디테일 패널

다음 레시피에서 몇 가지를 살펴보겠지만, 지금부터 잠시 시간을 내서 이러한 영역이 어떤 영향을 미치는지 개략적으로 알아보자.

- **렌즈**Lens: 노출, 색수차, 블룸bloom 또는 렌즈 플레어lens flare와 같은 특정 카메라 효과에 영향을 주는 컨트롤이 포함돼 있다.

- **컬러 그레이딩**Color Grading: 레벨의 색상과 밸런스를 수정하고 싶을 때 이곳으로 이동한다. 색상 보정, 레벨의 의도적인 분위기 조성, 또는 씬의 전반적인 대비에 영향을 주는 등의 작업이 주로 이곳에서 수행된다.

- **필름**Film: 언리얼 엔진 5에서 톤 매퍼tonemapper를 수정할 수 있다. 설명을 좀 더 단순

화하면, 톤 매퍼는 화면 픽셀의 밝기 값을 화면에 표시할 수 있는 밝기로 매핑하는 작업을 하는 엔진의 일부라고 생각하면 된다. 이 패널에 있는 매개변수는 밝기 변환이 어떻게 이뤄져야 하는지를 정의하므로 지속적으로 조정할 필요가 없다.

> **NOTE**
>
> 톤 매퍼는 복잡한 주제가 될 수 있으므로, 자세한 정보가 필요하면 웹 사이트(https://docs.unrealengine.com/5.1/en-US/color-grading-and-the-filmic-tonemapper-in-unreal-engine/)에서 확인할 수 있다.[1]

- **글로벌 일루미네이션**^{Global Illumination}: 씬의 전역 조명을 처리하는 데 어떤 렌더링 방식을 사용할지 지정할 수 있다. 또한 일부 하위 섹션에서 각 개별 메서드의 특정 측면을 구성할 수 있다.

- **리플렉션**^{Reflections}: 리플렉션을 처리할 때 언리얼에서 사용하는 렌더링 메서드를 지정할 수 있다는 점에서 글로벌 일루미네이션과 매우 유사하며, 선택한 각 메서드의 세부적인 사항도 지정할 수 있다.

- **렌더링 기능**^{Rendering Features}: 3D 월드에 적용되는 특정 효과를 제어한다. 포스트 프로세스 머티리얼 사용, 레벨 전체에 적용되는 앰비언트 오클루전, 모션 블러 품질 등이 그 예다.

- **필름 그레인**^{Film Grain}: 이 레시피에서 살펴본 것처럼, 레벨에 사용하고자 하는 이펙트를 적용하고 제어할 수 있다.

- **포스트 프로세스 볼륨 세팅**^{Post Process Volume Settings}: 포스트 프로세스 볼륨 액터가 월드에서 작동하는 방식을 제어한다. 예를 들어 여러 개의 볼륨이 있을 때 월드에 영향을 줄 겹치는 볼륨을 정의하거나 서로 다른 두 볼륨이 블렌딩되는 거리를 정의할 수 있다.

---

1 한국어 버전은 https://docs.unrealengine.com/5.1/ko/color-grading-and-the-filmic-tonemapper-in-unreal-engine/에서 확인할 수 있다. – 옮긴이

⁂ 컬러 그레이딩으로 씬의 분위기 변경하기

포스트 프로세스 볼륨 액터에 익숙해지는 시간을 가졌으니, 이제 그 안에서 찾을 수 있는 다양한 기능을 사용하는 방법을 살펴볼 차례다. 가장 먼저 다룰 섹션은 해당 액터 중 하나를 선택한 상태에서 디테일 패널을 보면 가장 먼저 찾을 수 있는 섹션인 **컬러 그레이딩**Color Grading 섹션이다.

컬러 그레이딩 도구는 아티스트가 렌더링하는 최종 이미지의 모양을 변경하는 데 사용할 수 있는 일련의 옵션을 제공한다. 예를 들어, 영화에서는 스타일화된 룩을 설정하거나 색상의 연속성을 보장하는 등 특정 요구 사항을 충족하기 위해 캡처한 영상을 조정하는 유사한 기법이 널리 사용되고 있다. 다음 페이지들에서는 바로 이 기본 카메라 값을 조정해 레벨의 모양을 수정하는 작업을 수행한다.

준비

이 레시피에서는 레벨의 모양을 변경하는 데 집중할 것이므로, 이를 위해 필요한 것은 레벨에 3D 모델을 채우는 것이다. 이전 레시피에서 작업한 레벨의 복사본을 사용할 것이므로, 이 책과 함께 제공되는 언리얼 엔진 프로젝트에 포함된 **09_02_Start**라는 레벨을 열고 내가 사용한 것과 동일한 예제를 사용해 따라 해보자. 이 레벨과 이전 레시피에서 시작한 레벨 간의 유일한 차이점은 이 레벨에는 포스트 프로세스 볼륨 액터가 이미 배치돼 있다는 것이므로, 자체 에셋으로 작업하는 경우 이 액터도 있는지 확인해보길 바란다.

예제 구현

레벨의 모양을 수정하고 싶으므로 레벨의 현재 상태를 확인하는 것부터 시작하자.

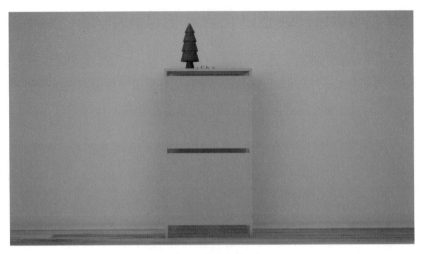

그림 9.7 레벨 초기 모습

레벨에 따뜻한 색조(주로 레벨에 사용된 조명과 머티리얼에 사용된 컬러 팔레트에서 비롯됨)가 있음을 확인한 후, 좀 더 중성적인 색조로 조정해보자.

1. 레벨에 있는 포스트 프로세스 볼륨 액터를 선택하고 디테일 패널을 확인한다. **컬러 그레이딩**Color Grading 메뉴에서 작업할 예정이므로 해당 카테고리를 확장한다.

2. 컬러 그레이딩 메뉴에서 조정할 수 있는 첫 번째 영역이 Temperature 카테고리임을 알 수 있다. 이 영역을 확장하고 **온도 타입**Temperature Type이 기본값인 White Balance로 설정돼 있는지 확인한다.

3. 다음으로, **Temp** 세팅을 활성화하면 그 옆의 필드를 조정할 수 있다. 값을 4500으로 설정하면 레벨이 즉시 좀 더 차가워진다.

눈앞의 새로운 장면의 상태를 보면 이미 알 수 있듯이 레벨이 훨씬 더 차갑게 느껴진다. White Balance 설정을 수정하는 것이 레벨에 어떤 영향을 미치는지 더 잘 이해하려면 '예제 분석' 절을 확인하자.

컬러 그레이딩에서 영향을 줄 수 있는 다음 카테고리는 **Global, Shadows, Midtones, Highlights, Misc**이다. 마지막 항목은 잠시 무시하고, 다른 네 가지 항목에는 기본적으로 채도, 대비, 감마 등 영향을 주는 컨트롤이 포함돼 있다는 것을 곧 알 수 있다.

여기서 특이한 점은 동일한 컨트롤이지만 각각 그룹화된 이미지 영역에 영향을 미치며 **Global** 메뉴는 전체 이미지를 제어하고 **Shadows**, **Midtones**, **Highlights**는 각각 이미지의 어두운 영역, 중간 영역 및 밝은 영역에 초점을 맞춘다는 것이다. 이를 염두에 두고 이제 몇 가지 설정을 약간 조정해보자.

4. 이 컨트롤을 사용하면 장면이 너무 하얗게 보일 수 있으므로, 이미지의 어두운 부분을 좀 더 두드러지게 만들 수 있다. 이를 변경하려면 **Shadows** 메뉴를 확장하고 **게인**Gain을 활성화한다.

5. 그런 다음, 게인 설정 옆에 있는 드롭다운 화살표를 클릭해 더 많은 제어 기능을 표시하고 기본값을 **0.1**로 설정한다. 이렇게 하면 이미지의 어두운 부분이 약간 더 어두워지는데, 이는 가장 어두운 그림자 영역을 직접 보면 알 수 있다.

6. 이제 기본값이 레벨에 비해 너무 좁기 때문에 **Shadows** 메뉴의 영향을 받는 톤을 확장해보자. **Shadows Max**를 활성화하고 값을 **0.125**로 설정하면 그림자 컨트롤이 더 많은 영역으로 확장된다.

다음 그림을 통해 이것이 레벨에 미치는 미묘한 효과를 확인할 수 있다.

그림 9.8 게인 및 Shadows Max 세팅의 변경과 트리를 좀 더 어둡게 만드는 방법

TIP

이 레시피를 통해 변경할 내용은 미묘한 차이가 있으므로, 항상 직접 조정하고 모니터에서 결과를 확인하며 이러한 파라미터 조정이 어떤 차이를 가져오는지 확인하는 것이 좋다.

이제 그림자 영역을 약간 조정했으므로, 다음으로는 중성 톤 또는 중간 톤에 계속 집중할 수 있다. 우리가 작업하고 있는 레벨의 전체적인 톤이므로, 장면을 좀 더 생생하게 만들기 위해 약간 조정해보자.

7. **Midtones** 메뉴를 확장하고 **채도**^{Saturation} 파라미터를 활성화하면 다음 단계부터 조정할 수 있다.

8. 그런 다음, **채도** 설정을 확장하고 그 안에 포함된 값을 조정한다. 이번에는 5번 단계에서와 같이 단일 값을 할당하는 대신 노란색과 빨간색 톤을 더 두드러지게 만들기 위해 여러 채널을 독립적으로 조정한다. 초록색 및 파란색 필드는 그대로 두고 빨간색 채널에 **1.21**, 노란색 채널에 **1.4**의 값을 할당하면 된다.

다음 그림에서 이를 살펴볼 수 있다.

그림 9.9 Midtones 채도 속성을 통한 변화

이러한 모든 변경 사항이 적용됐으므로, 이제 초기 레벨과 현재 상태를 비교할 수 있다. 그러려면 레벨에 있는 포스트 프로세스 볼륨을 선택하고 디테일 패널의 **포스트 프로세스 볼륨 세팅** 메뉴에서 **활성화됨**^{Enabled} 옵션을 비활성하면 된다. 해당 파라미터를 켜고 끄면 레벨에 영향을 주는 포스트 프로세스 볼륨을 토글할 수 있다. 결과를 살펴보자.

그림 9.10 지금까지 레벨에 적용한 변경 사항들

확실히 느낌이 다르다. 그렇지 않은가? 전체적으로 더 차갑게 느껴지고 채도가 좀 더 높은 훨씬 더 하얀 레벨을 볼 수 있다. 첫 번째 이미지가 따뜻하고 아늑한 느낌을 주는 반면, 두 번째 이미지는 좀 더 중립적인 느낌을 준다.

하지만 조정에서 멈추지는 말자! 이제 기본 사항을 알았으니 좀 더 창의력을 발휘해보길 바란다. 레벨에 약간의 공포를 더하면 어떨까?

9. 이를 위해 **Highlights** 메뉴에서 **채도** 값을 조정해본다. 이 특정 레벨에서는 **1000**을 선택해 매우 높게 실정하자. 이렇게 하면 이미지의 가장 밝은 부분이 부자연스럽게 눈에 띄게 돼서 보는 사람이 약간 불안하고 긴장된 느낌을 받을 수 있다.

10. 마지막으로, 레벨에 색조를 적용해보자. 공포 영화나 심리 스릴러에서는 무언가 잘못됐다는 사실을 강조하거나 약간의 분위기를 조성하기 위해 초록색 색조를 사용하는 경우가 많다. **컬러 그레이딩** 탭의 **기타**^{Misc} 메뉴로 이동하면, **씬 컬러 색조**^{Scene Color Tint} 설정을 찾을 수 있다. 이를 초록색 파스텔 색상으로 변경하면 원하는 결과를 얻을 수 있다.

그림 9.11 공포 효과를 적용한 후 레벨의 최종 모습

이것 좀 보자! 지금까지 컬러 그레이딩 포스트 프로세스 카테고리에서 조정할 수 있는 대부분의 설정을 살펴봤다. 이제 각 설정이 어떤 기능을 하고 어떤 영향을 미치는지 알 았으니, 더욱 익숙해지고 자신감을 가질 수 있도록 좀 더 사용해보는 것이 좋다. 컬러 그 레이더 작업은 원하는 룩을 얻을 때까지 지속적으로 조정하고 수정해야 하므로 인내심 이 필요하다. 그럼에도 불구하고 우리가 사용할 수 있는 툴은 매우 강력하며 우리에게 도움이 된다. 그럼 재미있게 사용해보자!

예제 분석

언리얼의 컬러 그레이딩 툴은 포토샵이나 GIMP와 같은 다른 소프트웨어 패키지에서 볼 수 있는 것과 매우 유사하다. 이를 통해 사용자는 레벨의 채도나 대비와 같은 특정 이 미지 파라미터를 수정할 수 있으며, 이 레시피에서는 실용적인 관점에서 다뤘다. 이제 시간이 좀 더 있으므로, 이러한 설정 중 몇 가지를 자세히 살펴보고 그 이면에 있는 이론 을 이해해보자.

가장 먼저 이야기하고 싶은 것은 앞서 살펴보고 조정한 초기 **White Balance** 속성이다. 이 프로퍼티는 **Temp** 값('온도^{temperature}'를 줄인 말)을 통해 제어된다. 이 필드에 설정한 양은 우리가 보는 빛의 한 가지 특성, 즉 색을 제어한다. 빛의 온도는 우리가 작업하는 조명의 물리적 특성이며, 각 유형마다 켈빈$^{Kelvin(K)}$으로 표시되는 일반적인 값이 다르다. 참고로, 촛불에서 방출되는 빛은 보통 1,800K 정도에 머무르며, 맑은 대낮의 빛은 6,500K로 표현되는 경우가 많다. 따뜻한 빛(붉은색이나 주황색을 띠는 빛)은 온도 값이 낮고, 차가운 빛(햇빛이나 형광등)은 그 반대가 된다.

방금 말한 것과 달리, **온도**^{Temp} 설정은 반대 방식으로 작동한다. 이전 설명에 따르면, 색온도가 높은 조명은 '차가운' 조명으로 간주된다. 즉, 푸른빛이 도는 색조를 띠게 된다. 반면에 값이 낮을수록 빨간색, 노란색, 주황색의 범위가 되며, 예를 들어 3,000K의 값은 노란색 범위에 속한다. 따라서 온도가 높을수록 빛의 색이 더 푸르다는 것을 유추할 수 있다. 그런데 3번 단계에서 더 차가운 값을 되돌리려면 왜 화이트 밸런스의 온도 값을 낮춰야 할까?

그 이유는 레벨에 있는 조명의 온도 값을 조정하는 것이 아니라 모든 조명을 비교해야 하는 기준 온도(기본값은 6,500K)를 정의하는 것이기 때문이다. 기본 화이트 밸런스가 6,500K를 기준으로 계산되기 때문에 3,500K의 조명이 있다고 가정하면 조명이 상당히 따뜻하다는 뜻이다. 기본값인 6,500을 4,500 정도로 낮추면 빛의 값은 여전히 표준보다 낮지만 이전만큼은 아니다. 즉, 이전보다 흰색에 더 가까워진다는 뜻이다. 이것이 **White Balance** 온도 설정이 작동하는 방식이다.

또 한 가지 언급하고 싶은 것은 **Global, Shadows, Midtones, Highlights** 항목에 있는 다양한 옵션이다. 이 레시피에서는 각 하위 메뉴에서 찾을 수 있는 전체 배율만 조정했다. 다음은 이해를 돕기 위한 예시다.

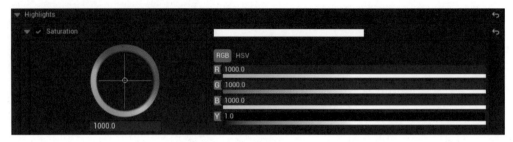

그림 9.12 채도 선택 패널

일반적으로 색상환^{color wheel} 아래의 값을 조정하는데, 이는 모든 RGB 값에 동일하게 영향을 미치는 승수다. 하지만 특정 채널에만 영향을 주고 싶다는 것을 알고 있다면 더욱 세밀하게 제어할 수 있다. 이 경우 R, G, B, Y 값을 각각 개별적으로 조정하면 빨간색, 초록색, 파란색, 노란색 톤을 서로 독립적으로 조정할 수 있다. 또한 특정 색상 채널 대신 색조, 채도 또는 값을 수정할 수 있는 RGB 모드와 HSV 모드 사이를 변경할 수도 있다.

TIP

> 색온도는 상당히 광범위한 주제가 될 수 있다. 자세한 내용은 위키피디아(https://en.wikipedia.org/wiki/Color_temperature)를 확인하자.

참고 사항

다음 레시피로 넘어가기 전에 룩업 테이블^{LUT, Look-Up Table}에 대해 이야기하고 싶었다. 룩업 테이블은 포토샵이나 GIMP와 같은 다른 소프트웨어에서 포스트 프로세스를 조정한 것을 언리얼에서 텍스처를 사용해 일치시킬 수 있는 일종의 에셋으로, 이 레시피에서 했던 것처럼 다양한 세팅을 다이얼링하는 대신에 텍스처를 사용한다.

이전 페이지들에서 했던 것처럼 언리얼에 조정하고 싶은 환경이 있다고 가정해보자. 앞서 살펴본 방법대로 포스트 프로세스 볼륨을 수정 및 조정하고 원하는 효과를 얻을 때까지 세팅을 갖고 놀면 된다. 이 방법이 편리하지만, 일부 사용자는 이미지를 가져와서 이미지 편집기에 붙여넣고 거기서 조정하는 것이 더 편할 수 있다. 다행히도 LUT를 사용하면 이 과정을 재현할 수 있다.

다음 단계를 따르면 된다.

1. 레벨을 선명하게 보여주는 샘플 스크린샷을 언리얼에서 익스포트한다.

2. 선택한 이미지 에디터에서 샘플 샷을 Neutral LUT 샘플과 함께 로드한다. 에픽에서 제공하는 에셋 중 하나는 웹 사이트(https://docs.unrealengine.com/5.1/en-US/using-look-up-tables-for-color-grading-in-unreal-engine/)에서 찾을 수 있다.[2] 다음 단계에서 구현할 모든 변경 사항은 언리얼의 샘플 샷과 Neutral LUT 모두에 적용된다는 점을 기억하자.

3. 이어서 이미지의 대비, 채도, 밝기 등을 원하는 대로 조정한다. 모든 변경 사항은 LUT 텍스처에도 영향을 미친다.

4. 이미지가 만족스러우면 조정된 LUT 파일만 익스포트한다. 이미지에 적용된 수정 사항을 통해 언리얼에서 동일한 효과를 재현할 수 있다.

5. 그런 다음, 수정한 LUT를 언리얼로 다시 임포트하고 엔진에 들어가면 더블 클릭한다. 디테일 패널에서 **밉 생성 세팅**^{Mip Gen Settings} 옵션을 **NoMipmaps**로, **텍스처 그룹**^{Texture Group}을 **ColorLookupTable**로 설정한다.

6. 마지막으로, 포스트 프로세스 볼륨 액터로 돌아가서 **컬러 그레이딩**^{Color Grading} ➤ **Misc** 메뉴에서 **컬러 그레이딩 LUT**^{Color Grading LUT} 체크박스를 체크하고 최근에 임포트한 텍스처를 선택한다. 그러면 이미지 편집 소프트웨어에서 수정한 것과 똑같이 보이는 레벨이 나타난다.

상상할 수 있듯이, 이 기술은 특히 언리얼 외부에서 이러한 유형의 세팅을 조정하는 데 능숙한 사용자에게 매우 유용할 수 있다. 하지만 이 기법에는 몇 가지 주의해야 할 단점도 있다. 모두 인용하지는 않겠지만, 이 단점들은 모두 LUT가 여러 화면에 걸쳐 잘 변환되지 않는다는 개념과 관련이 있다. 특정 레벨을 보정하고 만족스러운 결과를 얻었다고 해도 낮은 다이내믹 레인지에서 작동하는 텍스처의 특성상 다른 디스플레이, 특히 다른

---

2   한국어 버전은 https://docs.unrealengine.com/5.1/ko/using-look-up-tables-for-color-grading-in-unreal-engine/에서 확인할 수 있다. – 옮긴이

색 공간을 사용하는 디스플레이에서는 변경 사항이 잘 적용되지 않을 수 있다. 작업할 때 이 점을 염두에 두자!

⠿ 포스트 프로세스 머티리얼을 사용해 공포 영화 분위기 조성하기

포스트 프로세싱 효과에 대한 또 다른 레시피에 다시 온 것을 환영한다! 이번 시간에는 엔진을 통해 제공되는 이펙트를 사용하는 대신 직접 개인 이펙트를 만들어보려고 하니 기대가 크다. 이를 위해 레벨 전체를 조정할 수 있는 포스트 프로세스 머티리얼이라는 특정 유형의 셰이더를 활용한다. 포스트 프로세스 머티리얼은 포스트 프로세스 볼륨 액터 내부에 적용되는 독특한 종류의 머티리얼이므로, 이전 레시피들에서 습득한 지식이 유용하다. 이 레시피에서는 이 포스트 프로세스 머티리얼을 사용해 레벨에 긴장감을 더하고자 붉은색 맥동 효과를 만든다. 어떻게 하는지 확인해보자!

준비

이 레시피를 준비하려면, 우리가 만들 포스트 프로세스 머티리얼을 테스트할 수 있는 레벨이 준비돼 있어야 한다. 사용할 수 있는 레벨이 없다면, 이 책과 함께 제공되는 언리얼 엔진 프로젝트의 **콘텐츠 > Levels > Chapter09** 폴더에 포함된 **09_03_Start** 레벨을 열어 지난 레시피에서 작업한 공포 영화 스타일 레벨을 복제한다.

이 레벨을 베이스로 사용해 포스트 프로세스 머티리얼을 통해 맥동 효과를 도입함으로써 레벨의 느낌을 향상시킬 뿐 아니라 좀 더 위협적이고 불길하게 보이도록 해보자.

예제 구현

이제 레벨에 포스트 프로세스 머티리얼을 적용하고 싶으므로 해당 에셋을 만들어보자.

1. 새 머티리얼을 생성하고 이름을 지정한 다음(나는 M_PostProcessSample로 지정했다), 머티리

얼 에디터를 실행한다.

2. 새 머티리얼을 배치한 후 가장 먼저 해야 할 일은 포스트 프로세스 유형임을 지정하는 것이다. 그러려면 메인 머티리얼 노드를 선택하고 디테일 패널로 이동한다. **머티리얼**^{Material} 메뉴의 첫 번째 프로퍼티는 **머티리얼 도메인**^{Material Domain}이며, 이를 **Post Process**로 설정해야 한다.

셰이더의 예비 설정이 완료됐으므로 이제 머티리얼의 동작을 프로그래밍할 수 있다. 레벨의 색상이 표준 색상과 더 붉은 버전 사이에서 맥동하는 방식으로 혼합되는 펄싱 효과를 만들고 싶으므로, 먼저 레벨의 색상을 설정하자.

3. 메인 머티리얼 그래프 내부를 우클릭하고 **Scene Texture** 노드를 찾는다.

4. 생성된 후 디테일 패널로 이동해 기본값을 **Scene Color**에서 **PostProcessInput0**으로 변경한다. 이렇게 하면 나중에 수정할 것이므로 이 단계에서 원하는 레벨의 순수한 색상에 액세스할 수 있다.

NOTE

> Scene Texture 노드는 많은 포스트 프로세스 머티리얼의 핵심 구성 요소다. 이러한 머티리얼을 3D 모델에 적용하는 것이 아니라 보고 있는 씬에 적용하므로, 렌더링 파이프라인의 어느 부분에 영향을 줄 것인지 지정해야 한다. Scene Texture 노드로 이를 지정할 수 있다.

5. 그런 다음, 해당 이름을 우클릭하고 입력해 **Component Mask** 노드를 생성한다.

6. 이전 노드를 선택한 상태로 새 **Component Mask**의 디테일 패널에서 **R, G, B** 값이 체크돼 있는지 확인한다.

7. 이어서 **Scene Texture** 노드의 **Color**를 새 마스크에 연결한다.

씬의 색상을 마스킹하는 이유는 **Scene Texture** 노드에서 제공하는 RGB 값만 갖고 놀길 원하며 그 노드에서 제공할 수 있는 다른 정보는 모두 버리려고 하기 때문이다. **Scene Texture**와 **Component Mask**라는 2개의 노드를 배치했고 렌더링 중인 이미지에 액세스할 수 있으므로, 이제 그 위에 다른 특정 정보를 오버레이한다.

8. **Texture Sample** 노드를 생성하고 **T_PanningDistortion** 에셋을 할당한다. 이 이미지는 이 책과 함께 제공되는 언리얼 엔진 프로젝트의 일부이며, 씬의 기본 렌더링 이미지에 오버레이할 붉은색 그라데이션이 포함돼 있다. 자체 콘텐츠로 작업하는 경우 비슷한 에셋을 사용하고 있는지 확인하자.

9. 이제 이전 **Texture Sample** 노드를 기존 **Scene Texture** 노드에 오버레이하는 데 사용할 수 있는 **Lerp** 노드를 만들자.

10. 새 **Lerp** 노드를 배치한 후 **Component Mask**를 해당 노드의 **A**에 연결한다. **B**는 **Texture Sample**의 **RGB**를 해당 핀에 연결한다.

11. **Lerp** 노드의 **Alpha** 핀과 관련해서 **Texture Sample**의 **Alpha**를 연결한다.

12. 앞의 노드 시퀀스가 준비됐으니 **Lerp** 노드를 머티리얼의 **이미시브 컬러**^{Emissive Color} 프로퍼티에 연결한 다음, 적용하고 저장한다.

계속 진행하기 전에 지금까지의 머티리얼 그래프를 확인해보자.

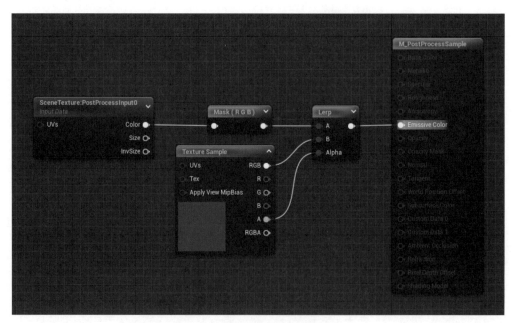

그림 9.13 머티리얼 그래프의 현재 상태

지금부터 할 일은 방금 만든 머티리얼을 씬의 포스트 프로세싱 효과로 적용하는 것이다. 이를 위해 메인 뷰포트로 돌아가보자.

13. 씬에 있는 포스트 프로세스 볼륨 액터를 선택하고 **렌더링 기능**^{Rendering Features} 메뉴까지 아래로 스크롤한다. 가장 먼저 보이는 카테고리는 **포스트 프로세스 머티리얼** ^{Post Process Materials}이며, 이를 확장하면 그 안에 포함된 옵션이 표시된다.

14. 그런 다음, **배열**^{Array} 속성 옆의 + 버튼을 클릭해 항목을 추가한다.

15. 표시된 드롭다운 메뉴에서 **에셋 레퍼런스**^{Asset Reference} 옵션을 선택하고 이 레시피에서 생성한 **M_PostProcessSample** 머티리얼을 할당한다.

   이전 단계들을 완료하면 화면 전체에서 효과를 볼 수 있어야 한다. 기술적으로는 이제 막 새로운 머티리얼을 만들어서 살펴보고 있지만, 좀 더 재미있게 만들 수 있을 것 같다. 머티리얼에 추가할 다음 기능은 **Time** 함수다. 우리가 기본적으로 하고 싶은 것은 텍스처에 애니메이션을 적용해 우리가 만들고 있는 효과가 가만히 있지 않도록 하는 것이다. 시간이 지남에 따라 진동하도록 해서 이미 소름 끼치는 장면을 좀 더 으스스하게 만들어보자.

16. 머티리얼 그래프 내 아무 곳이나 마우스 오른쪽 버튼으로 클릭하고 **Time** 노드를 생성한다. 이 새로운 에셋은 매 순간 다른 값을 부여해서 머티리얼에 시간 개념을 도입하고 다른 요소에 애니메이션을 적용하는 데 사용할 수 있다.

17. 이전 함수의 출력을 변조하려면 **Multiply** 노드를 생성하고 **A**에 **Time** 노드를 연결한다. **B**에는 0.1의 값을 할당한다. 이렇게 하면 기본적으로 **Time** 함수가 던지는 값이 90% 감소해서 속도가 느려진다.

18. 이전 노드를 배치한 다음, **Sine** 함수를 만들고 **Multiply** 노드를 연결한다. 이렇게 하면 사인파 모양의 **-1, 0, 1** 사이의 값을 제공하는 사인파 출력이 생성된다.

19. 정현파 함수^{sinusoidal function}의 현재 출력에 음수 값이 포함돼 있으므로 이전 **Sine** 노드 뒤에 **Abs** 노드를 배치하고 두 노드를 연결한다.

   이 부분의 그래프는 이렇게 작업돼야 한다.

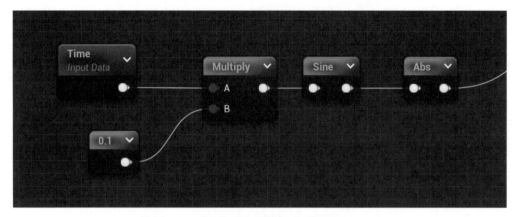

그림 9.14 Time 함수와 이를 조정하는 데 사용된 노드

이 표현식은 향후 애니메이션 머티리얼을 구동하고, **Multiply** 노드의 **B** 값 덕분에 애니메이션 속도를 제어할 수 있다. 구현해야 할 마지막 단계는 이 **Time** 함수를 기반으로 우리가 만든 이펙트를 원시 씬 컬러와 실제로 결합하는 것이다.

20. **Scene Texture** 및 **Component Mask** 노드를 복사해서 이전에 생성한 노드 위에 붙여넣는다.

21. 두 번째 **Lerp** 노드를 생성하고 이전 단계에서 생성한 결과의 출력을 해당 노드의 **A**에 연결한다.

22. 그런 다음, 9번 단계에서 생성한 **Lerp** 노드의 출력을 최신 **Lerp** 노드의 **B**에 연결한다.

23. 마지막으로, **Abs** 노드의 출력을 마지막 **Lerp** 노드의 **Alpha**에 연결한다. 그래프는 다음과 같은 모양이 된다.

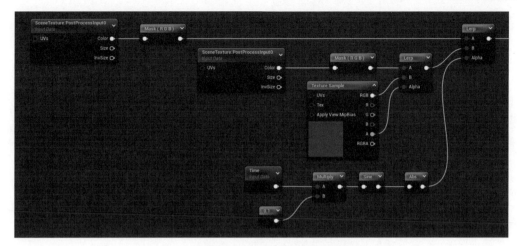

그림 9.15 머티리얼 그래프 전체 보기

이러한 모든 변경 사항을 적용하고 나면, 훨씬 더 불안하게 느껴지는 장면을 볼 수 있다. 처음에 사용했던 기본 '초록색' 룩과 '위험-빨간색' 그라데이션이 혼합돼 더욱 위협적인 느낌을 주는 장면을 볼 수 있다. 여기서 레벨을 마지막으로 살펴보자.

그림 9.16 레벨 최종 모습

예제 분석

포스트 프로세스 머티리얼은 3D 모델에 적용하는 것과는 약간 다르다. 메시의 UV를 활용해 텍스처가 모델을 감싸는 방식을 지정할 수 있는 것처럼, 특정 렌더 패스를 사용해 포스트 프로세스 머티리얼을 만들 수 있다. 포스트 프로세스 머티리얼이 지오메트리로 작업하는 대신 우리가 볼 수 있는 씬 전체에서 작동하는 영역 때문이다.

따라서 이러한 유형의 머티리얼로 작업할 때 적용해야 하는 로직이 달라진다. 3D 모델과 PBR 워크플로로 작업할 때는 일반적으로 빛이 닿는 오브젝트와 상호작용하는 방식에 세심한 주의를 기울여야 한다. 포스트 프로세스 셰이더 작업 시에는 그다지 집중할 필요가 없으며, 대신 씬의 현재 모습을 어떻게 조정할지 생각해야 한다.

씬에서 필요한 정보는 일반적으로 UV 대신 앞서 다룬 **포스트 프로세스 입력 0**^{Post Process Input 0}과 같은 다양한 씬 텍스처^{Scene Texture}의 형태로 제공된다. 이 외에도 필요에 따라 사용할 수 있는 다양한 입력이 있다. 예를 들어 레벨의 서브서피스^{Subsurface} 컬러, 앰비언트 오클루전^{Ambient Occlusion} 패스 또는 씬 뎁스^{Scene Depth}에 액세스해서 이러한 입력을 고려한 흥미로운 효과를 만들 수 있다. 요점은 많은 렌더 패스에 액세스할 수 있고 이를 사용해 필요에 맞는 머티리얼을 만들 수 있다는 것이다.

참고 사항

다음으로 넘어가기에 앞서, 우리가 만든 포스트 프로세스 머티리얼이 포스트 프로세싱 파이프라인 내에서 삽입되는 위치에 대해 알아볼 수 있다. 머티리얼의 디테일 패널을 다시 들여다보자. 그럼 **블렌더블 위치**^{Blendable Location}라는 설정을 향해 스크롤을 내리면 **After Tonemapping, Before Tonemapping, Before Transluceny, Replacing the Tonemapper, SSR Input**과 같은 몇 가지 옵션을 사용할 수 있음을 알게 된다. 각각의 기능을 살펴보자.

- **Before Tonemapping** 옵션을 선택하면 컬러 그레이딩 및 톤 매핑 작업이 수행되기 전에 생성하려는 효과가 렌더링 파이프라인에 삽입된다. 톤 매핑 조정으로 인

해 생성하려는 효과에 문제가 발생할 경우를 대비해서 맵의 원시 픽셀 값에 액세스해야 하는 경우 이 옵션이 유용할 수 있다.

- 이전 옵션과 달리, **After Tonemapping**을 선택하면 컬러 그레이딩 및 톤 매핑 패스 후에 포스트 프로세스 머티리얼의 효과가 구현된다.

- 앞의 두 옵션과 비슷한 방식으로, **Before Transluceny** 옵션은 반투명 패스가 렌더링되기 전에 이펙트를 계산한다는 의미다.

- **Replacing the Tonemapper**는 언리얼에서 사용하는 톤 매퍼에 의존하지 않고 생성 중인 셰이더가 톤 매핑 작업을 처리하도록 하려는 경우 선택할 수 있는 옵션이다.

- 마지막으로, 화면 공간 반사가 이미지에 추가되기 전에 픽셀에 액세스해야 하는 경우 유용한 **SSR Input**이 있다.

포스트 프로세스 효과를 구현하기 전에 항상 앞의 옵션들이 어떤 기능을 하는지 알아두는 것이 좋으므로, 제작한 머티리얼에 문제가 있는 경우 해당 설정들을 사용해보자.

⁂ 시네마틱 카메라로 작업하기

이 레시피에서는 포스트 프로세스 볼륨 액터에서 잠시 벗어나 시네 카메라Cine Camera 액터에 집중한다. 그렇다고 해서 포스트 프로세싱 이펙트의 세계를 떠나는 것은 아니다! 이 레시피에서는 언리얼에서 카메라로 작업하는 방법과 카메라를 통해 피사계 심도depth of field, 블룸bloom, 렌즈 플레어lens flare와 같은 포스트 프로세스 이펙트를 활용하는 방법을 배워본다. 보다시피 가상 카메라로 작업하는 것은 실제 카메라로 작업하는 것과 매우 유사하므로, 지금 바로 시작해서 모든 것을 배워보자!

준비

이전 레시피에서 작업한 것과 동일한 레벨을 계속 사용할 예정이므로, 내가 사용한 것과 동일한 에셋을 사용해 따라 하고 싶다면 **콘텐츠 ➤ Levels ➤ Chapter09** 폴더에 포함된 **09_04_Start**라는 레벨을 열어보자.

평소와 마찬가지로, 원하는 경우 자신만의 장면을 계속 사용해도 된다! 이전 레시피들에 적합한 것이 있다면 여기서도 작동할 가능성이 높다. 최소한 여러 개의 오브젝트가 서로 다른 위치에 흩어져 있어야 피사계 심도 효과를 강조하는 데 도움이 된다. 지금은 여기까지다!

예제 구현

카메라를 사용해 구현할 수 있는 다양한 효과를 연구하고 싶으므로 이러한 에셋을 하나 만드는 것으로 이 레시피를 시작하자.

1. **프로젝트에 빠르게 추가하기**Quickly Add to the Project **➤ 시네마틱**Cinematic 메뉴에서 해당 옵션을 선택해 시네 카메라 액터를 생성하는 것으로 시작한다.

2. 다음으로, 아웃라이너 패널로 이동하고 새로 생성한 카메라를 우클릭한다. 사용 가능한 옵션 중에서 **'시네 카메라 액터' 파일럿**Pilot 'CineCameraActor'을 선택한다.

   이전 단계를 완료하면 일반적으로 씬을 가로지르는 것과 같은 방식으로 카메라를 제어할 수 있으므로, 일반적인 이동 및 회전 컨트롤을 사용할 때보다 훨씬 쉽게 카메라 위치를 지정할 수 있다.

3. 이제 액터를 제어할 수 있게 됐으니 레벨의 기존 오브젝트 중 일부를 바라보도록 배치하자(예: 크리스마스 트리와 작은 양초를 바라보도록 설정). 그럼 다음 그림과 비슷한 뷰가 표시된다.

그림 9.17 카메라의 현재 뷰

이 단계에서는 그림 9.17과 같이 카메라에 보이는 모든 것이 완전히 흐려진 것을 볼 수 있다. 다음 단계는 물체의 초점을 맞추는 동시에 장면에 약간의 피사계 심도를 적용하는 것이다. 이 작업을 해보자.

4. 카메라를 선택한 상태에서 디테일 패널을 살펴보고 **현재 카메라 세팅**^{Current Camera Settings} 메뉴를 펼친다. 여기서 **포커스 세팅**^{Focus Settings} 영역까지 아래로 스크롤해서 **디버그 초점 평면 그리기**^{Draw Debug Focus Plane} 옵션을 활성화한다.

이 설정을 활성화하면 이제 눈앞에 보라색 면이 보인다. 이 요소는 초점이 맞춰질 영역에 해당하는 초점면이 어디에 있는지 알 수 있는 시각적 신호로 존재한다. 명확하게 보고자 하는 요소가 카메라에서 해당 평면과 같은 거리에 있도록 위치를 수정해야 한다.

5. **수동 초점 거리**^{Manual Focus Distance} 필드 옆의 값을 조정해 눈앞에 있는 물체가 선명하게 보이도록 설정한다. 참고로, 양초 중 하나에 초점을 맞춰보자. 나는 **65**를 사용해야 했다.

6. 결과가 만족스럽다면 **디버그 초점 평면 그리기** 옵션을 비활성화한다.

이제 촛불에 초점을 맞췄으므로, 다른 카메라 세팅을 사용해 다른 물체들을 좀 더 흐리게 처리해볼 수 있다. 다음 방법을 살펴보자.

7. **현재 초점 길이**^{Current Focal Length} 파라미터까지 아래로 스크롤해서 기본값인 **35.0**을 **50** 과 같이 더 큰 값으로 변경한다. 이렇게 하면 양초가 뷰포트에서 더 눈에 띄게 된다.

8. 이어서 **현재 조리개**^{Current Aperture}라는 다음 설정으로 이동하고, 값을 기본값인 **2.8**에 서 **5**로 높인다. 이렇게 하면 초점이 맞는 영역과 맞지 않는 영역 사이의 전환이 부드러워진다.

현재 카메라에서 바라본 시야를 확인하고 다음 그림에서 이전과 비교할 수 있다.

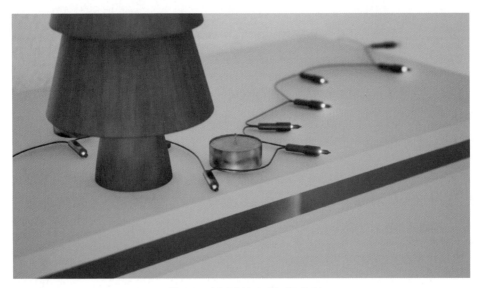

그림 9.18 카메라에서 바라본 새로운 뷰

TIP

이전에 시네 카메라 액터에서 조정한 모든 파라미터는 실제 카메라로 작업할 때 찾을 수 있는 것과 동일하므로, 여기서 얻은 지식은 실제 카메라에도 적용할 수 있다. 자세한 내용은 웹 사이트(https://www.paragon-press.com/lens/lenchart.htm)를 참고한다.

지금까지 시네마틱 카메라를 수동으로 설정하기 위해 알아야 할 설정에 대해 거의 모든 내용을 다뤘다. 조정해야 할 주요 설정은 실제 카메라에서와 마찬가지로 **초점 길이**, **조리개**, **초점 거리**다. 이제 이러한 속성을 살펴봤으니 씬에 다른 효과를 계속 적용해보자. 다음으로 살펴볼 블룸과 렌즈 플레어는 일반적으로 특정 뷰를 달성하려고 할 때 사용된다. 그럼 카메라에서 이를 활성화하는 방법을 살펴보자.

9. 카메라를 선택한 상태에서 디테일 패널의 **포스트 프로세스** 메뉴까지 아래로 스크롤해 **포스트 프로세스**^{Post Process} ➤ **Lens** ➤ **Bloom** 카테고리를 확장한다. 이는 밝은 오브젝트 주변에서 발생하는 후광 효과를 제어하는 영역이다.

10. 여기서 **메서드**^{Method} 설정을 **Standard**에서 **Convolution**으로 변경한다. 이 방법은 블룸을 계산하는 데 더 많은 비용이 들지만, 시각적으로는 더 매력적이다.

11. 그런 다음, **강도**^{Intensity} 파라미터를 활성화하고 값을 기본값인 **0.675**에서 **3**으로 높이면 이 효과가 더 분명해진다.

12. 이제 블룸의 강도를 높였으므로, 아래로 스크롤해서 **Lens Flares** 항목으로 이동한다. **Bloom** 메뉴에서 살펴본 것과 유사하게, 렌즈 플레어는 카메라로 작업할 때 감지되는 빛의 산란을 제어한다.

13. **Lens Flares** 메뉴에서 **강도** 파라미터를 활성화하고 값을 기본값보다 큰 값^{예: 3}으로 늘린다.

14. 이어서 **보케 크기**^{Bokeh Size} 파라미터를 활성화하고 값을 **5**와 같은 값으로 늘린다.

이러한 모든 변경 사항이 적용되면 레벨의 크리스마스 조명이 훨씬 더 눈에 띄게 된다. 카메라에서 바라본 뷰를 빠르게 살펴보자.

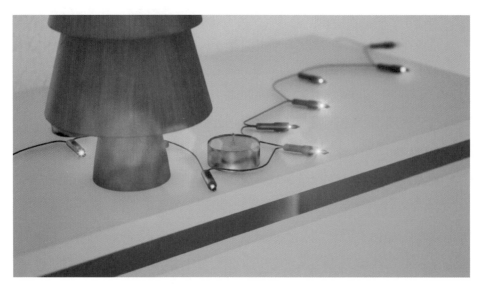

그림 9.19 새로운 Bloom 및 Lens Flares 설정이 적용된 카메라 뷰

마지막으로, 크리스마스 조명을 더욱 돋보이게 하기 위해 레벨에 효과를 하나 더 추가할 수 있다.

15. **포스트 프로세스**^{Post Process} 카테고리에서 **Image Effects** 메뉴를 확장하고 **비네트 강도** ^{Vignette Intensity}를 활성화한다. 여기서 값을 기본값인 **0.4**에서 **0.6** 정도로 높인다.

이제 씬의 가장자리가 더 어두워져서 프레임 중앙의 오브젝트가 좀 더 돋보이게 됐다. 씬의 원래 상태와 최종 상태를 비교한 이미지를 보면 모든 변경 사항을 빠르게 검토할 수 있다.

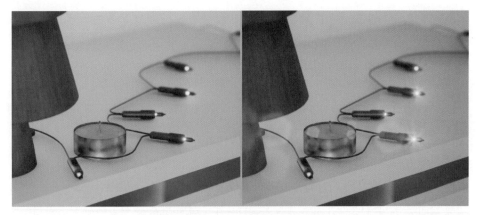

그림 9.20 카메라 초기 상태와 최종 상태 비교

변화는 미묘하지만 눈에 띄며, 이러한 효과를 적절히 사용하면 씬을 좀 더 사실적으로 만들어 씬의 외관을 향상시킬 수 있다. 레벨에 약간의 사실감을 더하기 위해 다양한 값을 사용해보자!

예제 분석

씬에서 특정 룩을 구현하기 위해 시네 카메라 액터 내에서 다양한 포스트 프로세스 이펙트를 조정하는 데 대부분의 시간을 보냈다. 이러한 효과를 처리할 수 있는 두 가지 액터(포스트 프로세스 볼륨과 시네 카메라 액터 자체)가 있는데, 각각의 액터를 언제 사용해야 하는지 어떻게 결정할 수 있을까?

답은 프로젝트를 통해 달성하고자 하는 구체적인 목표에 있다. 때로는 두 가지 액터 중 하나가 더 유용하거나 일부 요구 사항을 충족하는 데 더 적합할 수도 있다. 여러 가지 예를 통해 이를 살펴볼 수 있다.

예를 들어 멀티플레이어 슈팅 게임을 플레이하고 있다고 가정해보자. 플레이어가 피해를 입으면, 이미지 전체가 붉게 변하거나 기타 유사한 시각적 신호가 표시되는 등 화면에 몇 가지 효과가 나타날 것으로 예상할 수 있다. 이러한 상황에서는 해당 이펙트가 피해를 입은 특정 플레이어에게만 국한돼야 하므로, 플레이어 카메라를 통해 포스트 프로세스 이펙트를 조정하는 것이 좋다.

포스트 프로세스 볼륨을 대신 사용할 수 있는 또 다른 예는 전체 오픈 월드 게임에 포스트 프로세스 이펙트를 추가하려는 경우다. 색상을 예술적으로 조정하거나 기후가 변할 때 씬의 느낌을 수정하려는 경우, 이러한 유형의 액터를 사용하면 도움이 될 수 있다.

참고 사항

방금 완성한 레시피와 관련해 한 가지 강조하고 싶은 것은 언리얼에서 피사계 심도 포스트 프로세스 이펙트의 사용법을 이해하고 숙달하는 데 초점을 맞췄다는 점이다. 이를 위해 디테일 패널에서 관련 세팅을 모두 살펴봤다. 하지만 특정 상황에서 유용할 수 있는 미처 조정하지 못한 특정 세팅을 소개하고자 한다. 바로 **트래킹 초점 메서드**Tracking Focus Method다.

지금까지는 카메라의 **수동 초점 거리**를 설정한 후 다양한 설정을 조정하는 현재 레시피를 사용했다. 이 방법도 유용하지만, 초점을 맞추고자 하는 특정 액터를 알고 있는 경우도 있다. 바로 이러한 경우에 앞서 언급한 트래킹 방법이 유용하다. 초점 평면의 실제 거리를 지정하는 것에서 벗어나, 이 다른 시스템을 사용하면 사용자가 초점을 맞추고 싶은 액터를 지정하기만 하면 된다. 하지만 조리개나 초점 거리와 같은 속성은 아웃포커스 영역을 결정할 때 여전히 중요하므로, 다른 모든 설정은 여전히 중요한 역할을 한다.

하지만 어떤 액터에 초점을 맞춰야 하는지 알고 있을 때 이 방법으로 변경하면 입력해야 하는 거리 값을 알아내는 데 드는 시간을 절약할 수 있다. 이 방법을 확인하려면 카메라 디테일 패널의 **현재 카메라 세팅**Current Camera Settings 메뉴에서 **포커스 세팅**Focus Settings ➤ **초점 메서드**Focus Method를 살펴보자.

⠿ 시퀀서를 사용해 사실적인 장면 렌더링하기

지난 몇 번의 레시피를 통해 멋진 장면을 작업할 수 있는 기회가 있었는데, 이를 최대한 활용하지 못하고 그대로 방치하는 것은 안타까운 일이다. 멋진 장면을 만들기 위해 많은 노력을 기울인 만큼, 이번 기회에 사실적인 렌더링을 만들어보는 것은 어떨까?

이번 레시피에서는 레벨의 고퀄리티 렌더링을 제작할 수 있도록 언리얼에서 제공하는 몇 가지 옵션을 살펴보자. 고해상도 스크린샷High Resolution Screenshot 기능과 언리얼의 시네마틱 에디터인 시퀀서Sequencer를 통해 수행할 수 있는 자동화된 배치 렌더링 프로세스를 살펴보자. 또한 언리얼 엔진에 포함된 가장 사실적인 렌더링 시스템을 사용할 수 있는 오프라인 툴인 언리얼의 빌트인 패스 트레이서Path Tracer를 활용하는 방법도 다룬다. 이제 이 모든 작업을 수행하는 방법을 알아보자!

준비

이 장의 이전 레시피들에서 다룬 씬을 완성해본 적이 있다면, 이 장의 다른 레시피들에서 본 것과 동일한 메시가 몇 개 포함된 레벨을 작업한다. 레벨 자체의 이름은 09_05_Start이며, 이 책과 함께 제공된 언리얼 엔진 프로젝트의 **콘텐츠 ➤ Levels ➤ Chapter09** 폴더에서 찾을 수 있다. 자체 에셋으로 작업하는 경우, 시각화 목적으로 사용할 수 있는 여러 3D 에셋이 포함된 씬이 있어야 한다.

이번 레시피에서 주목해야 할 점은 사실적인 렌더링을 위해 레시피의 시작 부분에서 활용할 패스 트레이서를 사용한다는 것이다. 언리얼 엔진의 이 기능을 사용하려면 하드웨어 가속 레이 트레이싱 그래픽카드와 최신 버전의 Windows DirectX 12 그래픽 API가 필요하므로, 다음 몇 페이지를 보기 전에 이 점을 염두에 두자. 그 외에 시퀀서와 무비 렌더 큐Movie Render Queue 플러그인도 살펴볼 것이므로, 해당 에디터로 작업해본 적이 없다면 '참고 사항' 절로 이동하자.

예제 구현

이 레시피에서 사실적인 렌더링을 만들려면 언리얼에서 패스 트레이서를 활성화하는 것이 첫 번째 단계다. 먼저 이 부분을 처리해보자.

1. 패스 트레이서를 활성화하려면 언리얼이 DirectX 12 그래픽 API를 사용해야 한다. 활성화하려면 프로젝트 세팅 패널로 이동해 **렌더링**Rendering 메뉴로 이동한다.

2. 들어가서 **하드웨어 레이 트레이싱**^{Hardware Ray Tracing} 영역으로 스크롤하고, **하드웨어 레이 트레이싱 지원**^{Support Hardware Ray Tracing} 및 **패스 트레이싱**^{Path Tracing} 옵션이 모두 활성화돼 있는지 확인한다.

3. 이전 프로젝트 세팅 창이 켜져 있는 상태로 **렌더링** 메뉴에서 **플랫폼**^{Platform} **> Windows**로 변경한다.

4. 그런 다음, **타기팅된 RHIs**^{Targeted RHIs} 카테고리(운 좋게도 위쪽에 있다)에 있는 **기본 RHI**^{Default RHI} 설정을 **DirectX 12**로 설정한다.

NOTE

> 이 단계에서 에디터를 재시작하라는 메시지가 표시될 수 있는데, 변경 사항을 적용하려면 이 작업을 수행해야 한다. 엔진이 재시작될 때까지 기다렸다가 작업 중이던 씬을 열고 레시피를 계속 진행한다.

앞의 모든 단계를 완료했으므로, 이제 패스 트레이서가 실제로 작동하는 것을 볼 수 있는 단계에 이르렀다. 이를 수행하는 방법과 동작을 제어하는 특정 파라미터를 조정하는 방법을 살펴보자.

5. **뷰 모드**^{View Modes} 패널에서 아래로 스크롤해 **패스 트레이싱**^{Path Tracing} 옵션을 선택한다. 엔진은 이 새로운 렌더링 방식을 사용해 씬을 렌더링하며, 다음 그림에서 결과를 확인할 수 있다.

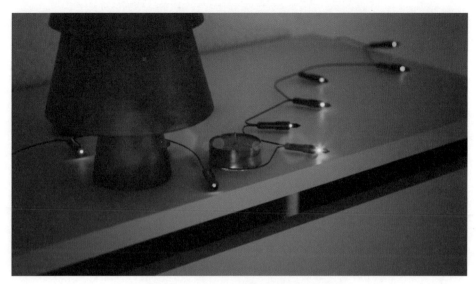

그림 9.21 패스 트레이서를 사용해 렌더링한 레벨

이제 엔진은 더 비싸고 정확한 형태의 레이 트레이싱인 패스 트레이싱 방식을 사용해 씬을 렌더링한다. 씬을 렌더링하는 이 접근 방식의 내부 작동 방식에 대해 자세히 알아보려면 '예제 분석' 절을 참조한다.

이 레시피의 해당 메뉴에서 자세한 정보를 찾을 수 있지만, 5번 단계를 완료하면 **패스 트레이싱**^{Path Tracing} 버튼을 클릭한 직후 장면에 노이즈가 상당히 많다는 것을 알 수 있다. 시간이 지남에 따라(그리고 카메라 위치를 변경하지 않는 한) 시야가 점점 더 선명해지기 시작하고, 결과적으로 렌더링된 이미지의 품질이 향상된다. 이는 패스 트레이싱이 더 복잡한 형태의 광선 추적이므로 더 많은 광선을 사용해 레벨의 최종 모습을 만들어내기 때문이다.

이는 최종 렌더링을 생성하기 전에 일정 시간 동안 여러 광선을 촬영해야 하는, GPU에 매우 부담스러운 작업이다. 이 작업은 포스트 프로세스 볼륨 액터를 사용해 조정할 수 있으며, 이를 통해 패스 트레이서가 최종 이미지를 생성하기 전에 촬영하는 광선 수를 수정할 수 있다. 다음으로는 이 작업을 처리해보자.

6. **프로젝트에 빠르게 추가하기**^{Quickly Add to the Project} 드롭다운 메뉴에서 포스트 프로세스

볼륨 엑터를 레벨에 생성한다.

7. 새 액터를 선택한 상태로 디테일 패널에서 아래로 스크롤해 **포스트 프로세스 볼륨 세팅**Post Process Volume Settings 메뉴로 이동한다. 거기서 **무한 규모 (언바운드)**Infinite Extent (Unbound) 옵션을 활성화하면 해당 액터에 대한 변경 사항이 레벨 전체로 퍼진다.

8. 이 작업이 완료되면, 포스트 프로세스 볼륨 액터의 디테일 패널을 계속 보면서 **패스 트레이싱**Path Tracing 영역을 펼친다. 여기에는 패스 트레이서 작업과 관련된 모든 세팅이 포함돼 있다.

   패스 트레이싱 메뉴에 포함된 설정 중 렌더링된 이미지의 품질을 제어하는 두 가지 설정은 **최대 반사**Max. Bounces와 **픽셀별 샘플**Samples Per Pixel 옵션이다. 첫 번째 옵션은 광선이 화면에 표시되는 최종 픽셀을 생성하는 데 사용되기 전에 반사가 허용되는 횟수를 제어한다. 해당 로직은 간단한데, 더 많은 반사가 더 좋은 결과를 가져온다. 두 번째 옵션도 비슷한 방식으로 작동하지만, 이 경우 특정 픽셀의 모양을 정의하는 데 사용되는 샘플 수를 지정할 수 있다. 이 패널의 세 번째 흥미로운 옵션은 **필터 너비**Filter Width 설정으로, 값이 클수록 가장자리의 앨리어싱aliasing이 줄어들어 장면의 안티앨리어싱 품질을 효과적으로 제어할 수 있다. 결과가 만족스러울 때까지 여기서 값을 조정해보자!

9. 몇 가지 샘플 렌더링을 만들려면 **최대 반사** 설정을 확인하고 기본값을 32에서 64로 늘린다.

10. **픽셀별 샘플** 파라미터에 대해서도 동일하게 작업해서 이번에는 32768까지 높인다.

11. **필터 너비**의 경우, 기본값인 3에서 5로 늘린다. 이렇게 하면 모델의 가장자리가 제대로 안티앨리어싱된다.

    앞의 모든 단계를 수행한 후 컴퓨터가 잠시 동안 씬을 처리하도록 하고 다시 렌더링되면 결과를 확인한다. 참고로, 렌더링 전과 후의 결과를 나란히 비교하면 다음과 같다.

그림 9.22 패스 트레이서 기본 설정과 마지막 단계에서 설정한 세팅으로 렌더링한 결과

미묘한 차이가 있을 수 있지만, 일부 조명의 반사 아래 아티팩트가 줄어든 것을 확인할 수 있다. 화면에서 직접 확인해보면 더 분명하게 드러날 수 있으니 꼭 확인해보자.

이제 패스 트레이서를 사용해 사실적인 이미지를 생성하는 방법을 알았으니, 생성한 이미지를 엔진 외부로 익스포트할 방법이 필요하다. 이를 위해 빠르고 쉬운 방법과 좀 더 전문적인 방법을 사용해 언리얼에서 이미지를 익스포트하는 과정을 알아보자. 쉬운 방법부터 시작한다.

12. 씬의 빠른 스크린샷을 만들려면, **뷰포트 옵션**^{Viewport Options} 버튼_(뷰포트 왼쪽 상단에 있는 버튼)을 클릭하고 **고해상도 스크린샷...**^{High Resolution Screenshot...} 버튼을 클릭하기만 하면 된다.

13. 이전 버튼을 클릭하면 특정 파라미터를 선택할 수 있는 새 패널이 나타나야 한다. 지금 조정하려는 것은 **스크린샷 크기 배수**^{Screenshot Size Multiplier}로, 기본값인 **1**에서 **2**로 늘린다. 이렇게 하면 결과 스크린샷의 해상도가 현재 뷰포트 해상도의 두 배가 되므로, 해당 필드에 값을 입력할 때 이를 고려해야 한다.

14. 그런 다음, **캡처**^{Capture} 버튼을 클릭하면 언리얼이 씬의 고해상도 스크린샷을 찍는 것을 볼 수 있다. 작업이 완료되면 에디터의 오른쪽 하단에 엔진이 이미지를 저장한 위치를 열라는 메시지가 표시된다. 해당 위치로 이동해서 결과를 직접 확인한다.

지금까지 살펴본 것처럼, 고해상도 스크린샷 툴은 현재 카메라 뷰에서 빠르게 렌더링할 수 있는 편리한 기능이다. 또한 몇 가지 설정을 조정할 수 있는 옵션도 제공하는데, 이는 '예제 분석' 절에서 살펴본다. 이 툴은 빠르기는 하지만, 매우 큰 이미지를 렌더링하는 데 문제가 있을 수 있으므로 완전히 완벽하지는 않다. 실제로 **스크린샷 크기 배수**^{Screenshot Size Multiplier} 필드에 큰 숫자를 사용하면 그래픽 드라이버가 충돌할 수 있으며, 해당 설정에 3 이상의 값을 선택하면 엔진에서 경고를 통해 이를 알린다.

다행히도 정말 큰 이미지를 렌더링하고 싶을 때 사용할 수 있는 다른 옵션이 있다. 언리얼은 최근 확장 기능의 일부로 무비 렌더 큐 플러그인을 도입했는데, 이 플러그인을 사용하면 촬영 해상도에 대한 걱정 없이 고해상도 렌더링을 할 수 있다. 또한 이미지 렌더링에 대한 이 새로운 접근 방식을 사용하면 스크린샷을 찍을 때마다 수동으로 버튼을 클릭하지 않고도 렌더링할 풍경을 지정할 수 있으며, 특정 파라미터를 조정할 수 있는 옵션도 제공하므로 이미지가 가능한 한 최고 품질로 촬영될 수 있다.

이제 이 새로운 기능을 활성화하고 사용하는 방법을 살펴보자.

15. 무비 렌더 큐는 플러그인이므로 먼저 활성화해야 한다. 활성화하려면 **편집**^{Edit} **>** **플러그인**^{Plugins}으로 이동해서 플러그인 패널을 실행한다.

16. 상단의 검색창에 `Movie Render Queue`를 입력하면 플러그인이 표시된다. 옆에 있는 체크박스를 체크해서 활성화한다.

17. 이 단계에서 에디터를 다시 시작하라는 메시지가 표시된다. 이렇게 하면 에디터가 다시 시작되고, 플러그인을 사용하면서 작업 중인 동일한 레벨을 다시 로드할 수 있다.

이제 플러그인을 설치했으니 렌더링 촬영을 시작할 준비가 거의 끝났다. 새로운 방법은 시퀀서를 사용해 트리거되므로, 무비 렌더링 대기열을 작동하는 방식이 **고 해상도 스크린샷**^{High Resolution Screenshot} 옵션에서 봤던 것과 약간 다르다. 따라서 이를 염두에 두고, 렌더링해야 할 요소를 지정하는 요소인 시퀀스를 사용하기 전에 새 시퀀스를 만들어야 한다. 다음으로는 어떻게 하는지 살펴보자.

18. 콘텐츠 브라우저에서 빈 곳을 우클릭하고 **시네마틱** 메뉴에서 **레벨 시퀀스**^{Level Sequence} 옵션을 클릭해 새 레벨 시퀀스 에셋을 생성한다. 새 액터의 이름은 **LS_ Renders**와 같은 이름을 지정한다.

19. 새 에셋을 생성한 후, 작업 중인 레벨 내 아무 곳에나 드래그 앤 드롭하고 레벨 시 퀀스를 더블 클릭하면 시퀀서라는 에디터가 열린다.

20. 메인 레벨 뷰포트와 시퀀서를 나란히 연 상태로 레벨에서 렌더링하려는 카메라를 시퀀서로 끌어다 놓는다. 여기서는 레벨에 있는 카메라 중 하나인 **Camera02**만 사 용한다.

21. 시퀀스에 카메라를 추가하면 새 카메라 컷이 자동으로 생성된다. 동영상이 아닌 스크린샷만 찍을 것이므로, 한 프레임만 차지하도록 길이를 자유롭게 수정할 수 있다. 이것이 이 단계에서 우리 앞에 있어야 하는 결과물이다.

그림 9.23 방금 생성한 레벨 시퀀스

이제 렌더링할 카메라를 지정했으니 다음 단계에서는 무비 렌더 큐 플러그인을 호출하고 레벨 렌더링에 사용할 파라미터를 조정한다. 이제 그 작업을 해보자.

22. 클래퍼보드^{clapperboard} 아이콘을 클릭하면 무비 렌더 큐^{Movie Render Queue} 패널이 나타난다. 왼쪽 상단 모서리로부터 다섯 번째에 있는 버튼이다.

23. 그런 다음, **Unsaved Config***를 클릭해 프리셋 선택 패널을 불러온다. 여기서 언리얼이 렌더링할 때 사용할 세팅을 구성할 수 있다.

24. 해당 패널에 들어가면 먼저 **디퍼드 렌더링**^{Deferred Rendering}을 해제한다.

25. 이어서 **+ 설정**^{+ Setting} 버튼을 클릭하고 목록 하단에 있는 **패스 트레이서**^{Path Tracer}를 선택한다.

26. 그런 다음, 패널의 왼쪽 영역에 있는 **출력**^{Output} 옵션을 선택하고 여기에 포함된 파라미터를 원하는 대로 조정한다. 내 경우에는 **출력 해상도**^{Output Resolution}를 $3840 \times 2160(4K)$으로 설정하고 **출력 디렉터리**^{Output Directory}를 컴퓨터의 폴더 중 하나로 지정했다.

27. 나중에 이 구성을 다시 사용하려면, 패널 오른쪽 상단의 **저장되지 않은 환경 설정** 버튼을 클릭하고 **프리셋으로 저장**^{Save As Preset}을 선택한 다음 원하는 곳에 저장한다.

28. 마지막으로, **수락**^{Accept}을 클릭해 무비 렌더 큐 패널로 돌아간다.

29. 이 작업이 완료되면 **렌더 (로컬)**^{Render (Local)} 버튼을 클릭해 렌더링 프로세스를 시작한다.

모든 것이 순조롭게 진행되면 컴퓨터가 씬을 렌더링하기 시작하는데, 패스 트레이서와 고품질 프리셋을 사용하고 있으므로 시간이 조금 걸릴 수 있다. 그럼에도 불구하고 이전처럼 단일 프레임을 렌더링하도록 선택하면 속도가 크게 빨라지므로 살펴볼 수 있는 결과물이 나오기까지 오래 걸리지 않는다. 우리의 경우 결과는 다음과 같다.

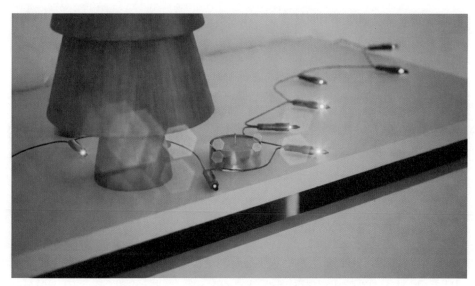

그림 9.24 무비 렌더 큐 플러그인을 사용한 최종 렌더링 모습

지금까지 살펴본 것처럼 시퀀서와 무비 렌더 큐로 작업하는 것이 고해상도 스크린샷 툴을 사용하는 것만큼 즉각적이지는 않지만, 렌더링 예약이나 고해상도 이미지를 얻을 수 있는 가능성은 이러한 편의성의 차이를 충분히 보상할 수 있다. 대체로 두 툴은 용도가 다르므로, 렌더링을 제작해야 할 때는 두 가지를 모두 염두에 두자!

예제 분석

언리얼의 패스 트레이서로 작업하는 방법을 잠시 살펴봤으니, 이제 이 새로운 렌더링 시스템에 대해 자세히 알아보자.

레시피의 본론에서 언급했듯이 패스 트레이싱과 레이 트레이싱은 크게 다르지 않으며, 사실 두 이름은 같은 의미다. 둘 사이의 차이점은 실시간 렌더링 커뮤니티에서 실시간 엔진 내에서 구현할 수 있는 레이 트레이싱과 오프라인 렌더러에서 구현할 수 있는 레이 트레이싱을 구분하는 데 필요한 인위적인 구성 요소다. 레벨을 렌더링하는 접근 방식은 두 경우 모두 비슷하지만, 초당 여러 프레임을 생성해야 하는 제약이 없으므로 오프라인 렌더러가 구현할 수 있는 충실도는 현재로서는 실시간 구현을 따라잡을 수 없다. 이러한 점을 고려해 업계에서는 실시간 구현을 레이 트레이싱, 오프라인 버전을 패스 트레이싱이라고 부르며 두 시스템을 구분하고 있다.

이를 염두에 두고, 패스 트레이서는 이 책의 앞부분, 특히 4장의 '소프트웨어 및 하드웨어 레이 트레이싱 사용' 레시피에서 살펴본 표준 레이 트레이싱 기법을 강화한 대안이라고 생각할 수 있다. 당시 살펴본 레이 트레이싱 효과의 품질은 특정 토글을 사용해 조정할 수 있었는데, 패스 트레이싱을 사용하면 항상 물리적으로 정확한 방식으로 계산되므로 품질 조정에 대해 걱정할 필요가 없다는 점을 기억할 것이다. 이 기술의 단점은 컴퓨터가 최종 렌더링을 계산하는 데 시간이 걸리므로 현재의 하드웨어가 지닌 한계를 감안하면 실시간으로 사용하기에 비현실적이라는 점이다.

하지만 실시간 그래픽을 제작할 필요가 없을 때 패스 트레이서의 이점은 분명해진다. 예를 들어, 건축 시각화나 영화 산업과 같이 사실적인 그래픽이 필요한 특정 분야에서는 패스 트레이서를 사용하면 이점을 얻을 수 있다. 또한 사실적인 그래픽은 게임 워크플로에서도 유용할 수 있는데, 패스 트레이서를 사용해 레벨이 어떻게 보여야 하는지 알려주면 패스 트레이싱이 적용되지 않은 버전을 최대한 비슷하게 보이도록 조정할 수 있다.

참고 사항

'준비' 절에서 약속한 대로 이제 시퀀서와 무비 렌더 큐 에디터를 간단히 살펴본다. 첫 번째 것부터 시작해보자.

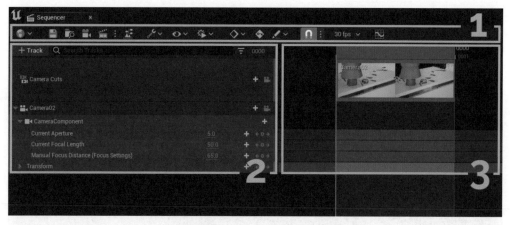

그림 9.25 시퀀서 에디터와 다양한 컴포넌트

이전 그림에서 볼 수 있듯이, 시퀀스 작업 시 대부분의 시간을 할애하게 될 세 가지 영역을 강조 표시했다. 각 영역에서 수행할 수 있는 작업은 다음과 같다.

- 숫자 1로 표시된 에디터 영역에는 시퀀스를 관리하고 조정할 수 있는 버튼이 있다. 변경 사항을 저장하는 것에서 시작해 시퀀스를 동영상으로 렌더링하거나 클립의 프레임 속도를 조정하는 것에 이르기까지 다양한 옵션을 마음대로 사용할 수있다. 보다시피, 이들은 모두 시퀀스를 제어하는 상위 수준의 설정이다.

- 내가 강조 표시한 두 번째 영역에는 시퀀스가 현재 추적 중인 모든 액터의 목록과 다양한 카메라 컷이 포함돼 있다. 왼쪽 상단 모서리에 있는 **+ 트랙**+ Track이라는 중요한 버튼이 있는데, 이 버튼을 사용하면 시퀀스에 다른 액터를 추가할 수 있다. 또한 추가하는 오브젝트에 영향을 주는 특정 파라미터를 제어하고 동일한 파라미터에 애니메이션을 적용할 수 있는 다양한 키를 생성할 수 있으며, 이는 이어서 소개할 영역과 함께 작동한다.

- 에디터의 세 번째 영역은 이전에 만든 다양한 키프레임을 조정할 수 있는 영역이다. 이를 통해 추적 중인 파라미터에 애니메이션을 적용할 수 있다. 이 섹션을 이전 영역과 함께 사용하면 이 영역에서 키의 위치를 제어하고 이전 영역의 값을 수정할 수 있다.

시퀀서는 매우 유연하고 강력한 시스템으로, 매우 복잡한 애니메이션을 제작할 수 있다. 지금까지 기본적인 내용을 다뤘지만, 사실 이 주제는 작은 책 한 권을 따로 만들 수 있을 정도로 다룰 내용이 많다. 따라서 좀 더 자세한 내용을 알고 싶다면 웹 사이트 (https://docs.unrealengine.com/5.1/en-US/cinematics-and-movie-making-in-unreal-engine/)를 참고한다.[3]

시퀀서 패널을 살펴봤으니 이제 무비 렌더링 큐에 대해 알아보자.

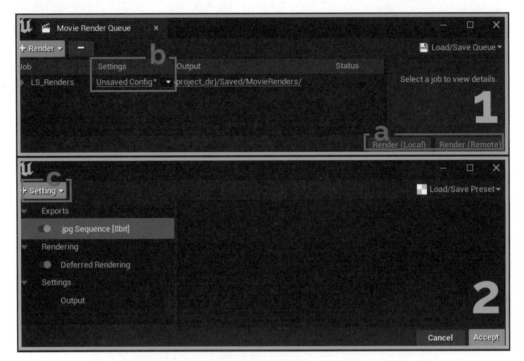

그림 9.26 무비 렌더링 큐와 무비 렌더링 큐 세팅 패널

시퀀서 에디터에 있는 버튼 중 하나, 즉 22번 단계에서 클릭한 클래퍼보드 버튼을 통해 액세스한다. 이 패널은 매우 간단한 패널로, 클립을 렌더링할 때 사용할 다양한 프리셋을 구성할 수 있는 시퀀서 패널과 함께 작동한다. 이 두 번째 영역은 특별한 이름이 없지만, 프리셋 선택 패널이라고 부를 수 있다. 이 두 패널에서 사용할 수 있는 다양한 옵션

---

3 한국어 버전은 https://docs.unrealengine.com/5.1/ko/cinematics-and-movie-making-in-unreal-engine/에서 확인할 수 있다. – 옮긴이

을 간단히 살펴보자.

- 내가 강조 표시한 첫 번째 패널은 동영상 렌더링 큐 패널이다. 여기서 사용할 수 있는 옵션은 많지 않지만, 가장 중요한 옵션은 아마도 **렌더 (로컬)**Render (Local) 및 **렌더 (원격)**Render (Remote) 옵션[a]이다. 이 두 버튼은 언리얼을 실행 중인 머신 또는 원격 머신에서 선택한 옵션에 따라 씬의 렌더링을 트리거하는 버튼이다. 렌더링 프로세스에 사용되는 세팅은 **세팅**Settings 탭[b]에서 정의되며, 이 버튼을 클릭하면 이어서 소개할 두 번째 패널, 즉 프리셋 선택 패널이 나타난다.

- 프리셋 선택 패널에서는 씬을 렌더링할 때 사용해야 하는 다양한 파라미터를 정의할 수 있다. 이렇게 하려면 **+ 설정**+ Setting 버튼[c]을 클릭해 렌더링 프로세스에 새 파라미터를 추가하기만 하면 된다. 선택한 각 파라미터를 클릭하면 해당 파라미터가 제어하는 다양한 설정을 조정할 수 있으며, 패널의 오른쪽 영역에 표시된다.

마지막으로, 패스 트레이서의 현재 구현에 대한 자세한 정보는 웹 사이트(https://docs.unrealengine.com/5.1/en-US/path-tracer-in-unreal-engine/)에서 확인할 수 있다.[4]

⁝⁝ 카툰 셰이더 이펙트 만들기

이 책을 통해 살펴본 바와 같이 언리얼은 매우 다재다능한 리얼타임 렌더링 엔진이 될 수 있다. 지금까지 살펴본 다양한 기법을 적용해 다양한 머티리얼을 제작할 수 있었던 것이 그 증거다. 그중 상당수는 현실에서 볼 수 있는 것을 모방한 에셋인 리얼리스틱 셰이더realistic shader의 범주에 속한다.

하지만 언리얼 엔진이 처리할 수 있는 유형으로 이것들만 있는 것은 아니다. 이 레시피에서는 특정 오브젝트를 만화 스타일로 그린 것처럼 렌더링할 수 있는 포스트 프로세스 머티리얼을 제작해 언리얼의 유연성을 시험해보자. 이는 모델을 표시하는 비사실적인

---

4 한국어 버전은 https://docs.unrealengine.com/5.1/ko/path-tracer-in-unreal-engine/에서 확인할 수 있다. – 옮긴이

접근 방식으로, 일반적으로 셀 셰이딩^{cel-shading} 또는 툰 셰이딩^{toon-shading}으로 알려져 있으며 손으로 그린 것처럼 보이게 한다. 더 자세히 알아보려면 계속 읽어보자!

준비

이 레시피를 다루기 위한 필수 요소는 많지 않다! 포스트 프로세스 머티리얼을 작업할 것이므로 대부분의 무거운 작업은 우리가 만든 로직으로 처리한다. 항상 그렇듯이 시각화 목적으로 사용할 수 있는 에셋이 포함된 레벨을 준비하는 것이 좋다. 이 책과 함께 제공되는 언리얼 엔진 프로젝트로 작업하는 경우 **콘텐츠 ➤ Levels ➤ Chapter09** 폴더에 있는 `09_06_Start` 레벨을 열어야 한다.

예제 구현

포스트 프로세스 머티리얼을 만들어 씬에 만화 같은 효과를 적용하겠다고 언급했으므로, 먼저 이를 가능하게 하는 셰이더를 만들어보자.

1. 먼저 새 머티리얼을 만들고 이름을 지정한다. 새 에셋의 이름은 **M_CelShading PostProcess**로 지정했다.

2. 새 머티리얼을 생성하고, 더블 클릭해 머티리얼 에디터로 들어간 후 디테일 패널을 확인한다. 앞서 만든 다른 포스트 프로세스 머티리얼과 마찬가지로 **머티리얼 도메인**^{Material Domain} 프로퍼티를 조정해야 하므로 해당 값을 **Post Process**로 설정해야 한다.

3. 그 후 디테일 패널에서 **포스트 프로세스 머티리얼** 메뉴로 스크롤을 내려 **블렌더블 위치**^{Blendable Location}를 **Before Tonemapping**으로 설정한다.

    셰이더가 언리얼의 포스트 프로세싱 파이프라인과 함께 작동하도록 하려면 앞의 단계들이 필요하다. **머티리얼 도메인** 프로퍼티를 **Post Process**로 설정하는 것은 포스트 프로세스 볼륨 액터 내에서 셰이더를 사용하려는 경우 필요한 작업이며, **블렌**

더블 위치를 조정하면 머티리얼이 언리얼의 렌더링 파이프라인에 삽입되는 지점을 결정할 수 있다. **Before Tonemapping** 옵션은 컬러 보정 단계가 일어나기 전에 셰이더를 삽입해 머티리얼 내부에서 작업하는 값이 해당 프로세스의 영향을 받지 않도록 하는데, 이를 제어하지 않으면 나중에 이 장의 다른 레시피에서 했던 것처럼 포스트 프로세스 볼륨 액터에 컬러 보정 옵션을 적용하기로 결정한 경우 계산에 문제가 발생할 수 있다.

이제 제어할 수 있게 됐으니 머티리얼을 고유하게 만드는 로직을 만들어보자. 첫 번째 단계에서는 씬 버퍼를 사용해 씬에서 정보를 수집함으로써 앞으로 수행할 몇 가지 계산을 처리할 수 있도록 한다. 앞으로 진행하면서 이에 대해 설명할 테니, 지금부터 안전벨트를 매고 코딩을 시작하자!

4. **Scene Texture** 노드를 생성하고 이 머티리얼에 추가하는 첫 번째 노드로 만들자.

5. 이전 노드를 선택한 상태로 디테일 패널에서 **씬 텍스처 ID**Scene Texture Id를 **PostProcessInput0**으로 설정한다. 그러면 포스트 프로세스 볼륨 액터를 사용하지 않는 것처럼 씬의 모양에 액세스할 수 있다.

6. 그런 다음, **Desaturation** 노드를 생성하고 이전 **Scene Texture** 함수의 **컬러**Color를 연결한다. 이렇게 하면 이전 정보의 그레이스케일 버전에 액세스할 수 있다.

7. 두 노드의 작업이 끝난 뒤에 해당 함수들을 복사해 붙여넣고 복사본을 원본보다 약간 아래에 배치한다.

8. 그런 다음, **Scene Texture** 노드의 복사본을 선택하고 **씬 텍스처 ID** 설정을 **Diffuse Color**로 변경한다. 이렇게 하면 PostProcessInput0 옵션에서 제공하는 값과 매우 유사한 값을 얻을 수 있다. 주요 차이점은 **Diffuse Color** 옵션이 씬의 조명으로부터 영향을 받지 않는다는 것이다.

9. 이제 4개의 노드를 마음대로 사용할 수 있게 됐으니, **Divide** 노드를 생성하고 2개의 **Desaturation** 노드를 **A**와 **B**에 연결해 비교해보자. PostProcessInput0에 영향을 주는 **Desaturation** 노드는 **A**에 연결하고, **Diffuse Color**에 연결된 **Desaturation**

은 B에 연결해야 한다. 이를 다음 그림에서 현재 상태 그대로 머티리얼을 적용했을 때 씬에 미치는 효과와 함께 볼 수 있다.

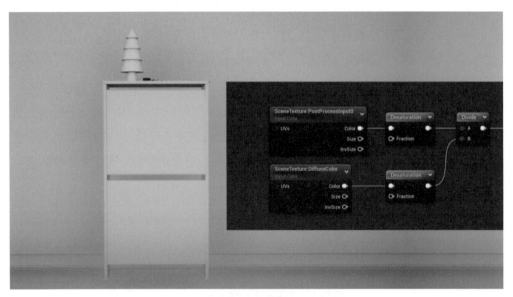

그림 9.27 생성한 노드와 노드가 레벨에 미치는 영향

이전 작업을 수행하면 이제 레벨을 최종적으로 살펴보고 조명이 없는 버전으로 나누기 때문에 씬의 조명을 효과적으로 분석할 수 있다. 툰 셰이더 이펙트의 렌더링 스타일은 일반적으로 조명이 모델에 미치는 영향을 설명하기 위해 색조가 급격하게 변화하는 평면 음영 머티리얼에 의존하므로, 이 정보를 사용해 툰 셰이더 이펙트의 모양을 구현한다. 그럼 이러한 계산을 수행해보자.

10. **If** 노드를 생성하고 이전 **Divide** 함수의 결과를 A에 연결해서 계속 진행한다.

11. 다음으로, 스칼라 파라미터를 생성하고 **CutoffPoint**로 이름을 지정한다. 이전 **If** 노드의 B에 연결한다.

12. 동일한 **If** 노드의 **A > B** 및 **A == B** 입력 핀을 모두 **Diffuse Color**로 구동되는 **Scene Texture** 노드의 **Color**에 연결한다.

13. 그런 다음, **Multiply** 노드를 생성하고 **Diffuse Color**로 구동되는 **Scene Texture**의

Color 출력에도 연결한다.

14. 이전 **Multiply** 노드에서 벗어나지 않고 **B** 값을 **0.5**로 설정한다.

15. 마지막으로, **If** 노드를 메인 머티리얼의 **이미시브 컬러**^{Emissive Color}에 연결한다.

이제 머티리얼 그래프가 다음과 같이 작업돼야 한다.

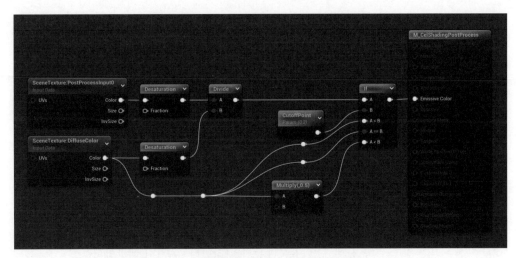

그림 9.28 머티리얼 그래프의 최종 모습

보다시피, 이 새 노드에는 다섯 가지 입력이 있다. 처음 2개(A와 B)는 노드가 대신 평가하는 조건이라고 하며, 나머지 3개의 입력(A > B, A == B, A < B)은 조건 중 하나가 충족될 때 어떤 일이 일어날지 지정하는 데 사용된다.

4~9번 단계에서 수행한 조명 계산의 값을 **A** 조건에 입력한 다음, 특정 밝기 값을 나타내는 **CutoffPoint**라는 이름의 스태틱 스칼라 파라미터와 비교했다. 이 비교 결과에 따라 세 가지 분기 경로가 트리거된다. 들어오는 조명 값이 지정된 컷오프 포인트보다 밝거나 같을 때 활성화되는 **A > B** 및 **A == B** 경로에서는 **Scene Texture** 노드에서 얻은 단순한 **Diffuse Color** 정보를 사용해 씬을 렌더링하고, **A < B** 경로에서는 동일한 **Diffuse Color** 정보에 **0.5**를 곱해 씬을 더 어둡게 만드는 어두운 버전을 대신 사용하기로 했다. 이 작업의 결과는 기본적으로 레벨의 투 톤^{two-tone} 버전을 생성해 이 레시피에서 영감을 얻은 셀 셰이딩 기법과 유사하게 만든다.

마지막으로, 머티리얼을 씬에 적용해서 효과가 실제로 나타나는지 확인하기만 하면 된다.

16. **적용** 및 **저장** 버튼을 클릭하고 머티리얼 에디터를 종료한다.

17. 그런 다음, 메인 뷰포트로 돌아가서 씬에 있는 포스트 프로세스 볼륨 액터를 선택한다.

18. 디테일 패널에서 아래로 스크롤해 **글로벌 일루미네이션**Global Illumination 섹션으로 이동한 다음, **메서드**Method를 **None**으로 설정한다.

19. 다음으로, **렌더링 기능**Rendering Features 메뉴로 이동해 **Ambient Occlusion** 카테고리를 확장한다. 거기서 **강도**Intensity 파라미터를 확인하고 값을 0.25 정도로 낮추거나 0으로 설정해 완전히 비활성화한다.

20. 그런 다음, **렌더링 기능** 메뉴에서 계속 진행하되 **포스트 프로세스 머티리얼**Post Process Materials 카테고리로 이동한다. 이어서 **배열**Array 속성 옆의 + 버튼을 클릭해 항목을 추가한다.

21. 이전 + 버튼을 클릭하면 새 드롭다운 메뉴가 나타난다. 여기서 **에셋 레퍼런스**Asset Reference 옵션을 선택하고 이 레시피에서 생성한 머티리얼을 할당한다.

이 모든 작업이 완료되면, 다음 그림과 같이 많이 변경된 장면을 볼 수 있다.

그림 9.29 레벨의 평면 음영 버전 결과물

보다시피, 각 모델이 표면의 밝기에 따라 최대 두 가지 음영만 표시되던 이전보다 훨씬 더 평평해 보인다. 이와 같은 이펙트를 사용하면 레벨에 특정 룩을 적용해 표준 포토리얼리즘 접근 방식에서 벗어날 수 있다. 포스트 프로세스 머티리얼을 갖고 놀면서 이 외에도 어떤 흥미로운 효과를 만들 수 있는지 확인해보자!

예제 분석

이제 간단한 카툰 포스트 프로세스 머티리얼을 만들었으니 잠시 시간을 내서 우리가 만든 내용과 배치한 노드의 로직을 검토하고, 이전 레시피들에서 수집한 지식을 적용해 어떻게 더 확장할 수 있는지 살펴보자.

먼저 우리가 구현한 기술의 배경이 되는 아이디어를 간단히 살펴보자. 알다시피, 씬을 렌더링하는 언리얼의 기본 접근 방식은 포토리얼리즘이다. 엔진이 레벨을 렌더링할 때 수행하는 다양한 시스템과 계산은 현실 세계에서 빛이 작동하는 방식에 기반을 두고 있지만, 실제로 이를 구현하기 위해서는 많은 최적화를 구현해야 한다. 이러한 상황에서 벗어나려면 전체 레벨의 룩을 수정할 수 있는 자체 시스템을 개발해야 하는데, 다행히도 엔진은 씬을 렌더링하는 혁신적인 방법을 생각해내는 데 사용할 수 있는 여러 렌더 패스를 제공한다.

방금 살펴본 예제에서 활용했던 정보는 씬의 모양과 머티리얼에 포함된 디퓨즈^{diffuse} 정보로, 2개의 Scene Texture 노드를 통해 액세스할 수 있다. 이 두 가지를 결합해 라이팅이 얼마나 밝은지에 따라 모델의 다양한 영역을 마스킹할 수 있었고, 이를 통해 밝은 영역에는 한 가지 톤을, 어두운 영역에는 다른 톤을 사용하는 매우 간단한 방식으로 해당 영역에 셰이딩을 적용했다.

물론 툰 셰이더 효과를 만들 때는 씬의 조명 방식을 바꾸는 포스트 프로세스 머티리얼에만 집중했으므로 접근 방식이 간단했다. 렌더링 파이프라인을 넘어 다른 영역에 적용하면 효과를 확장할 수 있는데, 예를 들어 이 렌더링 스타일로 작업할 때 고려해야 할 중요한 사항은 머티리얼 자체의 설정이다. 이를 명확히 하기 위해 나무 바닥에 사용한 텍스처를 잠시 생각해보자. 만화 같은 방식으로 조명을 비추더라도 해당 모델에 사용된 이미지는 여전히 현실에 기반을 두고 있으며, 손으로 그린 나무 바닥의 모양이 아니다. 셀 셰이딩 장면을 작업할 때는 이러한 유형의 고려 사항을 반영해야 한다.

마지막으로, 고려해야 할 또 다른 사항은 이전 레시피에서 다룬 다른 효과를 포함하도록 작업을 확장할 수 있는 방법이다. 구현하면 매우 흥미로운 기법 중 하나는 8장의 '상호작용되는 오브젝트 강조하기' 레시피에서 다룬 윤곽선 머티리얼이다. 이 머티리얼을 사용해 개체를 강조 표시했지만, 만화 또는 애니메이션에서 볼 수 있는 것과 마찬가지로 그때 배운 동일한 기술을 사용해 관심 있는 모델의 윤곽을 그릴 수 있다. 스스로 테스트해보고, 도전할 수 있다고 생각되면 두 가지 기법을 결합해보자!

참고 사항

툰 셰이딩 포스트 프로세스 머티리얼을 만들었지만, 이 레시피에서 사용한 접근 방식만으로 이러한 효과를 만들 수 있는 것은 아니다. 물리적인 작업을 기반으로 하는 포토리얼리스틱 렌더링photo-realistic rendering과 달리, 카툰 렌더링은 많은 아티스트가 수년 동안 그려온 것을 모방하는 기법이므로 다양한 그림 스타일만큼이나 다양한 방법으로 접근할 수 있다.

이를 염두에 두면서, 이 레시피에서 수행한 작업을 변형한 또 다른 머티리얼을 남겨두고 싶다. 이 머티리얼의 이름은 **M_CelShadingPostProcess_Alt**이며, 이 레시피의 에셋 폴더, 즉 **콘텐츠 ➤ Assets ➤ Chapter09 ➤ 09_06**에서 찾을 수 있다. 이 레시피에서 작업한 머티리얼과 다른 버전의 차이점은 1번 단계부터 9번 단계까지에서 계산한 Luminance 출력을 가져와 계단식 그라데이션을 만드는 커스텀 수학custom math 덕분에 이 다른 버전은 두 가지 이상의 디퓨즈 컬러 음영을 표시할 수 있다는 것이다. 그래디언트를 0에서 1 스케일로 정규화한 다음, 13번 단계에서 수행한 것처럼 해당 값을 사용해 씬의 **Diffuse Color** 노드에 곱한다. 머티리얼 그래프를 확인해 이 효과를 처리하는 다른 방법에 대해 알아보고, 여기서 결과를 확인하자.

그림 9.30 대체 포스트 프로세스 머티리얼(왼쪽)과 원본 포스트 프로세스 머티리얼(오른쪽)의 비교

⁝⁝ 요약

이것으로 이 책을 마친다!

즐거운 시간을 보냈길 바라며, 다양한 레시피를 통해 많은 것을 배웠길 기대한다. 실시간 프로젝트에서 마주칠 수 있는 실제 자료를 다루면서 가능한 한 많은 세부 사항과 지식을 실용적인 방식으로 제공하는 것이 이 책의 의도였다.

전체에 걸쳐 약간의 실습과 이론을 혼합했는데, 해당 내용을 충분히 익힘으로써 지금까지 살펴본 예제를 다루는 데 필요한 지식뿐만 아니라 여러분이 생각하는 모든 머티리얼을 만들고 변형할 수 있는 능력을 키워내길 바란다. 하지만 한 가지 더 당부하고 싶은 점은 여러분이 만든 동일한 머티리얼과 기법을 계속 사용하면서 이 책에서 배운 여러 가지를 혼합하고 접목시켜 새로운 셰이더를 제작해보라는 것이다.

끝으로, 이 책을 읽으면서 여기까지 와준 여러분 모두에게 감사의 마음을 전한다. 이 책을 집필할 수 있어 즐거웠고 영광이었다. 이 책이 여러분에게 도움이 됐길 진심으로 희망한다.

그럼 행운을 빈다.

브라이스

찾아보기

언리얼 엔진 5 셰이더와 이펙트 2/e

머티리얼을 활용한 고급 셰이딩 기술 50가지 레시피

2판 발행 | 2024년 4월 30일

지은이 | 브라이스 브렌라 라모스
옮긴이 | 김 기 돈

펴낸이 | 권 성 준
편집장 | 황 영 주
편 집 | 김 진 아
　　　　임 지 원
디자인 | 윤 서 빈

에이콘출판주식회사
서울특별시 양천구 국회대로 287 (목동)
전화 02-2653-7600, 팩스 02-2653-0433
www.acornpub.co.kr / editor@acornpub.co.kr

한국어판 ⓒ 에이콘출판주식회사, 2024, Printed in Korea.
ISBN 979-11-6175-847-3
http://www.acornpub.co.kr/book/unreal-shader-effect-2e

책값은 뒤표지에 있습니다.